東洋古典譯註叢書 99

譯註 韓非子集解 4

著者 韓非 集解 王先愼

책임번역 許鎬九 공동번역 鄭東和 權津鈺

전통문화연구회

東洋古典譯註叢書를 발간하면서

우리의 古典國譯事業은 민족문화 진흥의 기초사업으로 1960년대부터 政府 支援으로 古文獻 現代化 작업을 추진하여 많은 成果를 거두었다. 당시 이 사업 추진의 先行課題로 東洋古典이라 일컬어지는 중국의 基本古典을 먼저 飜譯하여야 한다는 學界의 주장이 있었음에도 불구하고 우리 고전이 아니라는 일부의 偏狹한 視角과 財政 事情 등으로 인하여 배제되어 왔다.

전통적으로 중국의 기본고전은 우리 歷史와 함께 숨쉬며 각종 교육기관의 敎科書로 활용됨은 물론이고 지식인들의 必讀書가 되어 왔으며, 우리 文化의 基底에 자리잡고 거의 모든 방면의 體系와 根幹을 형성하여 왔다. 그래서 학문연구의 기본서 역할을 해 왔을 뿐만 아니라 오늘날에도 우리의 國學徒 및 東洋學 硏究者들에게 같은 역할을 하고 있음은 주지의 사실이다. 그럼에도 불구하고 中國古典은 우리 것이 아니라 하여 專門機關의 飜譯對象에 포함하지 않음으로써, 대부분 原典에서의 직접 번역이 아닌 重譯이나 拔萃譯의 방식이 주를 이루면서 敎養水準으로 出版되어 왔다.

오늘날 東洋 三國 중에서 우리의 東洋學 연구가 가장 부진한 이유는, 東洋基本古典에 대한 폭넓은 이해의 부족과 漢文古典 讀解力의 저하에 기인함을 우리는 솔직히 인정하여야 한다. 따라서 이들 중국고전에 대한 신뢰할 만한 國譯이 이루어지는 것이 한국학 연구를 촉진시키는 시급한 先行課題라 할 수 있다.

이에 韓國學 및 東洋學의 연구와 古典現代化의 基盤構築을 위해서는, 전문기관으로 하여금 동양고전을 단기간에 각 분야의 專門 硏究者와 漢學者가 상호 협동하여 연구번역하여 飜譯의 傳統性과 效率性, 硏究의 專門性을 높일 수 있도록 政策的 配慮가 있어야 한다.

이에 本會에서는 元老 및 中堅 漢學者와 斯界의 專攻者로 하여금 協同硏究飜譯하여 공부하는 사람들이 믿고 引用하거나 깊이 있는 註釋 등을 활용할 수 있게 하고, 知識人들의 敎養을 증진시켜 줄 수 있는 東洋古典의 國譯書 간행을 지속적으로 추진해 왔다. 근래에 다행히 이 사업에 대하여 각계 지도층의 폭넓은 이해와 지원에 힘입어 2001년도부터 國庫補助를 받아 東洋古典譯註叢書를 간행하게 되었다. 이를 계기로 우리 先學의 註釋과 見解를 반영하는 등 국역사업의 內實을 기하게 되었음을 이 자리를 빌어 衷心으로 감사드리며, 아울러 國譯에 參與하신 관계자 여러분의 勞苦에 깊은 謝意를 표한다.

끝으로 우리의 이러한 작업은 오랜 역사 위에 축적된 先賢들의 業績과 現代學問을 이어주는 튼튼한 架橋와 礎石이 되어 진정한 韓國學과 東洋學 발전에 기여할 것을 굳게 믿으며, 21세기를 우리 文化의 世紀로 열어 가는 밑거름이 되도록 우리의 力量을 本 事業에 경주하고자 한다. 江湖諸賢의 부단한 관심과 지원을 기대해 마지않는다.

社團法人 傳統文化硏究會 會長 李啓晃

凡 例

1. 본서는 ≪譯註 韓非子集解≫의 제4책이다.
2. 본서의 底本은 ≪韓非子集解≫(王先愼, 中華書局, 1998)로 하되, ≪韓非子新校注≫(陳奇猷, 上海古籍出版社, 2000), ≪韓非子今注今譯≫(邵增樺, 臺灣商務印書館, 1983), ≪韓非子全譯≫(張覺, 貴州人民出版社, 1992), ≪新譯韓非子≫(傅武光・賴炎, 三民書局, 2007) 등을 참고하였다.
3. 본서는 원전의 傳統性과 번역의 現代性을 구현하기 위해 노력하였다.
4. 原文에는 우리나라 전통방식의 懸吐를 하였다.
5. 原文은 저본의 體制에 따라 단락을 구분하고, 각 단락마다 일련번호를 부여하였다.
6. 飜譯은 原義에 충실하게 하되, 이해가 어려운 부분은 意譯 또는 補充譯을 하였다.
7. 飜譯文은 한글과 漢字를 混用하였으며, 맞춤법과 띄어쓰기는 한글 맞춤법과 표준어 규정을 따르는 것을 원칙으로 하였다.
8. 譯註는 校勘, 異說, 인용문의 出典, 故事, 역사적 사건, 전문용어, 難解語, 人物, 制度, 官職 등에 관한 사항을 밝혔다.
9. 校勘은 원문의 誤字, 脫字, 衍字, 倒文 등을 대상으로 하였다.
10. 각 篇마다 간략한 해설을 달아 독자의 이해를 돕고자 하였다.
11. 圖版은 地圖, 人物, 故事, 器物 등을 수록하였으며, ≪增像全圖東周列國志≫, ≪三才圖會≫, ≪五經圖彙≫, ≪新定三禮圖≫, ≪中國歷代人物像傳≫, ≪萬古際會圖像≫ 등을 참고하였다.
12. 본서에 사용된 주요 符號는 다음과 같다.

“　”: 對話, 각종 引用

' ' : " " 안에서 再引用, 强調

「 」: ' ' 안에서 再引用, 强調

( ) : 원문에서는 讀音이 특수한 글자나 僻字의 音

번역문에서는 간단한 譯註

〔 〕: 번역문과 뜻은 같으나 音이 다른 漢字나 句節, 譯註에서 인용한 原文.

≪ ≫ : 書名

〈 〉: 篇章名, 作品名, 補充譯

○ : 저본에 사용된 李瓚의 舊注와 王先謙의 集解 구분 표시 遵用

13. 본서의 校勘에 사용된 符號는 다음과 같다.

( )〔 〕: (저본의 誤字)〔교감한 正字〕

〔 〕: 저본의 脫字 補充

( ) : 저본의 衍字

14. ≪韓非子集解≫에서 諸家들이 참고한 書目의 略稱과 槪要는 다음과 같다.

- 乾道本 : 南宋 乾道 改元(1165)에 黃三八郞이 印刊한 본이다. 현재 추론할 수 있는 ≪韓非子≫의 가장 오래된 판본이지만 원본은 전하지 않는다. 현존하는 乾道本은 모두 원본을 새로 影印한 本이거나 倣刻本이다.
- 迂評本 : 明 萬曆 6년(1578)에 無門子라고 자칭한 吳郡 사람 兪氏가 何犿의 ≪韓非子≫ 주석본을 입수하여 訂正하고 評注한 본이다. 모두 53편으로 구성되어 있으며, ≪韓子迂評≫이라는 이름으로 판각하였다.
- 道藏本 : 道家經傳의 總集 가운데 하나로서 明 正統 10년(1445)에 판각되었다. 비교적 이른 시기의 판본으로서 가치가 높으며, 모두 53편이 수록되어 있다.
- 趙用賢本 : 明 萬曆 10년(1582)에 趙用賢이 처음으로 완결본인 55편의 宋本 ≪韓非子≫를 입수하여 교감·교정한 뒤에 출간한 것이다. 趙本이라고도 한다.
- 張榜本 : 明나라 張榜의 刻本이다. 趙用賢本을 토대로 節錄하여 萬曆 39년(1611)에 ≪韓非子纂≫ 2권으로 간행한 것이다.
- 張本 : 張鼎文本을 말한다. 張鼎文은 明나라 사람으로, 嘉靖 37년(1558)에 간행한 潁東書院本이 있고, 가정 44년(1565)에 간행한 본이 있다.

- 凌本 : 凌瀛初本을 말한다. 凌瀛初는 明나라 말기 書籍出版業者 가운데 한 사람이다. 盧文弨가 ≪韓非子≫를 校勘할 때 凌瀛初가 雕版하여 印出한 본을 사용하였다.

15. ≪韓非子集解≫에서 王先愼이 인용한 주요 註釋家는 다음과 같다.

- 李瓚 : 생몰년 미상. ≪韓非子集解≫ 舊注를 지었다. 唐나라 李宗閔의 아들로 ≪舊唐書≫ 권176에 벼슬이 한림학사에 올랐다는 기록이 보인다. ≪新唐書≫ 권174와 ≪唐語林≫ 권6에도 관련 내용이 보이나, 자세한 일기는 전하지 않는다.
- 盧文弨(1717~1795) : 淸나라의 校勘學者이자 藏書家이다. 학문을 좋아하여 戴震·段玉裁 등과 친하였으며 漢字에 전념하여 古籍의 校勘으로 크게 이름을 알렸다. 그가 교감한 고적으로는 ≪逸周書≫·≪孟子音義≫·≪荀子≫·≪呂氏春秋≫·≪韓詩外傳≫·≪春秋繁露≫ 등이 있고, 著書에는 ≪抱經堂集≫·≪禮儀注疏詳校≫·≪鍾山箚記≫·≪龍城箚記≫·≪廣雅釋天以下注≫ 등이 있다.
- 王念孫(1744~1832) : 淸나라 江蘇 高郵 사람으로, 자는 懷祖, 호는 石臞이다. 戴震에게 수학하였다. 工部主事, 永定河道 등의 벼슬을 지냈다. 音韻學, 文字學, 訓詁學에 조예가 깊었으며, 校勘을 잘하였다.
- 王引之(1766~1834) : 王念孫의 아들로, 자는 伯申, 호는 曼卿이다. 嘉慶 연간에 進士가 되어 宣宗 때 工部尙書까지 지냈다. 부친의 학통을 이어받아 訓詁學의 높은 경지에 이르렀고, ≪經義述聞≫·≪經傳釋辭≫ 등을 저술하였다.
- 顧廣圻(1766~1835) : 淸나라의 유명한 校勘學者이자 藏書家이다. ≪說文解字≫·≪禮記≫·≪儀禮≫·≪國語≫·≪戰國策≫·≪文選≫ 등 많은 서적을 교감하여 乾隆·嘉慶 연간에 盧文弨와 함께 최고로 일컬어졌다.
- 張文虎(1808~1885) : 淸나라의 經學家이자 校勘學者이다. 그가 교감한 책으로는 ≪守山閣叢書≫ 18종과 ≪續藝海珠塵≫·≪千癸集≫·≪小萬卷樓叢書≫ 등이 있다. 저서에는 ≪舒藝室雜著≫·≪鼠壤餘蔬≫·≪周初朔望考≫·≪懷舊雜記≫·≪索笑詞≫·≪舒藝室隨筆≫·≪古今樂律考≫·≪春秋朔閏考≫ 등이 있다.
- 兪樾(1821~1907) : 淸나라 말기 文學·經學·古文字學·書法 등에 저명했던 학자이다. 道光 30년(1850) 進士에 급제하여 翰林院 編修를 지냈다. 經學을 학문의 기본으로 삼았으나 諸子學·史學·訓詁學 및 戱曲·詩詞·小說·書法 등에도 두루 통하

였다. 저서에 ≪群經平議≫·≪諸子平議≫·≪茶香室經說≫·≪書疑義學例≫·≪春在堂全書≫ 등이 있다.

- 王先謙(1842~1917) : 淸나라 말기의 經學家이자 考證學者이다. 同治 연간에 進士에 급제하였다. 曾國藩에게 師事하여 당시 學界의 泰斗로 칭송받았고, 國子監 祭酒를 역임하였다. ≪續皇淸經解≫·≪十朝東華錄≫·≪續古文辭類纂≫ 등을 編刊하였고, 저서에는 ≪漢書補注≫·≪水經注合箋≫·≪後漢書集解≫·≪荀子集解≫·≪莊子集解≫·≪詩三家義集疏≫·≪虛受堂詩文集≫ 등이 있다.

參考書目

◇ 底本

- ≪韓非子集解≫, 王先愼, 中華書局, 1998.

◇ 底本 관련자료

- ≪韓非子集釋≫, 陳奇猷 校注, 河洛圖書出版社, 1974.
- ≪韓非子校注≫, 依田利用 著, 汲古書院, 1980.
- ≪增訂韓非子校釋≫, 陳啓天 著, 臺灣商務印書館, 1994.
- ≪韓非子新校注≫, 陳奇猷 校注, 上海古籍出版社, 2000.
- ≪韓非子校注≫, 周勳初 著, 鳳凰出版社, 2009.
- ≪韓非子校疏析論≫, 張覺 撰, 知識產權出版社, 2011.
- ≪韓非子譯注≫, 張覺 撰, 上海古籍出版社, 2012.
- ≪韓非子正宗≫, 馬銀琴 著, 華夏出版社, 2014.

◇ 經部

- ≪經傳釋詞≫, 王引之 撰, 黃侃・楊樹達 批本, 岳麓書社, 1982.
- ≪經典釋文≫, 陸德明 撰, 文淵閣四庫全書, 臺灣商務印書館, 1986.
- ≪廣雅≫, 張揖 撰, 文淵閣四庫全書, 臺灣商務印書館, 1986.
- ≪論語集註大全≫, 朱熹 集註, 胡廣 等 編, 朝鮮 內閣本, 影印本, 學民文化社.
- ≪大戴禮記詳解≫, 王聘珍 撰, 中華書局, 1989.
- ≪大學章句大全≫, 朱熹 集註, 胡廣 等 編, 朝鮮 內閣本, 影印本, 學民文化社.
- ≪孟子集註大全≫, 朱熹 集註, 胡廣 等 編, 朝鮮 內閣本, 影印本, 學民文化社.

- ≪書傳大全≫, 蔡沈 集傳, 胡廣 等 編, 朝鮮 內閣本, 影印本, 學民文化社.
- ≪說文解字≫, 許愼 撰, 文淵閣四庫全書, 臺灣商務印書館, 1986.
- ≪說文解字注≫, 段玉裁 撰, 文淵閣四庫全書, 臺灣商務印書館, 1986.
- ≪詩傳大全≫, 朱熹 集傳, 胡廣 等 編, 朝鮮 內閣本, 影印本, 學民文化社.
- ≪禮記集說大全≫, 陳澔 集說, 胡廣 等 編, 朝鮮 內閣本, 影印本, 學民文化社.
- ≪玉篇≫, 顧野王 撰, 文淵閣四庫全書, 臺灣商務印書館, 1986.
- ≪儀禮注疏≫, 鄭玄 注, 賈公彦 疏, 北京大學出版社, 1999.
- ≪爾雅注疏≫, 郭璞 注, 邢昺 疏, 北京大學出版社, 1999.
- ≪周禮注疏≫, 鄭玄 注, 賈公彦 疏, 北京大學出版社, 1999.
- ≪周易傳義大全≫, 程頤 傳, 朱熹 本義, 胡廣 等 編, 朝鮮 內閣本, 影印本, 學民文化社.
- ≪中庸章句大全≫, 朱熹 集註, 胡廣 等 編, 朝鮮 內閣本, 影印本, 學民文化社.
- ≪集韻≫, 丁度 等 編, 上海古籍出版社, 1985.
- ≪春秋穀梁傳注疏≫, 范寧 註, 楊士勛 疏, 北京大學出版社, 2000.
- ≪春秋公羊傳注疏≫, 何休 註, 徐彦 疏, 北京大學出版社, 2000.
- ≪春秋左氏傳注疏≫, 杜預 註, 孔穎達 疏, 北京大學出版社, 2000.
- ≪韓詩外傳≫, 韓嬰 撰, 文淵閣四庫全書, 臺灣商務印書館, 1986.
- ≪孝經注疏≫, 唐 玄宗 注, 邢昺 疏, 北京大學出版社, 1999.

◇ 史 部

- ≪舊唐書≫, 劉昫 撰, 中華書局, 1975.
- ≪國語≫, 左丘明 撰, 文淵閣四庫全書, 臺灣商務印書館, 1986.
- ≪史記≫, 司馬遷 撰, 中華書局, 1999.
- ≪史記索隱≫, 司馬貞 編, 文淵閣四庫全書, 臺灣商務印書館, 1986.
- ≪史記正義≫, 張守節 撰, 文淵閣四庫全書, 臺灣商務印書館, 1986.
- ≪史記集解≫, 裴駰 撰, 文淵閣四庫全書, 臺灣商務印書館, 1986.
- ≪水經注≫, 酈道元 撰, 文淵閣四庫全書, 臺灣商務印書館, 1986.
- ≪新唐書≫, 歐陽脩・宋祁 撰, 中華書局, 1975.

- ≪晏子春秋≫, 晏嬰 撰, 文淵閣四庫全書, 臺灣商務印書館, 1986.
- ≪戰國策≫, 劉向 撰, 高誘 注, 文淵閣四庫全書, 臺灣商務印書館, 1986.
- ≪漢書≫, 班固 撰, 中華書局, 1962.
- ≪後漢書≫, 范曄・司馬彪 撰, 中華書局. 1965.

◇ 子 部

- ≪古今事文類聚≫, 祝穆 撰, 文淵閣四庫全書, 臺灣商務印書館, 1986.
- ≪孔子家語≫, 王肅 注, 文淵閣四庫全書, 臺灣商務印書館, 1986.
- ≪管子≫, 管仲 撰, 文淵閣四庫全書, 臺灣商務印書館, 1986.
- ≪括地志輯校≫, 李泰 撰, 中華書局, 2005.
- ≪群書拾補≫, 盧文弨 撰, 中華書局, 1985.
- ≪群書治要譯注≫, 魏徵 等 撰, 中國書店出版社, 2012.
- ≪老子≫, 王弼 注, 文淵閣四庫全書, 臺灣商務印書館, 1986.
- ≪論衡≫, 王充 撰, 文淵閣四庫全書, 臺灣商務印書館, 1986.
- ≪讀書雜志≫, 王念孫 著, 江蘇古籍出版社, 2000
- ≪墨子≫, 墨翟 撰, 文淵閣四庫全書, 臺灣商務印書館, 1986.
- ≪白虎通義≫, 班固 撰, 文淵閣四庫全書, 臺灣商務印書館, 1986.
- ≪說苑≫, 劉向 撰, 文淵閣四庫全書, 臺灣商務印書館, 1986.
- ≪世說新語≫, 劉義慶 撰, 文淵閣四庫全書, 臺灣商務印書館, 1986.
- ≪尸子≫, 尸佼 撰, 文淵閣四庫全書, 臺灣商務印書館, 1986.
- ≪新書≫, 賈誼 撰, 文淵閣四庫全書, 臺灣商務印書館, 1986.
- ≪新序≫, 劉向 撰, 文淵閣四庫全書, 臺灣商務印書館, 1986.
- ≪愼子≫, 愼到 撰, 文淵閣四庫全書, 臺灣商務印書館, 1986.
- ≪申子≫, 申不害 撰, 文淵閣四庫全書, 臺灣商務印書館, 1986.
- ≪揚子法言≫, 揚雄 撰, 李軌・柳宗元 注, 文淵閣四庫全書, 臺灣商務印書館, 1986.
- ≪呂氏春秋≫, 呂不韋 編, 高誘 注, 文淵閣四庫全書, 臺灣商務印書館, 1986.
- ≪列子≫, 張湛 注, 文淵閣四庫全書, 臺灣商務印書館, 1986.

- 《藝文類聚》, 歐陽詢 撰, 文淵閣四庫全書, 臺灣商務印書館, 1986.
- 《日知錄》, 顧炎武 撰, 文淵閣四庫全書, 臺灣商務印書館, 1986.
- 《莊子集釋》, 莊周 撰, 郭象 注, 陸德明 釋文, 成玄英 疏, 郭慶藩 輯, 中華書局, 1961.
- 《諸子平議》, 兪樾 著, 中華書局, 1954.
- 《太平御覽》, 李昉 等 撰, 文淵閣四庫全書, 臺灣商務印書館, 1986.
- 《淮南子》, 劉安 撰, 高誘 注, 文淵閣四庫全書, 臺灣商務印書館, 1986.

◇ 集 部

- 《文選》, 蕭統 撰, 文淵閣四庫全書, 臺灣商務印書館, 1986.
- 《二程文集》, 程頤・程顥 撰, 文淵閣四庫全書, 臺灣商務印書館, 1986.
- 《楚詞補註》, 洪興祖 撰, 文淵閣四庫全書, 臺灣商務印書館, 1986.

◇ 硏究論著 및 飜譯書

〔韓 國〕

- 《한비자》, 성동호 역, 홍신문화사, 2008.
- 《한비자 : 난세 리더십의 보고》, 신동준 역, 인간사랑, 2012.
- 《한비자》(전2권), 이운구 역, 한길사, 2012.
- 《한비자》(전5권), 임동석 역, 동서문화사, 2013.
- 《한비자 정독》, 김예호 역, 삼양미디어, 2014.
- 《한비자 : 군주론과 제왕학의 고전》, 김원중 역, 휴머니스트, 2016.

〔中 國〕

- 《圖解韓非子》, 崇賢書院 釋解, 黃山書社, 2015.
- 《新譯韓非子》, 傅武光・賴炎元 譯, 三民書局, 2009.
- 《韓非子全譯》, 張覺 撰, 貴州人民出版社, 1992.
- 《韓非子全譯》, 陳明・王靑 譯, 巴蜀書社, 2008.
- 《韓非子今注今譯》, 邵增樺 注譯, 臺灣商務印書館, 1983.

〔日 本〕

- ≪新釋漢文大系 韓非子≫, 竹內照夫 著, 明治書院, 1984.
- ≪新譯韓非子≫, 西野廣祥 著, PHP硏究所, 2008.
- ≪新釋韓非子≫, 守屋洋 著, PHP硏究所, 2015.
- ≪全釋漢文大系 韓非子≫, 太田方 著, 集英社, 1983.
- ≪超譯韓非子≫, 中島孝志 著, 知的生きかた文庫, 2015.
- ≪韓非子≫, 金谷治 注, 岩波書店, 1994.

◇ 데이터베이스(DB) 자료

- 한국고전종합DB (http://db.itkc.or.kr).
- 동양고전종합DB (http://db.cyberseodang.or.kr).
- 尙友千古 (http://www.s-sangwoo.kr).
- 電子版 文淵閣四庫全書, 上海古籍出版社.

目 次

第三十五 外儲說 右下篇 제35편 외저설 우하

본편은 군주가 정치의 성공을 거두기 위한 다섯 가지 法術을 제시하였다.

첫째, 군주는 賞罰의 권한을 신하들과 공유하지 않는다.

둘째, 군주는 신하에 대한 상벌을 엄정히 해야 한다. 군주는 臣民에게 사사로이 사랑을 줄 필요가 없고, 신하는 군주에게 사력을 다해 공을 세워야 할 뿐 사사로이 충성할 필요는 없으니, 곧 仁政보다는 法治에 중점을 두어야 한다.

셋째, 군주가 權奸의 농간과 찬탈을 방지하기 위해서는 권세를 신하에게 넘겨주지 말고 유세를 경계하여 속임수에 넘어가지 않아야 한다.

넷째, 군주는 관리를 다스려야지 백성은 다스리지 않는다.

다섯째, 術을 두고 사리에 따라 정사를 처리해야 한다.

○先愼曰 乾道本에 無下字어늘 顧廣圻云 今本有下字라하니 今據補라

○王先愼：乾道本에 〈'右下'의〉 '下'자가 없는데, 顧廣圻는 "今本에 '下'자가 있다."라고 하였으니, 지금 이에 의거하여 보충하였다.

〔經一〕[1)]

35-1 賞罰共則禁令不行이라

賞罰의 권한을 〈군주와 신하가〉 함께 장악하면 禁令이 행해지지 않는다.

令臣操之라 故曰共也라

舊注：신하로 하여금 〈賞罰을〉 잡게 하기 때문에 '共'이라 한 것이다.

35-2 何以明之오 〔明之〕[2)]以造父(보)於期[3)]니라

1) 〔經一〕：저본에는 '經'자가 없으나, 아래의 說과 구분하기 위하여 보충하였다. 아래의 경우도 같다.

무엇으로 증명할 수 있는가? 造父와 於期(王良)의 예로써 증명할 수 있다.

既善馭馬하고 **又能〔使馬〕**[4] **忍渴**이라도 **及至〔出〕**[5]**彘趨飮**하야는 **遂不能制**라 ○**盧文弨曰 注渴誤得**이라 **先愼曰 趙本**에 **渴作竭**이니 **亦誤**라

舊注 : 이미 말을 잘 몰고 또 말로 하여금 목마름을 참을 수 있게 하였더라도, 〈갑자기〉 돼지가 뛰쳐나오거나 물을 마시려고 말이 달려가는 때에 이르러서는 마침내 통제하지 못하였다.

○盧文弨 : 舊注에 '渴'은 '得'으로 잘못되어 있다.

王先愼 : 趙本에 '渴'은 '竭'로 되어 있으니, 역시 잘못되었다.

35-3 **子罕**은 **爲出彘**[6]하고

子罕은 갑자기 뛰쳐나온 돼지 같았고,

罕行罰에 **一國畏之**요 **因簒君**하니 **亦威分出彘之類也**라

舊注 : 子罕이 형벌을 시행하여 온 나라가 두려워하였고, 이어 군주의 지위를 찬탈하였으니, 역시 갑자기 뛰쳐나온 돼지에 威力이 분산된 것과 같은 유이다.

---

2) 〔明之〕: 저본에는 '明之'가 없으나, ≪韓非子新校注≫ 陳奇猷의 설에 의거하여 보충하였다.

3) 〔明之〕以造父(보)於期 : 趙父가 고삐와 채찍을 자유자재로 구사하여 말을 잘 부렸지만, 갑자기 돼지가 뛰쳐나와 말이 놀라자 그도 어쩔 수 없었으며, 王於期는 고삐와 채찍을 사용하지 않고도 말이 좋아하는 것을 이용해서 말을 잘 훈련시켰지만, 원림의 연못을 지날 때 말이 연못을 향해 뛰쳐나갔다. 일설의 내용에는 말이 연못으로 달려간 것은 造父의 일이고, 돼지에 말이 놀란 것은 王於期의 일로 나온다. 자세한 내용은 아래의 35-35~48 참조.

造趙父는 周 穆王의 御者로서 穆王의 천하 주유를 수행하였고, 徐彦王이 반란을 일으키자 八駿馬를 몰아 하루에 천릿길을 달려 반란을 진압하였다고 한다.(≪史記≫〈趙世家〉) 於期는 춘추시대 晉나라 사람으로 趙襄子의 말을 몰던 王良을 가리킨다.(≪孟子≫〈滕文公 下〉) 본편의 뒤에는 '王子於期'로 나오고, ≪韓非子≫〈喩老篇〉에는 '王於期'로 나온다.

4) 〔使馬〕: 저본에는 '使馬'가 없으나, ≪韓非子新校注≫ 陳奇猷의 설에 의거하여 보충하였다.

5) 〔出〕: 저본에는 '出'이 없으나, ≪韓非子新校注≫ 陳奇猷의 설에 의거하여 보충하였다.

6) 子罕 爲出彘 : 子罕이 사형이나 형벌을 가하는 권한을 군주에게 위임받아 행사하였고, 이를 계기로 뒤에 군주를 시해하고 정권을 탈취한 일이다. 자세한 내용은 아래의 35-49~50, 59~61 참조. 子罕은 戰國時代 宋나라 桓侯의 司城이었던 皇喜의 字이다. 당시 執政이었던 太宰 戴驩과 정권을 다투다가 桓侯를 시해하고 스스로 즉위하여 宋君이 되었다.(≪史記≫〈鄒陽列傳〉)

35-4 田恒은 爲圃池[7)]라

田恒은 원림의 연못 같았다.

擅行賞에 人歸之요 因弑簡公하니 亦分圃池之比也라

舊注 : 제멋대로 포상을 행사하여 民心이 그에게 돌아갔고, 이어 齊 簡公을 시해하였으니, 역시 원림의 연못에 분산된 것에 비유된다.

35-5 故宋君簡公弑하니 患在王良造父(보)之共車요 田連成竅之共琴[8)]也니라

그러므로 宋 桓侯와 齊 簡公이 시해되었으니, 그런 우환은 王良과 造父가 함께 수레를 몰고, 田連과 成竅가 함께 琴을 탄 데 있다.

王造誠能御車나 使共操轡면 則不進이요 田成信善琴이나 令共操彈이면 則曲不成이라 君臣共賞도 亦由是也라

舊注 : 王良과 造父가 수레를 참으로 잘 몰았으나 함께 고삐를 잡게 하면 〈수레가〉 나아가지 않을 것이고, 田連과 成竅가 琴을 참으로 잘 탔으나 함께 〈琴을〉 타게 하면 곡조가 이루어질 수 없을 것이다. 군주와 신하가 賞을 주는 권한을 함께 가지는 것도 이와 같다.

〔經二〕

35-6 治强은 生於法하고 弱亂은 生於阿하니

---

7) 田恒 爲圃池 : 齊 簡公이 형벌을 무겁게 하였으나, 田恒은 백성들에게 은덕을 베풀어 마치 목마른 말이 향해 달려가는 원림의 연못 구실을 한 일이다. 자세한 내용은 아래의 35-51~52 참조. 田恒은 春秋時代 齊나라 權臣 田成子를 말한다. 제 간공을 시해하고 平公을 세워 제나라의 정권을 잡았고, 그의 증손 田和가 제후가 되어 제나라를 차지하였다.(≪春秋≫ 哀公 14년)

8) 田連成竅之共琴 : 아무리 뛰어난 琴의 명수라고 함께 琴을 연주하면 곡조를 제대로 이룰 수 없다는 것이다. 자세한 내용은 아래의 35-41~43 참조. 田連과 成竅는 春秋時代 琴의 명수로 추측되나, 자세한 生平은 알 수 없다.

나라가 잘 다스려지고 강성해지는 것은 법을 제대로 행하는 데서 비롯되고, 나라가 약해지고 어지러워지는 것은 법을 그릇되게 행하는 데서 비롯되니,

法曲則亂이라

舊注 : 법을 그릇되게 행하면 나라가 어지러워진다.

35-7 君明於此면 則正賞罰而非仁下也니라

군주가 이를 명확하게 알면 賞罰을 바르게 시행하고 아랫사람에게 仁으로 대하지는 않을 것이다.

○先愼曰 乾道本에 無而字라 顧廣圻云 藏本今本은 非上에 有而字라하니 今據增이라 今本에 仁下作不仁이니 誤라

○王先愼 : 乾道本에 '而'자가 없다. 顧廣圻는 "藏本과 今本에는 '非'자 위에 '而'자가 있다."라고 하였으니, 지금 이에 의거하여 〈'而'자를〉 보충하였다. 今本에 '仁下'가 '不仁'으로 되어 있으니, 잘못되었다.

35-8 爵祿은 生於功하고

작위와 녹봉은 공적에 따라 얻게 되고,

功立則爵生이라

舊注 : 공적을 세우면 작위를 얻는다.

35-9 誅罰은 生於罪하니

형벌은 죄에 따라 받게 되니,

罪著則罰生이라

舊注 : 죄가 드러나면 벌을 받는다.

35-10 臣明於此면 則盡死力而非忠君也니라

신하가 이를 명확하게 안다면 〈공적을 세우기 위해〉 죽을힘을 다하고 군주에게 충성하지는 않을 것이다.

○先愼曰 乾道本에 無非字라 顧廣圻云 今本은 而下有非字니 按依上文而當作非라하니라 先愼按 上脫而字하고 此脫非字니 竝改從今本이라

王先愼 : 乾道本에 '非'자가 없다. 顧廣圻는 "今本은 '而'자 아래에 '非'자가 있다. 살펴보건대 윗글에 의거하면 '而'는 '非'가 되어야 한다."라고 하였다. 내가 살펴보건대 윗글에는 '而'자가 탈락되었고, 여기는 '非'자가 탈락되었으니, 모두 今本에 따라 고쳤다.

35-11 君通於不仁하고 臣通於不忠하면 則可以王矣니라

군주가 仁으로 대하지 않아야 하는 원칙에 대해 통달하고, 신하가 충성하지 않아야 하는 이치에 통달하면 왕 노릇 할 수 있다.

○先愼曰 上欲治强이면 則必正法이라 故不仁이라 下欲爵祿하야 乃盡死力이라 故非忠君이라

○王先愼 : 군주가 나라를 잘 다스리고 강성해지게 하고자 한다면 반드시 법을 바르게 시행해야 하기 때문에 仁으로 대하지 않는 것이다. 신하는 작위와 녹봉을 원하여 죽을힘을 다하기 때문에 군주에게 충성하지 않는 것이다.

35-12 昭襄知主情일새

秦 昭襄王은 군주의 마음가짐을 알았으므로

但當自求理以訾責也라 百姓但當仰君하고 亦不須曲爲愛라 故君疾而禱者를 責之以二甲이라

舊注 : 〈군주는〉 단지 스스로 이치를 구해 질책할 뿐이다. 백성은 단지 군주를 우러러볼 뿐이지 또한 그릇되게 사랑할 필요는 없다. 그러므로 군주가 병들자 기도를 올린 백성에게 갑옷 두 벌의 벌금으로 질책한 것이다.

35-13 而不發五苑[9]하고

다섯 정원의 〈채소와 과일을〉 방출하지 않았고,

應侯欲發蔬果以救飢人하니 昭王以爲無功受賞이라하야 因止之也라

舊注 : 應侯가 채소와 과일을 방출하여 飢民을 구제하고자 하니, 昭王(昭襄王)이 공이 없이 상을 받는 것이라고 여겼으므로 그만두게 하였다.

35-14 田鮪知臣情이라

田鮪는 신하의 마음가짐을 알았으므로

但當立功이니 蓋因不須私忠於上也라

舊注 : 〈신하는〉 단지 공을 세워야 할 뿐이니, 따라서 군주에게 사사로이 충성할 필요가 없다.

35-15 故敎田章[10)]하고

아들 田章을 가르쳤고,

鮪敎子章曰 富國이면 家自富하고 利君이면 身自利也라하니라

舊注 : 田鮪가 아들 田章을 가르쳐 말하기를 "나라를 부유하게 만들면 집안이 자연히 부유하게 되고, 군주를 이롭게 하면 자신은 자연히 이롭게 된다."라고 하였다.

35-16 而公儀辭魚[11)]하니라

公儀가 물고기를 사양하였다.

---

9) 昭襄知主情 而不發五苑 : 秦나라에 기근이 들어 백성들이 주리더라도 다섯 정원의 채소와 과일을 공이 없이 나눠주지 않는 원칙을 지킨 일이다. 자세한 내용은 아래의 35-72~75 참조.

10) 田鮪知臣情 故敎田章 : 田鮪가 신하의 도리로 아들 田章을 가르친 일이다. 자세한 내용은 아래의 35-76~79 참조. 田鮪와 田章의 生平은 미상이다.

11) 公儀辭魚 : 公儀는 魯나라의 相으로서 생선을 좋아하였으되 온 나라 사람이 보내온 생선을 받지 않았는데, 그 까닭을 묻자 법을 어겨 벌을 받는다면 좋아하는 생선을 스스로 구해 먹지도 못하는 신세가 될 것이라고 답하였다. 자세한 내용은 아래의 35-80~84 참조. 公儀는 魯 穆公 때의 相으로, 公儀는 성이고, 이름은 休이다.(≪史記≫ 〈循吏列傳〉)

以爲違法受魚면 則失魚라 故不受라 ○盧文弨曰 注一本(爲)〔違〕[12)]誤作達하고 脫故字라

舊注 : 법을 어기고 물고기를 받으면 〈결과적으로〉 물고기를 잃게 되기 때문에 받지 않은 것이다.

○盧文弨 : 舊注는 어떤 本에 '違'가 '達'로 잘못되어 있고, '故'자는 탈락되었다.

〔經三〕

35-17 (明)〔人〕[13)]主者 鑑於外也나 而外事不得不成이라 故蘇代非齊王[14)]하고

군주가 외국의 일을 거울로 삼으려고 하지만 외국의 일을 〈국내 사정에 딱 맞게〉 비추어 볼 수 없으면 뜻을 이룰 수 없다. 그러므로 蘇代가 齊王(齊 宣王)을 비난하였고

以令燕王專任子之라 故不專任이면 終不成霸라

舊注 : 燕王이 子之를 오로지 신임하게 하였다. 그러므로 오로지 신임하지 않으면 끝내 패업을 이룰 수 없는 것이다.

35-18 人主鑑於上也나

12) (爲)〔違〕: 저본에는 '爲'로 되어 있으나, ≪群書拾補≫에 의거하여 '違'로 바로잡았다.

13) (明)〔人〕: 저본에는 '明'으로 되어 있으나, 陳奇猷의 ≪韓非子新校注≫에 의거하여 '人'으로 바로잡았다.

14) 蘇代非齊王 : 蘇代가 燕나라에 사신을 가서 齊나라 왕이 신하를 신뢰하지 않는다고 비난함으로써, 燕나라 왕이 子之에게 전권을 넘겨주도록 유도한 일이다. 자세한 내용은 아래의 35-85~88 참조.

蘇代는 전국시대 周나라 출신 유세객이다. 합종책을 주장한 蘇秦의 아우로서, 齊나라 宣王, 湣王 때 제나라 연나라 사이를 오가며 유세하였다. 齊王은 齊나라 宣王을 가리킨다. 성은 田氏이고 이름은 辟疆이다. 연나라에 내란이 일어난 틈을 이용해 병사를 일으켜 연나라를 점령하였다가 물러났으며, 楚나라와 연합해 제후와 전쟁을 벌였다가 濮水에서 대패하였다. 稷下에 學宮을 설치하여 학자를 초빙하고 강학・토론하도록 하였다.

군주가 고대의 일을 거울로 삼으려고 하지만

○盧文弨曰 上은 張本에 作士라 顧廣圻曰 藏本에 上作士어늘 按此當作下라 先愼曰 上字不誤니 上은 謂上古也라 蘇代非齊와 潘壽言禹는 是一橫說이요 一豎說이니 兩事比勘하면 語極明顯이라 張榜本에 亦誤作士라

○盧文弨 : '上'은 張本에 '士'로 되어 있다.

顧廣圻 : 藏本에 '上'이 '士'로 되어 있는데, 살펴보건대 이 글자는 '下'가 되어야 한다.

王先愼 : '上'자는 잘못된 글자가 아니니, '上'은 上古를 말한다. '蘇代非齊'와 '潘壽言禹'는, 하나는 횡적(공시적)으로 말한 것이고, 하나는 종적(통시적)으로 말한 것이니, 두 가지 일을 비교하여 살펴보면 말이 매우 분명하게 드러난다. 張榜本에도 '士'로 잘못되어 있다.

35-19 而居者[15)]不適[16)]不顯이라 故潘壽言禹情[17)]하니라

隱者는 〈權臣에게〉 영합하지 않으면 현달하지 못한다. 그러므로 潘壽가 禹임금의 일을 말하였다.

欲媚子之라 故謂燕王言禹傳位於益하야 終令啓取之하니 王遂崇子之라

舊注 : 子之에게 아첨하고자 하였으므로 燕王에게 禹임금이 益에게 왕위를 전하여 끝내 啓로 하여금 왕위를 차지하게 하였음을 말하였으니, 마침내 왕이 子之를 높여준 것이다.

35-20 人主無所覺悟나

---

15) 居者 : 벼슬하지 않고 은둔한 선비로, 곧 居士・隱者와 같다.

16) 適 : 영합한다는 뜻이다. 곧 子之의 입장에서 權臣 子之에게 영합하지 않고서는 현달할 수 없다는 말이다. 35-96의 "今巖穴之士徒 皆私門之舍人也(지금 산중 동굴에 은거하는 선비들은 모두 사사로운 權門의 식객이다.)"라고 한 말과 관련된다.

17) 潘壽言禹情 : 은자 潘壽가 燕나라 왕에게 禹임금이 신하 伯益에게 천하를 물려주려고 하였으나 측근 신하들이 禹임금의 아들 啓를 지지하여 伯益을 공격하고 啓를 세운 것을 말하여, 관리들의 印章을 거두어 모두 子之에게 줌으로써 子之에게 전권이 넘어가도록 한 일이다. 자세한 내용은 아래의 35-89~98 참조.

군주는 〈이 이치에 대해〉 깨닫지 못하였으나,

○先愼曰 拾補에 悟作寤라

○王先愼 : ≪群書拾補≫에 '悟'는 '寤'로 되어 있다.

35-21 方吾知之라 故恐同衣(於)〔同〕[18]族[19]이어든 而況借於權乎아

方吾는 알았으므로 같은 옷을 입거나 동족과 함께 지내는 것을 두려워하였는데, 하물며 권세를 빌려주는 경우이겠는가!

方吾知人皆知己하야 不與同服者共車하고 同族者共家하니 恐其因同而擅己어든 況君權可借臣乎아 ○顧廣圻曰 衣於는 當作於衣니 舊注未譌라

舊注 : 方吾는 남이 모두 자기를 안다고 여기어 같은 옷을 입은 자와는 수레를 같이 타지 않고, 동족과는 같은 집에 살지 않았으니, 같은 것으로 인해 자기 맘대로 할까 두려워했는데, 더욱이 군주의 권한을 신하에게 빌려줄 수 있겠는가.

○顧廣圻 : '衣於'는 '於衣'가 되어야 하니, 舊注는 잘못되지 않았다.

35-22 吳章知之라 故說以佯[20]이어든 而況借於誠乎아 趙王惡(오)虎目而壅[21]하니라 明主之道는

吳章은 〈이 이치를〉 알았으므로 거짓으로 〈속내를 보이는 것에 대해〉 말했는데, 하물며 진심을 드러내 보이는 경우이겠는가! 趙나라 왕(孝成王)은 범의 눈매를 싫

18) (於)〔同〕 : 저본에는 '於'로 되어 있으나, "'於'는 '族'자로 인해 잘못 들어간 衍文이고, '同'자가 탈락되었다."라고 한 ≪韓非子新校注≫ 陳奇猷의 설에 의거하여 '同'으로 바로잡았다.

19) 方吾知之 故恐同衣(於)〔同〕族 : 方吾가 밖에 나갈 때 같은 옷을 입은 자와 같은 수레를 타지 않고, 거처할 적에 동족과 함께 한집에 살지 않은 일이다. 자세한 내용은 아래의 35-99~101 참조. 方吾는 미상이다.

20) 吳章知之 故說以佯 : 吳章이 韓 宣王에게 군주는 거짓으로 사람을 사랑하거나 미워해서는 안 된다고 한 일이다. 자세한 내용은 아래의 35-102~104 참조. 吳章은 미상이다.

21) 趙王惡(오)虎目而壅 : 趙王이 원림에 있는 범의 눈매가 매서운 것을 느꼈으되, 측근 平陽君의 위협은 외면한 일이다. 자세한 내용은 아래의 35-105~109 참조. 趙王은 戰國時代 趙孝成王으로, 이름은 丹이다.

어했으면서도 〈권신에 대해서는〉 눈을 가렸다. 현명한 군주의 道는

王〔觀〕圃中虎目而惡之한대 左右或言平陽君之目甚於虎目이라하니 遂殺言者라 ○王先謙曰 注王下奪觀字라 先愼曰 趙本注에 平陽君之目의 目譌自라

舊注 : 왕이 원림 안에서 기르는 호랑이의 눈을 보고 싫어하자, 측근신하들 가운데 어떤 사람이 平陽君의 눈이 호랑이의 눈보다 더 매섭다고 하였는데, 결국 〈평양군이〉 그 말을 한 자를 죽였다.

○王先謙 : 舊注의 '王' 아래에 '觀'자가 탈락되었다.

王先愼 : 趙本의 舊注에 '平陽君之目'의 '目'이 '自'로 잘못되어 있다.

35-23 如周行人之卻衛侯[22)]也라

周나라 行人이 衛侯(衛 文公)를 물리친 것과 같다.

衛侯(君)[23)]名辟疆일새 行人이 以辟疆天子同號라 故不令朝하고 改名然後納之라 ○先愼曰 注衛侯는 張榜本趙本에 竝作君이라

舊注 : 衛侯의 이름이 辟疆이었으므로 行人이 '辟疆'은 천자에 대한 호칭과 같기 때문에 조회를 허락하지 않고, 이름을 고친 다음 받아들였다.

○王先愼 : 舊注의 '衛侯'는 張榜本과 趙本에 모두 '君'으로 되어 있다.

〔經四〕

35-24 人主者는 守法責成以立功者也니라 聞有吏雖亂而有獨善之民이어니와

군주는 법을 지키고 성과를 내도록 다그쳐서 공을 세우는 자이다. 관리가 비록

---

22) 周行人之卻衛侯 : 衛나라 군주가 周나라에 入朝하였을 때, 천자에 대한 호칭인 '辟疆'이라는 이름을 쓴다고 하여, 周나라 行人에게 물리침을 당한 일이다. 자세한 내용은 35-110~111 참조. 行人은 조회를 온 제후를 접대하거나 제후에게 방문하는 일을 담당하는 관리이다. (≪周禮≫ 〈秋官〉) 衛侯는 춘추시대 衛 文公이다. 처음 이름은 '辟疆'이었는데, 뒤에 '燬'로 개명하였다.

23) (君) : 저본에는 '君'자가 있으나, "'名'자로 인해 잘못 들어간 衍文이다."라고 한 ≪韓非子新校注≫ 陳奇猷의 설에 의거하여 삭제하였다.

나라를 어지럽혀도 홀로 선한 백성은 있다고 들었지만

吏雖亂이나 賢人不改操니 殷之三仁[24]과 夏之龍逄[25]이 是也라 ○先愼曰 乾道本注에 仁作人이니 誤라 今據張榜本趙本改라

舊注 : 관리가 비록 나라를 어지럽힐지라도 賢人은 절조를 고치지 않으니, 殷나라의 세 仁者와 夏나라의 關龍逄의 경우가 그 예이다.

○王先愼 : 乾道本의 舊注에 '仁'은 '人'으로 되어 있으니, 잘못되었다. 지금 張榜本과 趙本에 의거하여 고쳤다.

35-25 不聞有亂民而有獨治之吏라

나라를 어지럽히는 백성이 있는데도 홀로 잘 다스리는 관리가 있다는 말은 듣지 못하였다.

子率以正이면 孰敢不正[26]이리오

舊注 : 그대가 바름으로써 이끌면 누가 감히 바르지 않겠는가?

35-26 故明主治吏不治民이니라

그러므로 현명한 군주는 관리를 다스리지 백성을 다스리지 않는다.

吏治則民治矣라

舊注 : 관리가 다스려지면 백성들도 다스려진다.

---

24) 三仁 : 殷나라 마지막 임금인 紂의 폭정에서 절조를 지킨 微子, 箕子, 比干 세 사람을 말한다. 微子는 나라를 떠났고, 箕子는 노예가 되었고, 比干은 간하다가 죽임을 당하였다.(≪論語≫ 〈微子〉)

25) 龍逄 : 夏나라 마지막 임금인 桀의 폭정에서 절조를 지킨 關龍逄을 말한다. 간언을 하다가 죽임을 당하였다.(≪莊子≫ 〈人間世〉)

26) 子率以正 孰敢不正 : ≪論語≫ 〈顔淵篇〉에 나오는 말로, 季康子가 孔子에게 정치를 묻자, 공자가 "정치는 바로잡는다는 것이니, 그대가 바름으로 이끌면 누가 감히 바르지 않겠는가?〔政者正也 子帥以正 孰敢不正〕"라고 대답하였다. 率과 帥(솔)은 통용한다.

35-27 說在搖木之本과 與引網之綱[27])이라

이와 관련된 이야기로 나무 밑동을 흔들어 〈나뭇잎 전체를 움직이게 하는〉 일과 그물의 벼리를 당겨서 〈그물코 전체를 펴는〉 일을 들 수 있다.

搖木本則萬(本)〔葉〕動하고 引網綱則萬目張하니 吏正則國治也라 ○先愼曰 注萬本은 當作萬葉이라

舊注 : 나무 밑동을 흔들면 전체 잎이 흔들리고, 그물의 벼리를 당기면 모든 그물코가 펼쳐지니, 관리가 바르면 나라가 다스려진다.

○王先愼 : 舊注의 '萬本'은 '萬葉'이 되어야 한다.

35-28 故失火之嗇夫[28])를 不可不論也니 救火者에 吏操壺走火면 則一人之用也어니와 操鞭使人이면 則役萬夫니라

그러므로 불이 났을 때 불 끄는 관리의 행위를 논하지 않을 수 없으니, 불을 끌 적에 불 끄는 관리가 물동이를 들고 불로 달려가면 한 사람을 쓰는 것이지만, 채찍을 잡고 사람들을 부리면 만 명을 부리는 것이다.

明主執契亦然이라 ○顧廣圻曰 此二十二字[29])는 舊注誤入正文이라

舊注 : 현명한 군주가 符節을 잡는 것도 그런 경우다.

○顧廣圻 : 이 22자는 舊注의 글이 正文에 잘못 들어간 것이다.

35-29 故所(遇)〔御〕[30])術者는 如造父之(遇)〔御〕驚馬[31])니

---

27) 搖木之本 與引網之綱 : 나뭇잎을 흔들 때 뿌리를 치고, 그물을 당길 때 벼리를 잡아당기는 것처럼 나라 역시 관리를 다스리는 데 중점을 두어야 한다는 것이다. 자세한 내용은 35-112~114 참조.

28) 失火之嗇夫 : 불을 끌 때 불 끄는 관리가 직접 불을 끄기보다 많은 백성들을 동원해서 하면 효과적이라는 것이다. 자세한 내용은 아래의 35-115~116 참조.

29) 此二十二字 : '救火者'에서 '則役萬夫'까지의 22자를 말한다.

30) (遇)〔御〕: 저본에는 '遇'로 되어 있으나, 陳啓天의 설에 의거하여 '謂'로 바로잡았다.(張覺, ≪韓非子全譯≫)

31) 造父之(遇)〔御〕驚馬 : 造父가 말이 움직이지 않아 어쩔 줄 모르는 부자를 위해 말을 부리는

그러므로 이른바 治術은 趙父가 놀란 말을 부리는 것처럼 해야 하니,

○先愼曰 張榜本趙本에 驚作駕라

○王先愼 : 張榜本과 趙本에 '驚'은 '駕'로 되어 있다.

35-30 牽馬推車면 則不能進이나 代御執轡持筴(책)이면 則馬咸騖矣니라

말을 잡아끌고 수레를 밀면 앞으로 나아갈 수 없지만 〈造父가〉 대신해 말을 몰아 고삐를 잡고 채찍을 쥐면 말은 모두 내달린다.

○顧廣圻曰 此十九字는 舊注誤入正文이라

○顧廣圻 : 이 19자는 舊注의 글이 正文에 잘못 들어간 것이다.

35-31 (是以)說在椎鍛平夷와 榜檠矯直이니라 不然이면 敗[32]在淖齒用齊戮閔王과 李兌用趙餓主父也[33]니라

이와 관련된 이야기로 쇠망치로 평평하게 펴고 도지개로 곧게 펴는 일을 들 수 있다. 그렇지 않으면 그 폐해로 淖齒가 齊나라에 등용되어 閔王을 죽인 일과 李兌가 趙나라에 등용되어 主父를 굶어죽게 한 일을 들 수 있다.

○顧廣圻曰 是以說在는 例不複出이니 此當衍其一也[34]라 先愼曰 敗當作則이라

○顧廣圻 : '是以'와 '說在'는 용례상 중복되어 나오지 않으니, 이 경우는 그 하나가 衍文이어야 한다.

王先愼 : '敗'는 '則'이 되어야 한다.

術로 말을 나아가게 한 일이다. 자세한 내용은 아래의 35-117~125 참조.

32) 敗 : 王先愼은 '則'이 되어야 한다고 했으나, '敗在'를 '患在'의 뜻이라고 한 陳奇猷의 ≪韓非子新校注≫에 의거하여 '敗'로 번역하였다.

33) 淖齒用齊戮閔王 李兌用趙餓主父也 : 군주가 法術을 다루지 못하여 신하들에게 위세를 빼앗긴 경우로, 淖齒가 齊 閔王을 죽이고 李兌가 趙나라 主父를 굶겨 죽인 일이다. 자세한 내용은 아래의 35-127~128 참조.

34) 顧廣圻曰……此當衍其一也 : 이는 원래 저본의 '是以說在' 아래에 달려 있는 注이다. 번역상의 편의로 아래 글과 연결하여 이처럼 편집하였다.

〔經五〕

35-32 因事之理면 則不勞而成이라 故茲鄭之踞轅而歌以上高梁[35]也니라 其患在趙簡主稅吏請輕重[36]과

사물의 이치를 따르면 수고롭지 않아도 성과를 거둘 수 있다. 그러므로 茲鄭이 수레 끌채에 걸터앉아 노래를 부르고서 높은 다리로 올라갈 수 있었다. 병폐로 趙簡主(趙簡子)의 세금을 거두는 관리가 세금을 가볍게 거둘지 무겁게 거둘지 물은 일과

主欲稅하니 吏問輕重하고 主不自定其輕重之節하야 曰勿輕重而已하니 吏因擅意하여 因以富라

舊注 : 簡主가 세금을 걷고자 하자 관리가 세금을 가볍게 거둘지 무겁게 거둘지를 물었고, 簡主가 스스로 가볍게 거둘지 무겁게 거둘지의 절도를 정하지 않고서 가볍게도 무겁게도 거두지 말라고만 말하였으니, 관리가 인하여 제멋대로 함에 따라 〈관리가〉 부유해졌다.

35-33 薄疑之言國中飽어늘 簡主喜而府庫虛[37]하고 百姓餓而姦吏富也라 故桓公巡民而管仲省(생)腐財怨女[38]니라

35) 茲鄭之踞轅而歌以上高梁 : 茲鄭이 수레를 끌고 높은 다리 위로 올라가려고 하다가 버티지 못하자, 노래를 불러 사람들을 모이게 하여 수레를 올라가게 한 일이다. 자세한 내용은 아래의 35-134~135 참조. 茲鄭은 미상이다.

36) 趙簡主稅吏請輕重 : 趙簡主가 稅吏를 파견할 적에, 稅吏가 세금의 輕重을 묻자 가볍게도 무겁게도 거두지 말고 사사로운 이익을 꾀하지 않으면 된다고 한 일이다. 자세한 내용은 아래의 35-136~137 참조. 趙簡主는 趙簡子를 가리킨다. 이름은 鞅이고, 趙襄子의 아버지이다. 당시 家臣이 卿大夫를 主라고 불렀으므로 '簡主'라고 일컬은 것이다.

37) 薄疑之言國中飽 簡主喜而府庫虛 : 薄疑가 나라의 중간층이 배부르다 말했는데, 趙簡主는 나라 안의 백성들이 배부르다는 것으로 잘못 듣고 기뻐하였으나 나라의 창고는 텅 비었다는 일이다. 자세한 내용은 아래의 35-138~139 참조. 薄疑는 전국시대 趙나라 사람으로, 후에 衛나라에서 벼슬하였다.

38) 桓公巡民而管仲省(생)腐財怨女 : 齊 桓公이 나라에 쌓아놓은 재물을 털어서 백성들에게 나누어주고 궁중에 왕을 모시지 못하는 여인을 시집보낸 일이다. 자세한 내용은 아래의

薄疑가 나라의 중간층이 배부르다 말하였는데, 趙簡主는 기뻐하였으나 나라의 창고는 텅 비고, 백성은 굶주렸으나 간사한 관리는 부유한 일을 들 수 있다. 그러므로 齊 桓公이 민간을 돌아보자 管仲이 썩어가는 재물과 원망하는 여자를 줄였던 것이다.

公巡人〔家〕[39)]라가 見有飢人及老而無妻者하야 以告仲한대 〔仲〕[40)]曰 國有腐財면 則人飢하고 宮有怨女면 則人老而無妻也라하니라

舊注 : 桓公이 민가를 돌아보다가 굶주린 사람과 늙어서도 장가들지 못한 자가 있는 것을 보고 管仲에게 고하자, 관중이 아뢰기를 "나라에 썩어가는 재물이 있으면 백성은 굶주리고, 궁중에 원망하는 여자가 있으면 백성은 늙어서도 장가들지 못합니다."라고 하였다.

35-34 不然이면 (則)〔敗〕[41)]在延陵乘馬不得進할새 造父過之而爲之泣也[42)]니라

그렇게 하지 않으면 그 폐해로 延陵卓子가 말을 타고 앞으로 나아가지 못할 적에 造父가 그곳을 지나다 운 일을 들 수 있다.

前礙飾하고 後礙錯하야 旣不得前卻하니 遂旁而佚이라 造父見之泣하니 猶賞罰失이면 必致敗也라 ○先愼曰 注乾道本에 得上有後字어늘 今從趙本刪이라

舊注 : 앞에는 장신구가 장애가 되고 뒤에는 채찍이 장애가 되어, 이미 나아갈 수도 물

35-140~146 참조.

39) 〔家〕 : 저본에는 '家'가 없으나, 說의 내용 및 ≪韓非子新校注≫ 陳奇猷의 설에 의거하여 보충하였다.

40) 〔仲〕 : 저본에는 '仲'이 없으나, 문맥 및 ≪韓非子新校注≫ 陳奇猷의 설에 의거하여 보충하였다.

41) (則)〔敗〕 : 저본에는 '則'으로 되어 있으나, ≪韓非子新校注≫ 陳奇猷의 설에 의거하여 '敗'로 바로잡았다.

42) 延陵乘馬不得進 造父過之而爲之泣也 : 延陵卓子가 준마를 탔는데, 앞에는 갈고리 장식이 있고, 뒤에는 쇠침을 박은 채찍이 있어서 준마가 오고가지도 못하여 옆으로 뛰쳐나가는 것을 보고 造父가 눈물을 흘린 일이다. 일설의 내용에 준마가 피해서 달아나자 延陵卓子가 말의 다리를 베었다고 한다. 자세한 내용은 아래의 35-147~156 참조. 延陵卓子는 미상인데, 延陵은 춘추시대 吳나라 지명이므로 吳나라 사람으로 추측된다.

러날 수도 없으니, 결국 옆으로 뛰쳐나갔다. 造父가 이를 보고 울었으니, 마치 상벌의 법도를 잃으면 반드시 패망하게 되는 것과 같다.

○王先愼 : 乾道本 舊注에 '得' 위에 '後'자가 있는데, 지금 趙本을 따라 삭제하였다.

右經이라

이상은 經이다.

〔一〕[43)]

35-35 造父는 御四馬하야 馳驟周旋而恣欲於馬하니

造父는 네 마리 말이 끄는 수레를 몰아서 빨리 달리게 하고 빙빙 돌게 하여 자기 마음대로 말을 부렸으니,

意所欲을 馬必隨之也라

舊注 : 마음이 하고자 하는 대로 말이 반드시 따랐다.

35-36 恣欲於馬者는 擅轡筴之制也니라

자기 마음대로 말을 부린 것은 고삐와 채찍의 규제를 마음대로 이용한 것이다.

以轡筴專制之라 故馬不違也라

舊注 : 고삐와 채찍으로 마음대로 제어하기 때문에 말이 어기지 않는다.

35-37 然馬驚於出彘한대 而造父不能禁制者는 非轡筴之嚴不足也라 威分於出彘也니라

그러나 말이 갑자기 뛰쳐나온 돼지에 놀라자 造父도 통제하지 못한 것은 고삐와 채찍의 위력이 부족해서가 아니라, 위력이 갑자기 뛰쳐나온 돼지에 분산되었기

43) 〔一〕: 〔經一〕(35-1~35-5)에 대한 해설을 모은 說이다.

때문이다.

彘亦令馬可畏라 故曰威分이라하니라

舊注 : 돼지 역시 말을 두렵게 할 수 있기 때문에 위력이 분산되었다고 한 것이다.

35-38 王子於期는 爲駙駕에 轡筴不用而擇欲於馬하니 〔擇欲於馬者는〕

王子於期(王良)는 딸린 수레를 몰 적에 고삐와 채찍을 쓰지 않고도 말이 좋아하는 것을 가려서 〈길들였으니,〉 말이 좋아하는 것을 가려 〈길들인 것은〉

○先愼曰 此下當更(갱)有擇欲於馬者五字라

○王先愼 : 이 아래에 다시 '擇欲於馬者' 5자가 있어야 한다.

35-39 擅芻水之利也니라 然馬過於圃池한대 而駙(馬)〔駕〕敗者는

꼴과 물의 이로움을 마음대로 이용한 것이다. 그러나 말이 원림의 연못을 지나자 〈王良이〉 딸린 수레 몰기를 실패하게 된 것은

○顧廣圻曰 馬는 當作駕라

○顧廣圻 : '馬'는 '駕'가 되어야 한다.

35-40 非芻水之利不足也라 德分於圃池也니라 故王良造父는 天下之善御者也나 然而使王良操左革而叱咤之하고 使造父操右革而鞭笞之면 馬不能行十里니 共故也니라

꼴과 물의 이로움이 부족해서가 아니라, 은덕이 원림의 연못에 분산되었기 때문이다. 그러므로 王良과 造父는 천하의 뛰어난 마부이지만 〈하나의 수레에서〉 王良으로 하여금 왼쪽 고삐를 쥐고 꾸짖게 하고 造父로 하여금 오른쪽 고삐를 쥐고 채찍질하게 하면 말은 십 리도 나아갈 수 없으니, 함께 몰기 때문이다.

○孫詒讓曰 革勒古字通이라 說文에 勒은 馬頭絡銜也라하니라 詩小雅蓼蕭에 鞗(조)革沖沖이라하야늘 傳에 革은 轡首也라하니 革은 卽鞗革이니 亦卽勒也라

○孫詒讓 : '革'과 '勒'은 예전에 글자를 통용하였다. ≪說文解字≫에 "'勒'은 말 머리에 얽어매는 것이다."라고 하였다. ≪詩經≫ 〈小雅 蓼蕭〉에 "가죽고삐가 길게 늘어져 있다." 하였는데, 〈毛傳〉에 "'革'은 굴레〔轡首〕이다." 하였다. '革'은 곧 '鞗革'이니, 역시 바로 '勒'이다.

35-41 田連成竅는 天下〔之〕善鼓琴者也나

田連과 成竅는 천하의 뛰어난 琴 연주자이지만

○先慎曰 依上文컨대 善上에 有之字라

○王先愼 : 윗글에 의거하면, '善' 위에 '之'자가 있다.

35-42 然而田連鼓上하고 成竅擫(엽)下면

〈하나의 琴에서〉 田連은 위쪽을 타고 成竅는 아래쪽을 타면

○先慎曰 各本에 擫作擑(접)이라 拾補에 引孫貽穀云 文選琴賦注에 引作擫이라 顧廣圻云 當依選注引作擫이라하니라 先愼按 說文에 擪(엽)[44]은 一指按也라하니 今據改라

○王先愼 : 各本에 '擫'이 '擑'으로 되어 있다. ≪群書拾補≫에 孫貽穀의 말을 인용하여 "≪文選≫ 〈琴賦〉의 注에 이 글을 인용하면서 '擫'으로 되어 있다."라고 하였다. 顧廣圻는 "≪文選≫의 注에 인용한 글에 의거하여 '擫'이 되어야 한다."라고 하였다. 내가 살펴보건대 ≪說文解字≫에 "'擪'은 한 손가락으로 누르는 것이다."라고 하였으니, 지금 이에 의거하여 〈'擑'을 '擫'으로〉 고쳤다.

35-43 而不能成曲이니 亦共故也니라

곡조를 이룰 수 없으니, 역시 함께 타기 때문이다.

○先慎曰 乾道本에 無共字라 顧廣圻云 藏本今本은 亦下에 有共字라하니 今據增이라

○王先愼 : 乾道本에 '共'자가 없다. 顧廣圻는 "藏本과 今本은 '亦' 아래에 '共'자가 있다."

44) 擪(엽) : '擫'자와 같은 글자이다.

라고 하였으니, 지금 이에 의거하여 보충하였다.

35-44 夫以王良造父之巧로도 共轡而御면 不能使馬어든 人主安能與其臣共權以爲治리오 以田連成竅之巧로도 共〔鼓〕琴而不能成曲이어든

王良과 造父의 솜씨로도 함께 고삐를 쥐고 〈수레를〉 몰면 말을 부릴 수가 없는데, 군주가 신하와 더불어 권세를 함께 잡고 어떻게 나라를 다스릴 수 있겠는가. 田連과 成竅의 솜씨로도 함께 琴을 타면 곡조를 이룰 수 없는데,

○先愼曰 依上文컨대 琴上에 當脫鼓字라

○王先愼 : 윗글에 의거하면 '琴' 위에 응당 '鼓'자가 탈락되었다.

35-45 人主又安能與其臣共勢以成功乎리오

군주가 또 신하와 더불어 세력을 함께 갖고 어떻게 공을 이룰 수 있겠는가.

○先愼曰 乾道本에 無其字어늘 拾補에 有라 盧文弨云 脫이니 今依補라하니라

○王先愼 : 乾道本에 '其'자가 없는데, ≪群書拾補≫에는 있다. 盧文弨는 "〈'其'자가〉 탈락되었다."라고 하였으니, 지금 이에 의거하여 보충하였다.

35-46 一曰 造父爲齊王駙駕하야 渴馬服成이어늘

일설의 내용은 다음과 같다. 造父가 齊나라 왕을 위해 딸린 수레를 몰게 되어, 말에게 물을 마시지 못하도록 훈련을 시켜 성공하였다.

令馬忍渴하야 百日服習之라 故成也라

舊注 : 말로 하여금 갈증을 참도록 백 일을 훈련시켰으므로 훈련에 성공한 것이다.

35-47 效駕[45)]圃中하니 渴馬見圃池하고 去車走池하야 駕敗러라 王子於期爲趙

45) 效駕 : ≪廣雅≫ 〈釋言〉에 "'效'는 '驗(시험함)'이다."라고 하였고, ≪說文≫에 "'駕'는 말을 멍에에 메움이다."라고 하였으니, 곧 시험 삼아 말을 메워 수레를 몲을 이른다.

簡主取道爭千里之表어늘 **其始發也**에 **彘伏溝中**이라

시험 삼아 원림 안으로 말을 메워 수레를 몰아보니, 목마른 말이 원림의 연못을 보고 수레를 팽개치고 연못으로 달려가서 수레가 부서졌다.

王子於期가 趙簡主를 위해 천 리 밖의 깃발을 쟁탈하기 위한 경주에 나갔는데, 처음 출발할 적에 돼지가 도랑 속에 엎드려 있었다.

○**先愼曰 乾道本**에 **無彘字**라 **顧廣圻云 藏本今本有**라하니 **今據補**라

○王先愼 : 乾道本에 '彘'자가 없다. 顧廣圻는 "藏本과 今本에 〈'彘'자가〉 있다."라고 하였으니, 지금 이에 의거하여 보충하였다.

35-48 **王子於期齊轡筴而進之**하니 **彘突出於溝中**하야 **馬驚駕敗**러라

王子於期가 고삐를 잡는 동시에 채찍을 휘둘러 나아가니, 돼지가 〈깜짝 놀라〉 도랑에서 갑자기 뛰쳐나와 말이 놀라면서 수레가 부서졌다.

35-49 **司城子罕**이 **謂宋君曰 慶賞賜(與)〔予〕**는

司城 子罕이 宋나라 군주에게 아뢰기를 "칭찬을 하고 상을 내리는 것은

○**先愼曰 與**는 **當作予**라 **說文**에 **與**는 **黨與也**요 **予**는 **推予也**라하니 **義別**이라 **下文**에 **作予**하고 **二柄篇**에 **亦作予**니 **不誤**라

○王先愼 : '與'는 '予'가 되어야 한다. ≪說文解字≫에 "'與'는 黨與(같은 무리)이고, '予'는 推予(미루어 줌)이다."라고 하였으니, 뜻이 구별된다. 아래 글(35-59)에 '予'로 되어 있고, ≪韓非子≫ 〈二柄篇〉에도 '予'로 되어 있으니, 〈'予'로 된 것은〉 잘못되지 않았다.

35-50 **民之所喜也**니 **君自行之**하소서 **殺戮誅罰**은 **民之所惡(오)也**니 **臣請當之**하노이다 **宋君曰 諾**이라하니라 **於是出威令**하고 **誅大臣**할새 **君曰 問子罕也**라하니 **於是大臣畏之**하고 **細民歸之**러라 **處期年**에 **子罕殺宋君而奪政**이라 **故子罕爲出彘以奪其君國**하니라

백성들이 좋아하는 것이니, 군주께서 직접 시행하소서. 사형에 처하거나 주벌

을 가하는 것은 백성들이 싫어하는 것이니, 신이 그 일을 담당하겠습니다."라고 하니, 宋나라 군주가 "그리 하라." 하였다.

그리하여 위엄 있는 명령을 내리고 大臣을 주벌할 적이면 군주는 "子罕에게 물어보라."라고 하니, 그리하여 대신은 그를 두려워하고 일반 백성들도 그를 따르게 되었다. 한 해가 지난 뒤에 자한이 송나라 군주를 시해하고 정권을 빼앗았다. 그러므로 자한은 갑자기 뛰쳐나온 돼지가 되어 군주의 지위와 나라를 빼앗은 것이다.

罕用刑服國하니 是由[46]出彘用威懼(焉)〔馬〕라 ○盧文弨曰 注用威懼馬의 馬譌焉이라

舊注 : 子罕이 형벌을 써서 나라를 굴복시켰으니, 이는 갑자기 뛰쳐나온 돼지가 위력을 써서 말을 두렵게 한 것과 같다.

○盧文弨 : 舊注 '用威懼馬'의 '馬'가 '焉'으로 잘못되었다.

35-51 **簡公在上位**할새 **罰重而誅嚴**하고 **厚賦斂而殺戮民**이어늘 **田成恒設慈愛**하야 **明寬厚**하니라

齊 簡公이 군주로 있을 적에 벌을 무겁게 하고 사형을 엄격히 하며 세금을 많이 부과하고 백성들을 살육하였는데, 田恒은 자애를 베풀고 너그러운 모습을 보였다.

○先愼曰 經에 無成字하니 成乃其諡라 此作成恒은 複이라 呂氏春秋愼勢篇과 淮南子人間訓은 同하니 竝誤라

○王先愼 : 經(35-4)에 '成'자가 없으니, '成'은 곧 시호이다. 여기서 '成恒'이라고 한 것은 중복된 것이다. ≪呂氏春秋≫ 〈愼勢篇〉과 ≪淮南子≫ 〈人間訓〉도 〈용례가〉 같으니, 모두 잘못되었다.

35-52 **簡公以齊民爲渴馬**하야 **不以恩加民**하고 **而田成恒以仁厚爲圃池也**니라

齊 簡公은 齊나라 백성을 목마른 말로 다루어 백성들에게 은혜를 베풀지 않았

46) 由 : '猶(같다)'와 같다.

고, 田恒은 인자함과 후덕함으로 원림의 연못 구실을 하였다.

以仁濟物은 猶圃池也라 ○盧文弨曰 注猶는 張本作由니 與上注同이라

舊注 : 仁으로 타인을 구제하는 것은 마치 원림의 연못과 같다.

○盧文弨 : 舊注의 '猶'는 張本에 '由'로 되어 있으니, 위(35-51)의 舊注와 같다.

35-53 一曰 造父爲齊王駙駕할새 以渴服馬하야 百日而服成이라 (服成)請效駕齊王한대

일설의 내용은 다음과 같다. 造父가 齊나라 왕의 딸린 수레를 몰 적에 말에게 물을 마시지 않도록 훈련을 시켜서 백 일 만에 훈련을 완성하였다. 그리고는 齊나라 왕에게 시험 삼아 수레를 몰 것을 청하였다.

○王先謙曰 下服成二字는 當衍이라

○王先謙 : 아래의 '服成' 두 글자는 衍文이어야 한다.

35-54 王曰 效駕於圃中하라하니 造父驅車入圃어늘 馬見圃池而走하야 造父不能禁하니라 造父以渴服馬久矣로되 今馬見池하고 駻(한)而走하니

왕이 말하기를 "원림 안에서 시험 삼아 수레를 몰라." 하니, 造父가 수레를 몰아 원림에 들어갔는데, 말이 원림의 연못을 보고는 달려가서 조보도 제어할 수가 없었다. 조보가 물을 마시지 않도록 말을 훈련시킨 지 오래되었지만 지금 말이 연못을 보고는 뛰어나와 내달리니,

○先愼曰 說文에 駻은 馬突也라하니라 字亦作馯이라

○王先愼 : ≪說文解字≫에 "駻는 말이 뛰어나옴이다."라고 하였다. 글자를 '馯'으로 쓰기도 한다.

35-55 雖造父라도 不能治니라 今簡公之法禁其衆久矣로되 而田成恒利之는 是田成恒傾圃池而示渴民也니라

비록 造父라 하더라도 다스릴 수가 없었다. 지금 齊 簡公이 법으로 백성들을 禁制한 지 오래되었으되 田恒이 백성들을 이롭게 하였으니, 이는 田恒이 원림의 연못을 기울여 목마른 백성들에게 보인 격이다.

35-56 一曰 王子於期爲宋君爲千里之逐할새 已駕하야 察手吻文[47)]하고

일설의 내용은 다음과 같다. 王子於期가 宋나라 군주를 위해 천 리를 달리는 경주를 할 적에 말을 수레에 메운 다음 손을 비비며 손바닥에 침을 뱉고는

○顧廣圻曰 未詳이라 先愼曰 手는 當爲毛之誤라 馬欲馳에 其毛先豎하니 至今猶然이라 察毛吻文은 謂察馬之毛與吻文也라 漢書王褒傳에 傷吻敝策而不進於行이라하고 說文에 吻은 口邊也라하니라 此言毛色動則吻不至於傷이라 是其所駕之馬本欲馳也라 故下云且發矣라하니 於期因拊而發之라

○顧廣圻 : 〈'察毛吻文'은〉 미상이다.

王先愼 : '手'는 '毛'의 오자여야 한다. 말이 달리려 할 때 털이 먼저 솟구치니, 지금도 그러하다. '察毛吻文'은 말의 털과 입술 무늬를 살피는 것을 이른다. ≪漢書≫ 〈王褒傳〉에 "말의 입술에 상처를 입히고 채찍을 헤지게 할 만큼 〈힘써도〉 길을 가지 못하였다.〔傷吻敝策而不進於行〕"라고 하였고, ≪說文解字≫에 "'吻'은 입의 주변(입술)이다."라고 하였다. 이것은 털빛이 움직이면 입술을 상하는 데 이르지 않게 하는 것을 말한다. 이는 곧 수레에 메운 말은 본래 달리려고 한다는 것이다. 그래서 아래에 '장차 출발하려고 하다'라고 한 것이니, 王子於期가 이어 채찍질하여 출발한다는 것이다.

35-57 且發矣요 驅而前之한대 輪中繩[48)]하고 引而卻之한대 馬掩迹이라 拊而發之에 㝈(逸)〔突〕出於竇中하니

---

47) 察手吻文 : 陳奇猷는 '察'은 '擦(문지르다)'과 같으며, '文'은 '紋(무늬)'과 같다고 하여, 이것은 말을 모는 자가 손바닥의 무늬에 침을 묻혀 마찰시킨다는 말로, 손바닥이 젖어 있어야 두 손이 미끄럽지 않게 되어 고삐를 제대로 잡을 수 있다는 것으로 보았다. 여기서도 이에 의거하여 번역하였다.(≪韓非子新校注≫)

48) 繩 : 곧은 줄을 긋는 데 쓰는 먹줄로, 흔히 법도・규칙의 뜻으로 쓰인다. 여기서는 알맞은 바퀴자국을 말한다.

장차 출발하려고 하고서, 말을 몰아 앞으로 나아가게 하자 수레바퀴가 바퀴자국에 꼭 맞았고 고삐를 당겨 물러나게 하자 말발굽이 앞서의 발굽자국을 그대로 밟았다. 채찍질을 하여 출발할 적에 돼지가 갑자기 도랑 속에서 뛰쳐나오니,

○先愼曰 逸은 當作突이라 竇는 溝竇也라

○王先愼 : '逸'은 '突'이 되어야 한다. '竇'는 도랑이다.

35-58 馬退而卻하야 筴不能進前也요 馬駻而走하야 轡不能止也러라

말이 물러나 뒷걸음쳐서 채찍질로 나아가게 할 수 없었고, 말이 뛰어나와 내달려서 고삐로 제지할 수 없었다.

○先愼曰 乾道本에 止作正이라 盧文弨云 正은 秦本에 作止라하니 今據改라

○王先愼 : 乾道本에 '止'는 '正'으로 되어 있다. 盧文弨는 "'正'은 秦本에 '止'로 되어 있다."라고 하였으니, 지금 이에 의거하여 고쳤다.

35-59 一曰 司城子罕이 謂宋君曰 慶賞賜予者는 民之所好也니

일설이 내용은 다음과 같다. 司城 子罕이 宋나라 군주에게 아뢰기를 "칭찬을 하고 상을 내리는 것은 백성들이 좋아하는 것이니,

○先愼曰 乾道本에 賞作賀어늘 張榜本에 作賞이라 御覽四百九十四六百三十三에 引竝作賞이니 今據改라

○王先愼 : 乾道本에 '賞'은 '賀'로 되어 있는데, 張榜本에는 '賞'으로 되어 있다. ≪太平御覽≫ 권494, 권633에 이 글을 인용하면서 모두 '賞'으로 되어 있으니, 지금 이에 의거하여 고쳤다.

35-60 君自行之하소서 誅罰殺戮者는 民之所惡(오)也니 臣請當之하노이다 於是戮細民而誅大臣할새 君曰 與子罕議之하라 居期年에 民知殺生之命이 制於子罕也라

군주께서 직접 시행하소서. 주벌을 가하거나 사형에 처하는 것은 백성들이 싫어하는 것이니, 신이 담당하겠습니다."라고 하였다. 그리하여 백성들을 사형에 처하고 大臣들을 주벌할 적이면 군주가 말하기를 "子罕과 상의하라." 하였다. 1년이 지나자 백성들은 죽이고 살리는 명령이 자한에게서 통제된다는 것을 알았다.

○先愼曰 御覽引殺作死라

○王先愼 : ≪太平御覽≫에 이 글을 인용하면서 '殺'이 '死'로 되어 있다.

35-61 **故一國歸焉**이라 **故子罕劫宋君而奪其政**이나 **法不能禁也**라 **故曰 子罕爲出彘**요 **而田成常爲圃池也**라하니라

그러므로 온 나라가 그에게 돌아갔다. 이 때문에 子罕이 宋나라 군주를 위협해 정권을 빼앗았으나 법으로 금지하지 못하였다. 그래서 〈經에〉 "子罕은 갑자기 뛰쳐나온 돼지 같았고, 田恒은 원림의 연못 같았다."라고 한 것이다.

○先愼曰 常은 拾補에 作恒이라 按 常字는 漢人避諱改[49]라 趙本에 池作地니 誤라

○王先愼 : '常'은 ≪群書拾補≫에 '恒'으로 되어 있다. 살펴보건대 '常'자는 漢代 사람이 避諱하여 고친 것이다. 趙本에 '池'는 '地'로 되어 있으니, 잘못되었다.

35-62 **令王良造父共車**하야

王良과 造父로 하여금 함께 〈하나의〉 수레를 몰고서

○先愼曰 趙本에 令上衍今字라

○王先愼 : 趙本에는 '令' 위에 '今'자가 잘못 들어갔다.

35-63 **人操一邊轡而(入)〔出〕門閭**면 **駕必敗而道不至也**요

각자가 한쪽 고삐를 잡고 마을 어귀를 나가게 한다면 수레 몰기에 실패하여 길을 가지 못할 것이고,

49) 常字 漢人避諱改 : 漢 文帝의 이름이 劉恒이므로 '恒'자를 避諱하여 '常'자로 고친 것이다.

○先愼曰 入은 當作出이라

○王先愼 : '入'은 '出'이 되어야 한다.

35-64 令田連成竅共琴하야 人撫一絃而揮면 則音必敗하고 曲不遂矣니라

田連과 成竅로 하여금 함께 〈하나의〉 琴을 타면서 각자 한 絃씩 맡아 타게 한다면 음은 반드시 실패하고 곡조를 이루지 못할 것이다.

〔二〕[50)]

35-65 秦昭王有病하야 百姓里買牛而家爲王禱어늘

秦나라 昭王이 병에 걸려서 백성들이 마을마다 소를 사서 집집마다 왕을 위해 기도하였는데,

○先愼曰 下文無家字라

○王先愼 : 아래 글에는 '家'자가 없다.

35-66 公孫述出見之하고 入賀王曰 百姓乃皆里買牛爲王禱하니이다 王使人問之하니 果有之라 王曰 訾之人二甲하라

公孫述이 밖에 나갔다가 그것을 보고는 들어와서 왕에게 축하하여 말하기를 "백성들이 모두 마을마다 소를 사서 왕을 위해 기도하고 있습니다." 하였다. 왕이 사람을 시켜 조사해보니, 과연 그런 일이 있었다. 왕이 말하였다.
"그 사람들에게 갑옷 두 벌을 매겨라.

訾는 毁也니 罰之也라 ○先愼曰 注意謂毁其人而罰以甲也라 是一訾字而用兩義以申其說矣라 案訾之人二甲者는 謂量其人二甲也라 國語齊語訾相其質의 高注와

50) 〔二〕: 〔經二〕(35-6~35-16)에 대한 해설을 모은 說이다.

列子說符財貨無訾의 張湛注에 竝云 訾는 量也하니 量財貨曰訾요 量民之貧富亦曰訾라 之는 猶其也라 人은 謂里人이라 計里買牛之力量之可以出二甲이요 非里中人人二甲也라 下文屯二甲은 卽其義라

舊注 : '訾'는 '毀(비방함)'이니, 벌을 주는 것이다.

○王先愼 : 舊注의 뜻은 그 사람을 비방하여 갑옷를 바치는 것으로 벌을 매겼다고 한 것이다. 그러나 이는 '訾'자는 한 글자인데 두 가지 뜻으로 그 내용을 설명한 것이다. 살펴보건대 '訾之人二甲'은 그 사람들에게 갑옷 두 벌을 매긴다는 것이다. ≪國語≫ 〈齊語〉 "訾相其質(그 사람의 자질을 헤아리고 살피다.)"의 高誘 注와 ≪列子≫ 〈說符〉의 "財貨無訾(재산을 헤아릴 수가 없다.)"의 張湛 注에 모두 "'訾'는 '量(헤아리다)'이다."라고 하였으니, 재산을 헤아리는 것이 '訾'이고, 백성의 貧富를 헤어리는 것도 '訾'이다. '之'는 '其'와 같다. '人'은 마을 사람을 말한다. 마을에서 소를 살 수 있는 역량으로 갑옷 두 벌을 내도록 매긴다는 것이고, 마을 안의 모든 사람들에게 갑옷 두 벌을 매기는 것은 아니다. 아래 글의 '屯二甲(마을마다 갑옷 두 벌을 매기다.)'이 바로 그 뜻이다.

35-67 夫非令而擅禱者는

명령을 내리지도 않았는데 제멋대로 기도하는 것은

○先愼曰 乾道本에 無者字어늘 盧文弨云 張本에 有라하니 今據補라

○王先愼 : 乾道本에 '者'자가 없는데, 盧文弨는 "張本에 있다."라고 하였으니, 지금 이에 의거하여 보충하였다.

35-68 是愛寡人也라 夫愛寡人에 寡人亦且改法而心與之相循者는 是法不立이요 法不立이면 亂亡之道也니 不如人罰二甲而復(부)與爲治니라

과인을 사랑해서이다. 무릇 과인을 사랑한다고 해서 과인도 법을 고쳐 마음으로 그들과 서로 따른다면 이는 법이 세워지지 않는 것이고, 법이 세워지지 않으면 나라가 어지러워져 망하는 길이니, 백성들에게 갑옷 두 벌을 바치도록 하는 벌을 내려 나라를 다스리는 도리를 다시 세우는 것만 못하다."

35-69 一曰 秦襄王病하야 百姓爲之禱하고 病愈에 殺牛塞(새)禱러라

일설의 내용은 다음과 같다. 秦 襄王이 병에 걸려서 백성들이 왕을 위해 기도하였고, 왕의 병이 낫자 소를 잡아 기도를 들어준 데에 보답하였다.

○先愼曰 塞賽義同이라 史記封禪書冬賽의 索隱에 賽는 謂報神福也라하니라 漢書에 賽는 竝作塞라

○王先愼 : '塞'와 '賽'는 뜻이 같다. ≪史記≫ 〈封禪書〉 "冬賽"에 대한 〈史記索隱〉의 해설에 "'賽'는 신이 복을 내려준 데에 보답하는 것이다."라고 하였다. ≪漢書≫에 '賽'는 모두 '塞'로 되어 있다.

35-70 郎中閻遏公孫衍이 出見之하고 曰 非社臘[51]之時也어늘 奚自[52]殺牛而祠社오 怪而問之하니 百姓曰 人主病하야 爲之禱러니 今病愈하야 殺牛塞禱하니이다 閻遏公孫衍說(열)하야 見王하고 拜賀曰 過堯舜矣로소이다 王驚曰 何謂也오 對曰 堯舜도 其民未至爲之禱也어늘 今王病에 而民以牛禱하고 病愈에 殺牛塞禱라 故臣竊以王爲過堯舜也하노이다 王因使人問之何里爲之하고 訾其里正[53]與伍老[54]屯二甲하니

郎中 閻遏과 公孫衍이 나갔다가 그 모습을 보고 말하기를 "社祭나 臘祭를 지낼 때도 아닌데, 어찌 소를 잡아 社에 제사를 지내는가?" 하고는 괴이하게 여기며 묻자, 백성들이 대답하기를 "군주께서 병이 들어서 낫게 해달라고 기도하였는데, 지금 병이 나아서 소를 잡아 기도를 들어준 것에 보답하는 것입니다." 하였다.

염알과 공손연이 기뻐하며 왕을 뵙고는 拜禮하고 축하하며 아뢰기를 "〈군주께서〉 堯임금이나 舜임금보다 더 낫습니다." 하니, 왕이 놀라서 말하기를 "무슨 말인가?" 하였다. 〈두 사람이〉 대답하기를 "堯임금이나 舜임금도 백성들이 그를 위해 기도하지는 않았는데, 지금 왕이 병들었을 적에 백성들이 소를 바쳐 기도하고, 병

51) 社臘 : '社'는 토지신을 가리킨다. 곧 토지신에게 제사하여 풍년을 기원하는 것이다. 臘은 臘日, 즉 동지 이후 세 번째 戊日로, 이날에 여러 신에게 제사를 지낸다.

52) 奚自 : 陳啓天은 "'奚自'는 '何爲'와 같다."라고 하였고, ≪新譯韓非子≫(三民書局)에서도 "어찌하여 어찌(何什麽)"로 풀었으므로, 여기서도 이에 따라 번역하였다.

53) 里正 : 春秋時代 마을의 책임자이다.

54) 伍老 : 고대의 다섯 집을 한 '伍'라 하였으니, '伍老'는 한 부락 단위의 우두머리이다.

이 낫자 소를 잡아 기도를 들어준 데 보답하였습니다. 그러므로 신들은 왕께서 堯임금이나 舜임금보다 낫다고 한 것입니다." 하였다. 왕이 이어 사람을 시켜 어느 마을에서 그런 일을 하였는지 알아보게 하고, 그 마을의 里正과 伍老에게 갑옷 두 벌을 매기니,

屯은 亦罰之라 ○先愼曰 屯은 無罰義라 一切經音義一에 引字書云 屯은 亦邨也라하니라 一邨之中에 或里正或伍老量出二甲이라

舊注 : '屯'은 또한 벌을 줌이다.

○王先愼 : '屯'에 벌을 준다는 뜻은 없다. ≪一切經音義≫ 권1에 字書를 인용하여 "'屯'은 또한 '邨(마을)'이다." 하였다. 한 마을 안에서 혹은 里正이, 혹은 伍老가 갑옷 두 벌을 헤아려 내는 것이다.

35-71 閻遏公孫衍이 媿不敢言이라 居數月하야 王飮酒酣樂할새 閻遏公孫衍이 謂王曰 前時에 臣竊以王爲過堯舜은 非直敢諛也로소이다 堯舜病에 且其民未至爲之禱也어니와 今王病에 而民以牛禱하고 病愈에 殺牛塞禱어늘 今乃訾其里正與伍老屯二甲하시니 臣竊怪之하노이다 王曰 子何故不知於此오 彼民之所以爲我用者는 非以吾愛之爲我用者也라 以吾勢之爲我用者也니라 吾釋勢與民相收하야 若是인댄 吾適不愛而民因不爲我用也라 故遂絶愛道也니라

閻遏과 公孫衍은 부끄러워 감히 아무 말도 하지 못하였다.

몇 달이 지나 왕이 술을 마시며 한창 주흥이 올랐을 적에 염알과 공손연이 왕에게 아뢰었다.

"이전에 신들이 왕께서 堯임금이나 舜임금보다 낫다고 한 것은 감히 아첨하려고 한 것만은 아닙니다. 堯임금이나 舜임금이 병에 걸렸을 때도 그 백성들이 임금을 위해 기도를 올린 적은 없었거니와, 지금 왕이 병에 걸리자 백성들이 소를 바쳐 기도하고 병이 낫자 소를 잡아 기도를 들어준 데 보답하였는데, 지금 그 里正과 伍老에게 갑옷 두 벌을 바치게 하셨으니, 신들은 속으로 괴이하게 여기고 있습니다."

왕이 대답하였다.

"그대들은 어찌하여 이를 알지 못하는가? 저 백성들이 나에게 쓰이는 것은 내가 그들을 사랑한다고 해서 나에게 쓰이는 것이 아니라, 나의 권세 때문에 나에게 쓰이는 것이다. 내가 권세를 버리고 백성들과 함께 〈권세를〉 가지고서 그렇게 나라를 다스린다면, 내가 마침 사랑하지 않는 일이 있을 경우에는 백성들도 이를 빌미로 나에게 쓰이지 않을 것이다. 그러므로 마침내 사랑으로 〈나라를 다스리는〉 방법을 끊은 것이다."

○先愼曰 乾道本에 釋勢作適勢라 顧廣圻云 吾適勢句絶이요 與民相收若是句絶이라 吾適不愛의 不字는 當衍이라 而民因不爲我用也의 因은 當作固라 此以適世適愛相對라 藏本今本에 勢上適字作釋이니 非라 兪樾云 藏本에 作吾釋勢與民相收하니 當從之라 上文云 彼民之所以爲我用者는 非以吾愛之爲我用者也라 以吾勢之爲我用者也라하니 是言君民之間은 本是以勢相制하니 若釋勢而用愛면 則吾適有不愛에 民遂不爲我用矣라 故不如絶愛道爲得也라 文義本甚分明이어늘 因釋適聲近하고 又涉下句有適字라 故乾道本에 誤爲適勢니 顧氏謂適勢適愛相對는 非是라 先愼按 兪說是니 改從藏本이라

○王先愼 : 乾道本에 '釋勢'가 '適勢'로 되어 있다. 顧廣圻는 "'吾適勢'에 句를 끊고 '與民相收若是'에 句를 끊는다. '吾適不愛'의 '不'자는 응당 衍文이 되어야 한다. '而民因不爲我用也'의 '因'은 '固'자가 되어야 한다. 이 문장은 '適勢'와 '適愛'가 서로 대를 이룬다. 藏本과 今本에 '勢' 위의 '適'자가 '釋'으로 되어 있는데, 잘못되었다."라고 하였다.

兪樾은 "藏本에 '吾釋勢與民相收'로 되어 있으니, 마땅히 이를 따라야 한다. 윗글에 '彼民之所以爲我用者 非以吾愛之爲我用者也 以吾勢之爲我用者也'라고 하였으니, 이것은 군주와 신하 사이는 본래 권세로 제어하는 법이니, 만약 권세를 버리고 사랑을 베푼다면 내가 마침 사랑을 베풀지 않을 경우에 백성들도 마침내 나를 위해 쓰이지 않을 것이므로 사랑으로 다스리는 방법을 끊는 것이 타당함만 못함을 말한 것이다. 文義가 본래 매우 분명한데 '釋'과 '適'의 성음이 비슷하고, 또 아래 구에 있는 '適'자에 연관된 까닭에 乾道本에 '適勢'로 잘못된 것이다. 顧氏가 '適勢'와 '適愛'가 서로 대가 된다고 말한 것은 옳지 않다."라고 하였다. 내가 살펴보건대 兪氏의 설이 옳으니, 藏本을 따라 고쳤다.

35-72 秦大饑하야 應侯[55]請曰 五苑之草(著)

秦나라에 큰 기근이 들어서 應侯가 청하여 아뢰었다.
"다섯 정원의 풀,

謂草木著(착)地而生也라 ○兪樾曰 著字는 衍文이니 蓋涉下文今發五苑之蔬草者한대 而於草下衍者字하고 又因草字及下蔬菜字皆從艸하야 遂又誤者爲著耳라 注謂草木著地而生은 殊爲曲說이라 先愼曰 兪說이 是라 藝文類聚八十七과 御覽四百八十六九百六十四九百六十五와 事類賦二十六과 初學記二十八에 竝引無著字요 草作果하고 無下果字라 因誤衍已久하니 姑存之라

舊注 : 〈'草著'은〉 초목이 땅에 붙어서 자라남을 이른다.

○兪樾 : '著'자는 衍文이니, 아래 글의 '今發五苑之蔬草者'에 연관되었다. '草'자 아래에 '者'자가 잘못 들어갔고, 또 '草'자 및 아래의 '蔬菜'자가 모두 '艸'部인 것으로 인해 마침내 다시 '者'가 잘못되어 '著'이 된 것이다. 舊注에서 초목이 땅에 붙어서 자라남을 이른다고 한 것은 매우 왜곡된 설이다.

王先愼 : 兪樾의 설이 옳다. ≪藝文類聚≫ 권87, ≪太平御覽≫ 권486·권964·권965, ≪事類賦≫ 권26, ≪初學記≫ 권28에 모두 이 글을 인용하면서 '著'자가 없고, '草'는 '果'로 되어 있으며, 아래 '果'자는 없다. 그릇되고 잘못 들어간 것이 이미 오래되었으니, 우선은 남겨둔다.

35-73 蔬菜橡果棗栗은 足以活民이니 請發之하소서 昭襄王曰 吾秦法은 使民有功而受賞하고 有罪而受誅니라 今發五苑之蔬果者하면

채소, 상수리 열매, 대추, 밤은 백성들을 살릴 수 있으니, 청컨대 개방하소서."
昭襄王이 말하였다.
"우리 秦나라의 법은 백성들 중에 공이 있으면 상을 받고 죄를 지으면 벌을 받게 한다. 지금 다섯 정원의 채소와 과일을 개방하면

○先愼曰 乾道本에 果作草어늘 拾補에 作果라 盧文弨云 張本에 作草라하고 顧廣圻云 今本에 草作果라 按下文云 不如棄棗蔬而治라하야늘 互異는 未詳이라하니라 先愼

55) 應侯 : 춘추시대 范雎를 말한다. 원래 魏나라 사람이었는데, 모함을 받아 張祿으로 성명을 바꾸고 秦나라에 들어가 재상이 되었다. 應 땅에 봉해졌으므로 '應侯'라고 한 것이다.(≪史記≫ 〈范雎列傳〉)

按 作果者是也라 下文에 蓏蔬棗栗이라하니 蓏蔬는 草屬이요 棗栗은 果屬이라 故此婿文云 蔬果라 若作草字하면 則偏而不備하니 下云 棄棗蔬而治 卽其例라 經注云 應侯欲發蔬果以救人이라하니 蔬果二字本此라 是注所見之本尙不誤어늘 顧氏未之審耳니 改從今本이라 御覽引作果蔬라

○王先愼 : 乾道本에 〈'今發五苑之蔬果者'의〉 '果'는 '草'로 되어 있는데, ≪群書拾補≫에는 '果'로 되어 있다. 盧文弨는 "張本에 '草'로 되어 있다."라고 하였고, 顧廣圻는 "今本에 '草'는 '果'로 되어 있다. 살펴보건대 아래 글에 '不如棄棗蔬而治'라 하였는데, 서로 다르게 한 이유는 자세히 알 수 없다."라고 하였다.

내가 살펴보건대 '果'로 된 것이 옳다. 아래 글에 '蓏蔬棗栗'이라고 하였으니, '蓏蔬'는 푸성귀의 종류이고, '棗栗'은 과일의 종류이다. 그러므로 여기에서 글자를 줄여서 '蔬果'라고 한 것이다. 만약 '草'자로 되면 치우쳐서 뜻을 갖추지 못하니, 아래 글에서 '棄棗蔬而治'라고 한 것이 그 예이다. 經의 舊注에 '應侯欲發蔬果以救人'이라 하였으니, '蔬果' 두 글자는 여기에 근거를 둔 것이다. 이는 舊注에서 본 책이 아직 잘못되지 않았던 것인데, 顧氏가 자세히 살피지 못하였으니, 今本에 따라 고쳤다. ≪太平御覽≫에는 이 글을 인용하면서 '果蔬'로 되어 있다.

35-74 使民有功與無功俱賞也라 夫使民有功與無功俱賞者는 此亂之道也라 夫發五苑而亂은 不如棄棗蔬而治니라 一曰 令發五苑之蓏蔬棗栗이면 足以活民이나 是使民有功與無功互爭取也라

백성들로 하여금 공이 있든 공이 없든 모두 상을 받게 하는 것이다. 백성들로 하여금 공이 있든 공이 없든 모두 상을 받게 하는 것은 〈나라를〉 어지럽히는 길이다. 다섯 정원을 개방해 〈나라를〉 어지럽히느니 대추와 채소를 버리고 〈나라를〉 다스리는 것이 낫다."

일설의 내용은 다음과 같다. 〈昭襄王이 말하였다.〉

"다섯 정원의 야채, 대추, 밤을 개방하면 백성들을 살릴 수는 있으나 이는 백성들로 하여금 공이 있든 공이 없든 서로 다투어 차지하게끔 하는 것이다.

○先愼曰 各本에 使作用하고 功下에 無互字어늘 據藝文類聚改라

○王先愼 : 各本에 '使'는 '用'으로 되어 있고, '功' 아래에 '互'자가 없는데, ≪藝文類聚≫

에 의거하여 고쳤다.

35-75 夫生而亂은 不如死而治니 大夫其釋之하라

〈백성들을〉 살리고 〈나라를〉 어지럽게 하느니 〈백성들을〉 죽게 두고 〈나라를〉 다스리는 것이 낫다. 大夫는 더 이상 거론하지 말라."

○先愼曰 白孔六帖卷九十九에 引韓子하야 秦飢에 應侯曰 秦王五苑之棗栗足以活人이니 請王[56)]發與之한대 惠王依之라하니 疑一曰以下脫文이요 惠는 當爲昭之誤라

○王先愼 : ≪白孔六帖≫ 권99에 ≪韓非子≫를 인용하면서 "秦나라에 기근이 들자, 應侯가 '秦王께서는 다섯 정원의 대추와 밤으로 백성을 살릴 수가 있으니, 청컨대 왕께서는 그것들을 개방하소서.' 하였는데, 惠王이 그것을 따랐다."라고 하였는데, 아마도 '一曰' 아래에 脫文이 있는 듯하고, '惠'는 응당 '昭'의 誤字가 되어야 한다.

35-76 田鮪敎其子田章曰

田鮪가 아들 田章을 가르쳐 말하였다.

○先愼曰 乾道本에 連上이어늘 今從張榜本趙本하야 提行이라

○王先愼 : 乾道本에는 윗글과 이어져 있는데, 지금 張榜本과 趙本을 따라 행을 바꾸었다.

35-77 欲利而[57)]身인댄 先利而君하고 欲富而家인댄 先富而國하라

"너의 몸을 이롭게 하려거든 너의 군주를 먼저 이롭게 하고, 너의 집을 부유하게 하려거든 너의 나라를 먼저 부유하게 하라."

35-78 一曰 田鮪

---

56) 王 : 저본의 원주에 "'王'자는 원본에 '主'자로 되어 있으나, ≪白孔六帖≫에 의거하여 고쳤다.〔王 原本作主 據白孔六帖改〕"라고 하였다.

57) 而 : '汝'의 뜻이다. 아래도 같다.

일설의 내용은 다음과 같다. 田鮪가

○先愼曰 御覽八百二十八에 引鮪作修라

○王先愼：≪太平御覽≫ 권828에 이 글을 인용하면서 '鮪'가 '修'로 되어 있다.

35-79 敎其子田章曰 主賣官爵하고 臣賣智力이라 故曰 自恃無恃人이니라

아들 田章을 가르쳐 말하였다.
"군주는 官爵을 팔고 신하는 智力을 판다. 그러므로 '스스로를 믿어야지 남을 믿어서는 안 된다.'라고 하는 것이다."

○先愼曰 各本無曰字어늘 據御覽引補라

○王先愼：各本에 〈'故曰'의〉 '曰'자가 없는데, ≪太平御覽≫의 인용에 의거하여 보충하였다.

35-80 公儀休相魯할새

公儀休가 魯나라 相을 지낼 때,

○顧廣圻曰 藏本同이라 今本에 儀休作孫儀하니 誤라 韓詩外傳三有라 先愼曰 白孔六帖九十八과 御覽三百八十九九百三十五와 事類賦二十九에 引竝作公儀休라 淮南子道應訓에 作公儀子라하야늘 高注에 公儀休故魯博士也라하니라

○顧廣圻：藏本은 같다. 今本에 '儀休'는 '孫儀'로 되어 있으니, 잘못이다. ≪韓詩外傳≫ 권3에 있다.
王先愼：≪白孔六帖≫ 권98, ≪太平御覽≫ 권389·권935, ≪事類賦≫ 권29에 이 글을 인용하면서 모두 '公儀休'로 되어 있다. ≪淮南子≫ 〈道應訓〉에 '公儀子'로 되어 있는데, 高誘 注에 "公儀休는 옛 魯나라 博士이다." 하였다.

35-81 而嗜魚하야 一國이 盡爭買魚而獻之어늘

물고기를 좋아하여 온 나라사람들이 모두 다투어 물고기를 사서 그에게 바쳤는데,

○先愼曰 御覽事類賦에 引國作邦이라

○王先愼 : ≪太平御覽≫과 ≪事類賦≫에 이 글을 인용하면서 '國'은 '邦'으로 되어 있다.

35-82 公儀子不受라 其弟諫하야

公儀子는 받지 않았다. 그의 아우가 간하여 아뢰었다.

○先愼曰 韓詩外傳與此同이라 淮南子에 作弟子하니 誤라

○王先愼 : ≪韓詩外傳≫은 이곳(≪韓非子≫)과 같다. ≪淮南子≫ 〈道應訓〉에 〈'弟'자가〉 '弟子'로 되어 있으니, 잘못이다.

35-83 曰 夫子嗜魚而不受者는 何也오 對曰 夫唯[58]嗜魚라 故不受也라 夫卽[59]受魚면 必有下人之色이요 有下人之色이면 將枉於法이요 枉於法이면 則免於相이라 雖嗜魚라도 此(不必)〔必不〕能(自給)[60]致我魚요

"형님이 물고기를 좋아하면서도 받지 않는 것은 무슨 까닭이오?"

〈公儀休가〉 대답하였다.

"물고기를 좋아하기 때문에 받지 않는 것이다. 만약 물고기를 받으면 반드시 남에게 낮추는 기색을 가질 것이고, 남에게 낮추는 기색을 갖게 되면 법을 어길 것이고, 법을 어기게 되면 相에서 면직될 것이다. 〈相에서 면직되면 내가〉 비록 물고기를 좋아하더라도 이들은 꼭 나에게 물고기를 가져다주지 않을 것이고,

○盧文弨曰 自給二字는 張本無이라 顧廣圻曰 自는 當作日이라 先愼曰 韓詩外傳淮南子에 無致我二字라 蓋本書一本作自給하고 一本作致我하니 校者識(지)於其

58) 唯 : '以(때문이다)'의 뜻이다.

59) 卽 : '만약'의 뜻이다.

60) (不必)〔必不〕能(自給) : 저본에는 '不必能自給致我'로 되어 있으나, "王先愼이 ≪韓詩外傳≫과 ≪淮南子≫을 인용하며 '致我'를 삭제해야 한다고 한 句文은 이곳과 상응하지 않는다. 또한 '不必'은 '必不'의 도치로 보아야 하며, '不能致我魚'가 아래 구의 '不能自給魚'와 相當한다."라고 한 ≪韓非子新校注≫ 陳奇猷의 說에 의거하여, '不必'은 '必不'로 바로잡고, '自給'은 衍文으로 처리하였다.

下라가 刊時失刪하야 遂致兩有라 顧氏不考而改自爲日이나 終不可讀이라 張榜本에 無能自給三字하니 亦非라

○盧文弨 : '自給' 두 글자는 張本에 없다.

顧廣圻 : '自'는 '日'이 되어야 한다.

王先愼 : ≪韓詩外傳≫과 ≪淮南子≫에는 '致我' 두 글자가 없다. 本書 ≪韓非子≫의 어떤 본에는 '自給'으로, 어떤 본에는 '致我'로 되어 있는데, 교정자가 그 아래에 기록해두었다가 간행할 때 삭제하지 못해서 마침내 둘 다 있게 된 것이다. 顧氏(顧廣圻)가 살피지 못해 '自'를 '日'로 고쳤으나, 끝내 읽어낼 수 없다. 張榜本에 '能自給' 세 글자가 없으니, 역시 잘못이다.

35-84 我又不能自給魚리라 卽無受魚而不免於相이니 雖嗜魚라도 我能長自給魚리라 此明夫恃人이 不如自恃也요 明於人之爲己者 不如己之自爲也니라

나도 스스로 물고기를 공급하지 못할 것이다. 만약 물고기를 받지 않으면 相에서 면직되지 않을 것이니, 비록 물고기를 좋아하더라도 나는 오랫동안 물고기를 스스로 공급할 수 있을 것이다."

이는 남을 믿는 것이 스스로를 믿는 것만 못하다는 것을 분명히 보여주는 것이고, 남이 자기를 위하는 것이 자기 스스로를 위하는 것만 못하다는 것을 분명히 보여주는 사례이다.

〔三〕[61)]

○先愼曰 乾道本에 連上이어늘 今從趙本하야 提行이라

○王先愼 : 乾道本에는 윗글과 이어져 있는데, 지금 趙本을 따라 행을 바꾸었다.

35-85 子之相燕하야 貴而主斷이라 蘇代爲齊使燕할새 王問之曰 齊王은 亦何如主也오 對曰 必不霸矣리이다 燕王曰 何也오 對曰 昔桓公之霸也에 內事屬鮑

61) 〔三〕: 〔經三〕(35-17~35-23)에 대한 해설을 모은 說이다.

叔하고 **外事屬管仲**하야

子之가 燕나라의 相으로서 존귀하고 〈국정을〉 제멋대로 결단하였다. 蘇代가 齊나라를 위해 연나라에 사신으로 왔을 적에 왕이 묻기를 "제나라 왕은 또한 어떤 군주인가?" 하니, 소대가 대답하기를 "필시 霸者가 되지 못할 것입니다." 하였다. 연나라 왕이 말하기를 "어째서 그런가?" 하니, 소대가 대답하기를 "옛날 齊 桓公이 패자가 되었을 때, 국내의 일은 鮑叔에게 맡기고 국외의 일은 管仲에게 맡겨서

○**先愼曰 乾道本**에 **無管字**라 **顧廣圻云 藏本今本**에 **有管字**하니 **今據補**라

○王先愼 : 乾道本에 '管'자가 없다. 顧廣圻는 "藏本과 今本에 '管'자가 있다."라고 하였으니, 지금 이에 의거하여 보충하였다.

35-86 **桓公**은 **被髮而御婦人**하야 **日遊於市**러니이다 **今齊王**은 **不信其大臣**하니이다 **於是**에 **燕王**은 **因益大信子之**라 **子之聞之**하고 **使人遺蘇代金百鎰**하야 **而聽其所使之**하니라

桓公은 머리를 풀어 헤치고 부인을 거느리고 날마다 저자에 나가 놀았습니다. 그런데 지금 齊나라 왕은 大臣을 믿지 않습니다." 하였다.

이에 燕나라 王은 그로 인해 子之를 더욱더 신뢰하였다. 자지가 이 소식을 듣고 사람을 시켜 蘇代에게 금 百鎰을 주어 그가 시키는 대로 정사를 처리하였다.

○**王渭曰 之字衍**이니 **戰國策無**라

○王渭 : 〈'聽其所使之'의〉 '之'자는 衍文이니, ≪戰國策≫ 〈燕策〉에는 없다.

35-87 **一曰 蘇代爲(秦)〔齊〕**[62]**使燕**하야 **見無益子之**면 **則必不得事而還**이요 **貢賜又不出**이라 **於是**에 **見燕王**하야 **乃譽齊王**하니라 **燕王曰 齊王**은 **何若是之賢也**오 **則將必王乎**아 **蘇代曰 救亡不暇**어든 **安得王哉**리오 **燕王曰 何也**오 **曰 其任所愛不均**일새니이다 **燕王曰 其亡何也**오

62) (秦)〔齊〕 : 저본에는 '秦'으로 되어 있으나, ≪韓非子新校注≫ 陳奇猷의 설에 의거하여 '齊'로 바로잡았다.

일설의 내용은 다음과 같다. 蘇代가 齊나라를 위해 燕나라에 사신을 와서 子之를 이롭게 해주지 않으면 필시 일을 성사시키고 돌아갈 수 없으며, 〈齊나라에〉 納貢하도록 하는 것과 〈자신이〉 포상을 받는 것이 또한 생기지 않으리라는 것을 알았다. 이에 연나라 왕을 뵙고 제나라 왕을 칭찬하였다. 연나라 왕이 말하기를 "제나라 왕은 어찌 이처럼 현명한가? 그렇다면 필시 천하의 왕이 되겠는가?" 하니, 소대가 아뢰기를 "망하는 것을 구제할 겨를도 없을 것인데, 어떻게 천하의 왕이 될 수 있겠습니까?" 하였다. 연나라 왕이 말하기를 "어째서 그런가?" 하니, 〈소대가〉 아뢰기를 "총애하는 자에게 정사를 맡기면서 〈권력을 군주와〉 균등하게 하지 않았기 때문입니다." 하였다. 연나라 왕이 말하기를 "망한다고 한 것은 무슨 뜻인가?" 하니,

○顧廣圻曰 藏本同이라 今本에 亡作任하니 誤라

○顧廣圻 : 藏本은 같다. 今本에 '亡'은 '任'으로 되어 있으니, 잘못되었다.

35-88 曰 昔者에 齊桓公愛管仲하야 置以爲仲父(보)하고 內事理焉하며 外事斷焉하야 擧國而歸之라 故一匡天下하고 九合諸侯러니이다 今齊任所愛不均이라 是以知其亡也로소이다 燕王曰 今吾任子之어늘 天下未之聞也로다 於是明日張朝而聽子之하니라

〈蘇代가〉 말하기를 "예전에 齊 桓公이 管仲을 총애하여 仲父로 삼고 내정을 다스리게 하며, 외교를 결정하게 하여 온 나라의 정사를 그에게 맡겼습니다. 그러므로 일거에 천하를 바로잡고 제후를 아홉 번 회합시켰습니다. 지금 齊나라는 총애하는 자에게 정사를 맡기면서 〈권력을 군주와〉 균등하게 하지 않습니다. 이 때문에 망할 것이라는 것을 압니다." 하였다. 燕나라 왕이 말하기를 "지금 나는 子之를 신임하고 있거늘 천하 사람들은 이를 듣지 못하고 있구나." 하였다. 그리하여 이튿날 조회를 열어 子之에게 정사를 보게 하였다.

35-89 潘壽謂燕王曰

潘壽가 燕나라 왕에게 아뢰었다.

○顧廣圻曰 燕策에 作鹿毛壽하고 燕世家同이라 集解[63]云 一作厝毛라 甘陵縣本名厝이라하고 索隱云 春秋後語에 亦作厝毛壽하고 又引此라

○顧廣圻 : 〈'潘壽'는〉 ≪戰國策≫ 〈燕策〉에 '鹿毛壽'로 되어 있고, ≪史記≫ 〈燕世家 召公〉도 같다. ≪史記集解≫에 "어떤 본에 '厝毛'로 되어 있다. 甘陵縣의 본래 이름이 '厝'이다."라고 하였고, ≪史記索隱≫에 "≪春秋後語≫에 '厝毛壽'로 되어 있다."라고 하면서 또 ≪韓非子≫의 이 부분을 인용하였다.

35-90 王不如以國讓子之니이다 人所以謂堯賢者는 以其讓天下於許由요 許由必不受也하니 則是堯有讓許由之名하고 而實不失天下也러니이다 今王以國讓子之하면 子之必不受也리니 則是王有讓子之之名하야 而與堯同行也니이다 於是燕王은 因擧國而屬之하야

"왕께서는 나라를 子之에게 양도하는 것 만한 것이 없습니다. 사람들이 堯임금을 賢者라고 하는 것은 許由에게 천하를 양도했기 때문이고 허유는 반드시 받지

帝堯眞像

許由

63) 集解 : 저본의 원주에 "'集解'는 원본에 '正義'로 되어 있으나, ≪史記≫ 〈燕世家〉에 의거하여 고쳤다.〔集解 原本作正義 據史記燕世家改〕"라고 하였다.

않았으니, 이는 堯임금이 허유에게 천하를 양도하였다는 명성은 얻고 실제로는 천하를 잃지 않은 것입니다. 지금 왕께서 자지에게 나라를 양도하면 자지는 반드시 받지 않을 것이니, 이는 왕께서 자지에게 나라를 양도하였다는 명성을 얻어서 堯임금과 더불어 덕행이 동등해지는 것입니다."

이에 燕나라 왕은 온 나라 일을 모두 子之에게 맡겨

○先愼曰 乾道本에 無是字라 顧廣圻云 今本於下有是字하니 誤라 按此當依策衍於字하고 屬下補子字라하니라 先愼按 乾道本에 脫是字어늘 此當各依本書라 今據今本增이라

○王先愼：乾道本에 〈'於是燕王'의〉 '是'자가 없다. 顧廣圻는 "今本은 '於' 아래에 '是'자가 있으니, 잘못되었다. 살펴보건대 이것은 응당 ≪戰國策≫에 의거하여 '於'자를 衍文으로 하고, '屬' 아래에 '子'자를 보충해야 한다." 하였다. 내가 살펴보건대 乾道本에 '是'자가 탈락되었는데, 이는 각기 본서에 의거해야 한다. 지금 今本에 의거하여 보충하였다.

35-91 子之大重이러라

子之의 권세는 더욱 커졌다.

35-92 一曰 潘壽는 (闞)〔隱〕者라

일설의 내용은 다음과 같다. 潘壽는 隱者이다.

○先愼曰 拾補에 闞作隱이라 盧文弨云 藏本張本에 作闞이라하고 顧廣圻云 今本에 闞作隱이라하니라

○王先愼：≪群書拾補≫에 '闞'은 '隱'으로 되어 있다. 盧文弨는 "藏本과 張本에 '闞'으로 되어 있다."라고 하였고, 顧廣圻는 "今本에 '闞'은 '隱'으로 되어 있다."라고 하였다.

35-93 燕使人聘之한대 潘壽見燕王曰 臣恐子之之如益[64]也하노이다 王曰 何益

64) 益：舜임금 때 嬴姓 씨족의 조상으로, 禹임금을 도와 治水에 공이 있었다. 禹임금이 죽기 전에 伯益에게 왕위를 물려주려고 하자 백익이 箕山의 북쪽에 은거하였다고도 하며, 제후들이 아들 啓를 지지하자 후계 다툼이 벌어져서 피살되었다고도 한다.(≪竹書紀年≫ 上, ≪書

哉아

燕나라가 사람을 시켜 그를 초빙하자, 潘壽가 연나라 왕을 뵙고 말하였다.
"신은 子之가 伯益처럼 될까 걱정됩니다."
왕이 말하였다.
"어찌하여 백익처럼 된단 말인가?"

○先愼曰 問何以如益이라

○王先愼 : 〈'何益哉'는〉 어찌하여 伯益처럼 되느냐고 물은 것이다.

35-94 **對曰 古者禹死**에 **將傳天下於益**이어늘 **啓之人因相與攻益而立啓**러니이다 **今王信愛子之**하야 **將傳國子之**로되 **太子之人**은 **盡懷印**하고 **爲子之之人**은 **無一人在朝廷者**하니이다

〈潘壽가〉 대답하였다.
"옛날 禹임금이 죽을 적에 천하를 伯益에게 전해주려고 하였는데, 啓의 사람들이 이로 인해 서로 연합하여 백익을 공격하고 啓를 세웠습니다. 지금 왕께서 子之를 믿고 총애해서 나라를 자지에게 전해주려고 하지만, 太子의 사람들은 모두 官印을 지니고 있고 자지를 위하는 사람은 조정에 한 사람도 없습니다.

○顧廣圻曰 藏本同이라 今本에 爲作璽하니 誤라 按爲下에 當有吏字라 先愼曰 顧說非라 爲字下屬이요 讀于嬀反이라

○顧廣圻 : 藏本은 같다. 今本에 '爲'는 '璽'로 되어 있으니, 잘못되었다. 살펴보건대 '爲' 아래에 '吏'자가 있어야 한다.
王先愼 : 顧廣圻의 설은 틀렸다. '爲'자는 뒤 구로 이어지고 '于'와 '嬀'의 반절로 읽는다.

35-95 **王不幸棄群臣**이면 **則子之亦益也**리이다 **王因收吏璽**호되 **自三百石以上**으로 **皆效之子之**하니 **子之大重**하니라 **夫人主之所以鏡照者**는 **諸侯之士徒也**어늘 **今諸侯之士徒**는 **皆私門之黨也**요 **人主之所以自羽翼者**는 **巖穴之士徒也**어늘

經≫ 〈禹典〉, ≪孟子≫ 〈萬章 上〉)

왕께서 불행히도 신하들을 버리고 〈세상을 떠나신다면〉 子之 역시 伯益의 처지가 될 것입니다."

왕은 이에 관리들의 印章을 거두되 3백 석 이상으로부터 모두 자지에게 주니, 자지의 권세는 더욱 커졌다.

군주가 비추어볼 거울로 삼아야 할 자는 諸侯를 섬기는 선비들인데, 지금 제후를 섬기는 선비들은 모두 사사로운 權門의 도당이고, 군주가 스스로 보좌하는 세력으로 삼아야 할 자는 산중 동굴에 은거하는 선비들인데,

○先愼曰 乾道本에 羽翼은 作淺娋(소)라 拾補에 作羽翼이라 盧文弨云 張本에 作淺娋라하고 顧廣圻云 今本에 作羽翼이라하니라 先愼按 漢書張良傳에 太子相四皓[65]하니 高帝曰 羽翼已成이라하야늘 則巖穴之士는 眞人主之羽翼이라 淺娋二字는 不辭니 改從今本이라

○王先愼 : 乾道本에 '羽翼'은 '淺娋'로 되어 있다. ≪群書拾補≫에 '羽翼'으로 되어 있다. 盧文弨는 "張本에 '淺娋'로 되어 있다."라고 하였고, 顧廣圻는 "今本에 '羽翼'으로 되어 있다."라고 하였다. 내가 살펴보건대 ≪漢書≫ 〈張良列傳〉에 太子가 四皓를 보좌로 삼자 漢高祖가 "보좌하는 세력이 이미 이루어졌다."라고 하였다. 그렇다면 산중 동굴에 은거하는 선비는 진실로 군주를 보좌하는 세력이다. '淺娋' 두 글자는 말이 되지 않으니, 今本을 따라 고쳤다.

35-96 今巖穴之士徒는 皆私門之舍人也라 是何也오 奪褫(치)之資[66]在子之也일새니라

지금 산중 동굴에 은거하는 선비들은 모두 사사로운 權門의 식객이다. 이는 무슨 까닭인가? 박탈하는 권세가 子之에게 있기 때문이다.

○先愼曰 乾道本에 褫作號라 顧廣圻云 號藏本作䗱하고 今本作褫라 按此未

---

65) 四皓 : 秦나라 말기에 난리를 피하여 商山에 은거하였던 東園公, 夏黃公, 甪里先生, 綺里季를 가리킨다. 이들이 모두 눈썹과 머리카락이 희었다는 데서 붙여진 명칭이다.(≪史記≫ 〈留侯世家〉, ≪漢書≫ 〈張良列傳〉)

66) 資 : '의지하는 바'라는 뜻으로, 곧 권세를 말한다.

詳이라하니라 先愼按 作褫是也라 說文에 褫는 奪衣也라하고 易訟卦에 或錫之鞶帶라도 終朝三褫之라하야늘 侯果[67]云 褫는 解也라하니라 褫字는 從衣旁이어늘 乾道本譌作号旁하고 藏本又譌爲足旁하고 因去號上厂以成字耳라 改從今本이라

○王先愼 : 乾道本에 '褫'는 '號'로 되어 있다. 顧廣圻는 "號는 藏本에 䟫로 되어 있고, 今本은 '褫'로 되어 있다. 살펴보건대 이에 대해선 자세히 알 수 없다."라고 하였다. 내가 살펴보건대 '褫'가 되는 것이 옳다. ≪說文解字≫에 "'褫'는 옷을 벗음〔奪衣〕이다."라고 하였고, ≪周易≫ 訟卦에 "혹 鞶帶를 하사받더라도 하루아침에 세 번 벗으리라."라고 하였는데, 侯果는 "'褫'는 벗음〔解〕이다."라고 하였다. '褫'자는 衣旁을 따르는데, 乾道本에 잘못 号旁이 되었고, 藏本에 또 잘못 足旁이 되고, 이어 '號' 위에 '厂'을 제거하여 글자를 만들었을 뿐이다. 今本을 따라 고쳤다.

35-97 故吳章曰 人主不佯憎愛人하나니 佯愛人하면 不得復(부)憎也요 佯憎人하면 不得復愛也니라

그러므로 吳章이 말하였다.

"군주는 거짓으로라도 사람을 미워하거나 사랑하지 않으니, 거짓으로 사람을 사랑하면 다시 미워할 수 없고, 거짓으로 사람을 미워하면 다시 사랑할 수 없게 된다."

35-98 一曰 燕王欲傳國於子之也하야 問之潘壽한대 對曰 禹愛益而任天下於益하고 已而以啓人爲吏러니 及老하야 而以啓爲不足任天下라 故傳天下於益이나 而勢重盡在啓也라 已而啓與友黨攻益而奪之天下하니 是禹名傳天下於益이나 而實令啓自取之也라 此禹之不及堯舜明矣니이다 今王欲傳之子之로되 而吏無非太子之人者也하니 是名傳之而實令太子自取之也니이다 燕王乃收璽호되 自三百石以上하야 皆效之子之하니 子之遂重하니라

67) 侯果 : 唐나라 玄宗 때의 학자로, ≪新唐書≫ 〈儒學傳 下〉에 의하면 上谷 사람으로, 벼슬은 國子司業, 侍皇太子讀을 지냈고, 慶王傅에 추증되었다. 저작은 전하지 않고, 李鼎祚의 ≪周易集解≫에 그의 학설이 산견되며, 黃奭의 ≪黃氏逸書考≫에 ≪侯果易注≫가 나온다고 한다.

일설의 내용은 다음과 같다. 燕나라 왕이 子之에게 나라를 전해주려고 하여 潘壽에게 묻자, 〈반수가 대답하였다.〉

"禹임금이 伯益을 총애하여 백익에게 천하를 맡기고 그다음에 啓의 사람을 관리로 삼았는데, 〈禹임금이〉 노쇠해져서는 啓에게 천하를 맡기기에 부족하다고 여겼습니다. 그러므로 백익에게 천하를 전해주었으나 권세는 모두 啓에게 있었습니다. 얼마 후에 啓가 자기의 무리와 함께 백익을 공격하여 천하를 빼앗았으니, 이는 禹임금이 명목상으로 백익에게 천하를 전해주었으나 실제로는 啓로 하여금 스스로 취하도록 한 것입니다. 이것이 禹임금이 堯임금이나 舜임금의 현명함에 미치지 못하는 이유입니다. 지금 왕께서는 자지에게 나라를 전해주려고 하시지만 관리들 중에 태자의 사람이 아닌 자가 없으니, 이는 명목상으로만 〈자지에게〉 전해주고 실제로는 태자로 하여금 스스로 취하도록 하는 것입니다."

이에 연나라 왕이 官印을 거두되 3백 석 이상으로부터 모두 자지에게 주니, 마침내 자지는 권세가 막강해졌다.

○先愼曰 乾道本에 不重子之二字라 盧文弨云 舊不重이어늘 張本有라하고 顧廣圻云 藏本重子之하니 是也라 策有[68]라하니라 今據補라

○王先愼 : 乾道本에 〈'皆效之子之 子之遂重'의〉 '子之' 두 글자가 중복되지 않았다. 盧文弨는 "舊本에 중복되지 않았는데, 張本에는 중복되어 있다."라고 하였고, 顧廣圻는 "藏本에 '子之'가 중복되어 있으니, 옳다. ≪戰國策≫ 〈燕策〉에는 중복되어 있다."라고 하였다. 지금 이에 의거하여 보충하였다.

35-99 方吾子曰 吾聞之호니 古禮에 行不與同服者同車하고

方吾子가 말하였다.

"내가 들으니, 옛 禮法에 '밖에 나갈 적에 같은 옷을 입은 자와 같은 수레를 타지 않고,

68) 策有 : ≪戰國策≫ 〈燕策〉에는 "王因收印 自三百石吏 而效之子之 子之南面行王事(燕王은 이로 인해 官印을 거두되 3백 석 이상으로부터 子之에게 주니, 자지는 南面하여 王事를 행하였다.)"로 되어 있다.

○先愼曰 據經컨대 服은 衣也라

○王先愼 : 經(35-21)에 의거하면 '服'은 '衣'이다.

35-100 〔居〕不與同族者共家라하야늘

거처할 적에는 동족과 함께 한집에 살지 않는다.'라고 하였는데,

○顧廣圻曰 不上當有居字라 先愼曰 張榜本에 脫不字라

○顧廣圻 : '不' 위에 '居'자가 있어야 한다.

王先愼 : 張榜本에 '不'자가 탈락되었다.

35-101 而況君人者 乃借其權而外[69]其勢乎아

하물며 군주가 권력을 남에게 빌려주고 위세를 버려서야 되겠는가?"

35-102 吳章謂韓宣王曰

吳章이 韓 宣王에게 아뢰었다.

○先愼曰 乾道本에 連上이어늘 今依張榜本趙本하야 提行이라

○王先愼 : 乾道本에는 윗글과 이어져 있는데, 지금 張榜本과 趙本에 의거하여 행을 바꾸었다.

35-103 人主는 不可佯愛人이니 〔佯愛人〕하면 一日不可復(부)憎이요 不可以佯憎人이니 〔佯憎人〕하면 一日不可復愛也니이다

"군주는 거짓으로 사람을 사랑해서는 안 되니, 거짓으로 사람을 사랑하면 훗날 다시 미워할 수가 없고, 거짓으로 사람을 미워해서는 안 되니, 거짓으로 사람을 미워하면 훗날 다시 사랑할 수 없게 됩니다.

---

69) 外 : ≪莊子≫ 〈大宗師〉의 注에 "'外'는 '遺'(버리다)와 같다."라고 하였고, ≪呂氏春秋≫ 〈有度〉의 注에 "'外'는 '棄(버리다)'와 같다."라고 하였다.(張覺, ≪韓非子全譯≫)

○先愼曰 佯愛人佯憎人은 皆當重이라

○王先愼 : '佯愛人'과 '佯憎人'은 모두 중복되어야 한다.

35-104 故佯憎佯愛之徵見(현)이면 則諛者因資而毁譽之라 雖有明主라도 不能復收어든 而況於以誠借人也잇가

그러므로 거짓으로 미워하거나 거짓으로 사랑하는 조짐이 드러나면 아첨하는 자가 이를 빌미로 헐뜯거나 칭찬하게 됩니다. 그러면 비록 현명한 군주가 있다 하더라도 다시 수습할 수가 없는데, 하물며 솔직한 마음을 남에게 드러내보인 경우이겠습니까?"

35-105 趙王[70)]이 遊於圃中이러니 左右以菟與虎而輟之한대

趙나라 왕이 園林 안에서 노닐고 있었는데, 측근 신하가 토끼를 범에게 주려다가 멈추고 〈살피자〉

輟而觀之라

舊注 : 〈'輟之'는〉 멈추고 살핀 것이다.

35-106 虎

범이

○先愼曰 乾道本에 無之虎二字라 張榜本趙本에 之虎二字는 作觀之라 趙無注文이라 顧廣圻云 觀之二字는 此舊注誤入正文이라하니라 先愼按 御覽九百七과 事類賦二十三에 引輟下有之虎二字하고 虎字屬下讀하니 今據增이라

○王先愼 : 乾道本에 '之虎' 두 글자가 없다. 張榜本과 趙本에 '之虎' 두 글자는 '觀之'로 되어 있다. 趙本에는 舊注의 문장이 없다. 顧廣圻는 "'觀之' 두 글자는 이 舊注가 잘못 正文에 들어간 것이다."라고 하였다. 내가 살펴보건대 《太平御覽》 권907과 《事類賦》

70) 趙王 : 趙 孝成王을 가리킨다. 아래 역주 71) 참조.

권23에 이 글을 인용하면서 '輟' 아래에 '之虎' 두 글자가 있고, '虎'자는 아래 문장에 이어서 읽었으니, 지금 이에 의거하여 보충하였다.

35-107 (盼)〔盻〕然環其眼하니라

사납게 노려보며 눈을 부라렸다.

環轉其眼하야 以作怒也라 ○王渭曰 盼은 當作盻라 先愼曰 事類賦二十三에 引盼作眄하니 亦非라 說文에 盻는 恨視貌라하니라 盼眄二字는 形與盻近而誤라

舊注 : 눈동자를 굴려서 노한 모습을 지은 것이다.

○王渭 : '盼'은 '盻'가 되어야 한다.

王先愼 : ≪事類賦≫ 권23에 이 글을 인용하면서 '盼'은 '眄'으로 되어 있으니, 역시 틀렸다. ≪說文解字≫에 "'盻'는 원망스럽게 보는 모습〔恨視貌〕이다."라고 하였다. '盼'과 '眄' 두 글자는 字形이 '盻'와 비슷해서 잘못된 것이다.

35-108 王曰 可惡哉로다 虎目也여 左右曰 平陽君[71)]之目은 可惡過此니이다

왕이 말하였다.
"매섭구나. 범의 눈매여!"
측근 신하가 아뢰었다.
"平陽君의 눈매는 이보다 더 매섭습니다.

○先愼曰 事類賦注에 引本書注云 平陽君은 王弟也라하야늘 今本脫이라

○王先愼 : ≪事類賦≫의 注에 본서의 注를 인용하여 "平陽君은 王弟이다."라고 하였는데, 今本에는 〈이 注가〉 탈락되었다.

35-109 見此未有害也어니와 見平陽君之目如此者는 則必死矣니이다 其明日에 平陽君聞之하고 使人殺言者어늘 而王不誅也러라

71) 平陽君 : ≪史記≫ 〈趙世家〉에 "趙 惠文王 27년에 趙豹를 平陽君에 봉하였다."라고 하였는데, 注에 "혜문왕의 母弟이다."라고 하였다. 곧 여기서 趙나라 왕은 곧 惠文王의 아들 孝成王이고 평양군은 孝成王의 숙부이다.(陳奇猷, ≪韓非子新校注≫ 太田方의 설 참조)

이 〈범의 눈매를〉 본 자는 해를 입지는 않지만, 平陽君의 이런 눈매를 본 자는 반드시 죽습니다."

다음날 평양군이 〈이 말을〉 듣고 사람을 시켜 말한 자를 죽였는데, 왕은 그를 주벌하지 않았다.

35-110 衛君入朝於周할새 **周行人**[72]이 **問其號**한대 **對曰 (諸)〔衛〕侯**辟**疆**이니이다 **周行人**이 卻**之曰 諸侯不得與天子同號**니이다

衛나라 군주가 周나라에 朝會하러 들어갔을 적에 周나라 行人이 이름을 묻자, 대답하기를 "衛侯 辟疆입니다." 하였다. 주나라 행인이 물리치며 말하기를 "제후는 천자와 이름을 동등하게 쓸 수 없습니다." 하였다.

開辟**疆土者**는 **天子之號**라

舊注 : '開辟疆土(疆土를 넓힘)'는 천자의 名號이다.

35-111 衛君乃自更曰 (諸)〔衛〕侯燬라하니 **而後內**(납)**之**러라 **仲尼聞之曰 遠哉禁**偪이로다 **虛名不以借人**이어든 **況實事乎**아

衛나라 군주가 이에 스스로 이름을 바꾸어서 "衛侯 燬입니다." 하니, 그런 뒤에야 들여보내 주었다.

仲尼가 이를 듣고 말하기를 "뜻이 심원하구나! 〈천자를〉 가까이 넘보는 것을 막음이여. 헛된 이름조차 남에게 빌려주지 않거늘, 하물며 실질적인 권력에 있어서랴!" 하였다.

名辟**疆**이나 **未必能**辟**疆**이라 **故曰 虛也**라 **○先愼曰 諸侯**辟**疆諸侯**燬**兩諸字**는 **皆涉諸侯不得與天子同號句而誤**니 **諸當作衛**라

舊注 : 辟疆이라고 이름을 붙였으나 꼭 강토를 넓힐 수 있는 것이 아니기 때문에 '虛'라고 한 것이다.

○王先愼 : '諸侯辟疆'과 '諸侯燬'의 두 '諸'자는 모두 '諸侯不得與天子同號' 구에 관련이

72) 行人 : 朝覲과 聘問을 관장하는 벼슬로, ≪周禮≫의 〈秋官〉에 속한다.

되어 잘못되었으니, '諸'는 '衛'가 되어야 한다.

〔四〕[73)]

35-112 搖木者 一一攝其葉이면 則勞而不徧이어니와 左右拊其本이면 而葉徧搖矣니라

나무를 흔드는 자가 잎을 하나하나 잡아 흔들면 힘을 들여도 전체에 미치지 못하지만 양쪽에서 나무 밑동을 치면 잎 전체가 흔들린다.

拊는 擊動也라

舊注 : 拊는 쳐서 흔드는 것이다.

35-113 臨淵而搖木이면 鳥驚而高하고 魚恐而下하니라 善張網者 引其綱하나니 不一一攝萬目而後得이라 一一攝萬目而後得이면

못가에서 나무를 흔들면 새들은 놀라 높이 날아가고 물고기들은 두려워 물속 깊이 숨을 것이다. 그물을 잘 치는 자는 그물의 벼리를 잡아당기니, 모든 그물코를 하나하나 잡아당긴 뒤에 그물을 펼 수 있는 것이 아니다. 모든 그물코를 하나하나 잡아당긴 뒤에 그물을 펴려고 한다면

○先愼曰 乾道本에 不重一一攝萬目而後得八字어늘 據御覽八百三十四引增이라 張榜本에 上句不字作若하니 據誤本而改也라

○王先愼 : 乾道本에 '一一攝萬目而後得' 여덟 글자가 없는데, ≪太平御覽≫ 권834의 인용문에 의거하여 보충하였다. 張榜本에 윗구의 '不'자가 '若'으로 되어 있는데, 잘못된 판본에 의거하여 고친 것이다.

35-114 則是勞而難이요 引其綱이면 而魚已囊矣라 故吏者 民之本綱者也라 故

73) 〔四〕 : 〔經四〕(35-24~35-31)에 대한 해설을 모은 說이다.

聖人治吏不治民이니라

힘을 들여도 그물을 펴기는 어렵고, 그물의 벼리를 잡아당기면 물고기는 이미 그물 안에 들어와 있을 것이다. 그러므로 관리는 백성들의 근본이고 벼리이기 때문에 성인은 관리를 다스리지 백성들을 다스리지는 않는다.

治吏는 猶引綱하고 理人은 猶張目이라

舊注 : 관리를 다스리는 것은 그물의 벼리를 당기는 것과 같고, 백성을 다스리는 것은 그물코를 펴는 것과 같다.

35-115 救火者에

불을 끌 적에

○先愼曰 乾道本에 連上이어늘 今從趙本하야 提行이라

○王先愼 : 乾道本에는 윗글과 이어져 있는데, 지금 趙本을 따라 행을 바꾸었다.

35-116 令吏挈壺甕而走火면 則一人之用也어니와 操鞭箠指麾而趣使人이면 則制萬夫라 是以聖人不親細民하고 明主不躬小事하니라

가령 관리가 물동이를 들고 불난 곳으로 달려간다면 한 사람의 힘을 쓸 뿐이지만, 채찍을 잡고 지휘하여 사람들을 다그친다면 만 명을 부리는 것이다. 이 때문에 성인은 백성을 직접 다스리지 않으며 현명한 군주는 작은 일을 몸소 처리하지 않는다.

35-117 造父(보)方耨할새

造父가 한창 김을 매고 있을 적에

○先愼曰 舊連上이어늘 今提行이라

○王先愼 : 舊本은 윗글과 이어져 있는데, 지금은 행을 바꾸었다.

35-118 得有子父乘車過者라

아들과 아비가 수레를 타고 지나가고 있는 것을 보았다.

○顧廣圻曰 藏本同이라 今本에 得作時하니 誤라 按得上有脫文이라 兪樾曰 得當作見이니 因古得字作㝵이라 故得與見二字往往相混이라 史記趙世家에 踰年歷歲未得一城이라하야늘 趙策에 得作見하고 留侯世家에 果見穀城山下黃石이라하야늘 漢書에 見作得하니 竝其證也라 趙本改得爲時는 非是요 顧氏疑得上有脫文도 亦失之라

○顧廣圻 : 藏本은 같다. 今本에 '得'은 '時'로 되어 있으니, 잘못되었다. 살펴보건대 '得' 위에 脫文이 있다.

兪樾 : '得'은 '見'이 되어야 하니, 古字에 '得'자는 '㝵'으로 썼기 때문에 '得'과 '見' 두 글자가 종종 혼용되기도 하였다. ≪史記≫ 〈趙世家〉에 "踰年歷歲 未得一城(1년을 넘게 싸워도 城 하나를 얻지 못하였다.)"이라고 하였는데, 〈이 글이〉 ≪戰國策≫ 〈趙策〉에 '得'은 '見'으로 되어 있고, ≪史記≫ 〈留侯世家〉에 "果見穀城山下黃石(과연 穀城山 아래에서 黃石을 보았다.)"이라고 하였는데, 〈이 글이〉 ≪漢書≫에 '見'은 '得'으로 되어 있으니, 모두 그 증거이다. 趙本에 '得'을 '時'로 고친 것은 옳지 않고, 顧氏가 '得' 위에 脫文이 있다고 의심한 것도 잘못 본 것이다.

35-119 馬驚而不行하야 其子下車牽馬하고 父(子)推車라가

말이 놀라 나아가지 않아서 그 아들은 수레에서 내려 말을 끌고 아비는 수레를 밀다가

○先愼曰 父下衍子字라

○王先愼 : '父' 아래 '子'자는 衍文이다.

35-120 請造父助我(推車)라

造父에게 자기들을 도와달라고 청하였다.

○顧廣圻曰 推車二字는 當衍이라

○顧廣圻 : '推車' 두 글자는 衍文이어야 한다.

35-121 **造父因收器**하야 (輟)〔叕〕[74)] **而寄載之**하고

趙父는 그래서 농기구를 거두어서 묶은 다음 수레에 올려 싣고

○**先愼曰 輟而二字**는 **倒**라

○王先愼 : '輟而' 두 글자는 도치되었다.

35-122 **援其子之乘**하야 **乃始檢轡持筴**이어늘 **未之用也**에 **而馬**(轡)〔**又**〕**驚矣**러라

아들이 끌던 수레를 잡아끌고서 비로소 고삐를 점검하고 채찍을 잡았는데, 그것을 아직 사용하기도 전에 말이 다시 놀라 달렸다.

○**顧廣圻曰 藏本同**이라 **今本**에 **驚作鶩**라 **先愼曰 驚字不誤**라 **轡當作又**라

○顧廣圻 : 藏本은 같다. 今本에 '驚'은 '鶩'로 되어 있다.
王先愼 : '驚'자는 잘못되지 않았다. '轡'는 '又'가 되어야 한다.

35-123 **使造父而不能御**인댄 **雖盡力勞身助之推車**라도 **馬猶不肯行也**리라 (令)〔**今**〕[75)] **使身佚**하고

가령 造父가 말을 부리지 못하였다면 비록 힘을 다하고 몸을 수고롭게 하여 그들을 도와 수레를 밀었더라도 말은 오히려 나아가려 하지 않았을 것이다. 이제 몸을 편안하게 하고

○**先愼曰 乾道本**에 **使身二字倒**라 **顧廣圻云 藏本今本**에 **身使作使身**라하니 **今據乙**이라

○王先愼 : 乾道本에 '使身' 두 글자가 도치되어 있다. 顧廣圻는 "藏本과 今本에 '身使'는 '使身'으로 되어 있다."라고 하였으니, 지금 이에 의거하여 순서를 바꾸었다.

---

74) (輟)〔叕〕: 저본에는 '輟'로 되어 있으나, "'輟'는 '叕'이 되어야 하니, ≪說文解字≫에 '「叕」은 묶어 연결하다.〔綴聯〕' 하였다."라고 한 ≪韓非子新校注≫ 陶鴻慶의 설에 의거하여 '叕'로 바로잡았다.

75) (令)〔今〕: 저본에는 '令'으로 되어 있으나, ≪韓非子新校注≫ 楊樹達의 說에 의거하여 '今'으로 바로잡았다.

35-124 且寄載하야 有德於人者는 有術而御之也라 故國者는 君之車也요 勢者는 君之馬也니 無術以御之면 身雖勞나 猶不免亂이요

또 수레에 〈농기구를〉 올려 실어서 남에게 덕을 베풀 수 있었던 것은 法術을 가지고 말을 부렸기 때문이다. 그러므로 나라는 군주의 수레이고 권세는 군주의 말이니, 법술이 없이 부리면 몸은 비록 수고로울지라도 오히려 나라는 어지러움을 면하지 못할 것이요,

術은 則國之轡策也라 ○先愼曰 拾補에 雖下有使字라 盧文弨云 張本有라하니라

舊注 : '術'은 나라의 고삐이자 채찍이다.

○王先愼 : ≪群書拾補≫에 '雖' 아래에 '使'자가 있다. 盧文弨는 "張本에 〈'使'자가〉 있다."라고 하였다.

35-125 有術以御之면 身處佚樂之地하고 又致帝王之功也니라

법술을 가지고 부리면 몸은 편안하고 즐거운 데 있으면서도 제왕의 功業을 이룰 수 있을 것이다.

○盧文弨曰 致는 藏本에 作制라

○盧文弨 : '致'는 藏本에 '制'로 되어 있다.

35-126 椎鍛者는 所以平不夷也요 榜檠者는 所以矯不直也니라 聖人之爲法也는 所以平不夷矯不直也니라

〈쇠망치는〉 고르지 않은 것을 평평하게 하는 도구이고, 도지개는 곧지 않은 것을 바로잡는 도구이다. 성인이 법을 만든 것은 고르지 않은 것을 평평하게 하고 곧지 않은 것을 바로잡기 위한 것이다.

35-127 淖齒之用齊也에 擢閔王之筋하고 李兌之用趙也에 餓殺主父하니 此二君者는 皆不能用其椎鍛榜檠이라 故身死爲戮하야 而爲天下笑니라

淖齒는 齊나라에 등용되자 閔王의 힘줄을 뽑아 죽였고, 李兌는 趙나라에 등용되

자 主父를 굶겨 죽였으니, 이 두 군주는 모두 쇠망치와 도지개를 쓸 줄 몰랐다. 그러므로 몸은 죽고 치욕을 당하여 천하의 웃음거리가 되었다.

35-128 一曰 入齊면 則獨聞淖齒而不聞齊王이요 入趙면 則獨聞李兌而不聞趙王이라 故曰 人主者不操術이면 則威勢輕而臣擅名이니라

일설의 내용은 다음과 같다. 齊나라에 들어가면 유독 淖齒의 명성만 들리고 제나라 왕에 대해서는 들을 수 없고, 趙나라에 들어가면 유독 李兌의 명성만 들리고 조나라 왕에 대해서는 들을 수 없었다. 그러므로 "군주가 法術을 다루지 못하면 위세가 가벼워져서 신하가 함부로 명성을 떨친다."라고 한 것이다.

35-129 一曰 田嬰[76)]相齊할새 人有說(세)王者曰 終歲之計를 王不一以數日之間自聽之면 則無以知吏之姦邪得失也니이다 王曰 善하다하니 田嬰聞之하고 卽遽請於王而聽其計러라 王將聽之矣일새 田嬰令官具押券斗石(參升)之計어늘

일설의 내용은 다음과 같다. 田嬰이 齊나라의 相을 지낼 적에 어떤 사람이 왕에게 유세하여 말하였다.

"한 해의 회계 보고를 왕께서 여러 날 동안 일일이 직접 듣지 않으면 관리들의 간사함과 재정의 득실에 대해 알 수가 없습니다."

왕이 말하기를 "좋다."라고 하니, 전영이 듣고 즉시 왕에게 청해 회계 보고를 듣게 하였다. 왕이 회계 보고를 들으려고 할 적에 전영은 관리를 시켜 서명한 문서와 斗·石 등 곡물 수량의 단위 등이 적힌 회계를 갖추었는데,

○顧廣圻曰 下文에 無斗參이요 作升石하니 按此未詳이라 孫詒讓曰 商子定分篇에 主法令之吏는 謹其右券木押하야 以室藏之하고 封以法令之長印이라하니 此押券卽右券이라 木押의 押은 與柙通이라 說文木部에 檢은 柙也라 參升二字는 疑衍이라

○顧廣圻 : 아래 글에 '斗參'은 없고 '升石'으로 되어 있다. 살펴보건대 이는 자세히 알

76) 田嬰 : 戰國時代 齊나라 公族으로 威王의 아들이자, 孟嘗君의 아버지이다. 相으로서 국가의 財賦를 관장하였고, 薛에 봉해져서 薛公으로 불리었다.(≪史記≫ 〈孟嘗君列傳〉, ≪戰國策≫ 〈齊策〉)

수 없다.

孫詒讓 : ≪商子(商君書)≫ 〈定分篇〉에 "法令을 주관하는 관리는 右券과 木押을 신중히 다루어 밀실에 보관하고, 법령을 주관하는 관리의 장관 印을 찍어 봉인한다."라고 하였으니, 이 押券은 곧 右券이다. '木押'의 '押'은 '柙'과 통용한다. ≪說文解字≫ 〈木部〉에 "'檢'은 '柙'이다."라고 하였다. '參升' 두 글자는 衍文인 듯하다.

35-130 **王自聽計**나 **計不勝聽**이라 **罷食(後)**에 **復**(부)**坐**하니

왕이 직접 회계 보고를 들었으나 〈양이 많아서〉 회계 보고를 다 들을 수 없었다. 식사를 마치고 나서 다시 앉으니,

○**顧廣圻曰 罷食句絶**이니 **後字當衍**이라

○顧廣圻 : '罷食'에서 구를 끊어야 하니, '後'자는 衍文이어야 한다.

35-131 **不復暮食矣**라 **田嬰復謂曰 群臣所終歲日夜不敢偷怠之事也**라 **王以一夕聽之**면 **則群臣有爲勸勉矣**리이다 **王曰 諾**다하고 **俄而已睡矣**라 **吏盡揄刀削其押券**(升)〔**斗**〕**石之計**러라

다시 저녁도 먹지 못하였다.

田嬰이 다시 아뢰었다.

"신하들이 1년 내내 아침저녁으로 감히 게으름을 피우지 못하는 일입니다. 왕께서 하룻저녁만이라도 회계 보고를 들으신다면 신하들이 더욱 부지런히 일할 것입니다."

왕이 "알았다." 하고는 얼마 안 되어 잠이 들었다. 관리들이 모두 칼을 들고 右券과 斗·石 등 곡물 수량의 단위를 적은 회계 기록을 깎아 없애버렸다.

○**孫詒讓曰 升石**은 **當依上作斗石**이라 **斗升**은 **隷書形近而誤**라

○孫詒讓 : '升石'은 위 글에 의거하여 '斗石'이 되어야 한다. '斗'와 '升'은 隷書에 字形이 비슷하여 잘못된 것이다.

35-132 王自聽之하니 亂乃始生하니라

왕이 직접 회계 보고를 들으니, 이에 혼란이 생기기 시작한 것이다.

35-133 一曰 武靈王이 使惠文王莅政하고 李兌爲相이라 武靈王이 不以身躬親殺生之柄이라 故劫於李兌니라

일설의 내용은 다음과 같다. 趙나라 武靈王이 惠文王(武靈王의 아들)에게 국정을 맡기고 李兌를 相으로 삼았다. 무령왕이 스스로 죽이고 살리는 權柄을 행사하지 않았으므로 이태에게 위협을 당하였다.

〔五〕[77]

35-134 玆鄭子引輦하야 上高梁이나 而不能支라 玆鄭踞轅而歌하니 前者止하고 後者趨하야 輦乃上이러라 使玆鄭無術以致人이면 則身雖絶力至死라도

玆鄭子가 수레를 끌고서 높은 다리 위로 올라가려고 하였으나 지탱해 올릴 수가 없었다. 그래서 자정자가 수레 끌채에 걸터앉아 노래를 부르자, 앞에 가던 자는 멈추고 뒤에 오던 자가 달려와 〈힘을 보태서〉 마침내 수레를 올릴 수 있었다. 가령 자정자가 사람을 불러들이는 術이 없었다면 몸은 죽도록 힘을 다 쓰더라도

○先愼曰 拾補에 至作致라 盧文弨云 張本作至라하고 顧廣圻云 藏本同이라하니라 今本에 至作致하니 誤라

○王先愼 : ≪群書拾補≫에 '至'는 '致'로 되어 있다. 盧文弨는 "張本에 '至'로 되어 있다." 라고 하였고, 顧廣圻는 "藏本은 같다."라고 하였다. 今本에 '至'는 '致'로 되어 있으니, 잘못되었다.

35-135 輦猶不上也리라 今身不至勞苦而輦以上者는 有術以致人之故也니라

77) 〔五〕: 〔經五〕(35-32~35-34)에 대한 해설을 모은 說이다.

수레는 여전히 다리 위로 올라가지 못하였을 것이다. 이제 몸이 수고로움에 이르지 않더라도 수레가 다리 위로 올라갈 수 있었던 것은 사람을 불러들이는 術이 있었기 때문이다.

35-136 **趙簡主出稅**할새

趙簡主가 稅吏를 파견할 적에

○**先愼曰 乾道本**에 **稅下有者字**어늘 **今據御覽六百二十七引刪**이라

○王先愼 : 乾道本에 '稅' 아래에 '者'자가 있는데, 지금 ≪太平御覽≫ 권627의 인용문에 의거하여 삭제하였다.

35-137 **吏請輕重**한대 **簡主曰 勿輕勿重**하라 **重則利入於上**하고 **若輕則利歸於民**하나니 **吏無私利而**(正)〔止〕[78]**矣**니라

稅吏가 세금을 가볍게 거둘지 무겁게 거둘지에 대해 말해주기를 청하자, 趙簡主가 말하였다.

"가볍게도 거두지 말고 무겁게도 거두지 말라. 무겁게 거두면 이익이 군주에게 돌아가고 가볍게 거두면 이익이 백성에게 돌아가니, 稅吏는 사사로운 이익을 꾀하지 않으면 그만일 뿐이다."

○**先愼曰 辭意未完**이니 **當有脫文**이라

○王先愼 : 말뜻이 완전하지 않으니, 응당 脫文이 있다.

35-138 **薄疑謂趙簡主曰**

薄疑가 趙簡主에게 아뢰었다.

○**先愼曰 乾道本**에 **連上**이어늘 **今從趙本**하야 **提行**이라

---

78) (正)〔止〕 : 저본에는 '正'으로 되어 있으나, ≪韓非子新校注≫ 陳奇猷의 說에 의거하여 '止'로 바로잡았다.

○王先愼 : 乾道本에는 윗글과 이어져 있는데, 지금 趙本을 따라 행을 바꾸었다.

35-139 **君之國中飽**니이다 **簡主欣然而喜**[79]**曰 何如焉**고 **對曰 府庫空虛於上**하고 **百姓貧餓於下**나 **然而姦吏富矣**니이다

"군주의 나라는 중간계층이 배부릅니다."

趙簡主가 기뻐하며 말하였다.

"어느 정도로 배부른가?"

〈薄疑가〉 대답하였다.

"위로는 창고가 텅 비고, 아래로는 백성들이 가난하여 굶주리지만 간사한 관리들만 부유합니다."

35-140 **齊桓公**이 **微服以巡民家**할새 **人有年老而自養者**일새 **桓公問其故**한대 **對曰 臣有子三人**하니 **家貧無以妻之**하고 **傭未及反**이니니다

齊 桓公이 微服 차림으로 민가를 돌아볼 적에 어떤 사람이 연로한데도 스스로 밥을 지어 먹는 자가 있었으므로 桓公이 그 까닭을 묻자, 그가 대답하였다.

"신에게 자식이 셋 있는데, 집이 가난하여 장가를 들지 못하고 품팔이를 하느라 아직 돌아오지 않았습니다."

○**先愼曰 乾道本**에 **無及字**어늘 **趙本**에 **有**하고 **御覽五百四十一引亦有**하니 **今據補**라

○王先愼 : 乾道本에 '及'자가 없는데, 趙本에는 있고, ≪太平御覽≫ 권541의 인용문에도 있으니, 지금 이에 의거하여 보충하였다.

35-141 **桓公歸**하야 **以告管仲**한대 **管仲曰**

桓公이 돌아와서 이 일을 管仲에게 고하자, 관중이 말하였다.

---

79) 簡主欣然而喜 : 薄疑가 말한 '國中飽'는 나라의 중간계층이 배부르다는 뜻인데, 趙簡主는 나라 안의 백성들이 배부르다는 뜻으로 잘못 이해하였으므로 기뻐한 것이다.

○先愼曰 乾道本에 不重管仲二字어늘 顧廣圻云 今本에 重이라하니라 先愼按 御覽引亦重管仲二字하니 今據補라

○王先愼 : 乾道本에 '管仲' 두 글자가 중복되지 않았는데, 顧廣圻는 "今本에 중복되었다."라고 하였다. 내가 살펴보건대 ≪太平御覽≫의 인용문에도 '管仲' 두 글자가 중복되어 있으니, 지금 이에 의거하여 보충하였다.

35-142 畜積有腐棄之財면 則人飢餓하고 宮中有怨女면 則民無妻하니이다 桓公曰 善하다하고 乃(諭)〔論〕[80]宮中有婦人而嫁之러라

"쌓아놓은 재물 중에 썩어서 내버리는 것이 있으면 백성들은 굶주리고, 궁중에 원망하는 여인이 있으면 백성들은 아내를 얻지 못합니다."

桓公이 "좋은 말이오." 하고, 마침내 궁중의 여인들을 살펴서 〈왕을 모신 적이 없는 여인들을 내보내〉 시집을 보냈다.

○先愼曰 乾道本에 諭作論이어늘 據御覽引하야 改라

○王先愼 : 乾道本에 '諭'는 '論'으로 되어 있는데, ≪太平御覽≫의 인용문에 의거하여 고쳤다.

35-143 下令於民曰

백성들에게 명령을 내렸다.

○盧文弨曰 曰은 張本에 作也라 顧廣圻曰 藏本同이라 今本에 曰作也하니 誤라 先愼曰 御覽引亦作曰이라

○盧文弨 : '曰'은 張本에 '也'로 되어 있다.

顧廣圻 : 藏本은 같다. 今本에 '曰'은 '也'로 되어 있으니, 잘못되었다.

王先愼 : ≪太平御覽≫에 이 글을 인용하면서 '曰'로 되어 있다.

---

80) (諭)〔論〕 : 저본에는 '諭'로 되어 있으나, ≪禮記≫ 〈王制〉에 "무릇 재주 있는 백성을 벼슬시키되, 반드시 먼저 살펴야 한다.〔凡官民材 必先論之〕"라고 하였는데, 注에 "'論'은 그 德行과 道藝를 살핌을 이른다.〔論謂考其德行道藝〕"라고 하였다. 이에 의거하여 '論'으로 바로잡았다. (張覺, ≪韓非子全譯≫)

35-144 丈夫二十而室하고

"남자는 스물이면 장가를 들고

○先愼曰 御覽引二十作三十이라

○王先愼 : ≪太平御覽≫에 이 글을 인용하면서 '二十'은 '三十'으로 되어 있다.

35-145 婦人十五而嫁하라

부인은 열다섯이면 시집을 가라."

35-146 一曰 桓公微服而行於民間할새 有鹿門稷者 行年七十而無妻일새 桓公問管仲曰 有民老而無妻者乎아 管仲曰 鹿門稷者 行年七十矣而無妻니이다 桓公曰 何以令之有妻오 管仲曰 臣聞之호니 上有積財면 則民臣必匱乏於下하고 宮中有怨女면 則有老而無妻者라하더이다 桓公曰 善하다하고 令於宮中하야 女子未嘗御를 出嫁之하고 乃令男子年二十而室하며 女年十五而嫁하니 則內無怨女하고 外無曠夫하니라

일설의 내용은 다음과 같다. 齊 桓公이 微服 차림으로 민간을 돌아볼 적에 鹿門稷이라는 자가 나이 일흔이 되어도 아내가 없었으므로, 桓公이 管仲에게 묻기를 "백성들 중에 늙어서도 아내를 얻지 못한 자가 있소?" 하자, 관중이 말하기를 "녹문직이라는 자가 나이 일흔이 되어도 아내가 없습니다." 하였다.

환공이 "어떻게 하면 그가 아내를 얻게 하겠소?" 하자, 관중이 말하기를 "신이 들으니, 군주가 재물을 쌓아두면 臣民들은 반드시 아래에서 궁핍하게 되고, 궁중에 원망하는 여인이 있으면 늙어서도 아내를 얻지 못하는 자가 있게 된다고 하였습니다." 하였다.

환공이 "좋은 말이오." 하고, 궁중에 명하여 〈궁중의〉 여인들 중에서 왕을 모신 적이 없는 자를 내보내 시집을 보내고, 이어 남자는 스물에 장가를 들며 여자는 열다섯에 시집을 가도록 명하니, 궁중에는 원망하는 여인이 없고 궁밖에는 홀로 사는 사내가 없었다.

35-147 延陵卓子乘蒼龍[81]挑文之乘이어늘

延陵卓子가 검푸르고 크며 꿩의 깃털 무늬를 가진 준마가 끄는 수레를 탔는데,

言彫飾之라 ○兪樾曰 挑는 當讀爲翟이라 下文에 一曰 延陵卓子乘蒼龍與翟文之乘이라하야늘 注云 馬有翟之文이라하니 是也라 挑從兆聲하야 與翟聲相近이라 故翟通作挑라 尙書顧命篇에 王乃洮頮水라하야늘 鄭讀洮爲濯하고 詩大東篇에 佻佻公子라하야늘 韓詩에 佻作嬥하고 爾雅釋魚에 蜃小者珧라하야늘 衆家本珧作濯하니 竝其例也라 舊注不知挑卽翟之假字하야 而訓爲雕飾하니 誤矣라 先愼曰 兪說是라 御覽七百四十六八百九十六에 引挑作桃하고 拾補作桃어늘 盧文弨以挑字爲譌하니 非也라 挑桃는 竝翟之假借라

舊注 : 조각하여 장식함을 말한다.

○兪樾 : '挑'는 '翟'으로 읽어야 한다. 아래 글에 "一曰 延陵卓子乘蒼龍與翟文之乘"이라 하였는데, 舊注에 "馬有翟之文(말에 꿩의 깃털 무늬가 있다.)"이라 하였으니, 옳다. '挑'는 兆의 聲部를 따라서 翟의 聲部와 가깝다. 그러므로 '翟'은 '挑'와 통용한다. ≪尙書≫ 〈顧命篇〉에 "王乃洮頮水(왕이 물로 손을 씻고 얼굴을 씻다.)"라고 하였는데, 鄭玄은 '洮'를 '濯'으로 읽었고, ≪詩經≫ 〈大東篇〉에 "佻佻公子(경박한 공자들)"라 하였는데, ≪韓詩外傳≫에 '佻'는 '嬥'로 되어 있고, ≪爾雅≫ 〈釋魚〉에 "조개의 작은 것이 '珧'이다."라고 하였는데, 衆家本(諸家本)에 '珧'는 '濯'으로 되어 있으니, 모두 그 예이다. 舊注는 '挑'가 곧 '翟'의 가차자인지 알지 못하여 뜻풀이를 하기를 '조각하여 장식하다〔雕飾〕'라고 하였으니, 잘못되었다.

王先愼 : 兪樾의 설이 옳다. ≪太平御覽≫ 권746, 권896에 이 글을 인용하면서 '挑'는 '桃'로 되어 있고, ≪群書拾補≫에 '桃'로 되어 있는데, 盧文弨는 '挑'자를 잘못된 글자라고 하였으니, 틀렸다. '挑'와 '桃'는 모두 '翟'의 가차자이다.

35-148 鉤飾在前하고

앞에는 갈고리 모양의 장식이 있고

約鉤使奮也라

---

81) 蒼龍 : 검푸른 빛깔을 지닌 준마를 말한다. ≪呂氏春秋≫ 〈孟春〉에 "駕蒼龍(蒼龍을 타다)"이라 하였는데, 注에 "말이 8척이 넘으면 '龍'이라 한다.〔馬八尺以上爲龍〕"라고 하였다.

舊注 : 갈고리를 묶어 달리게 한 것이다.

35-149 **錯錣**[82]**在後**하니

뒤에는 쇠침을 박은 채찍이 있으니,

錣은 錸也니 以金飾之라 ○先愼曰 事類賦二十一에 引錣作綴이라

舊注 : '錣'은 '錸(가래)'이니, 쇠로 장식하였다.

○王先愼 : ≪事類賦≫ 권21에 이 글을 인용하면서 '錣'은 '綴'로 되어 있다.

35-150 **馬欲進則鉤飾禁之**하고 **欲退則錯錣貫之**하니 **馬因旁出**이라 **造父**(보)**過而爲之泣涕**하야 **曰 古之治人**도 **亦然矣**라 **夫賞所以勸之而毁存焉**하고 **罰所以禁之而譽加焉**하니 **民中立而不知所由**라

말이 나아가고자 하면 갈고리 장식이 가로막고, 물러나고자 하면 쇠침을 박은 채찍이 찔러대니, 이 때문에 말은 옆으로 뛰쳐나갔다.

造父가 지나가면서 말을 위해 눈물을 흘리면서 말하였다.

"옛날에 백성을 다스리는 것도 이러하였다. 賞이란 권장하기 위한 것인데도 〈상을 받은 사람이〉 비방을 받는 경우가 있고, 罰이란 금지하기 위한 것인데도 〈벌을 받은 사람에게〉 칭송이 더해지는 경우도 있으니, 백성들은 중간에 서서 어디를 말미암을지 모르게 된다.

言賞則有毁하고 罰卽有譽라 故不知其所由라 ○先愼曰 事類賦引에 民中立은 作猶人處急世라 注卽字는 趙本作則이라

舊注 : 상을 주면 비방을 받는 경우가 있고, 벌을 주면 칭송을 받는 경우가 있다. 그러므로 〈백성들이〉 말미암을 바를 알지 못하는 것이다.

○王先愼 : ≪事類賦≫의 인용문에 '民中立'은 '猶人處急世(사람이 위급한 세상에 사는 것

82) 錯錣 : '錯'은 '策'과 통용으로 채찍을 뜻한다. '錣'은 舊注에서는 '錸'라고 하였는데, 여기서 어떤 의미로 쓰였는지는 분명히 알 수 없다. 王先愼이 제시한 ≪事類賦≫의 '綴' 역시 분명하지 않다. ≪淮南子≫ 〈道應訓〉의 高誘 注에 "말채찍에 쇠침을 박아 말을 찌르는 것이 '錣'이다." 하였다. 이에 의하면 '錯錣'은 말채찍 끝부분에 쇠침을 박은 것으로 보인다.

과 같다.)'로 되어 있다. 舊注의 '卽'자는 趙本에 '則'으로 되어 있다.

35-151 此亦聖人之所爲泣也니라

이 또한 성인이 눈물을 흘리는 까닭이다."

35-152 一曰 延陵卓子乘蒼龍與翟文之乘이어늘

일설의 내용은 다음과 같다. 延陵卓子가 검푸르고 크며 꿩의 깃털 무늬를 가진 준마가 끄는 수레를 탔는데,

馬有翟之文라

舊注 : 말에 꿩의 깃털 무늬가 있는 것이다.

35-153 前則有錯飾하고 後則有利錣하야

앞에는 교차된 갈고리 장식이 있고, 뒤에는 날카로운 채찍의 쇠침이 있어서

○先愼曰 乾道本에 脫下有字어늘 顧廣圻云 藏本今本에 則下有有字라 依上文當補라하니 今據增이라

○王先愼 : 乾道本에 아래의 '有'자가 없는데, 顧廣圻는 "藏本과 今本에는 '則' 아래에 '有'자가 있다. 윗글에 의거하여 보충해야 한다."라고 하였으니, 지금 이에 의거하여 보충하였다.

35-154 進則引之하고

나아가려 하면 고삐를 당기고

○先愼曰 乾道本에 進上有策字어늘 顧廣圻(曰)〔云〕[83] 策字衍이라 藏本今本에 無進字어늘 此誤刪이라하니라 先愼按 顧說是라 策字不當有니 今據張榜本趙本刪①이라

① 又按 顧云 今本多與張趙本合이어늘 惟此條不同이라 故出之라하니라

83) (曰)〔云〕 : 저본에는 '曰'로 되어 있으나, 용례와 문맥에 의거하여 '云'으로 바로잡았다.

또 살펴보건대, 顧廣圻는 "今本은 대부분 張榜本·趙本과 합치하는데, 오직 이 조문만 같지 않기 때문에 드러내었다."라고 하였다.

○王先愼 : 乾道本에 '進' 위에 '筴'자가 있는데, 顧廣圻는 "'筴'자는 衍文이다. 藏本과 今本에 '進'자가 없는데, 이는 잘못 삭제한 것이다."라고 하였다. 내가 살펴보건대 顧廣圻의 설이 옳다. '筴'자는 있어서는 안 되니, 지금 張榜本과 趙本에 의거하여 삭제하였다.

35-155 退則筴之하니 **馬前不得進**이요 **後不得退**라 **遂避而逸**하니 **因下抽刀而刎其脚**이러라 **造父見之而泣**하고

물러나려고 하면 채찍질을 하니, 말은 앞으로 나아갈 수도 없고 뒤로 물러날 수도 없게 되자, 결국 피해서 달아났다. 이에 〈延陵卓子가〉 수레에서 내려 칼을 뽑아 말의 다리를 베어버렸다.

造父가 이를 보고 눈물을 흘리고

○**先愼曰 乾道本**에 **無而字**하고 **拾補**에 **有**라 **盧文弨云 脫**이라 **張本有**라하니 **今據補**라

○王先愼 : 乾道本에 〈'造父見之而泣'의〉 '而'자가 없고, ≪群書拾補≫에는 있다. 盧文弨는 "〈'而'자가〉 탈락되었다. 張本에는 있다."라고 하였으니, 지금 이에 의거하여 보충하였다.

35-156 終日不食하야 **因仰天而歎曰** 筴은 **所以進之也**어늘 **錯飾在前**하고 **引**은 **所以退之也**어늘 **利錣在後**하니라 **今人主以其清潔也進之**요 **以其不適左右也退之**하고 **以其公正也譽之**요 **以其不聽從也廢之**하니 **民懼**하야 **中立而不知所由**라 **此聖人之所爲泣也**니라

종일토록 아무것도 먹지 않은 채로 하늘을 우러러 탄식하여 말하였다.

"채찍은 말이 나아가게 하는 수단인데 교차된 갈고리 장식이 앞에 있고, 고삐는 말을 물러나게 하는 수단인데 날카로운 채찍의 쇠침이 뒤에 있다.

지금 군주가 청렴하다고 하여 벼슬에 등용하였으면서 측근 신하들과 맞지 않는다고 물리치고, 公明正大하다고 하여 칭찬하였으면서 자신의 말을 따르지 않는다고 하여 쫓아내버린다. 그러니 백성들은 두려워하며 중간에 서서 어디를 말미암을지를 모르게 된다. 이것이 성인이 눈물을 흘리는 까닭이다."

第三十六 難一篇　제36편 論難 1

이 편은 기존의 역사적 고사나 이야기 가운데 法家의 원칙에서 문제가 될 만한 것들을 구체적으로 論難하고 論駁한 것이다. "옛사람이 행한 일 가운데 이치에 합당하지 않은 것이 있으면 韓子가 뜻을 세워 논란한 것이다."라고 한 舊注의 설명이 이 편의 성격을 잘 말해준다. 이 편을 시작으로 〈難二〉, 〈難三〉, 〈難四〉가 이어지는데, 다른 편들 역시 法家의 입장에서 특정 사안을 구체적이고 논리적으로 논란한 것이다. 논란하는 사례를 들어보면 다음과 같다.

舜임금이 堯임금으로부터 天子의 지위를 禪讓받기 전에 여러 곳에서 백성을 감화시킨 일화는 ≪孟子≫나 ≪史記≫를 통해 매우 익숙한 이야기이다. 舜임금이 雷澤에서 물고기를 잡았는데 뇌택의 근처에 사는 사람들이 모두 거처를 양보하였고, 河濱에서 질그릇을 구웠는데 하빈의 질그릇 중에는 거칠고 나쁜 것이 없었으며, 歷山에서 농사를 지었는데 역산 지방의 사람들이 모두 밭 경계를 양보하는 등이 그것이다. 그런데 이 일화를 두고 韓非子는 다음과 같이 論駁한다.

堯임금이 聖人이라면, 그 성인이 다스리는 곳은 폐단이 없어서 백성이 다투는 일이 없어야 한다. 그런데 농사짓는 이들과 물고기 잡는 이들이 자리를 다투고, 구워내는 질그릇도 형편이 없었다. 이는 군주의 자리에서 밝게 살피는 정사를 제대로 펼치지 못했던 증거이다. 舜임금이 여러 곳을 다니며 폐단을 고치고 백성을 감화시킨 것을 인정한다면, 이는 당시 堯임금이 정사를 제대로 펼치지 않았다는 反證이 되는 것이다.

이에 반해 賞罰을 엄격히 하는 法家思想으로 정사를 펼쳐서 엄한 법령을 내리면 10일 만에 온 천하 사람들이 법을 지키고 폐단이 사라져서, 舜임금처럼 스스로 몇 년 동안 고생하며 겨우 몇 곳의 폐단을 고치는 정도에 그치지 않는다. 게다가 제 몸을 고생스럽게 한 후에 백성을 감화시키는 것은 堯舜이라도 어려운 일이지만, 권세 있는 자리에 있으면서 법령으로 백성을 다스리는 것은 용렬한 군주라도 쉽게 할 수 있는 일이다. 그러므로 장차 천하를 다스리고자 할 때는, 용렬한 군주라도 쉽게 할 수 있는 일을 해야지, 성인이라고 하는 요순이 어려워하는 일을 따라해서는 안 되는 것이다.

이를 포함하여 〈難一〉부터 〈難四〉까지는 특히 儒家에 대해 철저하게 法家思想에 기초하여 논박하는 내용이 대거 수록되어 있어, 사상과 정치 측면에서 法家와 儒家의 첨예한 지점들을 확인할 수 있다.

古人行事에 或有不合理면 韓子立義以難之라

舊注 : 옛사람이 행한 일 가운데 이치에 합당하지 않은 것이 있으면 韓子가 뜻을 세워 論難한 것이다.

36-1 晉文公[1]將與楚人戰할새 召舅犯[2]問之曰 吾將與楚人戰이어늘 彼衆我寡하니 爲之奈何리오 舅犯曰 臣聞之컨대 繁禮君子는 不厭忠信이요

晉 文公이 장차 楚나라와 전쟁을 벌이려고 할 적에 舅犯을 불러 물어보았다.

"내가 장차 楚나라와 전쟁을 벌이려고 하는데 저들은 군사가 많고 우리는 군사가 적으니 어떻게 해야 하겠는가?"

晉나라 重耳(晉 文公)가 列國을 떠돌다
〔晉重耳周遊列國〕

---

1) 晉文公 : 晉 獻公의 아들로 이름은 重耳인데, 驪姬의 사건으로 인하여 국외에 망명한 지 19년 만에 귀국하여 즉위한 뒤에 春秋五霸 중의 하나가 되었다. 여희의 사건은 여희가 자기 아들 奚齊를 태자로 삼으려고, 태자였던 申生을 무함하여 결국 죽게 만들자 신생의 동생 夷吾와 중이가 외국으로 망명한 일을 가리킨다.

2) 舅犯 : 狐偃을 가리킨다. 그는 春秋時代 晉나라 사람으로 字가 子犯이다. 晉 文公의 외삼촌이므로 舅犯이라고도 칭하였다. 일찍이 뒤에 진 문공이 된 晉나라의 公子 重耳가 어려운 처지에 빠져 狄 땅으로 도망갈 적에 중이를 따라가 19년이라는 긴 세월 동안 늘 호위하며 보좌하였으며, 중이가 본국으로 돌아와 임금이 된 뒤에도 잘 보좌하여 진 문공으로 하여금 패업을 이룰 수 있도록 하였다.

구범이 대답하였다.
"신이 듣건대 번다한 예법을 지키는 君子는 忠과 信을 싫어하지 않고,

禮는 繁縟(욕)이라 故曰繁禮라하니라 唯忠信可以學禮라 故曰不厭忠信이라하니라

舊注 : 예법은 번다한 것이므로 "繁禮(번다한 예법을 지킴)"라고 하였다. 오직 忠과 信이 있어야만 예법을 배울 수 있으므로 〈번다한 예법을 지키는 군자는〉 "不厭忠信(忠과 信을 싫어하지 않는다.)"이라고 하였다.

36-2 戰陣之間에 不厭詐僞라하니

전쟁을 하는 중에는 속이는 짓을 싫어하지 않는다고 하니,

非譎詐면 不能制勝이라 故曰不厭詐僞也라하니라

舊注 : 〈적국을〉 속이지 않으면 제압하여 이기지 못하므로 "不厭詐僞(속이는 짓을 싫어하지 않는다.)"라고 하였다.

36-3 君其詐之而已矣니이다 文公辭舅犯하고 因召雍季[3]而問之曰 我將與楚人戰이어늘 彼衆我寡하니 爲之奈何리오

군주께서는 장차 속여야 할 따름입니다."
文公이 舅犯을 물러가게 한 다음 雍季를 불러 물어보았다.
"내가 장차 楚나라와 전쟁을 벌이려고 하는데 저들은 군사가 많고 우리는 군사가 적으니 어떻게 해야 하겠는가?"

36-4 雍季對曰 焚林而田이면 偸取多獸나 後必無獸니이다

옹계가 대답하였다.
"수풀에 불을 질러 사냥을 하면 구차하게 많은 짐승을 잡을 수 있으나 훗날 반드시 〈남은〉 짐승이 없게 됩니다.

---

3) 雍季 : 晉 文公의 庶子인 公子 雍을 가리킨다.

苟且也[4]라 ○先愼曰 乾道本에 無取字요 必上有不字라 顧廣圻云 今本에 偸下有取字요 無不字라하니라 先愼按 此皆四字句니 有取字無不字 是也일새 改從今本하노라 呂氏春秋孝行覽義賞에 作焚藪而田이면 豈不獲得이나 而明年無獸라

舊注 : 〈'偸'는〉 구차하다는 뜻이다.

○王先愼 : 乾道本에 '取'자가 없고 '必'자 위에 '不'자가 있다. 顧廣圻는 "今本에는 '偸'자 아래에 '取'자가 있고 '不'자가 없다."라고 하였다. 내가 살펴보건대 여기는 모두 네 글자로 이루어진 구문이니 '取'자가 있고 '不'자가 없는 것이 옳기 때문에 今本을 따라 고쳤다. ≪呂氏春秋≫ 〈孝行覽 義賞〉에 "焚藪而田 豈不獲得 而明年無獸(수풀에 불을 질러 사냥을 하면 어찌 〈짐승을〉 잡지 못하겠는가마는 이듬해에는 〈남은〉 짐승이 없게 된다.)"로 되어 있다.

36-5 以詐遇民이면 偸取一時나 後必無復니이다

속여서 백성을 대하면 구차하게 한때를 취할 수 있으나 훗날 반드시 〈忠과 信이〉 다시는 없게 됩니다."

因詐得利면 必以詐爲俗이라 故無復有忠信이라 ○先愼曰 乾道本注에 爲作僞요 無作言이어늘 據趙本改하노라

舊注 : 속여서 이익을 얻으면 반드시 속이는 일이 풍속이 되므로 다시는 忠과 信이 없게 된다.

○王先愼 : 乾道本의 舊注에 '爲'자가 '僞'자로 되어 있고, '無'자가 '言'자로 되어 있는데, 趙本에 의거하여 고쳤다.

36-6 文公曰 善이라하고 辭雍季라 以舅犯之謀로 與楚人戰以敗之하다

文公이 말하기를 "좋다." 하고 雍季를 물러나게 하였다. 〈문공이〉 舅犯의 계책을 가지고 楚나라와 전쟁을 하여 패배시켰다.

○先愼曰 呂氏春秋云 文公用咎犯之言하야 而敗楚人於城濮이라하니라

○王先愼 : ≪呂氏春秋≫ 〈孝行覽 義賞〉에 "文公이 咎犯의 말을 써서 楚나라를 城濮에

4) 苟且也 : 이는 원래 저본의 '偸' 아래에 달려 있는 注이다. 번역상의 편의로 아래 글과 연결하여 이처럼 편집하였다.

서 패배시켰다.〔文公用咎犯之言 而敗楚人於城濮〕"라고 하였다.

36-7 **歸而行爵**할새 **先雍季而後舅犯**이라 **群臣曰 城濮之事**[5)]는 **舅犯謀也**어늘 **夫用其言而後其身**이 **可乎**잇가 **文公曰 此非(君)〔若〕所知也**라

돌아와 작록을 하사할 적에 雍季를 먼저 하고 舅犯을 뒤로하였다. 신하들이 말하였다.

"城濮의 전쟁은 구범의 계책인데, 그의 말을 사용하고서 그 사람을 뒤로하는 것이 옳겠습니까."

文公이 말하였다.

"이는 그대들이 알 바가 아니다.

○**顧廣圻曰 君**은 **當作若**이라

○顧廣圻 : '君'자는 응당 '若'자가 되어야 한다.

36-8 **夫舅犯言**은 **一時之權也**요 **雍季言**은 **萬世之利也**라 **仲尼聞之**하야 **曰 文公之霸也 宜哉**로다 **旣知一時之權**하고 **又知萬世之利**라

舅犯의 말은 한때의 권모술수이고, 雍季의 말은 만세의 이익이 된다."

仲尼가 이를 듣고 말하였다.

"文公이 霸者가 된 것이 마땅하도다. 이미 한때의 권모술수를 알고 또 만세의 이익을 알았다."

36-9 **或曰 雍季之對**는 **不當文公之問**이라 **凡對問者有因**하니 **因小大緩急而對也**라

혹자가 다음과 같이 논평하였다.

"雍季의 대답은 晉 文公의 물음에 알맞지 않았다. 무릇 물음에 대답하는 것은 근

---

5) 城濮之事 : 晉나라와 楚나라가 패권을 두고 城濮 지역에서 벌인 전쟁을 가리킨다. 晉 文公이 城濮의 전쟁에서 승리함으로써 霸者로 인정을 받았다.

거가 있어야 하니, 〈그 물음의〉 大小와 緩急에 근거하여 대답해야 한다.

○先愼曰 乾道本에 下因字는 作問이라 顧廣圻云 藏本同이라 今本에 問作因은 誤라 按有當作在요 十字[6]爲一句라하니라 先愼按 顧說은 非라 問字는 涉上文而誤라 因大小緩急而對는 謂因其問之大小緩急而對也니 正承上凡對問者有因而言이라 若作問字인댄 則文氣不屬일새 改從今本하노라

○王先愼 : 乾道本에 아래의 '因'자는 '問'자로 되어 있다. 顧廣圻는 "藏本도 마찬가지이다. 今本에 '問'자가 '因'자로 되어 있는 것은 잘못되었다. 살펴보건대 '有'자는 응당 '在'자가 되어야 하고, 열 개의 글자가 한 개의 구를 이룬다."라고 하였다.

내가 살펴보건대 고광기의 說은 틀렸다. '問'자는 윗글과 연계되어 잘못되었다. '因大小緩急而對'는 물음의 대소와 완급에 근거하여 대답함을 말한 것이니, 위의 '무릇 물음에 대답하는 것은 근거가 있어야 한다.〔凡對問者有因〕'를 바로 이어서 말한 것이다. 만약 '問'자로 되어 있다면 문장의 기세가 이어지지 않기 때문에 今本을 따라 고쳤다.

36-10 所問高大어늘 而對以卑狹이면 則明主弗受也라 今文公問以少遇衆이어늘 而對曰後必無復라하니 此非所以應也라 且文公은 不知一時之權이요 又不知萬世之利라 戰而勝이면 則國安而身定이요 兵强而威立이라 雖有後復라도 莫大於此하니 萬世之利에 奚患不至리오 戰而不勝이면 則國亡兵弱이요 身死名息이라 拔拂今日之死라도 不及이어늘

물은 것이 높고 큰데 낮고 좁게 대답하면 밝은 군주는 받아들이지 않는다. 지금 文公이 적은 군사로 많은 군사를 상대하는 것을 물었는데, '훗날 반드시 〈忠과 信이〉 다시는 없게 됩니다.'라고 대답하였으니, 이는 알맞게 응답한 것이 아니다.

게다가 文公은 한때의 권모술수도 알지 못하였고 또 만세의 이익도 알지 못하였다. 전쟁에서 승리하면 나라가 평안하고 자신이 안정되며 병력이 강해지고 위엄이 세워질 것이다. 비록 훗날 〈忠과 信이〉 다시 있을지라도 이보다 더 큰 〈이익이〉 없으니 만세의 이익에 이르지 못할까 어찌 걱정하겠는가. 전쟁에서 승리하지 못하면 나라가 멸망하고 병력이 약해지며 자신은 죽고 명성도 끝날 것이다. 오늘

6) 十字 : 顧廣圻의 교감에 따르면 '在因問小大緩急而對也'의 열 글자이다.

날 죽음을 떨쳐버리기에도 미치지 못하는데

○顧廣圻曰 拔拂은 同字니 或當衍其一也라 先愼曰 拔今日之死不及은 與孟子救死猶恐不暇[7)]로 語意正同이니 拂은 卽拔之複字라 或一本作拔하고 一本作拂하니 校者旁注於下而失刪耳라

○顧廣圻 : '拔'자와 '拂'자는 같은 글자이니 응당 그중 하나는 衍文이다.

王先愼 : "오늘날 죽음을 떨쳐버리기에도 미치지 못할 것이다.〔拔今日之死不及〕"는 ≪孟子≫의 "죽음을 구제하기에도 겨를이 없을까 두렵다.〔救死猶恐不暇〕"와 語意가 똑같으니, '拂'자는 '拔'자의 중복된 글자이다. 어떤 本에는 '拔'자로 되어 있고 어떤 本에는 '拂'자로 되어 있으니, 교감하는 이가 〈'拂'자〉 아래에 기록한 旁注를 삭제하지 못한 것일 뿐이다.

36-11 安暇待萬世之利리오 待萬世之利는 在今日之勝이요 今日之勝은 在(詐於)〔於詐〕敵이니

어느 겨를에 만세의 이익을 기대하겠는가. 만세의 이익을 기대하는 것은 지금의 승리에 달려 있고, 지금의 승리는 적국을 속이는 데 달려 있으니,

○先愼曰 詐於는 當作於詐라

○王先愼 : '詐於'는 응당 '於詐'가 되어야 한다.

36-12 詐敵은 萬世之利也라

적국을 속이는 것은 만세의 이익이다.

○先愼曰 乾道本에 也字作而已二字요 拾補에 無而字라 盧文弨云 而字는 藏本張本無라 已字는 張本作也라하니라 今據刪改하노라

○王先愼 : 乾道本에 '也'자가 '而已' 두 글자로 되어 있고, ≪群書拾補≫에 '而'자가 없다. 盧文弨는 "'而'자는 藏本과 張本에 없다. '已'자는 張本에 '也'자로 되어 있다."라고 하였으니, 지금 이에 의거하여 삭제하고 고쳤다.

---

7) 孟子救死猶恐不暇 : ≪孟子≫ 〈梁惠王 上〉에 "이것은 오직 죽음을 구제하기에도 부족할까 두려우니, 어느 겨를에 禮義를 다스리겠습니까.〔此惟救死而恐不贍 奚暇治禮義哉〕"라고 하였다.

36-13 故曰雍季之對는 不當文公之問이라하니라 且文公은 又不知舅犯之言이라 舅犯所謂不厭詐僞者는 不謂詐其民이요 謂詐其敵也라

그러므로 雍季의 대답은 晉 文公의 물음에 알맞지 않았다고 말한 것이다. 게다가 文公은 舅犯의 말도 알지 못하였다. 구범이 〈전쟁을 하는 중에는〉 속이는 짓을 싫어하지 않는다고 말한 것은 그 백성을 속이는 것을 말한 것이 아니요, 그 적국을 속이는 것을 말한 것이다.

○先愼曰 乾道本에 下謂字作請이라 顧廣圻云 今本에 請作謂라하니라 先愼按 作謂是라 言舅犯謂詐其敵이요 非謂詐其民也라 請은 乃謂字形近而譌일새 改從今本하노라

○王先愼：乾道本에 아래(謂詐其敵也)의 '謂'자가 '請'자로 되어 있다. 顧廣圻는 "今本에 '請'자가 '謂'자로 되어 있다."라고 하였다. 내가 살펴보건대 '謂'자로 되어 있는 것이 옳다. 舅犯이 그 적국을 속이는 것을 말한 것이요, 그 백성을 속이는 것을 말한 것이 아님을 말하였다. '請'자는 '謂'자와 모양이 비슷하여 잘못 쓴 것이기 때문에 今本을 따라 고쳤다.

36-14 敵者는 所伐之國也니 後雖無復라도 何傷哉리오 文公之所以先雍季者는 以其功耶아 則所以勝楚破軍者는 舅犯之謀也라 以其善言耶아 則雍季乃道其後之無復也는 此未有善言也라 舅犯則以兼之矣니 舅犯曰繁禮君子不厭忠信者에 忠은 所以愛其下也요 信은 所以不欺其民也라 夫旣以愛而不欺矣니 言孰善於此리오 然必曰出於詐僞者는 軍旅之計也라 舅犯은 前有善言이요 後有戰勝이라 故[8]舅犯有二功이나 而後論이요 雍季無一焉이나 而先賞이라 文公之霸也不亦宜乎아하니

적국은 정벌 대상인 나라이니 훗날 비록 〈忠과 信이〉 다시 없을지라도 무슨 해가 되겠는가. 文公이 雍季를 먼저 한 것은 그 공적 때문인가? 그렇다면 楚나라에게 승리하여 그 군사를 깨뜨린 것은 舅犯의 계책이다. 〈문공이 옹계를 먼저 한 것

8) 故：≪韓非子新校注≫ 陳奇猷의 설에 의거하여 '그런데도〔反〕'의 뜻으로 번역하였다.

은〉 그 훌륭한 말 때문인가? 그렇다면 옹계가 훗날 〈忠과 信이〉 다시 없을 것이라고 말한 것은 훌륭한 말이 되지 못한다.

구범은 〈공적과 훌륭한 말을〉 겸비하였으니, 구범이 번다한 예법을 지키는 君子는 忠과 信을 싫어하지 않는다고 말한 것에서, 忠은 그 아랫사람을 사랑하는 것이요, 信은 그 백성을 속이지 않는 것이다. 이미 사랑하고서 속이지 않으니 이보다 더 훌륭한 말이 있겠는가. 그러나 기필코 속이는 짓에서 나와야 함을 말한 것은 전쟁에서의 계책이기 때문이다. 구범은 앞에서는 훌륭한 말을 하였고, 뒤에서는 전쟁의 승리를 가져왔다. 그런데도 구범은 두 가지 공적이 있었으나 〈공적을〉 論定하는 것이 뒤로 미뤄졌고, 옹계는 어떠한 공적도 없었으나 먼저 상을 받았다.

그런데도 '문공이 패자가 된 것이 또한 마땅하지 않은가.'라고 하였으니

○先愼曰 乾道本에 無也字라 盧文弨云 此二句乃述仲尼之語니 也字脫이요 藏本有라하니라 今據補하노라

○王先愼 : 乾道本에 '也'자가 없다. 盧文弨는 "이 두 구(文公之霸也 不亦宜乎)는 仲尼의 말을 기술한 것이니 '也'자가 탈락된 것이고 藏本에는 〈'也'자가〉 있다."라고 하였으니, 지금 이에 의거하여 보충하였다.

36-15 仲尼不知善賞也라

仲尼는 상을 잘 내리는 것을 알지 못하였다."

仲尼不知善賞일새 妄歎宜哉乎라

舊注 : 仲尼는 상을 잘 내리는 것을 알지 못했기 때문에 함부로 〈文公이 패자가 된 것이〉 마땅하다고 감탄한 것이다.

36-16 歷山之農者 侵畔이러니 舜往耕焉하야 朞年에 甽畝正[9)]이라

9) 歷山之農者……甽畝正 : 舜이 天子가 되기 전에 雷澤에서 물고기를 잡았는데 뇌택의 근처에 사는 사람들이 모두 거처를 양보하였고, 河濱에서 질그릇을 구웠는데 하빈의 질그릇 중에는 거칠고 나쁜 것이 없었으며, 歷山에서 농사를 지었는데 역산 지방의 사람들이 모두 밭 경계를 양보하는 등 모두가 그 덕에 감화되었으며, 어리석었던 아버지와 간사했던 어머니까지도

歷山의 농부들이 밭의 경계를 서로 침범하였는데, 舜이 가서 농사를 지어 1년이 지나자 그 경계가 바로잡혔다.

相謙이라 故正也라 ○先愼曰 藝文類聚十一에 引作朞年而耕者讓畔이라하니라

舊注 : 서로 양보했기 때문에 〈밭의 경계가〉 바로잡힌 것이다.

○王先愼 : 《藝文類聚》 권11의 이 글을 인용한 곳에 "朞年而耕者讓畔(1년이 지나자 농부들이 밭의 경계를 양보하였다.)"이라고 되어 있다.

帝舜圖

36-17 河濱之漁者 爭坻(지)러니

河濱의 어부들이 〈낚시하는〉 모래섬을 서로 다투었는데

坻는 水中高地니 釣者依之라

舊注 : '坻'는 수면 위로 높이 솟은 땅이니 낚시하는 이들이 여기에 의지하여 〈낚시를 한다.〉

36-18 舜往漁焉하야 朞年而讓長이라

舜이 가서 물고기를 잡아 1년이 지나자 나이 많은 이에게 양보하였다.

○先愼曰 藝文類聚引而下有漁者二字라

효성으로 감화시켰다고 한다. 이에 堯임금이 두 딸을 시집보내고 아홉 아들을 보내 畎畝에서 따르게 하여 안팎의 일 처리 능력을 살펴 28년의 攝政을 하게 한 다음 禪讓하였다.(《史記》 〈五帝本紀〉, 《孟子》 〈萬章 上〉) '甽'자는 '畎'자와 같다.

○王先愼 : ≪藝文類聚≫의 이 글을 인용한 곳에 '而'자 아래에 '漁者' 두 글자가 있다.

36-19 **東夷之陶者 器苦窳**(유)러니

東夷의 도공들이 질그릇을 조악하게 구웠는데

苦窳는 **惡也**라

舊注 : '苦窳'는 조악한 것이다.

36-20 **舜往陶焉**하야 **朞年而器牢**라

舜이 가서 질그릇을 구워 1년이 지나자 질그릇이 단단해졌다.

○先愼曰 藝文類聚引器下有以字라

○王先愼 : ≪藝文類聚≫의 이 글을 인용한 곳에 '器'자 아래에 '以'자가 있다.

36-21 **仲尼歎曰 耕漁與陶**는 **非舜官也**어늘

仲尼가 감탄하여 말하였다.
"농사짓는 일, 물고기 잡는 일, 질그릇 굽는 일은 舜의 직무가 아니었는데도

非大人之事라 **○先愼曰 趙本無注**라 **盧文弨(曰)〔云〕張本有**[10]라

舊注 : 〈이 세 가지 일은〉 大人의 일이 아니다.
○王先愼 : 趙本에는 舊注가 없다. 盧文弨는 "張本에 〈舊注가〉 있다."라고 하였다.

36-22 **而舜往爲之者**는 **所以救敗也**라 **舜其信仁乎**인저 **乃躬藉**[11]**處苦而民從**

10) 盧文弨(曰)〔云〕張本有 : 저본에는 '曰'로 되어 있으나, 기존 ≪韓非子集解≫의 용례에 의거하여 '云'으로 바로잡았다. 또한 盧文弨의 ≪群書拾補≫에 "張本注非大人之事(張本에는 '非大人之事'라고 舊注가 달려 있다.)"라고 되어 있어 "張本有"와 다른 것을 보면 王先愼이 인용한 문장으로 보는 것이 타당할 듯하다.

11) 藉 : 籍田 또는 耤田의 뜻으로 군주가 친히 경작하는 田地를 뜻하는데, 여기서는 농사짓는 것을 가리킨다.

之라

舜이 가서 그렇게 하였던 것은 폐단을 구제하려 하였기 때문이다. 舜은 참으로 어진 분이로구나. 이에 몸소 농사지으며 고생하여 백성이 따른 것이다.

○顧廣圻曰 藏本今本에 藉作耕이라 按 藉借는 同字라 先愼曰 顧說是라 上文耕漁陶三項이니 此不當僅言耕也라 躬藉處苦는 卽下文以身爲苦而後化民之義라

○顧廣圻 : 藏本과 今本에 '藉'자가 '耕'자로 되어 있다. 내가 살펴보건대 '藉'자와 '借'자는 같은 글자이다.

王先愼 : 顧廣圻의 說이 옳다. 윗글에 농사짓는 일, 물고기 잡는 일, 질그릇 굽는 일 세 가지가 있으니 여기서 농사짓는 일 하나만 말해서는 안 된다. "몸소 농사지으며 고생한다.〔躬藉處苦〕"는 것은 바로 아래 글의 "제 몸을 고생스럽게 한 후에 백성을 감화시켰다.〔以身爲苦而後化民〕"라는 뜻이다.

36-23 故曰 聖人之德化乎인저하니라

그러므로 聖人의 德이 그들을 감화시켰다고 말하는 것이다."

36-24 或問儒者曰 方此時也에 堯安在오 其人曰 堯爲天子라 然則仲尼之聖堯는 奈何오

혹자가 儒者에게 물었다.
"당시에 堯는 어디에 있었습니까?"
그 儒者가 대답하였다.
"堯는 天子였습니다."
〈이에 혹자가 다음과 같이 論評했다.〉
"그렇다면 仲尼가 堯를 聖人이라고 여긴 것은 어째서입니까?

堯在上하야 容人爲惡이어늘 仲尼謂堯爲聖者는 奈何오 ○先愼曰 乾道本에 容作三이어늘 改從趙本하노라

舊注 : 堯가 군주의 자리에 있으면서 백성이 악행을 저지르게 용납하였으니 仲尼가 堯

를 聖人이라고 한 것은 어째서인가?

○王先愼 : 乾道本에 '容'자가 '三'자로 되어 있는데, 〈여기서는〉 趙本을 따라 고쳤다.

36-25 **聖人明察在上位**는 **將使天下無姦也**라 (今)〔令〕**耕漁不爭**하고 **陶器不窳**인댄

聖人이 군주의 자리에서 밝게 살피는 것은 장차 천하에 간사한 일이 없도록 하려는 것입니다. 가령 농사짓고 물고기를 잡으며 다투지 않고, 구운 질그릇이 조악하지 않으면

○王渭曰 今은 當作令이라

○王渭 : '今'자는 응당 '令'자가 되어야 한다.

36-26 **舜又何德而化**리오

舜이 또 무슨 德을 베풀어 감화시키겠습니까.

若堯以聖[12]在上이면 則自有禮讓이리니 何須舜以化之리오 ○盧文弨曰 而는 張本作之라

舊注 : 만약 堯가 聖人으로서 군주의 자리에 있으면 〈백성이〉 절로 예의를 차리고 양보할 것이니, 어찌 舜이 감화시킬 필요가 있겠는가.

○盧文弨 : '而'자는 張本에 '之'자로 되어 있다.

36-27 **舜之救敗也**인댄 **則是堯有失也**요 **賢舜**인댄 **則去堯之明察**이요 **聖堯**인댄 **則去舜之德化**니 **不可兩得也**라 **楚人有鬻**(육)**楯與矛者**러니 **譽之曰 吾楯之堅**은 **物莫能陷也**라하고

舜이 폐단을 구제하였다면 이는 堯에게 잘못이 있는 것이고, 舜을 어진 사람으로 여긴다면 堯가 밝게 살피는 점은 없애야 하고, 堯를 성인으로 여긴다면 舜이

12) 聖 : 저본의 원주에 "'聖'자는 原本에 '舜'으로 되어 있으나, 藏本에 의거하여 고쳤다.〔聖 原本作舜 據藏本改〕"라고 하였다.

德으로 교화시킨 점은 없애야 하니, 두 가지를 모두 얻을 수는 없습니다.

어떤 楚나라 사람이 방패와 창을 팔았는데, 〈방패를〉 자랑하며 말하기를 '내 방패의 견고함은 어떤 물건으로도 깨뜨릴 수 없다.'라고 하였으며,

○先愼曰 乾道本에 無吾字物字라 顧廣圻云 藏本今本에 曰下有吾字라 按 依難勢篇此無吾字라하니라 先愼按 下文吾矛之利는 與此吾楯之堅으로 語正相對하고 下以子之矛陷子之楯에 兩子字는 與兩吾字로 文又相照하니 乾道本에 脫吾字耳라 難勢篇에 作譽其楯之堅하니 文法不同하야 不得緣以爲比라 北堂書鈔一百二十三御覽三百五十三에 引竝有吾字物字일새 今據補하노라 難勢篇에 亦有物字라

○王先愼 : 乾道本에 '吾'자와 '物'자가 없다. 顧廣圻는 "藏本과 今本에 '曰'자 아래에 '吾'자가 있다. 살펴보건대 ≪韓非子≫ 〈難勢篇〉에 의거하면 여기에 '吾'자가 없다."라고 하였다. 내가 살펴보건대 아래 글의 "吾矛之利"는 여기 "吾楯之堅"과 語法이 꼭 상대하고, 아래 글의 "以子之矛陷子之楯"에서 두 개의 '子'자는 두 개의 '吾'와 그 문장이 조응하니, 乾道本에서 '吾'자가 탈락된 것일 뿐이다. 〈난세편〉에 "譽其楯之堅"이라고 되어 있으니, 文法이 똑같지 않아서 이에 근거하여 비교해서는 안 된다. ≪北堂書鈔≫ 권123, ≪太平御覽≫ 권353에 이 글을 인용하면서 모두 '吾'자와 '物'자가 있기 때문에 지금 이에 의거하여 보충하였다. 〈난세편〉에도 '物'자가 있다.

36-28 又譽其矛曰 吾矛之利는 於物無不陷也라하니라 或曰 以子之矛로 陷子之楯인댄 何如오하니 其人弗能應也라 夫不可陷之楯與無不陷之矛는 不可同世而立이라 今堯舜之不可兩譽는 矛楯之說也라 且舜救敗에 朞年已一過하고 三年已三過라 舜(有盡)壽有盡이나

또 그 창을 자랑하며 말하기를 '내 창의 날카로움은 어떤 물건도 깨뜨릴 수 있다.'라고 하였습니다. 혹자가 말하기를 '그대의 창으로 그대의 방패를 찌르면 어떻게 되겠습니까?'라고 하니, 그 사람은 대답하지 못하였습니다.

무릇 깨뜨릴 수 없는 방패와 깨뜨리지 못하는 것이 없는 창은 동시대에 있을 수 없습니다. 지금 堯와 舜을 모두 칭찬할 수 없는 것은 저 창과 방패의 說과 같습니다.

게다가 舜이 폐단을 구제하는 데 1년이 지나서 한 가지 잘못을 그치게 하였고 3년이 지나 세 가지 잘못을 그치게 하였습니다. 舜의 수명은 끝이 있지만

○顧廣圻曰 上有盡二字當衍이니 四字爲一句라

○顧廣圻 : 위의 '有盡' 두 글자는 응당 衍文이니 네 글자가 한 句가 된다.

36-29 天下過無已者니 以有盡逐無已인댄 所止者寡矣리라

천하의 잘못은 끝이 없으니, 끝이 있는 〈舜의 수명으로〉 끝이 없는 〈천하의 잘못을〉 쫓는다면 〈잘못을〉 그치게 하는 것이 적을 것입니다.

○先愼曰 乾道本에 以字在已者上이라 拾補에 無者字라 盧文弨云 已者는 張本作有已요 藏本作以已라하니라 顧廣圻云 以已는 當作已以요 已字句絶이요 以下屬이라 者字는 當衍이라하니라 先愼按 張榜本趙本에 以字在有字上이니 是也라 謂天下之過不止耕漁陶三者하니 以舜壽之有盡으로 而治無已之過인댄 則所止者寡矣라 因以字誤移於上하야 而盧顧竝去者字하니 非也라 今依張趙本改하노라

○王先愼 : 乾道本에 '以'자가 '已者' 위에 있다. ≪群書拾補≫에 '者'자가 없다. 盧文弨는 "'已者'는 張本에 '有已'로 되어 있고, 藏本에 '以已'로 되어 있다."라고 하였다. 顧廣圻는 "'以已'는 응당 '已以'가 되어야 하고, '已'자에 句가 끊어지고 '以'자는 아래로 붙여야 한다. '者'자는 응당 衍文이다."라고 하였다. 내가 살펴보건대 張榜本과 趙本에 '以'자가 '有'자 위에 있으니 옳다. 천하의 잘못이 농사짓는 일, 물고기 잡는 일, 질그릇 굽는 일 세 가지에만 그치지 않으니, 끝이 있는 舜의 수명으로 끝이 없는 〈천하의〉 잘못을 다스린다면 〈천하의 잘못을〉 그치게 하는 것이 적음을 말한 것이다. '以'자가 〈'已者'〉 위에 잘못 옮겨진 것에 근거하여 노문초와 고광기가 모두 '者'자를 없앴으니 틀렸다. 지금 張榜本과 趙本에 의거하여 고쳤다.

36-30 賞罰은 使天下必行之라 令曰 中程者賞이요 弗中程者誅라하면 令朝至暮變이요 暮至朝變이니 十日而海內畢矣어늘 奚待期年이리오 舜猶不以此說(세)堯하야 令從己하고

賞과 罰은 천하 사람들로 하여금 반드시 행하게 하는 것입니다. 명령하기

를 '법에 맞게 행하는 자는 賞을 내리고, 법에 맞게 행동하지 않는 자는 罰을 내린다.'고 하면, 아침에 명령이 내려와도 저녁이 되면 〈백성이〉 변할 것이고, 저녁에 〈명령이 내려와도〉 다음날 아침이 되면 〈백성이〉 변할 것이니 10일만 지나면 천하가 모두 〈변할〉 것인데, 어찌 1년이나 기다리겠습니까. 舜이 오히려 이로써 堯를 설득하여 〈백성으로 하여금〉 자신(堯)의 명령을 따르게 하지 않고,

○先愼曰 言使民從己之令也라

○王先愼 : 〈'令從己'는〉 백성으로 하여금 자신의 명령을 따르게 함을 말한 것이다.

36-31 乃躬親하니 不亦無術乎아 且夫以身爲苦而後化民者는 堯舜之所難也나 處勢而(驕)〔矯〕下者는 庸主之所易(이)也라

〈舜 본인이〉 몸소 행하였으니 또한 法術이 없는 것이 아니겠습니까. 게다가 제 몸을 고생스럽게 한 후에 백성을 감화시키는 것은 堯와 舜이라도 어려워하는 바이지만, 권세 있는 자리에 있으면서 아랫사람을 바로잡는 것은 용렬한 군주라도 쉽게 할 수 있는 바입니다.

○顧廣圻曰 藏本同이라 今本에 驕作令이라 按 此當作矯니 外儲說右篇云 榜檠矯直[13]이라하니라

○顧廣圻 : 藏本도 마찬가지이다. 今本에 '驕'자가 '令'자로 되어 있다. 살펴보건대 여기는 〈'驕'자가〉 응당 '矯'자로 되어야 한다. 〈外儲說 右下篇〉에 "榜檠矯直(도지개는 바로잡아 곧게 하는 것이다.)"이라고 하였다.

36-32 將治天下인댄 釋庸主之所易(이)하고 道[14]堯舜之所難하니 未可與爲政

---

13) 外儲說右篇云 榜檠矯直 : ≪韓非子≫ 〈外儲說 右下〉에 "쇠망치는 평평하지 않은 것을 평평하게 하는 것이고, 도지개는 곧지 않은 것을 바로잡는 것이다. 성인이 법을 만든 것은 평평하지 않은 것을 평평하게 하고 곧지 않은 것을 바로잡기 위해서이다.〔椎鍛者 所以平不夷也 榜檠者 所以矯不直也 聖人之爲法也 所以平不夷 矯不直〕"라고 하였다.

14) 道 : ≪韓非子新校注≫ 陳奇猷의 설에 의거하여 '따르다〔從〕'로 해석하였다.

也라

장차 천하를 다스리고자 하는데 용렬한 군주라도 쉽게 할 수 있는 바를 내버려 두고 堯와 舜이라도 어려워하는 바를 따르려고 하니 더불어 정사를 할 수 없을 것입니다."

36-33 管仲[15]有病이러니

管仲이 병에 걸렸는데,

○先愼曰 乾道本엔 連上이나 今依趙本提行하노라

○王先愼 : 乾道本에는 윗글과 이어져 있으나, 지금은 趙本에 의거하여 줄을 바꾸었다.

36-34 桓公[16]往問之하고 曰 仲父[17]病하니 不幸卒於大命인댄 將奚以告寡人이리오 管仲曰 微君言이라도 臣故將謁之니이다 願君去豎刁(조)[18]하고 除易牙[19]하고 遠衛公子開方[20]하소서 易牙는 爲君主味하야 君惟人肉未嘗일새

---

15) 管仲 : 春秋時代 齊나라 潁上 사람이다. 이름은 夷吾이고, 字는 仲이며, 시호는 敬이다. 젊을 때부터 鮑叔牙와 절친하여 '管鮑之交'라는 成語로 유명하다. 처음에 公子 糾를 섬기다가 뒤에 桓公이 된 小白을 섬겨 재상이 되자 仲父라 불리었다. 국정을 개혁하고 富國强兵策을 쓰며 尊王攘夷를 표방하여 桓公이 霸業을 이루게 하였다.

16) 桓公 : 春秋時代 五霸의 우두머리로 꼽히는 齊 桓公을 말한다. 이름은 小白으로, 襄公의 아우이다. 양공 때 莒(거)나라로 망명하였다가 양공이 시해당한 후에 귀국하여 齊侯가 되었다. 鮑叔牙의 추천으로 管仲을 重用하여 霸業을 이루었다. 관중이 죽은 뒤 豎刁와 易牙 등을 등용하고 많은 부인을 거느려 政事를 게을리하였다. 환공이 죽은 뒤 여러 公子들의 王權 다툼이 일어나 패업이 무너지고 國政은 혼란하게 되었다.

17) 仲父 : 春秋時代 齊 桓公이 管仲을 존경하여 부르던 호칭이다.

18) 豎刁(조) : 齊 桓公의 환관인 侍人 貂를 일컫는다. 일반적으로 豎刁(수조)로 알려져 있으며 豎刀·豎貂로도 쓴다.

19) 易牙 : 齊나라 사람 巫의 字이니, 狄牙라고 하기도 한다. 처음에 桓公의 폐첩인 長衛姬에게 총애를 받았는데, 侍人 貂를 통하여 환공에게 음식을 바친 일로써 환공에게 또한 총애를 받아 매우 친밀하였다.

20) 衛公子開方 : 춘추시대 衛나라의 公子로 齊나라로 망명하여 桓公에게 重用되었고, 환공이 죽은 뒤 豎刁·易牙 등과 함께 全權을 壟斷하다가 孝公의 아들을 죽이고 아우 潘(昭公)을

桓公이 가서 위문하고 말하였다.

"仲父께서 병이 들었으니 불행히 세상을 떠나게 된다면 장차 寡人에게 무엇을 말해주겠는가?"

管仲이 다음과 같이 말하였다.

"군주의 말이 없었더라도 臣이 장차 아뢸 생각이었습니다. 바라건대 군주께서는 豎刁를 없애고 易牙를 제거하고 衛나라 公子 開方을 멀리하십시오. 역아는 군주를 위해 음식을 주관하여, 군주가 오직 사람 고기만 먹어보지 못했기 때문에

○先愼曰 乾道本에 無味君二字라 顧廣圻云 藏本에 主下有味君主三字요 今本에 有味君二字라하니라 先愼按 藏本에 衍主字요 乾道本에 脫味君二字일새 今依今本增하노라 十過篇에 作爲君主味하야 君之所未嘗食이 唯人肉耳라

○王先愼 : 乾道本에 '味君' 두 자가 없다. 顧廣圻는 "藏本에 '主'자 아래에 '味君主' 세 자가 있고, 今本에 '味君' 두 자가 있다."라고 하였다. 내가 살펴보건대 藏本에 '主'자는 衍文이고, 乾道本에 '味君' 두 자가 탈락되었기 때문에 지금 今本에 의거하여 보충하였다. ≪韓非子≫ 〈十過篇〉에 "爲君主味 君之所未嘗食 唯人肉耳(군주를 위해 음식을 주관하여 군주

齊 桓公

管仲

세웠다.

께서 아직 먹어보지 못한 음식이 다만 사람 고기일 뿐이었다.)"라고 되어 있다.

36-35 **易牙烝其子首而進之**니이다

易牙는 제 자식의 머리를 삶아서 바쳤습니다.

○**先愼曰 子首**는 **趙本**에 **作首子**니 **說見十過及二柄兩篇**[21)]이라

○王先愼 : '子首'는 趙本에 '首子'로 되어 있으니, 설명이 ≪韓非子集解≫ 〈十過篇〉과 〈二柄篇〉에 보인다.

36-36 **夫人情莫不愛其子**어늘

무릇 인정상 제 자식을 사랑하지 않을 수 없는데도

○**先愼曰 乾道本**에 **情上有惟字**라 **顧廣圻云 藏本今本**에 **無惟字**라하니 **今據刪**하노라

○王先愼 : 乾道本에 '情'자 위에 '惟'자가 있다. 顧廣圻는 "藏本과 今本에 '惟'자가 없다." 라고 하였으니, 지금 이에 의거하여 삭제하였다.

36-37 **今弗愛其子**하니 **安能愛君**이리잇가 **君妒而好內**일새 **豎刁自宮以治內**니이다 **人情莫不愛其身**이어늘 **身且不愛**하니 **安能愛君**이리잇가 **開方事君十五年**이러니

지금 제 자식을 사랑하지 않았으니, 어찌 군주를 사랑할 수 있겠습니까.

군주가 〈남을〉 질투하고 內宮을 좋아하시기 때문에 豎刁는 스스로 去勢하여 內宮을 다스렸습니다. 인정상 제 몸을 사랑하지 않을 수 없는데도 제 몸조차 사랑하지 않았으니, 어찌 군주를 사랑할 수 있겠습니까.

開方이 〈齊나라에 와서〉 군주를 15년 동안 섬겼는데

○**先愼曰 乾道本**에 **開上有聞字**라 **顧廣圻云 藏本今本**에 **無聞字**라하니라 **先愼按**

---

21) 說見十過及二柄兩篇 : ≪譯註 韓非子集解≫ 1책 〈二柄篇〉 7-34 원문 "易牙蒸其子首而進之"에 대해 王先愼이 말하기를 "本書에 '子首'로 되어 있고 '首子'로 되어 있는 것은 없으니 〈十過篇〉과 〈難一篇〉 두 가지를 보면 증거가 된다. 저 趙用賢本에만 '首子'로 되어 있고 거기서 '首子'는 후인이 고친 것이라 밝혔으니 古本에는 본래 '子首'로 되어 있던 것이다."라고 하였다.

聞은 **卽開字之誤而衍**일새 **今據刪**하노라

○王先愼 : 乾道本에 '開'자 위에 '聞'자가 있다. 顧廣圻는 "藏本과 今本에 '聞'자가 없다." 라고 하였다. 내가 살펴보건대 '聞'자는 곧 '開'자를 잘못 써서 衍文이 된 것이기 때문에 지금 이에 의거하여 삭제하였다.

36-38 **齊衛之間**이 **不容數日行**이어늘 **棄其母**하야 **久宦不歸**니이다

齊나라와 衛나라 사이가 10일 동안 가는 거리도 되지 않는데 제 모친을 버리면서 오랜 벼슬살이 동안 돌아가 뵙지 않았습니다.

○**先愼曰 趙本**에 **宦作官**이라

○王先愼 : 趙本에 '宦'자가 '官'자로 되어 있다.

36-39 **其母不愛**하니 **安能愛君**이리잇가 **臣聞之**호니 (矜)〔**務**〕**僞不長**이요 **蓋虛不久**라하니이다

제 모친을 사랑하지 않았으니, 어찌 군주를 사랑할 수 있겠습니까.

臣이 듣자니 '거짓에 힘쓰는 것은 오래가지 못하고, 빈 것을 덮어두는 것은 오래가지 못한다.'라고 하였습니다.

言蓋藏詐事는 **不可久也**라 ○**兪樾曰 矜字無義**니 **乃務字之誤**라 **言務爲詐僞**는 **不可以長也**라 **管子小稱篇**에 **作務僞不久 蓋虛不長**하니 **是其證**이라

舊注 : 거짓된 일을 덮고 감추는 것은 오래가지 못함을 말한 것이다.

○兪樾 : '矜'자는 아무 뜻이 없으니 '務'자가 잘못된 것이다. 거짓된 일에 힘쓰는 것은 오래가지 못함을 말한 것이다. ≪管子≫ 〈小稱篇〉에 "務僞不久 蓋虛不長(거짓에 힘쓰는 것은 오래가지 못하고, 빈 것을 덮어두는 것은 오래가지 못한다.)"이라고 되어 있으니, 이것이 그 증거이다.

36-40 **願君去此三子者也**라하니라 **管仲(卒)死**에

바라건대 군주께서는 이 세 사람을 없애십시오."

管仲이 죽자

○先愼曰 卒字는 衍이라

○王先愼 : '卒'자는 衍文이다.

36-41 而桓公弗行하다

桓公은 〈管仲의 말대로〉 시행하지 않았다.

○先愼曰 乾道本에 無而字라 盧文弨云 張本有라하니 今據補하노라

○王先愼 : 乾道本에 '而'자가 없다. 盧文弨는 "張本에 〈'而'자가〉 있다."라고 하였으니 지금 이에 의거하여 보충하였다.

36-42 及桓公死하야 蟲出(尸)〔戶〕不葬[22)]하다

桓公이 죽고 나서 구더기가 문밖으로 기어나올 정도였는데도 장례를 치르지 못했다.

○顧廣圻曰 尸는 當作戶니 下同이라

○顧廣圻 : '尸'자는 응당 '戶'자가 되어야 하니, 아래도 마찬가지이다.

36-43 或曰 管仲所以見告桓公者는 非有度者之言也라

혹자가 다음과 같이 論評하였다.
"管仲이 桓公을 뵙고 말한 것은 법도가 있는 자의 말이 아니다.

○先愼曰 度는 謂法度也라

○王先愼 : '度'는 법도를 말한 것이다.

---

22) 及桓公死 蟲出(尸)〔戶〕不葬 : 桓公은 管仲의 말을 듣지 않고 마침내 豎刁를 임용하여 그에게 政事를 맡겼다. 수조가 정사를 맡은 지 3년 만에 환공이 남쪽 堂阜에 가서 유람하고 있었는데, 수조가 易牙와 衛나라 公子 開方 및 大臣들을 거느리고 반란을 일으켰다. 환공이 목이 마르고 굶주린 상태로 南門 寢殿의 방에 갇혀 있다가 죽었고, 죽은 지 3개월이 되도록 시신을 거두지 않아서 구더기가 문밖으로 기어나왔다.(≪管子≫ 〈小稱篇〉)

36-44 所以去豎刁易牙者는

豎刁와 易牙를 없애라고 한 이유는

○先愼曰 乾道本에 無去字라 顧廣圻云 藏本今本에 有去字라하니라 先愼按 有者是也라 下管仲非明此於桓公也使去三子는 卽承此而言이니 明此脫去字일새 今據補하노라

○王先愼 : 乾道本에 '去'자가 없다. 顧廣圻는 "藏本과 今本에 '去'자가 있다."라고 하였다. 내가 살펴보건대 〈'去'자가〉 있는 것이 옳다. 아래의 "管仲非明此於桓公也 使去三子(管仲이 桓公에게 이를 밝게 알려주지 않고 세 사람을 없애도록 하였다.)"는 곧 여기를 이어서 말한 것이니, 여기에 '去'자가 탈락된 것이 분명하기 때문에 지금 이에 의거하여 보충하였다.

36-45 以不愛其身하고 適君之欲也라 曰 不愛其身하니 安能愛君이리잇가하니 然則臣有盡死力以爲其主者라도

제 몸을 사랑하지 않고 군주의 욕심에 맞추려 했기 때문이다. 그래서 말하기를 '제 몸을 사랑하지 않았으니 어찌 군주를 사랑할 수 있겠습니까.'라고 하였으니, 그렇다면 신하 가운데 死力을 다하여 자신의 군주를 위하는 자가 있더라도

盡死力은 亦不愛身也라

舊注 : 死力을 다하는 것 또한 제 몸을 사랑하지 않는 것이다.

36-46 管仲將弗用也요

管仲은 장차 그를 쓰지 않을 것이고,

○盧文弨曰 弗은 張本作不이라

○盧文弨 : '弗'자는 張本에 '不'자로 되어 있다.

36-47 曰 不愛其死力하니 安能愛君이리잇가하리라 是欲君去忠臣也라

말하기를 "자신의 死力을 사랑하지 않았으니 어찌 군주를 사랑할 수 있겠습니까."라고 할 것이다. 이는 군주가 忠臣을 없애기를 바라는 것이다.

○先愼曰 乾道本에 無欲字요 拾補에 有라 盧文弨云 欲字脫이라하니 今據補하노라

○王先愼 : 乾道本에 '欲'자가 없고, ≪群書拾補≫에 〈'欲'자가〉 있다. 盧文弨는 "'欲'자가 탈락된 것이다."라고 하였으니, 지금 이에 의거하여 보충하였다.

36-48 且以不愛其身으로 度(탁)其不愛其君은 是將以管仲之不能死公子糾[23]로 度其不死桓公也니 是管仲亦在所去之域矣라 明主之道不然이니 設民所欲以求其功이라 故爲爵祿以勸之요 設民所惡(오)以禁其姦이라 故爲刑罰以威之라 慶賞信而刑罰必이라 故君擧功於臣이요 而姦不用於上이라

게다가 제 몸을 사랑하지 않는 것으로써 자신의 군주를 사랑하지 않을 것이라고 헤아리는 것은, 장차 管仲 자신이 公子 糾를 위해 죽지 못했던 일로써 〈그들도〉 桓公을 위해 죽지 않을 것이라고 헤아리는 것이니, 관중 또한 없애야 하는 범주에 있는 것이다.

밝은 군주의 道는 그렇지 않으니, 백성이 하고자 하는 바를 베풀어 그 공적을 구하기를 바라기 때문에 작록을 만들어 권면하는 것이고, 백성이 싫어하는 것을 베풀어 그 간사함을 막기를 바라기 때문에 형벌을 만들어 위엄을 보이는 것이다. 축하와 상을 믿게 하고 형벌을 틀림없이 시행하기 때문에 군주는 공적이 있는 신하를 등용하고 간사한 이는 윗자리에 등용하지 않는 것이다.

臣有功者를 擧用之면 自然姦不見用也라

舊注 : 공적이 있는 신하를 등용하면 자연스레 간사한 이들은 등용되지 않는다.

36-49 雖有豎刁라도 其奈君何오 且臣盡死力以與君市요

23) 管仲之不能死公子糾 : 齊나라에 난리가 일어나 公子들이 도망갈 때, 管仲은 公子 糾를 모시고 魯나라로 피신하였다. 당시 鮑叔은 小白을 모시고 피신하였는데, 소백이 결국 왕위에 올라 桓公이 되었다. 관중과 공자 규 일행은 귀국하지 못하고 처벌을 기다렸는데, 관중은 포숙의 추천으로 환공을 보좌하는 재상이 되었다.

비록 豎刁와 같은 자가 있더라도 군주를 어떻게 하겠는가. 게다가 신하는 死力을 다하여 군주와 거래하는 것이고,

○先愼曰 乾道本에 脫君市二字라 顧廣圻云 今本에 與下有君市二字니 依下文當補라하니 今據增하노라

○王先愼 : 乾道本에 '君市' 두 자가 탈락되었다. 顧廣圻는 "今本에 '與'자 아래에 '君市' 두 자가 있으니 아래 글에 의거하여 응당 보충해야 한다."라고 하였으니, 지금 이에 의거하여 보충하였다.

36-50 君垂爵祿以與臣市라 君臣之際는 非父子之親也요 計數之所出也라

군주는 작록을 내려서 신하와 거래하는 것이다. 군주와 신하의 관계는 아비와 자식 같은 친족 관계가 아니요, 헤아리고 셈하는 데서 나온 관계이다.

君計臣力이요 臣計君祿이라

舊注 : 군주는 신하의 능력을 헤아리고, 신하는 군주가 내리는 작록을 헤아리는 것이다.

36-51 君有道인댄 則臣盡力而姦不生이요 無道인댄 則臣上塞主明而下成私리라 管仲非明此度(數)於桓公也요

군주가 道가 있다면 신하는 힘을 다하여 간사한 이가 생기지 않을 것이요, 〈군주가〉 道가 없다면 신하는 위로는 군주의 총명을 막고 아래로는 사욕을 챙길 것이다. 管仲이 桓公에게 이 법도를 밝게 알려주지 않고

○王先謙曰 數字疑衍이라 上云 非有度者之言이라하고 下云 管仲無度라하니 卽謂此度也라 數字는 淺人所增이라

○王先謙 : '數'자는 衍文인 듯하다. 위에서 "非有度者之言(법도가 있는 자의 말이 아니다.)"이라 하고, 아래에서 "管仲無度(管仲은 법도가 없다.)"라 하였으니, 곧 '此度(이 법도)'를 말한 것이다. '數'자는 견식이 얕은 사람이 보충한 것이다.

36-52 **使去豎刁**하야

豎刁만을 없애도록 하여

○先愼曰 句라

○王先愼 : 여기에 句를 끊는다.

36-53 **一豎刁又至**하리니

또 다른 豎刁가 이르게 하였으니

○先愼曰 句라

○王先愼 : 여기에 句를 끊는다.

36-54 **非絶姦之道也**라 **且桓公所以身死蟲流出(尸)〔戶〕不葬者**는 **是臣重也**라 **臣重之實**은 **擅主也**니 **有擅主之臣**이면 **則君令不下究**요 **臣情不上通**이라 **一人之力能隔君臣之間**하고 **使善敗不聞**하며 **禍福不通**이라 **故有不葬之患也**라 **明主之道**는 **一人不兼官**하고 **一官不兼事**하며 **卑賤不待尊貴而(進)論**하고

이는 간사한 이를 끊는 道가 아니다. 게다가 桓公이 죽고 나서 구더기가 문밖으로 기어나올 정도였는데도 장례를 치르지 못한 것은 신하의 권세가 막강해서이다. 신하의 권세가 막강한 실상은 군주를 제멋대로 하는 것〈에서 볼 수〉 있으니, 군주를 제멋대로 하는 신하가 있으면 군주의 명령이 아래로 끝까지 이르지 않고, 신하의 실정이 위로 통하지 않는다. 한 사람의 힘으로도 군주와 신하 사이를 떨어뜨려 놓고, 善惡을 알지 못하게 하며 禍福을 통하지 못하게 할 수 있다. 그러므로 장례를 치르지 못한 재앙이 있었던 것이다.

밝은 군주의 道는, 한 사람이 다른 관직을 겸하지 않고 하나의 관직이 다른 일을 겸하지 않으며, 비천한 자가 존귀한 이를 기다릴 필요가 없이 論定하고

○顧廣圻曰 藏本同이라 今本無論字라 按 進字當衍이니 上文云 舅犯有二功而後論이라하고 和氏云 然猶兩足斬而寶乃論이라하니 此論字之義라

○顧廣圻 : 藏本도 마찬가지이다. 今本에 '論'자가 없다. 살펴보건대 '進'자는 응당 衍文이니, 윗글에서 "舅犯은 두 가지 공적이 있었으나 〈공적을〉 論定하는 것이 뒤로 미뤄졌다.〔舅犯有二功而後論〕" 하고, ≪韓非子≫ 〈和氏篇〉에서 "그런데도 오히려 두 다리가 잘리고 나서야 비로소 寶玉임을 論定하였다.〔然猶兩足斬而寶乃論〕" 하였으니 이것이 '論'자의 뜻이다.

36-55 大臣不因左右而見(현)하며 百官修通하고 群臣輻湊하며 有賞者를 君見其功하고 有罰者를 君知其罪라 見知不悖於前하고 賞罰不弊於後인댄

大臣이 측근의 신하를 통하지 않고 〈군주를〉 알현하며, 백관은 〈군주와〉 소통하고 신하들은 〈군주에게〉 집중하며, 상을 받는 자를 군주가 그 공적을 보고 죄를 받는 자를 군주가 그 죄를 아는 것이다. 〈군주가 공적과 죄를〉 보고 아는 것이 앞에서 어그러지지 않고 상과 벌을 내리는 것이 뒤에서 감춰지지 않는다면

可賞賞하고 **可罰罰**하야 **無所蔽塞也**라 ○**顧廣圻曰 弊**는 **讀爲蔽**라

舊注 : 상을 줄 만하면 상을 내리고 벌을 줄 만하면 벌을 내려 감추거나 막는 일이 없는 것이다.

○顧廣圻 : '弊'는 '蔽'자로 읽어야 한다.

36-56 安有不葬之患이리오 管仲이 非明此言於桓公也요 使去三子라 故曰 管仲無度矣라하니라

어찌 장례를 치르지 못하는 재앙이 있었겠는가. 管仲이 桓公에게 이를 밝게 알려주지 않고 세 사람을 없애도록 하였으므로 '관중은 법도가 없다.'라고 말한 것이다."

36-57 襄子[24]圍於晉陽[25]中이러니 出圍하야 賞有功者五人할새

---

24) 襄子 : 春秋時代 말기 晉나라 六卿의 한 사람 趙襄子를 말한다. 이름은 無恤이고, 主는 公卿大夫의 존칭이므로 趙襄主라 하였다. 趙簡子 鞅의 아들로, 知伯·韓·魏와 范氏·中行氏를 멸한 뒤 그 땅을 나누어 차지하였고, 晉 出公을 放逐하였다. 뒤에 땅을 요구하는 지백에 대항하여 晉陽에서 맞서 싸우다가 韓·魏와 연합하여 지백을 멸하고 그의 땅을 韓·魏와 삼

趙襄子가 晉陽에서 포위를 당했는데, 포위를 벗어나 공이 있는 다섯 사람에게 상을 내리면서

○先愼曰 御覽六百三十三引에 五人作四人이라

○王先愼 : ≪太平御覽≫ 권633에 이 글을 인용하면서 '五人'이 '四人'으로 되어 있다.

36-58 **高赫爲賞首**라

高赫에게 첫 번째로 상을 내렸다.

○顧廣圻曰 赫은 他書에 作赦라 先愼曰 淮南氾論人間訓과 說苑復恩篇과 漢書古今人表에 竝作赫이라 惟呂氏春秋孝行覽에 作赦라 案 赦는 卽赫이니 聲近而譌일새 當依此訂正이라 史記趙世家에 作高共이니 徐廣[26]云 一作赫이라하니라

○顧廣圻 : '赫'은 다른 책에는 '赦'로 되어 있다.

王先愼 : ≪淮南子≫ 〈氾論訓〉·〈人間訓〉과 ≪說苑≫ 〈復恩篇〉과 ≪漢書≫ 〈古今人表〉에는 모두 '赫'으로 되어 있다. 오직 ≪呂氏春秋≫ 〈孝行覽〉에만 '赦'로 되어 있다. 살펴보건대 '赦'는 곧 '赫'이니 소리가 비슷해서 잘못된 것이기 때문에 응당 이것에 의거하여 바로잡아야 한다. ≪史記≫ 〈趙世家〉에는 '高共'으로 되어 있으니, 徐廣은 이에 대해 "어떤 본에는 '赫'으로 되어 있다."라고 하였다.

36-59 **張孟談[27]曰 晉陽之事**에 **赫**은 **無大功**이어늘 **今爲賞首**는 **何也**잇가 **襄子曰 晉陽之事**에 **寡人國家危**하고 **社稷殆矣**라

張孟談이 말하였다.

분하여 각기 소유하였다.

25) 晉陽 : 山西省 太原市 서남쪽에 있던 옛 地名이다. 周代에 唐나라 땅인데, 周 成王이 아우 叔虞를 이곳에 봉하여 나라 이름을 晉이라 고친 지역이다. 春秋時代 말기에 趙襄子가 知伯을 敗滅한 곳이다.

26) 徐廣 : 東晉의 역사학자로 ≪晉紀≫, ≪史記音義≫ 등을 저술하였다.

27) 張孟談 : 趙襄子의 家臣이다. ≪國語≫ 〈晉語〉에는 '張談'으로 되어 있다. ≪史記≫ 〈趙世家〉에는 '張孟同'으로 되어 있는데, 이는 司馬遷이 자기 아버지의 이름 司馬談을 避諱하여 '同'으로 쓴 것이라고 한다.

“晉陽의 싸움에서 高赫은 큰 공이 없는데 지금 그에게 첫 번째로 상을 내리는 것은 어째서입니까?”

趙襄子가 말하였다.

“진양의 싸움에서 寡人과 국가는 위태로웠고 社稷도 위태로웠다.

○顧廣圻曰 藏本同이라 今本에 無家字는 誤라 先愼曰 御覽引無家字요 呂氏春秋亦無라 不必有家字者是요 無家字者非也라 顧說泥라

○顧廣圻：藏本도 마찬가지이다. 今本에 ‘家’자 없는 것은 잘못되었다.

王先愼：≪太平御覽≫에 이 글을 인용하면서 ‘家’자가 없고, ≪呂氏春秋≫〈孝行覽〉에도 없다. 반드시 ‘家’자가 있는 것이 옳은 것도 아니고 반드시 ‘家’자가 없는 것이 틀린 것도 아니다. 顧廣圻의 설은 천착한 것이다.

36-60 吾群臣無有不驕侮之意者어늘 惟赫不失君臣之禮하니 是以先之라

〈이러한 상황에서〉 나의 신하들 가운데 교만하거나 업신여기는 뜻을 지니지 않은 자가 없었는데, 오직 高赫은 君臣의 예법을 잃지 않았으니 이 때문에 그에게 먼저 상을 내린 것이다.”

○先愼曰 各本에 赫下有子字라 按 子字는 不當[28]有라 御覽引無일새 今據刪하노라 呂覽에 作而不失君臣之禮者惟赫이니 亦無子字라 是其證이라

○王先愼：각 本에 ‘赫’자 아래에 ‘子’자가 있다. 살펴보건대, ‘子’자는 응당 있으면 안 된다. ≪太平御覽≫에 이 글을 인용하면서 〈‘子’자가〉 없기 때문에 지금 이에 의거하여 삭제하였다. ≪呂覽(呂氏春秋)≫에는 “而不失君臣之禮者惟赫(군신의 예법을 잃지 않은 이는 오직 高赫뿐이다.)”으로 되어 있으니 또한 ‘子’자가 없다. 이것이 그 증거이다.

36-61 仲尼聞之曰 善賞哉라 襄子여 賞一人하야 而天下爲人臣者 莫敢失禮矣로다

仲尼가 이를 듣고 말하였다.

---

28) 不當：저본의 원주에 “‘不當’ 두 글자는 原本에 잘못 탈락되었기에 文義에 의거하여 보충하였다.〔不當二字 原本誤脫 據文義補〕”라고 하였다.

"襄子는 훌륭하게 상을 내렸도다. 한 사람에게 상을 내려 천하의 신하 된 자들이 감히 〈군신의〉 예법을 잃지 않도록 하였도다."

○王渭曰 此困學紀聞의 所謂事在孔子後니 孔鮒[29] 已辨其妄者也라

○王渭 : 이것은 ≪困學紀聞≫의 이른바 "이 일은 孔子 사후의 일이니 孔鮒가 이미 그 잘못됨을 분별하였다."라고 한 것이다.

36-62 或曰 仲尼不知善賞矣라 夫善賞罰者는 百官不敢侵職하고 群臣不敢失禮라 上設其法하야 而下無姦詐之心이라 如此면 則可謂善賞罰矣라 使襄子於晉陽也에 令不行하고 禁不止인댄 是襄子無國晉陽無君也니 尙誰與守哉리오 今襄子於晉陽也에 知氏灌之하야 臼竈生鼃[30]어늘

혹자가 다음과 같이 論評하였다.

"仲尼는 훌륭하게 상을 내리는 법을 알지 못하였다. 훌륭하게 상벌을 내리는 것은 온 관리들이 감히 직무를 침범하지 못하고 신하들이 감히 예법을 잃지 않게 하는 것이다. 위에서 법을 설치하여 아래에서는 간사하고 속이는 마음이 없게 한다. 이와 같다면 훌륭하게 상벌을 내렸다고 이를 만하다.

만약 趙襄子가 晉陽에 있을 적에 명령하여도 행하지 않고 금지하여도 그치지 않았다면 이는 조양자는 나라가 없고 진양은 군주가 없는 격이니, 누구와 함께 지킬 수 있겠는가. 지금 조양자가 진양에 있을 적에 知氏(智伯)가 水攻을 펼쳐서 절구와 부엌에 개구리가 살 지경이었는데,

○先愼曰 乾道本에 作臼竈生龜하고 拾補臼作穴이라 盧文弨云 穴은 藏本作臼하고

29) 孔鮒 : 秦나라 때의 학자이다. 자는 甲 또는 子魚이며, 孔子의 후손이다. 秦 始皇이 焚書坑儒를 하기 전에 ≪論語≫, ≪孝經≫, ≪尙書≫ 등의 책을 숨기고 은거했는데, 뒤에 반란을 일으킨 陳勝의 부름을 받고 나아가 博士가 되었다가 진승과 함께 사망하였다. 저서에 공씨 일족의 언행을 모은 ≪孔叢子≫와 ≪爾雅≫를 모방한 ≪小爾雅≫가 있으나, 모두 僞書라는 주장도 있다.

30) 知氏灌之 臼竈生鼃 : '知'자는 '智'자로도 쓴다. 趙襄子가 智伯의 군대에 쫓겨 晉陽으로 들어가 있을 때, 지백의 군대가 성을 포위하고 水攻戰을 펼침으로써 진양이 온통 물에 잠기고 심지어는 부엌까지 몽땅 물에 잠겨 개구리가 알을 낳기까지 했다고 한다.(≪國語≫ 〈晉語 9〉)

竈는 藏本作龜라 顧廣圻云 今本臼作穴하고 龜作竈라 按 此當依趙策作臼竈生竈니 說苑權謀篇同이라 太玄經窮上九亦云 臼竈生竈라하니 蓋本於彼也라 先愼按 竈與龜와 臼與曰은 竝形近而誤니 據盧顧校改하노라

○王先愼 : 乾道本에 '曰竈生龜'로 되어 있고, ≪群書拾補≫에 '臼'자가 '穴'자로 되어 있다. 盧文弨는 "'穴'자는 藏本에 '臼'자로 되어 있고, '竈'자는 藏本에 '龜'자로 되어 있다."라고 하였다. 顧廣圻는 "今本에 '臼'자는 '穴'자로 되어 있고, '龜'자는 '竈'자로 되어 있다. 살펴보건대 여기는 응당 ≪戰國策≫ 〈趙策〉에 '臼竈生竈'로 되어 있는 것에 의거해야 하니, ≪說苑≫ 〈權謀篇〉에도 마찬가지이다. ≪太玄經≫ 〈窮 上九〉에 또한 '臼竈生竈'라고 되어 있으니, 이는 저 글들에 근본한 것이다."라고 하였다. 내가 살펴보건대 '竈'자와 '龜'자, '臼'자와 '曰'자는 모두 字形이 비슷하여 잘못된 것이니 노문초와 고광기의 교감에 의거하여 고쳤다.

36-63 而民無反心하니 是君臣親也라 襄子有君臣親之澤하고 操令行禁止之法하되 而猶有驕侮之臣인댄 是襄子失罰也라

백성이 배반하려는 마음이 없었으니 이는 군신이 서로 친한 것이다. 趙襄子는 군신 사이에 친한 은택이 있고 명령하면 시행되고 금지하면 중지되는 법을 가지고 있으면서도 오히려 교만하고 업신여기는 신하가 있었다면 이는 조양자가 벌을 내리는 것을 잘못한 것이다.

○先愼曰 乾道本에 無失字라 顧廣圻云 藏本今本에 子下有失字라하니 今據補하노라

○王先愼 : 乾道本에 '失'자가 없다. 顧廣圻는 "藏本과 今本에 '子'자 아래에 '失'자가 있다."라고 하였으니, 지금 이에 의거하여 〈'失'자를〉 보충하였다.

36-64 爲人臣者에 乘[31]事而有功則賞이라 今赫僅不驕侮어늘 而襄子賞之하니 是失賞也라

남의 신하가 된 사람에 대하여 그가 한 일을 헤아려 공이 있으면 상을 내린다. 지금 高赫은 겨우 교만하지 않고 업신여기지 않기만 했는데 趙襄子가 그에게 상을

31) 乘 : '計(헤아리다)'의 뜻이다.

내렸으니 이는 상을 내리는 것을 잘못한 것이다.

臣有不驕는 僅合臣禮하니 非有善可賞也라 ○先愼曰 乾道本注에 可作不이어늘 據趙本改하노라

舊注 : 신하가 교만하지 않은 것은 겨우 신하의 예법에 맞는 것이니, 훌륭하여 상을 내릴 만한 일은 아니다.

○王先愼 : 乾道本의 舊注에 '可'자가 '不'자로 되어 있는데, 趙本에 의거하여 고쳤다.

36-65 明主는 賞不加於無功하고 罰不加於無罪라 今襄子不誅驕侮之臣하고 而賞無功之赫하니 安在襄子之善賞也리오 故曰 仲尼不知善賞이라하니라

현명한 군주는 공이 없는 자에게 상을 내리지 않고 죄가 없는 자에게 벌을 내리지 않는다. 지금 趙襄子는 교만하고 업신여기는 신하에게 벌을 내리지 않고 공이 없는 高赫에게 상을 내렸으니, 조양자가 훌륭하게 상을 내린 점이 어디에 있는가. 그러므로 '仲尼는 훌륭하게 상을 내리는 법을 알지 못하였다.'라고 말한 것이다."

36-66 晉平公[32]與群臣飮이러니 飮酣하야 乃喟然歎曰 莫樂爲人君하니 惟其言而莫之違라하니라 師曠[33]侍坐於前이라가 援琴撞之하니 公披衽而避하야 琴壞於壁이라 公曰 太師誰撞고 師曠曰 今者有小人言於側者라 故撞之니이다 公曰 寡人也라 師曠曰 啞라

晉 平公이 신하들과 함께 술을 마셨는데, 술에 취하자 한숨을 쉬고 탄식하며 말하였다.

"군주 노릇 하는 것이 즐겁지가 않으니, 어떤 말을 해도 그 말을 어기는 자가 없구나."

---

32) 晉平公 : 春秋時代 晉나라 군주이다. 悼公의 아들로 이름은 彪이다. 즉위한 처음에 楚나라와 湛阪에서 전쟁하여 승리하고, 宋나라·衛나라 등과 結盟하여 다시 진나라의 霸業을 회복하였다. 재위 후반부에는 토목공사를 크게 일으키고 정사에 힘쓰지 않아 권력이 六卿에게 돌아갔다.

33) 師曠 : 春秋時代 晉 平公의 樂師로 태어날 때부터 장님이었는데, 音律을 잘 판별했고 소리로 吉凶까지 점쳤다고 한다.(≪孟子≫ 〈離婁 上〉)

師曠이 앞에서 모시고 앉아 있다가 琴을 가지고와서 〈평공을〉 치려고 하니, 평공이 옷깃을 떨치면서 피하자 琴이 벽에 부딪혀 부서지고 말았다. 평공이 말하였다.

"太師는 누구를 치려고 했나?"

사광이 말하였다.

"지금 小人이 곁에서 말하고 있기에 치려고 했습니다."

평공이 말하였다.

"〈그 소인은〉 寡人이었소."

師曠이 말하였다.

"아!

歎息之聲이라

舊注 : 〈'啞'는〉 탄식하는 소리이다.

36-67 是非君人者之言也니이다 左右請除[34]之하니

이는 군주가 할 말이 아닙니다."

좌우에서 〈흠집이 난 벽을〉 바르기를 청하니

○盧文弨曰 除는 當作涂라 淮南齊俗訓에 作欲塗라

○盧文弨 : '除'자는 응당 '涂'자가 되어야 한다. ≪淮南子≫ 〈齊俗訓〉에는 〈'請除'가〉 '欲塗'로 되어 있다.

36-68 公曰 釋之하라 以爲寡人戒하노라

平公이 말하였다.

"그대로 두어라. 寡人의 경계로 삼을 것이다."

○先愼曰 淮南子此下에 有孔子聞之曰 平公은 非不痛其體也나 欲來諫者也라하니라 韓子[35]聞之曰 群臣失禮而弗誅는 是縱過也니 有以也夫로다 平公之不霸也라하니라

34) 除 : ≪韓非子新校注≫ 陳奇猷의 설에 의거하여 '塗(벽을 바르다)'로 번역하였다.

疑此下脫文이라

○王先愼：≪淮南子≫〈齊俗訓〉에는 이 아래에 "孔子가 듣고 이를 말하기를 '平公이 그 몸을 아파하지 않은 것은 아니지만 앞으로의 경계로 삼으려고 한 것이다.' 하였다. 韓子(韓非子)가 이를 듣고 말하기를 '신하들이 예법을 잃었는데도 벌을 내리지 않는 것은 지나치게 내버려두는 것이다. 평공이 霸者가 되지 못한 이유가 과연 있구나.' 하였다."라는 내용이 있다. 이 아래는 문장이 탈락된 듯하다.

36-69 或曰 平公失君道요 師曠失臣禮라 夫非其行而誅其身은 君之於臣也요 非其行而陳其言하되 善諫不聽則遠其身者는 臣之於君也라 今師曠은 非平公之行하되 不陳人臣之諫하고 而行人主之誅하야 擧琴而親其體하니 是逆上下之位요 而失人臣之禮也라 夫爲人臣者는 君有過則諫하고 諫不聽則輕爵祿以(待)〔去〕之하니

혹자는 다음과 같이 論評하였다.

"平公은 군주의 道를 잃은 것이요, 師曠은 신하의 禮를 잃은 것이다. 그 행실을 비난하여 그 몸에 벌을 내리는 것은 군주가 신하에 대한 일이고, 그 행실을 비난하여 자신의 말을 진술하되 잘 간하였음에도 〈군주가〉 듣지 않으면 자신은 멀리 물러나는 것은 신하가 군주에 대한 일이다.

지금 사광은 평공의 행실을 비난하되 신하가 〈군주에게〉 하는 간언을 진술하지 않고 군주가 〈신하에게〉 하는 벌을 행하여 琴을 들고 군주의 몸을 치려고 했으니, 이는 상하의 지위를 거스른 것이요 신하의 예를 잃은 것이다. 신하가 된 자는 군주에게 허물이 있으면 간하고, 간해도 듣지 않으면 작록을 가벼이 여겨 떠나야 하니,

○先愼曰 待는 當作去라

○王先愼：'待'자는 응당 '去'자가 되어야 한다.

36-70 此人臣之禮(義)也라

35) 韓子：≪淮南鴻烈解≫에 "韓子는 韓나라 公子 非이다.〔韓子 韓公子非〕"라고 하였다.

이는 신하의 禮이다.

○先愼曰 義字衍이라

○王先愼 : '義'자는 응당 衍文이다.

36-71 今師曠은 非平公之過하되 擧琴而親其體하니 雖嚴父라도 不加於子어늘 而師曠行之於君하니 此大逆之術也라

지금 師曠은 平公의 허물을 비난하되 琴을 들고 군주의 몸을 치려고 했으니, 비록 嚴父라도 자식에게 가하지 않는 것인데 사광은 군주에게 이렇게 행하였으니 이는 大逆의 방법이다.

○顧廣圻曰 夫爲人臣者至此六十一字는 當衍이니 乃舊注之錯入者耳라 先愼曰 顧說은 非니 此六十一字는 專指臣下言이라 夫爲人臣者至此人臣之禮也는 申上人臣之禮요 師曠非平公之過至此大逆之術也는 申上逆上下之位라 又以嚴父不加於子로 反譬而喩之는 尤足見周秦間之文法이요 非舊注所能及이라 且注家亦無此例也라

○顧廣圻 : "夫爲人臣者"부터 여기까지 61글자는 응당 衍文이니 이는 舊注가 잘못 들어간 것이다.

王先愼 : 顧廣圻의 설은 틀렸으니, 여기까지 61글자는 전적으로 신하를 지목하여 말한 것이다. "夫爲人臣者"부터 "此人臣之禮也"까지는 위의 "人臣之禮"를 서술한 것이고, "師曠非平公之過"부터 "此大逆之術也"까지는 위의 "逆上下之位"를 서술한 것이다. 또 "嚴父不加於子"로써 반대로 비유하여 일깨운 것은 도리어 周나라와 秦나라 연간의 文法으로 보기에 충분한 것이요 舊注에서 언급할 수 있는 것이 아니다. 게다가 注釋家의 경우에도 이러한 용례가 없다.

36-72 臣行大逆이어늘 平公喜而聽之하니 是失君道也라 故平公之迹은 不可明也니

신하가 大逆을 행하였는데도 平公은 기뻐하며 들어주었으니, 이는 군주의 도를 잃은 것이다. 그러므로 平公의 자취는 현명하지 않은 것이니,

○先愼曰 趙本에 此及下不可明也의 兩明字는 竝作行이라 盧文弨云 藏本張本에 作明이니 下同이라 馮云 行은 宜作明이라

○王先愼 : 趙本에 여기와 아래의 "不可明也"의 두 '明'자는 모두 '行'자로 되어 있다. 盧文弨는 "藏本과 張本에 '明'자로 되어 있으니 아래도 마찬가지다. 馮舒는 '行'자는 응당 '明'자가 되어야 한다고 말했다."라고 하였다.

36-73 使人主過於聽而不悟其失이라 師曠之行도 亦不可明也니 使姦臣襲極諫而飾弑君之道라 不可謂兩明이니

군주로 하여금 〈신하의 말을〉 들어주는 데 지나쳐서 군주의 실수를 깨닫지 못하게 하였다. 師曠의 행위 또한 현명하지 않은 것이니, 간사한 신하로 하여금 극진히 간하는 것을 답습하여 군주를 시해하는 도를 꾸며댈 수 있도록 하였다. 둘 다 현명하다고 할 수 없으니

○顧廣圻曰 謂字는 當衍이라

○顧廣圻 : '謂'자는 응당 衍文이다.

36-74 此爲兩過라

이는 둘 다 잘못한 것이다.

○顧廣圻曰 藏本同이라 今本爲作謂니 誤라 先愼曰 顧說은 非니 爲謂는 同字라

○顧廣圻 : 藏本도 마찬가지다. 今本에는 '爲'자가 '謂'자로 되어 있으니 잘못되었다. 王先愼 : 顧廣圻의 설은 틀렸으니, '爲'와 '謂'는 똑같은 글자이다.

36-75 故曰 平公失君道요 師曠亦失臣禮矣라하니라

그러므로 '平公은 군주의 도를 잃은 것이요, 師曠 또한 신하의 예를 잃은 것이다.'라고 한 것이다."

36-76 齊桓公時에 有處士曰小臣稷[36)]하니 桓公三往而弗得見하다 桓公曰 吾聞布衣之士는 不輕爵祿인댄 無以易(이)萬乘之主하고 萬乘之主는 不好仁義인댄 亦無以下布衣之士라하니라 於是五往乃得見之하다

齊 桓公 때에 小臣稷이라는 處士가 있었으니, 환공이 세 번 그를 찾아갔으나 만나지 못하였다. 환공이 말하였다. "내가 듣건대, 布衣의 선비는 爵祿을 가벼이 여기지 않는다면 萬乘의 군주를 소홀히 대하는 일이 없고, 만승의 군주는 仁義를 좋아하지 않는다면 또한 포의의 선비에게 몸을 낮추는 일이 없다고 하였다."

이에 다섯 번 그를 찾아가서야 만나 볼 수 있었다.

小臣稷

36-77 或曰 桓公은 不知仁義라 夫仁義者는 憂天下之害하고 趨一國之患하야 不避卑辱이니 謂之仁義라 故伊尹[37)]은 以中國爲亂하야 道爲宰(于)〔干〕湯하고 百里奚[38)]는 以秦爲亂하야 道爲虜(于)〔干〕穆公[39)]이라

---

36) 小臣稷 : 小臣은 성이고 稷은 이름인데, 그 외 사적은 자세하지 않다.

37) 伊尹 : 商나라 湯王의 재상이다. 이름은 摯인데 阿衡·保衡이라고도 한다. 有莘國의 들에서 농사짓다가 탕왕에게 시집가는 有莘氏 딸의 媵臣으로 따라가서 요리하는 일로 탕왕에게 가까워지고, 탕왕을 도와 夏桀을 멸한 뒤 재상이 되어 商나라를 강성하게 하였다. 50여 년 동안 湯王·外丙·仲壬·太甲·沃丁 등 5대 王을 섬기고 나이 100세에 죽었다 한다.

38) 百里奚 : 春秋時代 虞나라의 賢臣으로 불우하게 떠돌아다니다가 잘못 楚나라에 억류되었는데, 이때 秦 穆公이 그의 어질다는 소문을 듣고는 암양 가죽 다섯 벌을 초나라 사람에게 주고 억류된 백리해를 데려와 정승으로 삼았다. 그래서 백리해를 五羖大夫(오고대부)라고도 한다.

39) 穆公 : 春秋時代 秦나라 君主로 姓은 嬴, 이름은 任好, 秦 德公의 작은 아들이다. 즉위 후 百里奚·蹇叔·由余 등의 賢臣을 중용하여 晉나라와의 전쟁에서 크게 승리하였고, 梁나

혹자는 다음과 같이 論評하였다.

“桓公은 仁義를 알지 못하였다. 인의라는 것은 천하의 害를 걱정하고 한 나라의 환난에 달려가 비천함과 치욕을 피하지 않는 것이니 이를 인의라고 한다. 그러므로 伊尹은 중국이 어지럽게 되었기 때문에 요리사가 됨을 따라 湯임금에게 등용되길 구하였고, 百里奚는 秦나라가 어지럽게 되었기 때문에 노예가 됨을 따라 穆公에게 등용되길 구하였다.

○先愼曰 乾道本에 虜上無爲字라 顧廣圻云 以中國爲亂에 句絶이니 下句同이라 兩于字는 當作干이라 藏本今本에 虜上有爲字라하니라 先愼按 有爲字 是니 今據補하노라 道는 由也니 道爲虜干穆公은 由爲虜干穆公이라 難二篇에 伊尹自爲宰干湯하고 百里奚自爲虜干穆公①이 是其證이라 于는 卽干之誤라

① 自는 亦由也라
自는 또한 由(따르다)의 뜻이다.

○王先愼 : 乾道本에 ‘虜’자 위에 ‘爲’자가 없다. 顧廣圻는 “‘以中國爲亂’에서 句가 끊어지니 아래 구도 마찬가지다. 두 ‘于’자는 응당 ‘干’자가 되어야 한다. 藏本과 今本에 ‘虜’자 위에 ‘爲’자가 있다.”라고 하였다. 내가 살펴보건대 ‘爲’자가 있는 것이 옳으니 지금 이에 의거하여 보충하였다. ‘道’자는 ‘由(따르다)’의 뜻이니 ‘道爲虜干穆公’은 ‘由爲虜干穆公’이다. ≪韓非子≫ 〈難二篇〉에 “伊尹自爲宰干湯 百里奚自爲虜干穆公(伊尹은 요리사가 됨을 따라 湯임금에게 등용되길 구하였고, 百里奚는 노예가 됨을 따라 穆公에게 등용되길 구하였다.)”이 그 증거이다. ‘于’는 ‘干’의 잘못이다.

36-78 皆憂天下之害하고 趨一國之患하야 不辭卑辱이라 故謂之仁義라 今桓公은 以萬乘之勢로 下匹夫之士하야 將欲憂齊國이로되

이들 모두 천하의 해를 걱정하고 한 나라의 환난에 달려가 비천함과 치욕을 피하지 않았기 때문에 仁義라고 이른다. 지금 桓公이 萬乘의 형세로 필부의 선비에게 몸을 낮추어 장차 齊나라를 걱정하려 하였는데도

라·芮나라·滑나라 등을 겸병하여 국력을 크게 떨쳤다. 春秋五霸 중의 한 사람으로 일컬어진다.

○顧廣圻曰 藏本에 欲作與하고 今本에 欲與兩有하니 皆誤라

○顧廣圻 : 藏本에 '欲'자가 '與'자로 되어 있고, 今本에 '欲'자와 '與'자 둘 다 있으니 모두 잘못되었다.

36-79 而小臣은 不(行)〔得〕見하니

小臣稷은 만나보지 않았으니

○先愼曰 行은 當作得이라

○王先愼 : '行'자는 응당 '得'자가 되어야 한다.

36-80 〔是〕小臣之忘民也라

이는 小臣稷이 〈스스로〉 백성임을 잊은 것이다.

○先愼曰 小上에 當脫是字라

○王先愼 : '小'자 위에 응당 '是'자가 탈락된 것이다.

36-81 忘民不可謂仁義라 仁義者는 不失人臣之禮하고 不敗君臣之位者也라 是故四封之內에 執(會)〔禽〕[40]而朝를 名曰臣이라하고 臣吏分職受事를 名曰萌이라하니라 今小臣在民萌之衆이어늘 而逆君上之欲이라 故不可謂仁義라 仁義不在焉이어늘 桓公又從而禮之라 使小臣有智能而遁桓公인댄 是隱也니 宜刑이라

백성임을 잊은 것은 人義라고 말할 수 없다.

인의라는 것은 신하의 예를 잃지 않고 君臣의 지위를 해치지 않는 것이다. 이 때문에 사방의 경계 안에서 예물을 가지고 조회하는 것을 이름하여 '臣'이라 하고, 신하와 관리가 직무를 분담하여 일을 맡는 것을 이름하여 '萌'이라 한다. 지금 小

---

40) (會)〔禽〕: 저본에는 '會'로 되어 있으나, ≪韓非子新校注≫ 陳奇猷의 설에 의거하여 '禽'으로 바로잡았다. '執禽'은 신하가 군주를 조회할 때 예물로 조류를 가지고 간다는 뜻이다.

臣稷은 民萌의 무리 가운데 있는데도 군주가 하고자 하는 바를 거슬렀기 때문에 인의라고 말할 수 없다.

인의가 없는데도 桓公은 또 따라가서 예우하였다. 가령 소신직이 지혜와 재능을 가지고 있으면서 환공을 피했다면 이는 숨은 것이니, 마땅히 형벌을 내려야 한다.

德修而隱하야 不爲臣用이라 故宜刑也라 ○先愼曰 乾道本에 脫宜刑二字라 顧廣圻云 今本에 有宜刑二字하니 依下文當補라 舊注未譌라하니라 今據增하노라

舊注 : 德이 닦이면 숨어 지내 신하로서의 쓰임이 되지 못하기 때문에 마땅히 형벌을 내려야 한다.

○王先愼 : 乾道本에 '宜刑' 두 자가 탈락되어 있다. 顧廣圻는 "今本에 '宜刑' 두 자가 있으니 아래 글에 의거하여 응당 보충해야 한다. 舊注는 잘못되지 않았다."라고 하였다. 지금 이에 의거하여 〈'宜刑'을〉 보충하였다.

36-82 若無智能而虛驕矜桓公인댄 是誣也니 宜戮이라 小臣之行은 非刑則戮이어늘 桓公은 不能領臣主之理而禮刑戮之人이라 是桓公以輕上侮君之俗으로 敎於齊國也니 非所以爲治也라 故曰 桓公不知仁義라하니라

만약 〈小臣稷이〉 지혜와 재능이 없으면서 桓公에게 허투루 교만하고 자랑했다면 이는 속인 것이니, 마땅히 죽여야 한다. 소신직의 행동은 형벌을 내리는 것이 아니면 죽여야 하는데도 환공은 군주와 신하의 도리를 통솔하지 않고 형벌을 받거나 죽임을 당해야 하는 사람을 예우한 것이다. 이는 환공이 윗사람을 경솔하게 대하고 군주를 업신여기는 풍속을 齊나라에게 가르친 꼴이니 잘 다스리는 방법이 아니다. 이 때문에 '환공은 仁義을 알지 못하였다.'고 말한 것이다."

36-83 靡笄(계)[41]之役에

靡笄의 전투에서

晉(代)〔伐〕齊也요 靡笄는 山名이라 ○先愼曰 注代는 當作伐이라

41) 靡笄(계) : 齊나라의 산 이름이다.

舊注 : 晉나라가 齊나라를 친 것이고, 靡笄는 산 이름이다.

○王先愼 : 舊注의 '代'자는 응당 '伐'자가 되어야 한다.

36-84 韓獻子[42]將斬人이라 **郤獻子[43]聞之**하고 **駕往救之**러니 **比至**엔 **則已斬之矣**라 **郤子因曰 胡不以徇[44]**고하니 **其僕曰 曩不將救之乎**잇가하니라 **郤子曰 吾敢不分謗乎**아하니라

韓獻子가 장차 사람을 처형시키려고 했다. 郤獻子가 이 소식을 듣고 수레를 타고 달려가서 그를 구하려고 했는데 도착했을 때엔 이미 그를 처형하였다. 극헌자가 이로 인해 말하였다.

"어째서 시신을 돌려 보이지 않는가?"

그의 마부가 말하였다.

"지난번에는 그를 장차 구하려고 하지 않았습니까?"

이에 극헌자가 말하였다.

"내가 감히 그 비방을 나누어 받아야 하지 않겠는가."

36-85 或曰 郤子言은 **不可不察也**니 **非分謗也**라 **韓子之所斬也**에 **若罪人**인댄 **則不可救**니

혹자는 다음과 같이 論評하였다.

"郤獻子의 말은 살피지 않을 수 없으니, 이는 비방을 나누어 받은 것이 아니다. 韓獻子가 처형시켰을 적에 〈그 사람이〉 죄인이었다면 구해서는 안 되니

○**先愼曰 乾道本**에 **無則字**라 **顧廣圻云 藏本今本**에 **有則字**라하니 **今據補**하노라

○王先愼 : 乾道本에 '則'자가 없다. 顧廣圻는 "藏本과 今本에 '則'자가 있다."라고 하였으

---

42) 韓獻子 : 春秋時代 晉나라 사람인 韓厥의 시호이다. 景公 때 많은 전공을 세워 晉나라를 강성하게 만들었다.

43) 郤獻子 : 春秋時代 晉나라 사람인 郤克의 시호이다. 成公 때 大夫가 되었다. 上將軍으로 齊나라를 크게 격파한 전공이 있었다.

44) 徇 : 죄인의 시신을 백성에게 두루 보여서 경계시키는 것이다.

니, 지금 이에 의거하여 〈'則'자를〉 보충하였다.

36-86 救罪人은 法之所以敗也요 法敗면 則國亂이라 若非罪人인댄 則〔不可〕勸之以徇이니

죄인을 구하는 것은 법이 무너지는 까닭이 되고, 법이 무너지면 나라가 어지러워진다. 죄인이 아니었다면 시신을 돌려 보이라고 권해서는 안 되니,

○顧廣圻曰 藏本同이라 今本에 則作而라 按 當作不可二字니 與上文不可救句相對라 先愼曰 則下脫不可二字耳요 顧刪則字亦非라 乾道本에 徇作殉이어늘 據張榜本改①하노라

① 注及下同이라
舊注와 아래 글도 마찬가지다.

○顧廣圻 : 藏本도 마찬가지다. 今本에는 '則'자가 '而'자로 되어 있다. 살펴보건대 응당 '不可' 두 글자가 되어야 하니, 윗글의 '不可救'와 句가 상대하기 때문이다.

王先愼 : '則'자 아래에 '不可' 두 글자가 탈락된 것이고, 顧廣圻가 '則'자를 삭제한 것은 또한 틀렸다. 乾道本에 '徇'자가 '殉'자로 되어 있는데, 張榜本에 의거하여 고쳤다.

36-87 勸之以徇은 是重不辜也라

시신을 돌려 보이라고 권한 것은 무고함을 거듭하는 것이다.

斬旣不辜요 徇又不辜니 是重不辜也라

舊注 : 처형한 것이 이미 무고한데 시신을 돌려 보이는 것은 더욱 무고한 것이니, 이는 무고함을 거듭하는 것이다.

36-88 重不辜는 民所以起怨者也요 民怨이면 則國危라 郤子之言은 非危則亂이니 不可不察也라 且韓子之所斬若罪人인댄 郤子奚分焉이리오 斬若非罪人인댄 則已斬之矣에 而郤子乃至하니 是韓子之謗已成而郤子且後至也라

무고함을 거듭하는 것은 백성이 원망을 일으키는 까닭이 되고 백성이 원망하면

나라가 위태로워진다. 郤獻子의 말은 위태로워지게 하는 것이 아니면 어지럽게 하는 것이니 살피지 않을 수 없다. 게다가 韓獻子가 처형한 사람이 죄인이었다면 극헌자가 어찌 〈비방을〉 나누어 받겠는가. 처형한 사람이 죄인이 아니었다면 이미 처형했을 때에 극헌자가 도착한 것이니, 이는 한헌자에 대한 비방이 이미 이루어지고 극헌자가 또 뒤에 도착한 것이다.

○顧廣圻曰 藏本同이라 今本에 無子字니 誤라

○顧廣圻 : 藏本도 마찬가지다. 今本에는 〈'郤子且後至也'의〉 '子'자가 없으니 잘못되었다.

36-89 夫郤子曰 以徇이라하니 不足以分斬人之謗이요 而又生徇之謗이니

郤獻子가 '시신을 돌려 보이라'고 말하였으니, 이는 사람을 처형했다는 비방을 나누어 받지 못하는 것이요 또한 시신을 돌려 보이는 비방을 만들어내는 것이니,

徇旣不辜니 益得一謗이라

舊注 : 시신을 돌려 보이는 것이 이미 무고한 것이니 비방을 하나 더 얻게 되는 것이다.

36-90 是〔郤〕子〔之〕言〔非〕分謗也요 〔益謗也라〕

이는 郤獻子의 말이 비방을 나누어 받은 것이 아니요 비방을 보탠 격이다.

○顧廣圻曰 藏本同이라 今本에 子作何라 按 句有誤라 兪樾曰 此當作是郤子之言非分謗也 益謗也라 今脫六字하니 則文義不明이라 下文云 故曰郤子之言非分謗也 益謗也라하니 正與此應하야 可以據補라 先愼曰 兪說 是라

○顧廣圻 : 藏本도 마찬가지다. 今本에 '子'자가 '何'자로 되어 있다. 살펴보건대 句에 잘못이 있다.

兪樾 : 여기는 응당 '是郤子之言非分謗也 益謗也'가 되어야 한다. 지금 6글자가 탈락되어 있으니 문장의 뜻이 분명하지 않다. 아래 글에서 '故曰郤子之言非分謗也 益謗也'라고 하였으니, 여기와 꼭 상응하여 이를 근거로 보충해야 한다.

妲己가 政事를 해치다〔妲己害政〕

王先愼 : 兪樾의 설이 옳다.

36-91 **昔者紂爲炮烙**[45]이어늘 **崇侯惡來**[46]**又曰 斬涉者之脛也**라하니 **奚分於紂之謗**이리오

옛날에 紂가 炮烙을 행하였는데 崇侯와 惡來가 다시 말하기를 '물을 건너는 자의 정강이를 잘라보십시오.' 하였으니, 이것이 어찌 紂에 대한 비방을 나누어 받

---

45) 炮烙 : 구리기둥에 기름을 바르고 거기에 숯불을 달구어 죄인으로 하여금 그곳을 걸어가게 하는 것이다.

46) 崇侯惡來 : 崇侯는 殷나라 사람으로 紂의 신하였다. 그는 西伯 昌을 紂에게 참소하였는데, 서백은 유폐되었던 羑里에서 탈출하여 돌아와 崇侯 虎를 치고 豐邑을 만들었다.

惡來 또한 紂를 섬긴 간신으로, 그의 아비인 飛廉은 달리기를 잘했으며 그도 힘이 장사였다고 한다. 이들은 妲己를 紂에게 바쳐 紂가 실정하여 나라를 망치게 하였다.

은 것이겠는가.

此助爲虐하야 更(갱)益謗也라

舊注 : 이는 잔인한 짓을 하는 것을 도와서 더욱 비방을 얻는 것이다.

36-92 且民之望於上也甚矣어늘 韓子弗得하야

게다가 윗사람에 대한 백성의 기대가 깊었는데 韓獻子가 부응하지 못해서

不得은 斬謂不辜也라

舊注 : 부응하지 못한 것은 처형이 무고하다고 생각해서이다.

36-93 且望郤子之得之也어늘

장차 郤獻子가 부응하기를 기대했는데

望郤子正韓子之過라

舊注 : 郤獻子가 韓獻子의 과오를 바로잡기를 바란 것이다.

36-94 今郤子俱弗得하니 則民絶望於上矣리라

지금 郤獻子도 모두 부응하지 못했으니 윗사람에 대한 백성의 기대가 끊어질 것이다.

君上同惡하니 更何所望也리오 ○先愼曰 一本無注어늘 盧文弨云 張本有라하니라

舊注 : 군주가 똑같이 악하니 어찌 다시 기대하는 바가 있겠는가.

○王先愼 : 어떤 본에는 舊注가 없는데, 盧文弨는 "張本에는 〈舊注가〉 있다."라고 하였다.

36-95 故曰 郤子之言非分謗也요 益謗也라하니라 且郤子之往救罪也는 以韓子爲非也어늘 不道其所以爲非하고 而勸之以徇하니 是使韓子不知其過也라 夫下使民(望絶)〔絶望〕於上하고

그러므로 '郤獻子의 말이 비방을 나누어 받은 것이 아니요 비방을 보탠 격이다.' 라고 말한 것이다. 게다가 극헌자가 달려가 죄인을 구하려고 한 것은 韓獻子가 그릇되었다고 생각해서였는데, 그가 그릇되었다는 점은 말하지 않고 시신을 돌려 보이라고 권하였으니, 이는 한헌자로 하여금 자신의 과오를 알지 못하게 한 것이다. 아래로 백성으로 하여금 윗사람에 대한 기대를 끊게 하고

○先愼曰 望絶은 當依上文하야 作絶望이라

○王先愼 : '望絶'은 응당 윗글에 의거하여 '絶望'이 되어야 한다.

36-96 又使韓子不知其失하니 吾未得郤子之所以分謗者也로라

또한 韓獻子로 하여금 자신의 실수를 알지 못하게 하였으니, 나는 郤獻子가 비방을 나누어 받겠다고 한 까닭을 알 수 없다."

36-97 桓公解管仲之束縛而相之하다 管仲曰 臣有寵矣나 然而臣卑니이다 公曰 使子立高國[47]之上호리라 管仲曰 臣貴矣나

齊 桓公이 管仲의 포박을 풀어주고 그를 재상으로 삼았다. 관중이 말하였다.
"신이 총애를 받고 있으나 신의 신분이 낮습니다."
桓公이 말하였다.
"그대를 高氏와 國氏의 윗자리에 세워주겠다."
관중이 말하였다.
"신의 신분이 존귀해졌으나

○先愼曰 外儲說左下에 貴作尊이라

○王先愼 : ≪韓非子≫ 〈外儲說 左下〉에 '貴'자가 '尊'자로 되어 있다.

36-98 然而臣貧이니이다 公曰 使子有三歸[48]之家호리라 管仲曰 臣富矣나 然而

47) 高國 : 姜太公의 후손인 高氏와 國氏로, 齊나라에서 대대로 卿을 지낸 집안이다.

48) 三歸 : 管仲은 三歸臺를 축조하였는데, 매우 사치스러웠다. 그래서 孔子가 ≪論語≫ 〈八佾〉

臣疏니이다 **於是立以爲仲父**[49)]하다 **霄略**[50)]**曰**

신은 가난합니다."

桓公이 말하였다.

"그대가 三歸의 집을 갖게 해주겠다."

管仲이 말하였다.

"신은 부유해졌으나 신은 〈군주와의 관계가〉 소원합니다."

이에 그를 세워 仲父로 삼았다.

霄略이 말하였다.

○**顧廣圻曰 未詳**이라

○顧廣圻 : 〈'霄略'은〉 미상이다.

36-99 **管仲以賤爲不可以治(國)〔貴〕**하야

"管仲은 미천하여 존귀한 자를 다스릴 수 없다고 여겨서

○**王渭曰 國**은 **當作貴**라

○王渭 : '國'자는 응당 '貴'자가 되어야 한다.

36-100 **故請高國之上**이요 **以貧爲不可以治富**하야 **故請三歸**요 **以疏爲不可以治親**하야 **故處仲父**라 **管仲非貪**이요 **以便治也**라

高氏와 國氏의 윗자리를 청한 것이고, 가난하여 부유한 자를 다스릴 수 없다고 여겨서 三歸를 청한 것이고, 〈군주와의 관계가〉 소원하여 〈군주의〉 군주와 친한 자를 다스릴 수 없다고 여겨서 仲父의 자리에 처한 것이다. 管仲은 탐하려고 했던 것이 아니고 다스리기에 편해서 〈그렇게 청한〉 것이다."

에서 "管氏는 三歸를 두었다.〔管氏有三歸〕"라고 하여 그의 사치스러움을 비난하였다.

49) 仲父 : 春秋時代 齊 桓公이 管仲을 존경하여 부르던 호칭이다.

50) 霄略 : ≪韓非子新校注≫에서 陳奇猷는 '霄'를 '蕭'의 假借字로 보고 '蕭略'이라고 하였다.

36-101 或曰

혹자는 다음과 같이 論評하였다.

○先愼曰 乾道本에 連上이어늘 今從趙本提行하노라

○王先愼 : 乾道本에는 윗글과 이어져 있는데, 지금은 趙本을 따라 줄을 바꾸었다.

36-102 今使臧獲奉君令詔卿相인댄 莫敢不聽하리니 非卿相卑而臧獲尊也요 主令所加 莫敢不從也라 今使管仲之治 不緣桓公인댄 是無君也라

"지금 만약 노복〔臧獲〕이 군주의 명령을 받들어 공경과 재상에게 명령을 내린다면 감히 따르지 않을 수 없을 것이니, 이는 공경과 재상의 신분이 낮고 노복의 신분이 높아서가 아니고, 군주의 명령이 가해지는 대상이 감히 따르지 않을 수 없어서이다. 지금 만약 管仲의 다스림이 桓公에게서 말미암지 않았다면 이는 군주가 없는 것이다.

謂擅出其令이라 故曰不緣也라

舊注 : 〈管仲이〉 제멋대로 명령을 낸다고 여겼기 때문에 '말미암지 않음'이라고 말한 것이다.

36-103 國無君이면 不可以爲治라 若負桓公之威하고 下桓公之令하면 是臧獲之所以信[51]也니 奚待高國仲父之尊而後行哉리오 當世之行事都丞

나라에 군주가 없으면 다스릴 수 없다. 만약 桓公의 위엄을 업고 환공의 명령을 내린다면 이는 노복이라도 펼칠 수 있으니, 어찌 高氏와 國氏, 仲父의 존칭을 기다린 뒤에야 행하는 것이겠는가. 당세에 일을 집행하는 관리와 都丞이

都丞은 宦官之卑者也라 ○先愼曰 注宦字는 趙本無라 盧文弨云 脫이라하니라

舊注 : 都丞은 宦官 가운데 낮은 자이다.

○王先愼 : 舊注의 '宦'자는 趙本에 없다. 盧文弨는 "〈'宦'자가〉 탈락되었다."라고 하

51) 信 : '申(펴다)'과 같다.

였다.

36-104 **之下徵令者**는 **不辟**(피)**尊貴**하고 **不就卑賤**이라

징집하는 명령을 내리는 것은 존귀한 자라고 해서 피하지 않고 비천한 자에게만 나가는 것이 아니다.

二官雖卑나 **奉命徵令**은 **亦不以尊卽避**하고 **卑卽就也**라

舊注 : 〈일을 집행하는 관리와 都丞〉 두 관직이 비록 낮으나, 군주의 명을 받들어 징집하는 명령은 또한 신분이 존귀하다고 해서 피하지 않고 신분이 비천하다고 해서 나가는 것이 아니다.

36-105 **故行之而法者**엔 **雖巷伯**이라도 **信乎卿相**하고 **行之而非法者**엔 **雖大吏**라도 **詘乎民萌**이라 **今管仲**은 **不務尊主明法**하고 **而事增寵益爵**하니 **是非管仲貪欲富貴**인댄 **必闇而不知術也**라 **故曰 管仲有失行**하고 **霄略有過譽**라하니라

그러므로 시행하여 법에 맞을 경우엔 비록 巷伯(환관)과 〈같은 낮은 관직이라도〉 공경과 재상에게 펼칠 수 있는 것이고, 시행하여 법에 맞지 않을 경우엔 비록 높은 관리라도 백성에게 굴복해야 하는 것이다.

지금 管仲은 군주를 높이고 법을 밝히는 데에 힘쓰지 않고 총애와 작록을 더하는 것을 일삼았으니, 이는 관중이 부귀를 탐한 것이 아니라면 필시 어두워 법술을 알지 못했던 것이다. 이 때문에 '관중은 잘못한 행실이 있고, 霄略은 지나친 칭찬이 있다.'고 말하는 것이다."

36-106 **韓宣王**[52] **問於樛留**호되 **吾欲兩用公仲公叔**이어늘 **其可乎**아 **樛留對曰 昔魏兩用樓翟**(책)**而亡西河**하고

韓 宣王이 樛留에게 물었다.

52) 韓宣王 : 전국시대 韓나라의 君主로 이름은 康이다. 昭侯의 아들인데 韓 威侯라고도 한다. 魏 惠王과 巫沙에서 會盟하면서 함께 君號를 王으로 올리기로 하고 한나라에서 처음으로 王號를 썼다. 史書에서는 宣惠王으로 기록되어 있다.

"내가 公仲과 公叔을 둘 다 등용하고자 하는데 괜찮겠는가?"
규류가 대답하였다.
"옛날 魏나라는 樓鼻와 翟强을 둘 다 등용하여 西河를 잃었고

樓緩과 翟璜也라 ○顧廣圻曰 樓翟은 樓鼻翟强也라 事見魏策하니 舊注誤甚이라 先愼曰 說林上에 樓翟作犀首張儀[53)]라

舊注 : 〈'樓翟'은〉 樓緩과 翟璜을 가리킨다.
○顧廣圻 : 樓翟은 樓鼻와 翟强이다. 이 일이 ≪戰國策≫ 〈魏策〉에 보이니, 舊注는 매우 잘못되었다.
王先愼 : ≪韓非子≫ 〈說林 上〉에는 '樓翟'이 '犀首張儀'로 되어 있다.

36-107 楚兩用昭景而亡鄢郢이니이다

楚나라는 昭氏와 景氏를 둘 다 등용하여 鄢과 郢을 잃었습니다.

昭景은 楚之二姓이라

舊注 : 昭와 景은 楚나라의 두 성씨이다.

36-108 今君兩用公仲公叔하면 此必將爭事而外市하리니

지금 군주께서 公仲과 公叔을 둘 다 등용하시면 이들은 필시 정사를 다투고 외국과 거래할 것이니

與隣國交에 私以示己利라 故曰外市也라

舊注 : 이웃나라와 외교할 적에 사적으로 자신의 이익만을 내보이기 때문에 외국과 거래한다고 말한 것이다.

36-109 則國必憂矣니이다

53) 說林上 樓翟作犀首張儀 : ≪韓非子≫ 〈說林 上〉에 "晉나라는 六卿을 임용하여 나라가 나뉘었고, 齊 簡公은 田成과 闞止를 둘 다 임용하여 간공이 시해당하였으며, 魏나라는 犀首와 張儀를 둘 다 임용하여 西河 밖의 땅을 잃었습니다.〔晉用六卿而國分 簡公兩用田成闞止而簡公殺 魏兩用犀首張儀而西河之外亡〕"라고 하였다.

나라는 반드시 근심에 빠질 것입니다."

36-110 **或曰 昔者齊桓公**은 **兩用管仲鮑叔**하고 **成湯**은 **兩用伊尹仲虺**(훼)하다 **夫兩用臣者國之憂**인댄 **則是桓公不霸**요 **成湯不王也**라 **湣王**은 **一用淖齒**[54]어늘 **而身死乎東廟**하고

商湯王眞像

혹자는 다음과 같이 論評하였다.

"옛날에 齊 桓公은 管仲과 鮑叔을 둘 다 등용하였고, 成湯은 伊尹과 仲虺를 둘 다 등용하였다. 신하를 둘 다 등용하는 것이 나라의 근심이 되었다면 환공은 霸者가 되지 못하고 성탕은 王者가 되지 못했을 것이다. 湣王은 淖齒 한 사람을 등용하였는데 자신은 東廟에서 살해당하였고,

○**先愼曰 乾道本**에 **身作手**라 **盧文弨云 手字**는 **譌**라하니라 **先愼按 盧說**이 **是**라 **下則必有身死減食之患**의 **身死**는 **卽指湣王而言**이니 **明手爲身之誤**라 **拾補作身**하니 **今從之**하노라

○王先愼 : 乾道本에 '身'자가 '手'자로 되어 있다. 盧文弨는 "'手'자는 잘못되었다."라고 하였다. 내가 살펴보건대 盧文弨의 설이 옳다. 아래의 "則必有身死減食之患"의 '身死'는 곧 湣王을 가리켜 말한 것이니 '手'자가 '身'자의 잘못임은 분명하다. ≪群書拾補≫에 '身'자로 되어 있으니 지금은 이를 따랐다.

36-111 **主父**[55]는 **一用李兌**[56]어늘 **減食而死**하다 **主有術**이면 **兩用不爲患**이어니와

---

54) 淖齒 : 원래는 楚나라 장수였다가 나중에 齊나라의 재상이 되었다. 훗날 湣王을 죽여 그 筋骨을 뽑아 대들보에 달아 죽였다.

55) 主父 : 趙 武靈王을 가리킨다. 아들 태자 何(惠文王)에게 왕위를 물려주고 스스로 主父라 하였다. B.C. 295년에 무령왕의 장자인 章이 일으킨 난에서 離宮인 沙丘宮에 유폐되어 굶어죽었다.

主父는 李兌 한 사람을 등용하였는데 굶어죽었다. 군주가 법술이 있으면 둘 다 등용하는 것이 근심이 되지 않거니와

○顧廣圻曰 藏本同이라 今本主下有誠字하니 誤라

○顧廣圻 : 藏本도 마찬가지다. 今本에 '主'자 아래에 '誠'자가 있으니 잘못되었다.

36-112 無術이면 兩用則爭事而外市하고

법술이 없으면 둘 다 등용할 경우엔 정사를 다투고 외국과 거래할 것이고,

○先愼曰 乾道本에 重爭字라 盧文弨云 凌本不重이라하니 今據刪하노라

○王先愼 : 乾道本에 '爭'자가 중첩되어 있다. 盧文弨는 "凌本에는 〈'爭'자가〉 중첩되어 있지 않다."라고 하였으니 지금 이에 의거하여 〈'爭' 한 자를〉 삭제하였다.

36-113 一〔用〕則專制而劫弑하리라

한 사람만 등용할 경우엔 전횡하고 겁박하여 〈군주를〉 시해할 것이다.

○顧廣圻曰 一下에 當有用字라

○顧廣圻 : '一'자 아래에 응당 '用'자가 있어야 한다.

36-114 今留無術以規上하고 使其主去兩用一하니 是不有西河鄗郢之憂하면 則必有身死減食之患이리라 是椺留未(有)〔爲〕善以知言[57]也로라

지금 椺留가 법술로써 군주에게 경계하지 않고 군주로 하여금 두 사람을 버리고 한 사람만을 등용하라고 하였으니, 이 경우에는 西河, 鄗과 郢을 〈잃을〉 근심이 있지 않는다면 필시 자신이 죽거나 굶어죽는 우환이 있을 것이다. 이는 규류가 知言을 잘하지 못한 것이다."

56) 李兌 : 戰國時代 趙나라 사람으로 司寇 벼슬을 지냈다. B.C. 295년에 主父인 武靈王의 장자 章이 난을 일으키자 李兌가 惠文王을 도와 진압하였는데, 이 과정에서 主父도 沙丘宮에 유폐되어 굶어죽었다.

57) 知言 : 천하의 말의 이치를 알아 의심스러운 바가 없음을 뜻한다.(≪孟子≫ 〈公孫丑 上〉)

○先愼曰 有는 當作爲라

○王先愼 : '有'자는 응당 '爲'자가 되어야 한다.

第三十七 難二篇 제37편 論難 2

〈難二篇〉에 포함된 뜻은 〈難一篇〉에 보이는 뜻과 같다. 이 篇은 모두 다음과 같이 일곱 가지로 나누어 설명하고 있다.

첫째, 나라를 다스리는 방법이 아닌 것을 제시하였다. 형벌의 사용을 따지는 것은 집행한 형벌이 타당한지 않은지를 살피는 데 있고, 집행한 형벌이 많고 적음에 달려 있지 않다. 만일 한결같이 형벌을 느슨히 집행하고 너그러이 은혜를 베푼다면 이는 간사한 사람을 이롭게 하고 선량한 사람을 해치게 되므로 나라를 다스리는 방법이 아니라는 것이다.

둘째, 나라를 혼란에 빠지게 하는 禍根을 말하였다. 백성에게 재물을 주고 죄인을 사면하는 仁政의 시행을 비난하였다. 창고를 열어 貧民을 구제하는 것은 '공로가 없는 사람에게 상을 주는 격'이므로 백성들이 윗사람에게 은혜를 바라며 요행을 노리고, 죄인을 사면하는 것은 '백성들을 징계하지 못하여 잘못을 쉽게 저지르게 하는 격'이므로 나라를 혼란하게 한다는 것이다.

셋째, 지혜로운 사람은 응당 患難이 있는 곳을 알아서 그곳을 회피하여야 함을 말하였다. 환난을 회피하는 방법은 人爲로 하는 것도 없고〔無爲〕 드러내는 것도 없어서〔無見〕 남이 의심하지 않도록 하는 데 있다고 하였다.

넷째, 국가를 잘 다스려 정치적인 성공을 거두는 要諦는 임금과 신하가 자기의 역할에 함께 힘을 쓰는 데 달려 있어서 두 역할에 하나라도 부족하면 안 됨을 말하였다.

다섯째, 君主가 인재를 얻는 일은 어렵지 않으나 인재를 쓰는 일은 쉽지 않음을 설명하였다. 그러므로 인재를 쓰는 문제를 소홀히 여겨서는 안 되니, 반드시 法度로 그들의 규범을 삼고 刑名으로 그들의 言行을 참고해야 한다. 그렇게 하지 않으면 권력을 빼앗기거나 시해를 당하는 禍亂을 초래한다고 경계하였다.

여섯째, 국가의 주요 경제 수입의 원천은 山林이나 澤谷(호수와 골짜기) 등의 地利에만 국한되지 않는다. 사람의 노동과 순조로운 기후의 功에 의해 수입을 증대할 수 있다고 강조하였다.

일곱째, 사람의 本姓은 이익을 좋아하고 해로움을 싫어하니, 백성들로 하여금 자기를 위해 목숨을 바쳐 싸우도록 해야 한다고 설명하였다. 賞은 후하게 주되 약속을 확실히 실행하고, 형벌은 엄중하게 내리되 틀림없이 집행해야 함을 闡明하였다.

37-1 **景公過晏子**하야 **曰 子宮小**하고 **近市**하니 **請徙子家豫章**[1]**之圃**호리라

齊 景公이 晏子(晏嬰)를 방문하여 말하였다.

"그대의 집은 협소하고 시장에 가까우니, 청컨대 그대의 집을 豫章의 園林으로 옮겨주겠소."

○顧廣圻曰 與左傳不合[2]이라

○顧廣圻 : ≪春秋左氏傳≫의 내용과 부합하지 않는다.

37-2 **晏子再拜而辭曰 (且)**[3] **嬰家貧**하야

晏子가 두 번 절을 올리며 사양하여 말하였다.

"저 嬰의 집은 가난하여

○先愼曰 且는 當作臣이라

○王先愼 : '且'는 응당 '臣'이 되어야 한다.

37-3 **待市食**하야 **而朝暮趨之**하니 **不可以遠**이니이다 **景公笑曰 子家習市**하니 **識貴賤乎**아 **是時**에 **景公繁於刑**이라 **晏子對曰 踊貴而屨賤**이니이다

---

1) 豫章 : 원래는 樟樹라는 나무 이름이다. 여기서는 園林을 뜻하는 圃에 딸린 것으로 보아 장수를 많이 심어 조성한 齊 景公의 원림인 듯하다.

2) 左傳不合 : ≪春秋左氏傳≫ 昭公 3년에 있는 記事인데, 그 내용은 "初 景公欲更晏子之宅 曰 子之宅近市 湫隘囂塵 不可以居 請更諸爽塏者(당초에 齊 景公이 晏子의 집을 바꾸어주려고 하여 '그대의 집이 시장과 가까워서 낮고 좁으며 시끄럽고 먼지가 많아 거주하기 불편하니, 높고 밝으며 사방이 시원한 곳으로 바꾸기를 요청하노라'라고 하였다.)"라고 되어 있다.

3) (且) : 저본에는 '且'가 있으나, "韓非子가 옮겨 적은 옛 전적에는 '且'자 위에 晏子가 대답한 말이 있었으나, 轉寫 과정에서 미처 '且'자를 삭제하지 못한 衍文이다."라고 주장한 ≪韓非子新校注≫ 陳奇猷의 설에 의거하여 衍文으로 처리하였다.

시장에서 먹을거리를 사는 데 의지하여 아침저녁으로 시장에 달려가니, 시장을 멀리 떠나서 살 수가 없습니다."

景公이 웃으면서 물었다.

"그대의 집은 시장에 친숙하니 〈어떤 물건이〉 비싸고 〈어떤 물건이〉 싼지 아는가?"

이 당시 경공이 형벌을 많이 집행하였다. 이에 晏子는 대답하였다.

"義足은 비싸고 신은 쌉니다."

○先愼曰 踊은 卽踊之俗字라

○王先愼 : '踊'은 곧 '踊'의 속자이다.

37-4 景公曰 何故오 對曰 刑多也일새니이다 景公造

景公이 물었다.

"무슨 까닭이오?"

晏子는 대답하였다.

"형벌(刖刑)을 많이 집행했기 때문입니다."

경공이 근심하여

亡老反이라 ○顧廣圻曰 造는 讀爲蹙(축)이라

舊注 : 〈'造'는〉 亡과 老의 反切이다.

○顧廣圻 : '造'는 '蹙(근심함)'으로 읽어야 한다.

37-5 然變色曰 寡人其暴乎아 於是損刑五하다

안색이 변하면서 말하였다.

"寡人이 그리도 포악했는가?"

그리고는 이에 다섯 가지 형벌을 줄였다.

37-6 或曰 晏子之貴踊은 非其誠也요 欲便辭[4]以止多刑也니

4) 便辭 : 교묘하게 수식하여 남의 귀가 솔깃하도록 하는 말을 이른다.

혹자는 다음과 같이 論評하였다.

"晏子가 의족의 값이 비싸다고 한 것은 진심으로 한 말이 아니라 교묘한 말을 꾸며서 형벌을 많이 집행하는 일을 그치게 하고자 한 것이니,

卒問而對는 非深思也라 亂國重典[5)]하니 豈惡(오)刑多리오 在當與不當耳요 不在多少라

舊注 : 갑자기 묻는 말에 대답한 것은 깊이 생각하지 않은 것이다. 혼란한 나라를 〈다스릴 때는〉 엄중한 법을 써야 되니, 어찌 형벌을 많이 집행하는 일을 싫어하겠는가? 〈그 형벌이〉 타당한지 타당하지 않은지에 달렸을 뿐이고, 형벌의 많고 적음에 달려 있는 건 아니다.

37-7 此不察治之患也라 夫刑當無多요 不當無少니라

이는 〈晏子가〉 나라 다스리는 도리를 살피지 못하여 초래한 결점이다. 집행한 형벌이 타당하면 〈많아도〉 많은 것이 아니고, 타당하지 않으면 〈적어도〉 적은 것이 아니다.

苟不當이면 雖少라도 猶以爲多也라

舊注 : 만일 〈집행한 형벌이〉 타당하지 않으면 아무리 적게 하여도 오히려 많이 한다고 여긴다.

37-8 無以不當聞하고 而以太多說하니 無術之患也라 敗軍之誅以千百數라도 猶(且)〔北(배)〕[6)]不止요

〈晏子는〉 형벌이 타당하지 않은 일로 아뢰지 않고 지나치게 많다는 일로 말하였으니, 〈이는 나라를 다스리는〉 法術이 없어서 초래한 결점이다. 전쟁에 패배한 군

5) 亂國重典 : 重典은 무거운 法을 이른다. ≪周禮≫ 〈秋官 大司寇〉에 "혼란한 나라를 다스릴 때는 무거운 법을 쓴다.〔刑亂國用重典〕"고 하였다.

6) (且)〔北(배)〕 : 저본에는 '且'로 되어 있고, 顧廣圻는 藏本에 '且'가 '北'로 되어 있는 것과 今本에 '且'·'北' 둘 다 있는 것이 모두 잘못되었다고 하였으나, ≪韓非子新校注≫의 劉師培와 陳奇猷의 설에 의거하여 '北'로 바로잡았다.

대에게 〈죄를 물어〉 처형한 사람이 천 명이나 될 정도로 많더라도 오히려 敗走하는 자를 멈추게 하지 못하니,

○顧廣圻曰 藏本에 且作北(배)하고 今本에 且北兩有하니 皆誤라

○顧廣圻 : 藏本에 '且'가 '北'로 되어 있고, 今本에 '且'와 '北' 둘 다 있으니, 모두 잘못되었다.

37-9 卽[7])治亂之刑如恐不勝이라도 而姦尙不盡이니라 今晏子不察其當否하고 而以太多爲說하니 不亦妄乎아 夫惜草茅者는 耗禾穗요 惠盜賊者는 傷良民이니라 今緩刑罰하고 行寬惠면 是利姦邪而害善人也니 此非所以爲治也니라

그렇다면 혼란을 다스리는 형벌을 다 쓰지 못할 것처럼 염려하더라도 간사한 행위는 오히려 다 제거하지 못한다. 지금 晏子는 〈景公이 집행하는 형벌이〉 타당한지 타당하지 않은지는 살피지 않고 지나치게 많다는 것으로 말을 하고 있으니 이 또한 황당하지 않은가!

잡초를 아끼는 것은 벼이삭을 망치는 것이고, 도적에게 은혜를 베푸는 것은 선량한 사람을 해치는 것이다. 지금 형벌을 느슨하게 하고 너그러운 은혜를 베푼다면 이는 간사한 사람을 이롭게 하고 선량한 사람을 해치는 것이니, 이는 나라를 잘 다스리는 방도가 아니다."

37-10 齊桓公飮酒醉하야 遺其冠하고 恥之하야 三日不朝하다 管仲曰 此非有國之恥也니이다

齊 桓公이 술을 마시고 취하여 자신의 冠을 잃어버리고 수치로 여겨 사흘 동안 朝會에 나가지 않았다. 管仲이 말하였다.

"이는 국가를 소유한 〈君主가〉 수치로 여길 일이 아닙니다.

○盧文弨曰 非字는 意林無라 先愼曰 意林에 脫非字하니 御覽四百九十七六百八十四八百四十五와 事類賦十七에 引竝有非字라

---

7) 卽 : '則(그렇다면)'과 같다.

○盧文弨 : '非'자는 ≪意林≫에 없다.

王先愼 : ≪意林≫에 '非'자가 탈락되었으니, ≪太平御覽≫ 권497 · 684 · 845와 ≪事類賦≫ 권17에 이 글을 인용하면서 모두 '非'자가 있다.

37-11 公胡不雪之以政이니잇고

公께서는 어찌 〈좋은〉 정사를 펼치는 〈방도로〉 이 일을 씻어내지 않습니까?"

○先愼曰 乾道本에 胡下有其字나 據御覽事類賦引刪이라 意林亦無其字라

○王先愼 : 乾道本에 '胡' 아래에 '其'자가 있으나, ≪太平御覽≫과 ≪事類賦≫의 인용문에 의거하여 삭제하였다. ≪意林≫에도 '其'자가 없다.

37-12 公曰 善하다

桓公이 "좋은 말이오."라고 하였다.

○先愼曰 乾道本에 善上有胡其二字나 張榜本無라 藝文類聚十九와 御覽事類賦에 引竝無胡其二字어늘 今據刪하노라

○王先愼 : 乾道本에 '善' 위에 '胡其' 두 글자가 있으나, 張榜本에는 없다. ≪藝文類聚≫ 권19와 ≪太平御覽≫ · ≪事類賦≫의 이 글을 인용한 데에 모두 '胡其' 두 글자가 없기에 지금 이에 의거하여 삭제하였다.

37-13 因發倉囷하야 賜貧窮하고 論囹圄하야 出薄罪하다 處三日而民歌之하야 曰 公乎여 公乎여 胡不復(부)遺其冠乎잇가

이어서 곳간을 열어 가난한 백성들에게 나누어주고, 감옥에 갇힌 자를 심사하여 가벼운 죄인을 석방하였다. 사흘이 지나자 백성들이 노래를 불러 말하였다. "공이여, 공이여! 어찌 다시 관을 잃어버리지 않습니까!"

○先愼曰 各本에 無其字及上乎公乎三字어늘 據藝文類聚御覽引補라 意林에 冠上亦有其字라

○王先愼 : 各本에 '其'자와 위의 '乎公乎' 세 글자가 없는데, ≪藝文類聚≫와 ≪太平御

覽≫의 인용문에 의거하여 보충하였다. ≪意林≫에는 '冠' 위에도 '其'자가 있다.

37-14 或曰

혹자는 다음과 같이 論評하였다.

○先愼曰 乾道本은 連上이나 今據張趙本提行이라

○王先愼 : 乾道本은 윗글과 연결되어 있으나, 지금 張本과 趙本에 의거하여 줄을 바꾸었다.

37-15 管仲雪桓公之恥於小人이나 而生桓公之恥於君子矣로다

"管仲이 小人에게는 桓公의 수치를 씻어주었으나, 君子에게는 환공의 수치를 만들어준 꼴이 되었다.

○先愼曰 小人은 以遺冠爲恥하고 君子는 以遺義爲恥라

○王先愼 : 소인은 관을 잃은 일을 수치로 삼고, 군자는 道義를 잃은 일을 수치로 삼은 것이다.

37-16 使桓公發倉囷而賜貧窮하고 論囹圄而出薄罪 非義也면 不可以雪恥요 使之而義也면 桓公宿義를 須遺冠而後行之니 則是桓公行義요 非爲遺冠也[8]라

桓公으로 하여금 곳간을 열어서 가난한 백성들에게 나누어주고 감옥에 갇힌 자를 심사하여 가벼운 죄인을 석방하게 한 일이 道義에 부합하지 않으면 수치를 씻을 수가 없고, 그렇게 하도록 한 것이 도의에 부합한다면 환공이 본래 마음에 가지고 있던 도의를 관을 잃기를 기다린 뒤에 실행한 것이다. 그렇다면 이는 桓公이 〈본래 마음에 가지고 있던〉 도의를 실행한 것이지, 관을 잃은 것을 통하여 〈도의를 행한 것은〉 아니다.

○盧文弨曰 非字衍이라 顧廣圻曰 行은 當作遺라 先愼曰 顧說是라 張榜本無非也

8) 則是桓公行義 非爲遺冠也 : 集解의 설을 따르지 않고 "이대로 文義가 매우 분명하여 衍文이나 誤字가 없다."는 ≪韓非子新校注≫ 陳奇猷의 설을 따라 번역하였다.

二字하니 不知上文行爲遺之誤하야 而刪之也라

○盧文弨 : '非'자는 衍文이다.

顧廣圻 : '行'은 응당 '遺'가 되어야 한다.

王先愼 : 고광기의 설이 옳다. 張榜本에 '非'와 '也' 두 글자가 없으니, 윗글의 '行'이 '遺'의 잘못임을 몰라서 삭제한 것이다.

37-17 **是雖雪遺冠之恥於小人**이나 **而亦〔生〕遺義之恥於君子矣**니라

이는 관을 잃은 수치를 소인에게는 씻어주었으나, 또한 도의를 잃은 수치를 군자에게 만들어준 꼴이 되었다.

○顧廣圻曰 藏本同하고 今本遺下有宿字하니 誤라 亦下에 當有生字라

○顧廣圻 : 藏本은 같고, 今本은 '遺' 아래에 '宿'자가 있으니 잘못되었다. '亦' 아래에 응당 '生'자가 있어야 한다.

37-18 **且夫發囷倉而賜貧窮者**는 **是賞無功也**요 **論囹圄而出薄罪者**는 **是不誅過也**라 **夫賞無功**이면 **則民偸幸而望於上**이요

게다가 곳간을 열어서 가난한 백성들에게 나누어준 일은 바로 功勞가 없는 사람에게 賞을 준 것이고, 감옥에 갇힌 자를 심사하여 가벼운 죄인을 석방한 일은 바로 罪過가 있는 사람을 처벌하지 않는 것이다. 공로가 없는 사람에게 상을 주면 백성들이 구차스럽게 요행으로 윗사람에게 상을 받기를 바라게 되고,

遺冠得賜면 常望遺冠이라

舊注 : 관을 잃은 일로 상을 받으면 항상 관을 잃게 되기를 바랄 것이다.

37-19 **不誅過**면 **則民不懲而易**(이)**爲非**니 **此亂之本也**라 **安可以雪恥哉**아

罪過가 있는 사람을 처벌하지 않으면 백성들이 懲戒를 받지 않아 나쁜 짓을 쉽게 할 것이니, 이는 혼란을 초래하는 근본이다. 어찌 수치를 씻을 수 있겠는가?"

37-20 昔者에 文王侵盂克莒擧豐[9]하야

예전에 周 文王이 盂(邘)를 침공하여 점령하고 莒를 공격하여 이겼으며 豐을 함락하여

○先愼曰 各本에 盂作孟하고 豐作酆이라 王引之云 孟은 爲盂字之誤也라 竹書紀年에 帝辛三十四年에 周師取耆及邘라하고 書大傳에 文王受命二年에 伐邘라하며 史記周本紀에 文王敗耆國하고 明年에 伐邘라하니 作盂者는 借字라하니라 顧廣圻云 克이 今本에 作堯하니 誤요 酆은 他書에 又作豐이라하니라 先愼按 孟은 爲盂之誤요 堯는 爲克之誤라 御覽八十四에 引正作侵盂克莒擧豐일새 今據改하노라

○王先愼：各本에 '盂'는 '孟'으로 되어 있고, '豐'은 '酆'으로 되어 있다. 王引之는 "'孟'은 '盂'자의 잘못이다. ≪竹書紀年≫에 '帝辛(紂王) 34년에 周나라 군대가 耆와 邘를 빼앗았다.'라고 하였고, ≪尙書大傳≫에 '周 武王이 天命을 받은 지 2년에 邘를 토벌하였다.'라고 하였으며, ≪史記≫ 〈周本紀〉에 '文王이 耆나라를 敗亡시키고 이듬해에 邘를 토벌하였다.'라고 하였으니, '盂'로 된 것은 假借字이다."라고 하였다. 顧廣圻는 "'克'이 今本에 '堯'로 되었으니 잘못이고, '酆'은 다른 책에 또 '豐'으로 되어 있다."라고 하였다. 내가 살펴보건대 '孟'은 '盂'의 잘못이고, '堯'는 '克'의 잘못이다. ≪太平御覽≫ 권84에 이 글을 인용하면서 바로 '侵盂克莒擧豐'으로 되어 있기에 지금 이에 의거하여 고쳤다.

37-21 三擧事而紂惡(오)之하다 文王乃懼하사 請入洛西之地[10]와 赤壤之國[11] 方千里하야 以解炮烙之刑[12]하니

---

9) 侵盂克莒擧豐：盂는 예전 諸侯國의 이름으로, 邘의 假借字이다. 周 武王이 아들 邘叔을 封한 땅으로, 春秋時代에 鄭나라의 邑이 되었다. 지금의 河南省 沁陽市 西北쪽의 邘邰村에 있었다고 한다. 莒는 商나라 때는 姑幕國, 춘추시대에는 莒國이라는 이름의 諸侯國이다. 지금의 山東省 莒縣 지역에 있었다.

10) 洛西之地：洛水 서쪽 지역의 땅인데, 현재 정확히 어느 곳인지는 미상이다. 洛水는 ≪史記正義≫에 일명 漆沮水라고 하였다.

11) 赤壤之國：土壤이 붉은 지역의 封地라는 뜻인데, 어느 지역인지는 미상이다.

12) 炮烙之刑：殷나라 紂王이 사용했다는 酷刑의 한 가지이다. 기름을 칠한 구리기둥을 세우고 그 밑에 숯불을 채워두고 죄인에게 그 구리기둥을 기어오르게 하였다가 숯불 속으로 떨어져 타 죽게 하는 형벌이었다 한다.

이 세 가지 일을 거행하자 商紂가 文王을 미워하였다. 문왕이 이에 두려움을 느껴 사방 천 리나 되는 洛水 서쪽의 땅과 붉은 土壤의 封地를 바치겠다고 하면서 炮烙의 酷刑을 폐기해달라고 요청하니,

○先愼曰 各本에 以下有請字라 案此承上請入洛西之地而言이니 不當有請字어늘 淺人이 以下文請解炮烙之刑으로 遂於此誤加請字라 今據藝文類聚十二引删하노라

○王先愼：各本에 '以' 아래에 '請'자가 있다. 살펴보건대 이곳은 위의 '請入洛西之地'를 이어서 한 말이니, '請'자가 있는 것은 타당하지 않다. 그런데 識見이 짧은 사람이 아래 글의 '請解炮烙之刑(포락의 혹형을 폐기해달라고 요청함)'을 가지고 마침내 여기에 '請'자를 잘못 더하였다. 지금 ≪藝文類聚≫ 권12의 인용문에 의거하여 삭제하였다.

37-22 天下皆說(열)하다 仲尼聞之하시고 曰 仁哉인저 文王이여 輕千里之國하야 而請解炮烙之刑이로다 智哉인저 文王이여 出千里之地하야 而得天下之心이로다

천하 사람들이 모두 기뻐하였다. 仲尼께서 이 사실을 들으시고 말하였다.

"인자하구나, 文王이시여! 사방 천 리나 되는 봉지를 가볍게 여기어 포락의 혹형을 폐기해달라고 요청하셨다. 지혜롭구나, 문왕이시여! 사방 천 리나 되는 땅을 내어놓아서 천하 사람들의 마음을 얻으셨다."

37-23 或曰 仲尼以文王爲智也는 不亦過乎아 夫智者는 知禍難之地而辟(피)之者也니 是以身不及於患也니라 使文王所以見惡(오)於紂者는 以其不得人心耶아 則雖索人心以解惡(오)라도 可也니라 紂以其大得人心而惡之어늘 已又輕地以收人心하니 是重見疑也라 固其所以桎梏囚於羑(유)里[13]也니라 鄭長者[14]有言호되 體道면 無爲無見(현)也라하니 此最宜於文王矣니 不使人疑之也라 仲尼以文王爲智는 未及此論也니라

---

13) 羑(유)里：지금의 河南省 安陽市 湯陰縣 북쪽에 있던 지명이다. 殷나라 때 이곳에 감옥을 두어서 周 文王이 紂王에 의해 이곳에 갇혀 있었다고 한다.

14) 鄭長者：戰國時代 鄭나라 사람으로, 이름은 전하지 않고 점잖은 사람이라 하여 붙여진 명칭이다. 道家類의 ≪鄭長者≫ 1篇을 지었다고 한다.

혹자는 다음과 같이 論評하였다.

"仲尼께서 文王을 지혜롭다고 말한 것은 또한 너무 잘못되지 않았는가? 지혜로운 사람은 禍難이 일어나는 근원지를 알아 피하는 사람이니, 이 때문에 자신에게 患難이 미치지 않는 것이다.

가령 문왕이 商紂에게 미움을 받은 원인이 民心을 얻지 못했기 때문이라고 여겼던 것인가? 그렇다면 민심을 구하는 방법을 써서 미워하는 마음을 풀었더라도 괜찮을 것이다. 상주는 문왕이 민심을 크게 얻었다는 이유로 그를 미워하였는데, 이윽고 또 封地를 가볍게 여기는 방법으로 민심을 거두었으니, 이는 거듭 의심을 받게 된 것이다. 이것이 바로 그가 차꼬와 수갑을 차고 羑里 감옥에 갇힌 까닭이다.

鄭長者가 '正道를 실행하면 人爲를 가하지도 않고 〈자신을〉 드러내지도 않는다.'라고 하였다. 이것이 문왕에 대해 가장 適用되는 말이니, 남들이 의심하지 않도록 하는 방도이다. 중니께서 문왕을 지혜롭다고 한 것은 이 의론에 미치지 못하는 말이다."

37-24 晉平公[15]問叔向[16]曰 昔者에 齊桓公[17]九(규)合諸侯하고 一匡天下라하니 不識케라 臣之力也아 君之力也아

晉 平公이 叔向에게 물었다.

"예전에 齊 桓公이 諸侯를 규합하고 한번 어지러운 천하를 바로잡았다고 하니,

15) 晉平公 : 春秋時代 晉나라 君主이다. 晉 悼公의 아들로 이름은 彪이다. 즉위한 뒤에 楚나라가 일으킨 湛阪의 전쟁에서 승리하였고, 宋나라·衛나라 등과 結盟하여 진나라의 霸業을 재차 회복하였다.

16) 叔向 : 春秋時代 晉나라 大夫 羊舌肹의 字이다. 博識하고 辭令에 뛰어났다. 范宣子가 欒盈을 축출할 때 이복동생 虎의 일에 연루되어 囚禁되었으나 大夫 祁奚의 도움으로 풀려났다. 平公 때 太傅가 되었고, 鄭나라 子産에게 刑書의 鑄造를 반대하는 편지를 보내기도 하였다. 일명 叔肹이라고도 한다.

17) 齊桓公 : 春秋時代 齊나라의 君主이다. 이름은 小白으로 襄公의 아우이다. 양공 때 莒나라로 망명하였다가 양공이 시해당하자 魯나라로 망명한 형 公子 糾보다 먼저 齊나라에 들어와 즉위하였다. 鮑叔牙의 추천으로 管仲을 등용하여 霸業을 이루어 五霸의 으뜸이 되었다. 그러나 관중이 죽은 뒤 豎刁(수조)와 易牙를 등용하여 정사를 게을리하고 많은 부인을 두었는데, 그가 죽은 뒤 여러 公子들의 왕권 다툼으로 패업이 무너졌다.

신하의 능력에 의해서인지 君主의 능력에 의해서인지 알지 못하겠소."

○先愼曰 乾道本에 無君之力也四字라 盧文弨云 孫詒穀云 文選四子講德論注에 引作臣之力邪(야)아 君之力邪(야)아어늘 此脫四字라 顧廣圻云 識下에 當有君之力也四字요 也는 讀爲邪(야)니 新序四作乎라 先愼案 張榜本에 有君之力也四字일새 今據補하노라 御覽六百二十에 引作君之力가 臣之力가하니라

○王先愼 : 乾道本에 '君之力也' 네 글자가 없다. 盧文弨는 "孫詒穀이 말하기를 ≪文選≫ 〈四子講德論〉의 李善 注에 이 글을 인용하면서 '臣之力邪 君之力邪'로 되어 있는데, 여기에는 네 글자가 탈락되었다고 하였다."라고 하였다. 顧廣圻는 "'識' 아래에 응당 '君之力也' 네 글자가 있어야 하고, '也'는 '邪'로 읽어야 되니, ≪新序≫ 권4에 '乎'로 되어 있다."라고 하였다. 내가 살펴보건대 張榜本에 '君之力也' 네 글자가 있기 때문에 지금 이에 의거하여 보충하였다. ≪太平御覽≫ 권620에 이 글을 인용하면서 '君之力 臣之力'으로 되어 있다.

37-25 叔向對曰 管仲[18]은 善制割하고 賓胥無[19]는 善削縫하며

叔向이 대답하였다.
"管仲은 재단을 잘하고, 賓胥無는 바느질을 잘하며,

言損益이 若女工翦削彌縫이라

舊注 : 줄이고 더하는 일이 마치 女工이 재단하고 縫合하는 일과 같음을 말한 것이다.

37-26 隰朋[20]은 善純(준)緣하야

18) 管仲 : 春秋時代 齊나라 潁上 사람이다. 이름은 夷吾이고, 字는 仲이며, 시호는 敬이다. 젊을 때부터 鮑叔牙와 절친하여 '管鮑之交'라는 成語를 낳았다. 처음에 公子 糾를 섬기다가 뒤에 桓公이 된 小白을 섬겨 재상이 되자 仲父라는 존칭으로 불리었다. 국정을 개혁하고 富國强兵策을 쓰며 尊王攘夷를 표방하여 환공이 霸業을 이루게 하였다.

19) 賓胥無 : 春秋時代 齊나라의 大夫이다. 管仲 · 隰朋 · 鮑叔牙 등과 함께 桓公을 도와 霸業을 이루게 하였다. 賓須無라고도 하며, 賓氏의 시조라고 한다.

20) 隰朋 : 春秋時代 齊나라 大夫이다. 齊 莊公의 曾孫으로 管仲 · 鮑叔牙 등과 함께 齊 桓公을 보좌하여 제나라가 크게 다스려졌다. 군대를 거느리고 秦나라 군대와 會合하여 晉나라의 內亂을 안정시키고 晉 惠公을 옹립하였다. 관중이 자신의 병이 깊었을 때 습붕을 추천하여 자

隰朋은 선 두르는 일을 잘하여

言增飾이 若女工之純緣也라 ○顧廣圻曰 新序에 二人事互易이라

舊注 : 꾸밈을 더하는 일이 마치 女工이 선을 두르는 일과 같았음을 말한다.

○顧廣圻 : ≪新序≫ 〈雜事 4〉에는 두 사람(賓胥無와 隰朋)의 일이 서로 바뀌어 있다.

37-27 衣成이면 君擧而服之하니 亦臣之力也니이다 君何力之有리잇가 師曠[21]伏琴而笑之하니 公曰 太師[22]奚笑也오 師曠對曰 臣笑叔向之對君也로소이다 凡爲人臣者는 猶炮宰[23]和五味而進之君이니 君弗食이라도 孰敢强之也리잇가 臣請譬之호리이다 君者는 壤地也요 臣者는 草木也니 必壤地美라야 然後草木碩大하니 亦君之力也니이다

옷이 완성되면 군주가 그 옷을 들어 입었으니 역시 신하의 능력입니다. 군주가 무슨 능력이 있겠습니까?"

師曠이 琴 위에 엎드려 웃으니, 平公이 물었다.

"太師는 어찌하여 웃는 것이오?"

사광이 대답하였다.

"臣은 叔向이 임금께서 〈물으신 일에〉 대답한 말을 듣고 웃은 것입니다. 대저 신하가 된 사람은 요리사가 다섯 가지 맛으로 음식을 알맞게 調味하여 임금께 올리는 것과 같습니다. 임금이 먹지 않더라도 누가 감히 〈먹으라고〉 강요할 수 있겠습니까? 신이 비유하여 말씀드려 보겠습니다. 임금은 土壤과 〈흡사하고,〉 신하는 草木과 〈흡사합니다.〉 반드시 토양이 좋아야 그런 뒤에 초목이 무성하게 자라게 되니, 이는 역시 君主의 능력입니다.

신을 대신하게 하였다.

21) 師曠 : 春秋時代 晉나라의 저명한 樂師이다. 태어나면서부터 눈이 보이지 않았으나 博學多才하고 음악에 정통하고 琴의 연주에 뛰어났으며, 특히 音律에 밝아 후세에 '師曠之聰'으로 일컬어졌다.

22) 太師 : 옛날 樂官의 우두머리이다.

23) 炮宰 : '炮'자는 '庖'와 통용하며, 요리사를 뜻한다.

○先愼曰 乾道本에 無也字라 盧文弨云 也字脫하니 張本有라하야늘 今據補하노라

○王先愼 : 乾道本에 〈'亦君之力也'의〉 '也'자가 없다. 盧文弨는 "'也'자가 탈락되었으니, 張本에 있다."라고 하였기에 지금 이에 의거하여 보충하였다.

37-28 臣何力之有리잇가

신하가 무슨 능력이 있겠습니까?"

37-29 或曰 叔向師曠之對는 皆偏辭也라 夫一匡天下하야 九(규)合諸侯는 美之大者也니 非專君之力也요 又非專臣之力也니라 昔者에 宮之奇[24]在虞하고 僖負羈[25]在曹에 二臣之智는 言中事하고 發中功이로되 虞曹俱亡者는 何也오 此有其臣而無其君者也니라 且蹇叔[26]處干而干亡하고

혹자는 다음과 같이 論評하였다.

"叔向과 師曠이 대답한 말은 모두 한쪽에 치우친 말이다. 한번 어지러운 천하를 바로잡고, 諸侯를 규합한 일은 좋은 업적 중에 가장 큰 업적이니, 오로지 君主의 능력에 의한 것만도 아니며, 오로지 신하의 능력에 의한 것만도 아니다.

예전에 宮之奇가 虞나라에 있고, 僖負羈가 曹나라에 있을 적에 두 신하의 지혜는 〈예측한〉 말은 일에 적중하고, 시행한 일은 成功하였으나 虞나라와 曹나라가 모두 멸망한 것은 무엇 때문인가? 이는 신하의 능력은 있었으나 君主의 능력이

24) 宮之奇 : 春秋時代 虞나라의 大夫이다. 晉 獻公이 虞君에게 虢나라를 치러 갈 길을 빌려달라고 하자 우군에게 빌려주면 안 된다고 간하였으나 듣지 않자 가족을 데리고 曹나라로 망명하였다. 그 석 달 뒤에 虢나라를 멸망시키고 돌아가던 晉軍에게 虞나라도 망하였다.

25) 僖負羈 : 春秋時代 曹나라의 大夫이다. 晉 文公 重耳가 유랑생활을 하면서 曹나라를 지나갈 때 曹 共公이 무례하게 굴었으나 僖負羈는 아내의 혜안에 힘입어 문공을 잘 대접하였다. 후일 晉나라가 曹나라를 토벌할 때 군대에 명령을 내려 희부기의 집안은 침범하지 못하도록 하였다.

26) 蹇叔 : 春秋時代 晉나라의 大夫이다. 百里奚의 천거로 등용되어 백리해와 함께 秦 穆公을 보좌하여 霸業을 이루게 하였다. 목공이 鄭나라를 침공하려고 하자 승리할 수 없는 형세에 의거하여 直諫하였으나 목공이 그의 말을 따르지 않았다가 결국 晉나라의 全軍이 전멸하는 大敗를 당하였다.

없었기 때문이다. 또 蹇叔이 干나라에 있을 적엔 干나라가 멸망하였고,

○先愼曰 拾補에 干作盂라 盧文弨云 藏本張本同하고 或改作虞라 顧廣圻云 今本에 干作于하니 下同이나 按此未詳이라 兪樾云 干은 卽虞也니 莊子刻意篇에 夫有干越之劍이라하야늘 釋文에 引司馬云 干은 吳也라하고 荀子勸學篇에 干越夷貉之子라하야늘 楊倞注에 干越은 猶言吳越이라하고 淮南子原道篇에 干越生葛絺라하야늘 高誘注에 亦云 干은 吳也라하니 是吳有干名이요 而虞與吳古同聲而通用이라 桓十年左傳正義云 譜[27]云 虞는 姬姓也니 武王克商하고 封虞仲之庶孫[28]하야 以爲虞仲之後하야 處中國爲西吳[29]하니 後世謂之虞公이라하니라 然則虞之始封이 本爲西吳니 蓋以別於荊蠻之吳[30]어늘 因春秋經傳에 皆作虞而西吳之名廢矣라 漢書地理志의 河東郡大陽에 吳山在西하고 上有吳城이라 周武王封太伯後於此하니 是爲虞公이라하니라 夫虞之故城을 謂之吳城이라하니 是虞卽吳也라 吳得稱干이면 則虞亦得稱干也니 蹇叔處干은 卽處虞也라 先愼按 兪說是라 今本作于는 形近而誤요 或作虞者는 不知干卽虞而改爲虞也라

○王先愼 : ≪群書拾補≫에 '干'이 '盂'로 되어 있다. 盧文弨는 "藏本과 張本은 같고, 어떤 本은 고쳐서 '虞'로 되어 있다."라고 하였다. 顧廣圻는 "今本에 '干'이 '于'로 되어 있으니 아래도 같으나, 살펴보건대 이것은 미상이다."라고 하였다. 兪樾은 "'干'은 곧 '虞'이니, ≪莊子≫ 〈刻意篇〉에 '夫有干越之劍(吳越의 명검을 가지고 있음)'이라 하였는데, 陸德明의 ≪經典釋文≫에 '司馬가 「干은 吳이다.」라고 하였다.'는 말을 인용하였고, ≪荀子≫ 〈勸學篇〉에 '干越은 夷貉(오랑캐)의 자손이다.'라고 하였는데, 楊倞의 注에 '干越은 吳越이라는 말과 같다.'라고 하였고, ≪淮南子≫ 〈原道篇〉에 '干越에서 고운 갈포를 생산한다.'라고 하였는데, 高誘의 注에도 '干은 吳이다.'라고 하였다. 이는 '吳'에 '干'의 이름이 있는

27) 譜 : 晉나라 杜預가 지은 ≪春秋釋例≫ 중의 〈世族譜〉를 말한다.

28) 庶孫 : 周나라의 禮制에 祖父의 뒤를 이을 嫡子가 살아 있을 경우, 그 적자의 長子는 嫡孫이라 하지 않고 庶子라고 하였다.

29) 西吳 : 지금의 山西省 平陸縣 지역에 있었던 虞나라의 別稱이다. 周 武王이 商나라를 정복한 뒤에 古公亶父(보)의 아들 虞仲의 손자를 이곳에 封하고 西虞라 하여 泰伯을 봉한 吳나라와 구별하였다. '虞'는 '吳'의 통용자이다.

30) 荊蠻之吳 : 周 太王의 아들 泰伯을 봉한 吳나라를 이른다. '荊蠻'은 中原 사람이 楚・越이나 남쪽 사람을 얕잡아 이르던 말로, 吳나라가 지금의 江蘇省 지역에 있었기 때문에 일컫던 말이다.

것이고, '虞'와 '吳'는 예전에 音이 같고 통용하였다. ≪春秋左氏傳≫ 桓公 10년의 孔穎達의 正義에 '〈世族譜〉에 虞나라는 姬姓이다. 武王이 商나라를 이기고 虞仲의 庶孫을 봉하여 우중의 後嗣로 삼아서 中原에 살게 하고 西吳라고 하였으니, 後世에 虞公이라고 한다.'라고 하였다. 그렇다면 虞나라가 처음 봉해진 것은 본디 서오가 되니, 荊蠻의 吳나라와 구별했던 것인데 ≪春秋≫의 經과 傳에서 모두 虞로 써서 서오의 명칭이 폐기되었다. ≪漢書≫ 〈地理志〉에 '河東郡 大陽에 吳山이 서쪽에 있고 그 위에 吳城이 있다. 周 武王이 太伯의 후예를 이곳에 봉하였으니, 이 사람이 虞公이다.'라고 하였다. 虞나라의 옛 성을 吳城이라고 하였으니, 이곳의 虞가 곧 吳이다. '吳'를 '干'이라고 일컬었다면 '虞'도 '干'이라고 일컬을 것이니, 蹇叔이 '干'에 산 것은 곧 '虞'에 산 것이다."라고 하였다. 내가 생각하건대 兪樾의 말이 옳다. 今本에 '于'로 된 것은 字形이 비슷하여 잘못된 것이고, 어떤 본에 '虞'로 된 것은 '干'이 곧 '虞'인 줄을 몰라서 '虞'로 고친 것이다.

37-30 處秦而秦霸하니

秦나라에 있을 적엔 秦나라가 霸者가 되었으니,

○先愼曰 乾道本에 脫處字라 顧廣圻云 今本에 有處字하고 依上文當有라하야늘 今據補하노라

○王先愼 : 乾道本에 '處'자가 탈락되었다. 顧廣圻는 "今本에 '處'자가 있고, 윗글에 의거하면 당연히 있어야 한다."라고 하였기에 지금 이에 의거하여 보충하였다.

37-31 非蹇叔愚於干而智於秦也라 此有君與無(臣)〔君〕也니라

蹇叔이 干나라에서는 어리석었고 秦나라에서는 지혜로웠던 것이 아니다. 이는 능력이 있는 君主와 능력이 없는 군주에 달린 것이다.

○盧文弨曰 與는 或改而라 顧廣圻曰 臣은 當作君이라

○盧文弨 : '與'는 어떤 본에 '而'로 고쳤다.
顧廣圻 : '臣'은 응당 '君'이 되어야 한다.

37-32 向曰 臣之力也라하니 不然矣라 昔者에 桓公宮中二市하고 婦閭

叔向이 '신하의 능력이다.'라고 한 말은 옳지 않다. 예전에 齊 桓公은 宮中에 두 곳의 시장을 두고, 여자가 거주하는 마을의 문을

里門也라

舊注 : 〈'閭'는〉 마을 어귀에 세운 문이다.

37-33 二百하야

200개나 두고서

○先愼曰 周策에 作宮中七市[31)]하고 女閭七百이라

○王先愼 : ≪戰國策≫ 〈周策〉에 "宮中七市 女閭七百(궁중에 일곱 곳의 시장을 두고, 여자가 거주하는 마을의 문이 700개가 되었다.)"으로 되어 있다.

37-34 **被髮而御[32)]婦人**이라가 **得管仲**하야 **爲五伯**(패)[33)]**長**하고 **失管仲得豎刁**[34)] **而身死**하야 **蟲流出**(尸)〔戶〕토록 **不葬**하니라

머리를 풀어헤친 채 부인들과 유희를 즐기다가 管仲을 얻고서 五霸 중의 으뜸이 되었고, 관중을 잃고 豎刁를 얻고는 죽고 나서 구더기가 문밖으로 기어나올 정도였는데도 장례를 치르지 못하였다.

○先愼曰 尸는 當作戶라

○王先愼 : '尸'는 응당 '戶'가 되어야 한다.

---

31) 七市 : 四庫全書本 ≪戰國策≫과 ≪鮑氏戰國策注≫에는 '女市'로 되어 있고, 吳師道 補正의 ≪戰國策校注≫에는 '七市'로 되어 있는데 '女市'가 옳은 듯하다.

32) 御 : '御'의 字解에 여자가 君主를 위하여 侍寢한다는 뜻이 있어서 '유희를 즐기다.'로 번역하였다.

33) 五伯(패) : 春秋時代 諸侯 중에 霸業을 이룬 다섯 군주를 이른다. 여러 설이 있으나 주로 齊 桓公·晉 文公·楚 莊王·秦 穆公·宋 襄公을 五霸라 일컫는다. 伯는 霸와 같다.

34) 豎刁 : 春秋時代 齊 桓公의 宦官이다. 아첨을 잘하여 환공의 총애를 받았으나 환공의 병이 위독했을 때 난을 일으켰다가 결국 매복한 군사에게 피살되었다.

37-35 以爲非臣之力也면 且不以管仲爲霸요 以爲君之力也면 且不以豎刁爲亂이니라 昔者에 晉文公慕於齊女而忘歸러니

신하의 능력이 아니라고 한다면 아무래도 管仲 때문에 패자가 된 게 아니고, 군주의 능력이라고 한다면 아무래도 豎刁 때문에 어지러워진 게 아니다. 예전에 晉文公이 齊나라 여인을 사모하여 돌아가는 일을 잊었는데,

○先愼曰 乾道本에 忘作亡이라 盧文弨云 亡이 張本作忘이라하고 顧廣圻云 藏本作忘하니 是也라하야늘 今據改하노라

○王先愼 : 乾道本에 '忘'이 '亡'으로 되어 있다. 盧文弨는 "'亡'이 張本에는 '忘'으로 되어 있다."라고 하였고, 顧廣圻는 "藏本에 '忘'으로 되어 있으니, 옳다."라고 하였기에 지금 이에 의거하여 고쳤다.

37-36 咎犯[35]極諫이라 故使得反晉國하니

咎犯(舅犯)이 극력으로 諫하였기 때문에 晉나라로 돌아올 수 있게 하였다.

○先愼曰 乾道本에 無得字라 盧文弨云 得字脫하니 一本有하야늘 今據補하노라

○王先愼 : 乾道本에 '得'자가 없다. 盧文弨는 "'得'자가 탈락되었으니, 어떤 본에는 있다."라고 하였기에 지금 이에 의거하여 보충하였다.

37-37 故桓公以管仲合하고 文公以舅犯霸하니라

그러므로 齊 桓公은 管仲 때문에 〈諸侯를〉 규합하였고, 晉 文公은 舅犯 때문에 霸者가 되었다.

○先愼曰 乾道本에 文公下無以字라 顧廣圻云 今本에 公下有以字하니 按依上文當有라하야늘 今據補하노라

○王先愼 : 乾道本에 '文公' 아래에 '以'자가 없다. 顧廣圻는 "今本에 '公' 아래에 '以'자가

35) 咎犯 : 春秋時代 晉나라의 大臣 狐偃의 별칭이다. 字가 子犯이데 晉 文公의 외삼촌이라 하여 舅犯 또는 咎犯으로 부르기도 한다. 문공이 驪姬의 모함으로 19년 동안 망명 생활을 할 때 함께 다니며 지성으로 보살폈고, 문공이 즉위하여 霸業을 이룰 때까지 많은 공을 세웠다.

있으니, 살펴보건대 윗글에 의거하면 응당 있어야 한다."라 하였기에 지금 이에 의거하여 보충하였다.

37-38 而師曠曰 君之力也라하니 又不然矣라 凡五霸所以能成功名於天下者는 必君臣俱有力焉이라 故曰 叔向師曠之對는 皆偏辭也라하노라

그런데 師曠은 '君主의 능력이다.'라고 하였으니, 이 또한 그렇지 않다. 五霸가 천하에 功名을 이룰 수 있었던 까닭은 반드시 군주와 신하가 모두 능력이 있었기 때문이다. 그러므로 '叔向과 師曠이 대답한 말은 모두 한쪽에 치우친 말이다.'라고 하는 것이다."

37-39 齊桓公之時에 晉客至하니 有司請禮하다 桓公曰 告仲父[36)]者三이러라

齊 桓公 때에 晉나라에서 손님이 오자 담당관이 어떤 禮儀로 접대할 것인가를 물었다. 환공은 "仲父에게 고하라."고 하는 말을 세 번이나 하였다.

有司三請에 皆曰告仲父라

舊注 : 담당관이 세 번 묻는 말에 모두 "仲父에게 고하라."고 한 것이다.

37-40 而優笑[37)]曰 易(이)哉라 爲君이여 一曰仲父하고 二曰仲父로다

그러자 광대가 말하였다.
"쉽구나, 임금 노릇 하기가! 첫째도 仲父요, 두 번째도 중부로구나."

優는 俳優니 樂者名이라

舊注 : '優'는 俳優이니, 음악을 연주하는 사람의 명칭이다.

37-41 桓公曰 吾聞君人者勞於索人하고 佚於使人이라하니 吾得仲父已難矣어늘

---

36) 仲父 : 春秋時代 齊 桓公이 管仲을 존경하여 불렀던 호칭이다.
37) 優笑 : 광대이다. 광대는 괴이한 동작과 우스갯소리를 하여 사람을 웃기는 일로 직업을 삼기 때문에 일컫는 명칭이다.

得仲父之後엔 **何爲不易**(이)**乎哉**아

桓公은 말하였다.

"내가 듣건대 '군주가 된 사람은 인재를 찾는 일에 수고롭고, 인재를 부리는 데에서 편안하다.'라고 하였다. 내가 仲父를 얻는 데에 이미 어려움을 겪었는데, 중부를 얻은 뒤에는 〈군주 노릇 하기가〉 어찌 쉽지 않겠는가!"

37-42 **或曰 桓公之所應優**는 **非君人者之言也**라 **桓公以君人爲勞於索人**이라하니 **何索人爲勞哉**아 **伊尹**[38]**自(以)爲宰干湯**하고 **百里奚**[39]**自(以)爲虜干穆公**[40]하니

혹자는 다음과 같이 論評하였다.

"桓公이 광대에게 응답한 말은 군주 된 사람이 해서는 안 되는 말이다. 환공이 '군주 된 사람은 인재를 찾는 데에 수고롭다.'라고 하였는데, 어찌 인재를 찾는 일을 수고롭게 여기는가. 伊尹은 요리사가 됨을 따라 商湯에게 任用되기를 구하였고, 百里奚는 노예가 됨을 따라 秦 穆公에게 임용되기를 구하였으니,

○**兪樾曰 兩以字**는 **皆衍文**이라 **自**는 **由也**니 **言由爲宰以干湯**하고 **由爲虜干穆公也**라 **難一篇**에 **故伊尹以中國爲亂**으로 **道爲宰干湯**하고 **百里奚以秦爲亂**으로 **道爲虜干穆公**이라하니 **道**는 **亦由也**니 **與此一律**이라

○兪樾 : 〈'伊尹自以爲宰干湯 百里奚自以爲虜干穆公'의〉 두 '以'자는 모두 衍文이다. '自'

---

38) 伊尹 : 殷나라 湯王을 도와 天子가 되도록 한 賢相이다. 이름은 摯이다. 처음 莘野에서 농사를 짓다가 탕왕이 세 번이나 초빙하자 出仕하였다. 탕왕은 그의 공을 높이 평가하여 阿衡이라 불러 존경하였다. 탕왕은 죽은 뒤 그의 뒤를 이은 손자 太甲이 不肖하므로 그를 桐宮에 안치하였다가 3년이 지나 태갑이 뉘우치자 다시 돌아오게 하였다.

39) 百里奚 : 春秋時代 秦 穆公을 보좌하여 霸業을 이루게 한 名相이다. 字는 井伯이다. 일설에는 성은 百, 이름은 奚, 자는 里라고 한다. 본래 虞나라의 大夫였으나 虞君의 우매함을 보고 은퇴했다가 秦나라에 등용되었다. 일설에는 노예가 되어 있는 그를 목공이 羊 가죽 다섯 장으로 贖免하여 데리고 왔다 하여 '五羖大夫'라고 한다.

40) 穆公 : 春秋時代 秦나라 君主이다. 姓은 嬴, 이름은 任好이다. 秦 德公의 작은 아들이다. 즉위 후 百里奚·蹇叔·由余 등의 賢臣을 중용하여 晉나라와의 전쟁에서 크게 승리하였고, 梁나라·芮나라·滑나라 등을 겸병하여 국력을 크게 떨쳤다. 春秋五霸 중의 한 사람으로 일컬어진다.

는 '由(따르다)'이니, 요리사가 됨을 따라 商湯에게 임용되기를 구하였고, 노예가 됨을 따라 穆公에게 임용되기를 구했음을 말한 것이다. ≪韓非子≫ 〈難一篇〉에 '故伊尹以中國爲亂 道爲宰干湯 百里奚以秦爲亂 道爲虜干穆公(그러므로 이윤은 중국이 어지럽게 되었기 때문에 요리사가 됨을 따라 상탕에게 임용되기를 구하였고, 백리해는 진나라가 어지럽게 되었기 때문에 노예가 됨을 따라 목공에게 임용되기를 구하였다.)'이라고 하였으니, '道' 역시 '由'이니 여기의 〈'自'와〉 동일한 형식이다.

37-43 虜는 所辱也요 宰도 所羞也어늘 蒙羞辱而接君上은 賢者之憂世急也라 然則君人者無逆賢而已矣니

노예는 치욕스러운 일이고, 요리사도 수치스러운 일인데, 수치와 치욕을 무릅쓰고 君主에게 접근한 것은 賢人이 세상을 우려하는 마음이 매우 급박해서이다. 그렇다면 군주 된 사람은 현인을 거부하는 행위가 없어야 될 뿐이니,

○先愼曰 乾道本에 逆作道라 顧廣圻云 藏本今本에 道作逆하니 誤라 先愼按 作逆是하니 顧說非일새 改從藏本今本하노라

○王先愼 : 乾道本에 '逆'이 '道'로 되어 있다. 顧廣圻는 "藏本과 今本에 '道'가 '逆'으로 되어 있으니 잘못되었다."라고 하였다. 내가 살펴보건대 '逆'으로 된 것이 옳으니, 고광기의 설이 틀렸기 때문에 藏本과 今本을 따라 고쳤다.

37-44 索賢은 不爲人主難이니라 且官職은 所以任賢也요 爵祿은 所以賞功也니 設官職하고 陳爵祿이면 而士自至어늘 君人者奚其勞哉리오 使人又非所佚也니라 人主雖使人이라도 必以度量準之하고

賢人을 찾는 일은 군주로서 어려운 일이 아니다. 더구나 官職은 현인을 임용하기 위한 것이고, 爵祿은 공로가 있는 사람에게 賞으로 내리는 것이다. 관직을 설치하고 작록을 마련하면 〈유능한〉 人士가 저절로 오는 것인데, 군주 된 자가 어찌 그 일이 수고롭겠는가. 인재를 부리는 것 역시 편안한 일이 아니다. 군주가 인재를 부리더라도 반드시 法度로 가늠하고

○先愼曰 乾道本에 脫以字라 顧廣圻云 藏本今本에 有以字라하야늘 今據補하노라

○王先愼 : 乾道本에 〈'必以度量準之'의〉 '以'자가 탈락되었다. 顧廣圻는 "藏本과 今本에 '以'자가 있다."라고 하였기에 지금 이에 의거하여 보충하였다.

37-45 以刑名參(참)之하며 (以)事遇於法則行하고

形名으로 참작하며, 〈처리한〉 일이 법규에 부합하면 실행하고,

○顧廣圻曰 下以字當衍이라

○顧廣圻 : 아래의 '以'자는 응당 衍文이 되어야 한다.

37-46 不遇於法則止하며 功當其言則賞하고 不當則誅니라 以刑名收臣하고 以度量準下는 此不可釋也어늘 君人者焉佚哉리오 索人不勞하고 使人不佚이어늘 而桓公曰 勞於索人하고 佚於使人者는 不然하다 且桓公得管仲은 又不難하니라

법규에 부합하지 않으면 중지하며, 공로가 그가 〈주장한〉 말과 합치하면 상을 주고, 합치하지 않으면 처벌하는 것이다. 형명으로 신하를 거두어 쓰고, 법도로 신하를 가늠하는 일은 폐기할 수 없는 일인데 군주가 어찌 편안하겠는가!

인재를 찾는 일은 수고롭지 않고 인재를 부리는 일은 편안하지 않은 것인데, 桓公은 '인재를 찾는 일에 수고롭고 인재를 부리는 데에 편안하다.'라는 것은 그렇지 않다. 게다가 환공이 管仲을 얻은 것 역시 어렵지 않았다.

○先愼曰 乾道本에 無得字라 顧廣圻云 今本에 有得字하고 依下文當有라하야늘 今據補하노라

○王先愼 : 乾道本에 '得'자가 없다. 顧廣圻는 "今本에 '得'자가 있고, 아래 글에 의거하면 응당 있어야 한다."라고 하였기에 지금 이에 의거하여 보충하였다.

37-47 管仲은 不死其君而歸桓公하고 鮑叔[41]은 輕官讓能而任之하니 桓公得管

41) 鮑叔 : 春秋時代 齊나라의 大夫이다. 齊 桓公을 즉위시키는 데 가장 큰 공을 세우고도 정치력이 뛰어난 管仲을 추천하여 宰相의 지위를 양보하고 관중과 함께 환공을 보좌하여 霸業을 이루었다. 鮑叔牙라고도 한다.

仲又不難이 **明矣**로다 **已得管仲之後**에 **奚遽易**(이)**哉**리오 **管仲非周公旦**[42)]이라 **周公旦假爲天子七年**이라가 **成王**[43)]**壯**이어늘 **授之以政**하니 **非爲天下計也**라 **爲其職也**니라 **夫不奪子**[44)]**而行**[45)]**天下者**는

管仲은 자기가 섬기던 主君을 따라 죽지 않고 桓公에게 귀순하였으며, 鮑叔은 높은 벼슬을 가볍게 여기고 유능한 사람에게 양보하여 임용시켰으니, 환공이 관중을 얻은 일 역시 어렵지 않은 것이 분명하다. 이미 관중을 얻은 뒤에 어찌 갑자기 쉬워졌겠는가.

관중은 周公 旦 같은 사람이 아니다. 주공 단은 7년 동안 임시로 天子의 역할을 대신하다가 成王이 장성하자 그에게 政權을 돌려주었으니, 〈자기가〉 천하를 소유할 계책을 행한 것이 아니라 자신의 직책을 행한 것이다. 어린 군주의 자리를 빼

周公 旦

周 成王

42) 周公旦 : 周 文王의 아들이고, 周 武王의 아우이다. 성은 姬, 이름은 旦, 시호는 元, 또는 文이다. 武王을 도와 殷紂를 滅하고 어린 조카 成王을 대리하여 國政을 도맡아 반란을 일으킨 武庚·管叔·蔡叔을 진압하여 周나라의 기반을 공고히 하였다. 禮樂과 制度를 정하고 冠婚喪祭의 의례를 확정하여 후세 사람에게 聖賢의 모범으로 일컬어진다.

43) 成王 : 周나라 2대 왕이다. 武王의 아들이고 文王의 손자로, 이름은 誦이다. 어린 나이로 즉위하여 叔父 周公에게 政事를 대리하게 하고 殷紂의 아들 武庚과 管叔·蔡叔이 일으킨 반란을 진압하였다. 제도를 정비하고 禮樂을 일으켰다.

44) 子 : 君位를 계승한 사람의 호칭으로, 군위를 계승하여 아직 1년이 지나지 않은 嗣君을 '子'라고 한다.

45) 行 : '行政'의 뜻이다.(陳奇猷, ≪韓非子新校注≫)

앗아 천하에 〈정권을〉 시행하지 않는 사람은

○顧廣圻曰 藏本同하고 今本不下有難字하니 誤라 先愼曰 張榜本에 有難字하고 旁注云 難作肯이라하니라

○顧廣圻 : 藏本은 같고, 今本은 〈'夫不奪子而行天下者'의〉 '不' 아래에 '難'자가 있으니 잘못되었다.

王先愼 : 張榜本에 '難'자가 있고, 旁注에 "'難'은 '肯'이 되어야 한다."라고 하였다.

37-48 **必不背死君而事其讐**요 **背死君而事其讐者**는 **必不難奪子而行天下**요 **不難奪子而行天下者**는 **必不難奪其君國矣**리라 **管仲**은 **公子糾**[46]**之臣也**라 **謀殺桓公而不能**하고 **其君死而臣桓公**하니 **管仲之取舍非周公旦**이니 **未可知也**로다

기필코 죽은 군주를 배신하고 그의 원수를 섬기지 않고, 죽은 군주를 배신하고 그의 원수를 섬기는 사람은 반드시 어린 군주의 자리를 빼앗아 천하에 정권을 시행하는 일을 어렵게 여기지 않으며, 어린 군주의 자리를 빼앗아 천하에 정권을 시행하는 일을 어렵게 여기지 않는 사람은 반드시 그가 섬기던 군주의 나라를 빼앗는 일을 어렵게 여기지 않을 것이다.

管仲은 公子 糾의 신하이다. 桓公을 죽이려고 획책하였으나 이루지 못하였고, 자기의 군주가 〈환공의 손에〉 죽었는데도 환공의 신하가 되었다. 관중의 취사선택은 周公 旦과 같지 않으니, 〈그가 현명한지 현명하지 않은지〉 알 수가 없다.

○張榜曰 當云 非周公旦이 亦以明矣라 然其賢與不賢은 未可知也라 盧文弨曰 未字衍이라 先愼曰 張說是니 未上에 當有脫文이라

○張榜 : 응당 "周公 旦과 같지 않음이 또한 분명하다. 그렇지만 그가 현명한지 현명하지 않은지는 알 수가 없다."라고 하여야 한다.

盧文弨 : '未'자는 衍文이다.

46) 公子糾 : 春秋時代 齊 襄公의 아우이다. 양공이 포악하여 함부로 사람을 誅殺하자 魯나라로 달아났다. 뒤에 양공이 시해당하자 齊나라로 들어오려 하였으나 莒나라에 망명했던 아우 小白이 大夫 高氏와 國氏의 도움으로 먼저 들어와 齊侯로 즉위하였다. 齊나라의 요청을 받은 魯나라가 그를 笙瀆에서 죽였다.

王先愼 : 張榜의 설이 옳으니, '未'의 위에 응당 탈락된 글자가 있다.

37-49 **若使管仲大賢也**인댄 **且爲湯武**리라 **湯武**는 **桀紂之臣也**로되

만일 管仲이 大賢이었다면 장차 商湯이나 周 武王 같은 인물이 되었을 것이다. 상탕과 무왕은 夏桀과 商紂의 신하였으나

○**先愼曰 乾道本**에 **不重湯武二字**라 **顧廣圻云 今本**에 **重**하니 **按依下文當重**이라하야늘 **今據補**하노라

○王先愼 : 乾道本에 '湯武' 두 글자가 거듭되어 있지 않다. 顧廣圻는 "今本에 〈'湯武'가〉 거듭되어 있으니, 살펴보건대 아래 글에 의거하면 응당 거듭되어 있어야 한다."라고 하였기에 지금 이에 의거하여 보충하였다.

37-50 **桀紂作亂**하니 **湯武奪之**하니라 **今桓公以易**(이)**居其上**이면 **是以桀紂之行**으로 **居湯武之上**이니 **桓公危矣**리라 **若使管仲不肖人也**인댄 **且爲田常**[47]이리라 **田常**은 **簡公**[48]**之臣也**로되 **而弑其君**하니라 **今桓公以易居其上**이면 **是以簡公之易**로 **居田常之上也**니 **桓公又危矣**라 **管仲非周公旦(以)〔已〕明矣**니라

夏桀과 商紂가 나라에 혼란을 야기하자 商湯과 武王이 그 자리를 빼앗은 것이다. 지금 桓公이 〈군주 노릇 하기를〉 쉽게 여기는 〈마음으로〉 管仲의 위에 있었다면 이는 하걸과 상주의 행동으로 상탕과 무왕의 위에 있는 격이니, 환공이 위험해졌을 것이다.

만일 관중이 不肖한 사람이었다면 장차 田常 같은 사람이 되었을 것이다. 전상은 齊 簡公의 신하였지만 자기가 섬기는 군주를 시해하였다. 지금 환공이 쉽게 여기는 〈마음으로〉 관중의 위에 있었다면 이는 간공이 쉽게 여기는 〈마음으로〉 전

47) 田常 : 春秋時代 齊나라 大夫 田恒이다. 그의 先祖 陳나라 公子 完이 제나라에 망명하여 姓을 田氏로 바꾸었는데, ≪春秋左氏傳≫에는 陳恒으로, ≪史記≫에는 田常으로 기록되어 있다. 齊 簡公을 시해하고 平公을 세워 제나라의 정권을 독점하였고, 그의 증손 田和가 齊 康公을 축출하고 自立하여 제나라를 차지하였다.

48) 簡公 : 齊 悼公의 아들로 이름은 任이다. 田常(田恒)과 闞止를 등용하여 左右相으로 삼았으나 전상이 簡公과 감지를 죽이고 대권을 장악하였다.

상의 위에 있는 격이니, 환공은 역시 위험해졌을 것이다. 그러니 관중의 〈취사선택은〉 周公 旦과 같지 않음이 분명하다.

○顧廣圻曰 藏本同하고 今本旦下有亦字하니 誤라 先愼曰 以는 當作已라

○顧廣圻 : 藏本은 같고, 今本은 '旦' 아래에 '亦'자가 있으니 잘못되었다.
王先愼 : 〈'以明矣'의〉 '以'는 응당 '已'가 되어야 한다.

37-51 **然爲湯武與田常**을 **未可知也**로다 **爲湯武**면 **有桀紂之危**하고 **爲田常**이면 **有簡公之亂也**니라

그렇지만 〈管仲이〉 商湯과 武王 같은 사람이 되었을지, 田常 같은 사람이 되었을지는 알 수가 없다. 상탕과 무왕 같은 사람이 되었다면 〈桓公은〉 夏桀이나 商紂 같은 위험이 있었을 것이고, 전상 같은 사람이 되었다면 〈환공은〉 簡公 같은 禍亂이 있었을 것이다.

○先愼曰 下之字는 張榜本無라

○王先愼 : 아래(有簡公之亂也)의 '之'자는 張榜本에 없다.

37-52 **已得仲父之後**에 **桓公奚遽易**(이)**哉**아

이미 仲父를 얻은 뒤에 桓公이 어찌 갑자기 〈군주 노릇 하기가〉 쉬워졌겠는가!

○先愼曰 趙本에 遽作處하니 誤라

○王先愼 : 趙本에 '遽'가 '處'로 되어 있으니 잘못되었다.

37-53 **若使桓公之任管仲**에 **必知不欺己也**면 **是知不欺主之臣也**라 **然〔桓公〕**[49]**雖知不欺主之臣**이라도

만일 桓公이 管仲을 임용할 때 확실히 그가 자기를 속이지 않을 줄을 알았다면, 이는 〈환공이〉 군주를 속이지 않을 신하를 識別한 것이다. 그러나 환공이 군주를

---

49) 〔桓公〕: 저본에는 '桓公'이 없으나, ≪韓非子新校注≫ 陳奇猷의 설에 의거하여 보충하였다.

속이지 않을 신하를 식별하였다 하더라도

○先愼曰 雖는 當爲唯之誤니 惟唯古通이라 此承上起下之詞라 謂桓公任仲에 知不欺己면 則桓公能皆知不欺己之臣이요 乃惟管仲之不欺己일새 因謂豎刁易牙[50]도 亦不欺己하야 遂以任管仲者로 任二人하니 則桓公不知欺與不欺亦明矣라 唯誤作雖하야 遂不可讀이라

○王先愼 : '雖'는 응당 '唯'의 잘못이 되어야 하니, '惟'와 '唯'는 예전에 통용하였다. 이 부분은 윗글을 잇고 아래 글을 시작하는 文辭이다. 〈윗글에서는〉 "桓公이 管仲을 임용할 적에 〈관중이〉 자기를 속이지 않을 것을 알았으니, 그렇다면 환공은 자기를 속이지 않을 신하를 모두 식별할 수 있었던 것이다."라고 하였고, 〈아래 글에서는〉 "이에 관중이 자기를 속이지 않았기 때문에 이를 통해 豎刁와 易牙도 자기를 속이지 않을 것이라 생각하여 마침내 管仲을 임용했던 것으로 두 사람을 임용했으니, 그렇다면 桓公은 속임과 속이지 않음을 식별하지 못한 것이 또한 분명하다."라고 한 것이다. '唯'가 '雖'로 잘못되어 마침내 읽을 수 없게 되었다.

37-54 今桓公以任管仲之專으로 借豎刁易牙라가

지금 桓公이 管仲을 전일하게 임용했던 마음으로 豎刁와 易牙에게 빌려주었다가

○王先謙曰 今字無義하니 疑令之譌라

○王先愼 : '今'자는 아무 뜻이 없으니, '令'의 잘못인 듯하다.

37-55 蟲流出(尸)〔戶〕而不葬하니

죽은 뒤 시체에서 생긴 구더기가 문밖으로 기어나오도록 장례를 치르지 못하였으니,

○先愼曰 尸는 當作戶라 乾道本에 不作作이라 盧文弨云 而字衍이라하고 顧廣圻云 今本에 作作不하니 誤라 按當作後라하니라 先愼按 作不字是하니 上文蟲流出尸不葬이

50) 易牙 : 춘추시대 齊 桓公이 총애한 신하 중의 한 사람이다. 요리를 잘하고 桓公의 비위를 잘 맞추어 자기의 아들의 살로 국 요리를 만들어 바쳐 총애를 받았다고 한다. 狄牙·雍巫라고도 한다.

即其證일새 今據改하노라

○王先愼 : '尸'는 응당 '戶'가 되어야 한다. 乾道本에 '不'이 '作'으로 되어 있다. 盧文弨는 "'而'자는 衍文이다."라고 하였고, 顧廣圻는 "今本에 '作'이 '不'로 되어 있으니 잘못이다. 살펴보건대 응당 '後'가 되어야 한다."라고 하였다. 내가 살펴보건대 '不'자로 되어 있는 것이 옳으니, 윗글의 '蟲流出尸不葬'이 곧 그 증거이므로, 지금 이에 의거하여 고쳤다.

37-56 桓公不知臣欺主와 與不欺主已明矣라 而任臣如彼其專也라 故曰桓公闇主라하노라

桓公은 군주를 속이는 신하와 군주를 속이지 않는 신하를 식별하지 못한 것이 분명하다. 그런데 신하를 임용한 것이 저처럼 전일하였다. 그러므로 '桓公은 昏君이다.'라고 말하는 것이다."

37-57 李(兌)〔克〕[51)]治中山할새 苦陘[52)]令上計而入多하다 李(兌)〔克〕曰 語言辨이면 聽之說(열)이나 不度(탁)於義면 謂之窕言이요

李克이 中山을 다스릴 적에 苦陘縣令이 연말의 회계보고를 올렸는데 수입이 많았다. 이극이 말하였다.

"말을 교묘하게 잘하면 듣기에는 좋지만 道義를 따져서 한 말이 아니면 허무맹랑한 말이라 하고,

苟且也라 ○顧廣圻曰 語言辨에 句絶하고 說은 讀爲悅이라 孫詒讓曰 蒲阪[53)]云 李兌는 合作李克이요 其治中山[54)]은 已見(현)外儲說左下라 語言은 下文에 作言語라

---

51) 李(兌)〔克〕: 戰國時代 魏나라 사람으로 子夏의 제자이다. 魏 文侯가 中山國을 멸망시키고 太子 擊을 中山君으로 삼았을 때 中山相이 되었다. 문후가 재상을 선발하는 방법을 묻자, 그 사람이 평소 친근히 지내는 사람을 살펴보라는 등의 다섯 가지 재상 선발 德目을 제시하였다.

52) 苦陘 : 戰國時代 趙나라가 두었던 縣 이름이다. 지금의 河北省 定州市 남동쪽에 있었다.

53) 蒲阪 : 일본 근대의 학자 蒲阪圓을 말한다. ≪韓非子≫를 연구하여 ≪增讀韓非子≫ 20권과 ≪定本韓非子纂聞≫ 20권을 지었다. ≪정본한비자찬문≫은 松皐圓의 著作이라고도 한다.

54) 中山 : 春秋時代의 鮮虞國이고, 戰國時代의 中山國이다. 지금의 河北省 定州市와 平山縣 지역에 있었다.

辨辯通이요 聽은 合作聰이라 魏都賦注에 引李克書曰 言語辯聰之說(열)이나 而不度於義者를 謂之膠言①이라 案蒲阪圓據劉逵[55]引李克書하야 校正此文하니 郅塙(확)②이라 惟窕言膠言은 義兩通③하니 當各從本書라 昭二十一年左傳云 小者不窕라하야늘 杜注云 窕는 細不滿④이라하니 蓋窕本爲空虛不充滿之言이니 引申之하야 凡虛假不實者를 通謂之窕라 窕言者는 虛言不可信以爲實이요 下文窕貨者는 虛貨不可恃以爲富也라 舊注에 釋爲苟且는 蓋讀爲佻愉字니 於義未切이라 先愼曰 聽字不誤라 選注作聰은 形近而誤니 玩下文自知라

① 文選注라
〈'魏都賦注'는〉 ≪文選≫의 李善 注이다.

② 御覽一百六十一에 引史記하야 亦以此爲李克事나 今史記無此文이라 又案難諸篇은 皆襍擧古書之文而難之라 李克書는 卽漢書藝文志儒家의 李克七篇之佚文으로 劉逵所引未全하니 此可以補之라
≪太平御覽≫ 권161에 ≪史記≫를 인용하면서 역시 이것을 李克의 일로 여겼으나 지금의 ≪史記≫에는 이 글이 없다. 또 살펴보건대 〈難〉의 여러 篇은 모두 옛 책의 글을 잡다하게 들어서 논란하였다. 李克의 글은 곧 ≪漢書≫ 〈藝文志〉 儒家類의 〈李克〉 七篇의 散逸된 글로써 劉逵의 인용문이 완전하지 않으니, 이 글로 보완할 수 있겠다.

③ 廣雅釋詁云 膠는 欺也라하고 方言云 膠는 詐也라하니 此李克書膠字之義라
≪廣雅≫ 〈釋詁〉에 "'膠'는 '欺(속임)'이다."라고 하였고, ≪方言≫에 "'膠'는 '詐(속임)'이다."라고 하였으니, 이것이 李克이 '膠'자를 쓴 뜻이다.

④ 呂氏春秋適音篇의 高注義同이라
≪呂氏春秋≫ 〈適音篇〉의 高誘 注와 뜻이 같다.

舊注 : 〈'窕言'은〉 구차하다는 뜻이다.

○顧廣圻 : '語言辨'에서 句를 끊어야 하고, '說'은 '悅'로 읽어야 한다.

孫詒讓 : 蒲阪(蒲阪圓)은 "'李兌'는 '李克'이 되어야 합당하고, 그가 中山을 다스린 일은 이미 〈外儲說 左下〉에 보인다. '語言'은 아래 글에 '言語'로 되어 있다. '辨'과 '辯'은 통용하고, '聽'은 '聰'이 되어야 합당하다. ≪文選≫ 〈魏都賦〉의 李善 注에 李克의 글을 인용하여 "言語辯聰之說 而不度於義者 謂之膠言(말을 교묘하고 총명하게 잘하지만 도의를 따지지 않고

---

55) 劉逵 : 西晉 때의 文臣·學者이다. 字는 淵林이고, 黃門侍郎을 역임하였다. 博學多識하고 禮學에 精通하였다. 左思가 지은 〈三都賦〉에 대한 注를 지었는데, 정밀하고 정확하다는 평가를 받아 ≪文選≫의 〈三都賦〉 注에 편입되었다. 著書에 ≪喪服要記≫가 있다.

하는 말을 膠言이라고 한다.)"이라고 하였다. 살펴보건대 蒲阪圓이 劉逵가 인용한 李克의 글에 의거하여 이 글을 교정하였으니 매우 확실하다. 다만 '窕言'과 '膠言'은 둘 다 뜻이 통하니, 각각 그 本書대로 따라야 한다. ≪春秋左氏傳≫ 昭公 21년에 "小者不窕(〈소리가〉 작은 것은 미세함)"라고 하였는데, 杜預의 注에 "窕는 미세하여 차지 않는 것이다.〔窕 細不滿〕"이라고 하였다. 대개 '窕'는 본디 텅 비어 가득 차지 않은 상태를 말하는 것이니, 轉義되어 거짓되어 진실하지 못한 것을 통틀어 '窕'라고 한다. '窕言'은 빈말이라 믿어 진실이라고 여길 수 없는 것이고, 아래 글의 '窕貨'는 헛된 財貨라 믿어서 재물이 많다고 여길 수 없는 것이다. 舊注에 '구차함이다'라고 해석한 것은 '佻愉(진중하지 못하고 구차함)'의 글자로 읽은 것이니, 뜻이 친절하지 못하다.

王先愼 : '聽'자는 잘못되지 않았다. ≪文選≫의 李善 注에 '聰'으로 된 것은 字形이 비슷하여 잘못된 것이니, 아래 글을 읽어보면 저절로 알게 된다.

37-58 無山林澤谷之利而入多者를 **謂之窕貨**니라 **君子不聽窕言**하며 **不受窕貨**하나니 **子姑免矣**어다

山林과 川澤의 〈풍부한 資源의〉 이익이 없는데도 수입이 많은 것을 헛된 財貨라고 이른다. 君子는 허무맹랑한 말을 듣지 않으며 헛된 재화를 받지 않는 것이니, 그대는 잠시 免職할지어다."

○**先愼曰 乾道本**에 **子作之**어늘 **今據張榜本趙本改**라

○王先愼 : 乾道本에 '子'가 '之'로 되어 있는데, 지금 張榜本과 趙本에 의거하여 고쳤다.

37-59 或曰 李子設辭曰 夫言語辨이면 **聽之說**(열)이나 **不度**(탁)**於義者**를 **謂之窕言**이라하니라 **辯在言者**요 **說**(열)**在聽者**니 **言非聽者也**라 **所謂不度於義**는

혹자는 다음과 같이 論評하였다.

"李克이 논설을 세워서 '말을 교묘하게 잘하면 듣기에는 좋지만 道義를 따져서 한 말이 아니면 허무맹랑한 말이라 한다.'라고 하였다. 말을 잘하는 것은 말하는 사람에게 달려 있고, 〈말을 듣고〉 좋아하는 것은 듣는 사람에게 달려 있으니, 말을 하는 것은 말을 듣는 사람이 하는 것이 아니다. 이른바 도의를 따지지 않는다는 것은

○顧廣圻曰 藏本今本에 也下有則辨非說(열)者也六字하니 按此不當有라

○顧廣圻 : 藏本과 今本에 '也' 아래에 '則辨非說者也(그렇다면 교묘하게 잘하는 말은 듣기 좋도록 하는 말이 아니다.)'의 여섯 글자가 있다. 살펴보건대 이 〈여섯 글자가〉 있는 것은 합당하지 않다.

37-60 非謂聽者요 必謂所聽也니 聽者는 非小人이면 則君子也라 小人無義하니 必不能度(탁)之義也요 君子度之義하니 必不肯說(열)也라 夫曰 言語辨이면 聽之說이나 不度於義者는 必不誠之言也요 入多之爲窕貨也는 未可遠行也라 李子之姦弗蚤禁하야 使至於計하니 是遂過也라 無術以知而入多하니 入多者는 穰也라

듣는 사람을 말하는 것이 아니라 반드시 듣는 말을 이르는 것이니, 말을 듣는 사람은 小人이 아니면 君子일 것이다. 소인은 道義에 대해 〈아는 것이〉 없으니 반드시 도의를 따져서 〈듣지〉 않을 것이고, 군자는 도의를 따져서 〈들으니〉 반드시 좋게만 〈들으려〉 하지 않을 것이다. 이 때문에 '말을 교묘하게 잘하면 듣기에는 좋지만 道義를 따지지 않았다.'고 말한 것은 틀림없이 성실하지 못한 말이고, 수입이 많은 것을 헛된 財貨라고 한 것은 長久하게 시행할 수 없는 〈도리인〉 것이다. 李克이 간사한 행위를 일찌감치 금지하지 못하여 〈수입이 많은〉 회계보고를 올리는 데에 이르게 하였으니, 이는 잘못을 助長한 것이다. 〈간사한 짓을〉 식별할 法術이 없는데도 수입이 많아졌으니, 수입이 많아진 원인은 풍성한 수확이 있었기 때문인데,

穰은 豐多也라

舊注 : '穰'은 풍성하게 많음이다.

37-61 雖倍入이라도 將奈何[56)]오 擧事愼陰陽之和하고 種樹節四時之適하야 無早晩之失과 寒溫之災면 則入多요 不以小功妨大務하고 不以私欲害人事하야

56) 雖倍入 將奈何 : 〈간사한 짓을〉 식별하지 못하면서 거둔 수확은 아무리 많아도 소용이 없다는 말이다.

〈이런 상태로〉 곱절의 수입이 있더라도 장차 뭐하겠는가? 농사일을 할 적에 陰陽의 기후에 순응하고, 작물을 심을 적에는 사계절의 적합한 때를 조절하여 일찍 심거나 늦게 심는 실수와 심한 추위나 심한 더위의 재해가 없으면 수입이 많아진다. 〈얻는 이익이〉 작은 일로 〈얻는 이익이〉 중요한 일을 방해하지 않고, 개인적인 욕심으로 남들의 일을 해롭게 하지 아니하여

○先愼曰 乾道本에 私上有和字라 顧廣圻云 藏本今本에 無和字라 先愼案 私和二字形近而誤衍이라 此與上不以小功妨大務句로 相對成文하니 不應此多一字일새 據藏本刪하노라

○王先愼 : 乾道本에 '私' 위에 '和'자가 있다. 顧廣圻는 "藏本과 今本에 '和'자가 없다."라고 하였다. 내가 살펴보건대 '私'와 '和' 두 글자는 字形이 비슷하여 〈'和'자가〉 잘못 衍文이 되었다. 여기는 위의 '不以小功妨大務' 句와 상대하여 문장이 이루어졌으니, 이 한 글자가 많은 것은 마땅치 않기에 藏本에 의거하여 〈'和'를〉 삭제하였다.

37-62 丈夫盡於耕農하고 婦人力於織紝이면 則入多요 務於畜養之理하고 察於土地之宜하야 六畜遂하고 五穀殖이면 則入多요 明於權計하고 審於地形舟車機械之利하야 用力少하고 致功大면 則入多요 利商市關梁之行하야 能以所有致所無하야 客商歸之하고 外貨留之하며 儉於財用하고 節於衣食하며 宮室器械周於資用하고 不事玩好면 則入多니 入多는 皆人爲也니라 若天事風雨時하고 寒溫適하야 土地不加大라도 而有豐年之功이면 則入多니 人事天功의

남자는 농사일에 힘을 다하고 여자는 길쌈하는 일에 힘을 쓰면 수입이 많아진다. 가축 기르는 방도를 힘써 〈강구하고〉 토질에 알맞은 〈식물을〉 자세히 살펴서 六畜이 잘 자라고 五穀이 增殖되면 수입이 많아진다. 계획을 분명하게 수립하고 地形과 舟車와 기계의 편리함을 잘 알아서 힘은 적게 들이고 이룩한 功效가 크면 수입이 많아진다. 시장과 關門·橋梁의 통행을 편리하게 하여 여유 있는 재물로 없는 물건을 교환해 와서 客商이 모여들고 밖에서 들어오는 財貨가 쌓여 있으며, 재물의 씀씀이를 줄이고 입고 먹는 것을 절약하며, 가옥과 기계를 두루 이용하고 〈진귀한〉 노리갯감을 일삼지 않으면 수입이 많아진다. 수입이 많아지는 것은 모

두 사람이 하는 일이다. 만일 하늘의 자연 현상으로 바람과 비가 때에 맞게 오고 추위와 더위가 적절하여 토지가 더 많아지지 않더라도 풍년이 드는 功效가 있으면 수입이 많아진다. 그러니 사람이 하는 일과 하늘이 주는 功의

○盧文弨曰 張本에 功作工이라

○盧文弨 : 張本에 '功'이 '工'으로 되어 있다.

37-63 二物者 皆入多요 非山林澤谷之利也라 夫無山林澤谷之利入多를 因謂之窕貨者는 無術之言也니라

두 가지 일이 모두 모두 수입을 많게 하는 것이지, 山林과 川澤의 〈풍부한 資源의〉 이익이 아니다. 산림과 천택의 〈풍부한 자원의〉 이익이 없는데도 수입이 많은 것을 그대로 헛된 財貨라고 이르는 것은 法術이 없는 말이다."

○先愼曰 乾道本에 言作害라 顧廣圻曰 藏本今本에 害作言이라하야늘 今據改하노라

○王先愼 : 乾道本에 '言'이 '害'로 되어 있다. 顧廣圻는 "藏本과 今本에 '害'가 '言'으로 되어 있다."라고 하였기에 지금 이에 의거하여 고쳤다.

37-64 趙簡子[57]圍衛之郛郭할새

趙簡子가 衛나라 國都의 外城을 포위할 적에

○先愼曰 郛郭同義니 郛當作附라 呂氏春秋貴直篇에 作附郭하니 高注에 附郭은 近郭也라하니라 郛附聲近而誤라

○王先愼 : '郛'와 '郭'은 뜻이 같으니 '郛'는 응당 '附'가 되어야 한다. ≪呂氏春秋≫ 〈貴直篇〉에 '附郭'으로 되어 있는데, 高誘의 注에 "'附郭'은 外城에 가까운 곳이다."라고 하였다. '郛'와 '附'는 音이 비슷하여 잘못된 것이다.

---

57) 趙簡子 : 春秋 말기 晉나라의 正卿으로 이름은 鞅이다. 趙武의 손자이고 趙襄子의 아버지이다. 衛나라를 공격하여 500戶를 朝貢으로 받아 예속시켰고, 范氏와 中行氏(중항씨)를 격멸하고 범씨를 지원하는 鄭나라 군대를 물리침으로써 위세를 떨쳐 晉나라의 국정을 장악하여 뒷날 趙나라 건국의 기초를 다졌다.

37-65 犀楯犀櫓로 立於矢石之所不及하야

무소가죽으로 만든 크고 작은 방패로 〈몸을 엄호하며〉 화살과 돌이 날아오지 못하는 곳에 서서

簡子以犀爲(脅)〔楯〕櫓而自臥之니 櫓는 楯類也라 ○先愼曰 乾道本에 無不字라 盧文弨云 犀楯犀櫓는 呂氏春秋貴直篇에 作犀蔽屛櫓하고 所下脫不字라 注脅字는 疑作楯이요 又臥字譌라하니라 先愼按 盧說是니 今依拾補增不字하노라 犀는 堅也니 說見(현)姦劫弑臣篇하니라

舊注 : 趙簡子가 무소가죽으로 크고 작은 방패를 만들어 스스로 누웠으니, '櫓'는 방패의 종류이다.

○王先愼 : 乾道本에 '不'자가 없다. 盧文弨는 "'犀楯'과 '犀櫓'는 ≪呂氏春秋≫ 〈貴直篇〉에 '犀蔽屛櫓(무소가죽으로 만든 가리개와 병풍과 방패)'로 되어 있고 '所' 아래에 '不'자가 탈락되었다. 舊注의 '脅'자는 아마 '楯'이 되어야 할 듯하고, 또 '臥'자는 잘못이다."라고 하였다. 내가 살펴보건대 盧文弨의 설이 옳으니, 지금 ≪群書拾補≫에 의거하여 '不'자를 더하였다. '犀'는 견고함이니, 그 설명이 ≪韓非子集解≫ 〈姦劫弑臣篇〉에 보인다.

37-66 鼓之而士不起어늘 簡子投枹曰 烏乎라

북을 쳐서 〈병사들에게 진격을 명하였으나〉 병사들이 움직이지 않자 趙簡子가 북채를 던지면서 말하였다.

"아,

○先愼曰 張榜本에 烏作嗚라

○王先愼 : 張榜本에 '烏'가 '嗚'로 되어 있다.

37-67 吾之士數(속)[58]弊也여 行人[59]燭過

우리의 병사들이 너무나 빨리 지쳤구나."

行人인 燭過가

58) 數(속) : '速'의 假借字로 읽어 번역하였다.(陳奇猷, ≪韓非子新校注≫)

59) 行人 : 朝覲이나 聘問 등 외교에 관한 일을 관장하던 벼슬이다.

○先愼曰 僞子華子[60]去趙篇[61]에 趙簡子有燭過小人之語라

○王先愼 : 僞書인 ≪子華子≫ 〈去趙篇〉에 趙簡子가 "燭過는 小人이다."라고 한 말이 있다.

37-68 免胄而對曰 臣聞之호니 亦有君之不能耳요 士無弊者로소이다

투구를 벗고 대답하였다.

"臣은 들으니 역시 君主가 그들을 잘 쓰지 못하는 점이 있을 뿐이지, 병사들은 지치지 않았습니다.

但君[62]不能用之耳라 ○先愼曰 乾道本에 脫士字라 顧廣圻云 藏本今本에 無上有士字라하니라 先愼案 有士字是일새 今據補하노라 御覽三百五十一에 引呂氏春秋士何弊之有어늘 今呂書에 亦脫士字라

舊注 : 단지 군주가 잘 쓰지 못할 뿐이다.

○王先愼 : 乾道本에 '士'자가 탈락되었다. 顧廣圻는 "藏本과 今本에 '無' 위에 '士'자가 있다."라고 하였다. 내가 살펴보건대 '士'자가 있는 것이 옳기에 지금 이에 의거하여 보충하였다. ≪太平御覽≫ 권351에 ≪呂氏春秋≫의 '士何弊之有(병사들이 어찌 지침이 있겠습니까.)'를 인용하였는데, 지금의 ≪여씨춘추≫에는 역시 '士'자가 탈락되었다.

37-69 昔者에 吾先君獻公[63]이 幷國十七하시고

옛날 우리 先君 獻公께서 열일곱 나라를 병합하시고

---

60) 僞子華子 : ≪子華子≫는 春秋時代 晉나라 程本이 지었다는 책 이름인데, 宋代에 나온 僞作으로 알려졌기 때문에 '僞子華子'라고 한 것이다.

61) 去趙篇 : ≪子華子≫에는 〈去趙篇〉이 없다. '燭過小人'이라는 말은 ≪자화자≫ 〈孔子贈〉에 보인다.

62) 君 : 저본의 원주에 "'君'은 원본에 '者'로 되어 있으나 글뜻에 의거하여 고쳤다.〔君 原本作者 據文義改〕"라고 하였다.

63) 獻公 : 春秋時代 晉 獻公 詭諸를 이른다. 晉 武公의 아들이고 文公(重耳)의 아버지이다. 文侯의 子孫들을 모두 죽이고, 도읍을 絳으로 옮겼다. 驪戎・耿・霍・魏 등의 나라를 멸망시키고 虞나라에 길을 빌려 虢을 멸한 다음 虞나라까지 멸망시켰다.

○先愼曰 呂氏春秋에 作兼國十九라

○王先愼 : 〈'幷國十七'은〉 ≪呂氏春秋≫에 '兼國十九(열아홉 나라를 겸병하였다.)'로 되어 있다.

37-70 服國三十八하시며 戰十有二勝하시니 是民之用也니이다 獻公沒하시고 惠公[64]卽位하얀 淫衍暴亂하고 身好玉女하니

서른여덟 나라를 복종시켰으며 열두 번이나 전쟁에서 승리하셨으니 〈그때도〉 이 사람들을 쓴 것이었습니다. 獻公이 죽고 惠公이 즉위해서는 음란 방탕하고 포악 혼란하며 자기는 옥 같은 美女를 좋아하니,

○先愼曰 張榜本에 玉誤王이라

○王先愼 : 張榜本에 '玉'이 '王'으로 잘못되어 있다.

37-71 秦人恣侵하니 去絳[65]十七里로되

秦나라 사람이 제 맘대로 침입하자 패배하여 都城인 絳에서 17리를 달아났으나

○先愼曰 呂氏春秋에 作秦人襲我어늘 遜去絳七十이라

○王先愼 : ≪呂氏春秋≫ 〈貴直論〉에 "秦人襲我 遜去絳七十(秦나라 사람이 우리를 습격하기에 도성인 絳에서 70리를 도망쳤다.)"으로 되어 있다.

37-72 亦是人之用也니이다 惠公沒하시고 文公受之하사

역시 이 사람들을 쓴 것이었습니다. 惠公이 죽고 文公이 이어받아서

○先愼曰 乾道本에 受作授라 顧廣圻云 授當作受라하니라 先愼按 張榜本에 作受어늘

---

64) 惠公 : 春秋時代 晉나라 제22대 君主이다. 獻公의 셋째 아들로 이름은 夷吾이다. 형 重耳와 함께 망명하였으나 秦나라의 도움으로 중이보다 먼저 晉侯가 되었다. 즉위한 뒤에는 秦나라와의 약속을 저버리고 大臣들을 誅殺하는 등 惡政을 베풀었다.

65) 絳 : 春秋時代 晉나라의 國都로 지금의 山西省 侯馬市에 있었다. 晉 景公이 국도를 新田으로 옮기고 이름을 絳으로 고쳤다.

今據改하노라

○王先愼 : 乾道本에 '受'가 '授'로 되어 있다. 顧廣圻는 "'授'는 응당 '受'가 되어야 한다." 라고 하였다. 내가 살펴보건대 張榜本에 '受'로 되어 있기에 지금 이에 의거하여 고쳤다.

37-73 圍衛하야 取鄴[66]하시고

衛나라를 포위하여 鄴을 빼앗았고

○顧廣圻曰 呂氏春秋에 鄴作曹라

○顧廣圻 : ≪呂氏春秋≫ 〈貴直論〉에 '鄴'이 '曹'로 되어 있다.

37-74 城濮之戰[67]에 五敗荊人하사 取尊名於天下하시니 亦此人之用也니 亦有君不能耳요

城濮의 전쟁에서 다섯 번 楚〔荊〕나라 군대를 패배시켜서 천하에서 높은 〈霸主의〉 이름을 얻었으니, 역시 이 사람들을 쓴 것이었습니다. 이 역시 君主가 그들을 잘 쓰지 못하는 점이 있을 뿐이지

○先愼曰 乾道本에 能下有士字라 顧廣圻曰 藏本今本에 無士字라하니라 先愼按呂氏春秋에 亦無士字하니 此涉下文而衍일새 今據刪하노라

○王先愼 : 乾道本에 '能' 아래에 '士'자가 있다.

顧廣圻 : 藏本과 今本에 '士'자가 없다. 내가 살펴보건대 ≪呂氏春秋≫ 〈貴直論〉에도 '士'자가 없으니, 이 글자는 아래 글에 연계된 衍文이기 때문에 지금 이에 의거하여 삭제하였다.

37-75 士無弊也니이다 簡子乃去楯櫓하고 立矢石之所及하야 鼓之而士乘之하야 戰大勝하다 簡子曰 與吾得革車千乘으론 不如聞行人燭過之一言也로다

66) 鄴 : 戰國時代 魏 文侯가 도읍했던 邑 이름이다. 지금의 河北省 臨漳縣 서남쪽에 있었다.

67) 城濮之戰 : 周 襄王 20년(632)에 晉나라와 楚나라가 中原의 霸權을 쟁취하기 위하여 城濮(지금의 山東省 鄄城縣 서남쪽) 지역에서 벌인 큰 전쟁을 이른다. 이 전쟁에서 楚나라 군대가 大敗하였다.

병사들은 지치지 않았습니다."

趙簡子가 이에 크고 작은 방패를 내버리고 화살과 돌이 날아오는 곳에 서서 북을 쳐 〈진격을 명하자〉 병사들이 성 위로 올라가 전투하여 크게 승리하였다. 조간자가 말하였다.

"내가 兵車 천 채를 얻는 것보다 行人 燭過의 한마디 말을 듣는 것이 낫구나."

37-76 或曰 行人未有以說也라 **乃道惠公以此人是敗**하고 **文公以此人是霸**요 **未見所以用人也**하니

혹자는 다음과 같이 論評하였다.

"行人(燭過)은 〈어떤 도리를〉 말한 것이 있지 않다. 그는 단지 惠公은 이 사람들을 써서 실패하였고 文公은 이 사람들을 써서 霸業을 이룬 것만 말하였지, 사람을 쓰는 방법은 드러내지 않았다.

文〔公〕[68]能以賞信(必罰)〔罰必〕[69]하고 **未必去櫓親立於矢石閒**(간)이라

舊注：文公이 공이 있는 사람은 반드시 상을 주고 죄가 있는 사람은 틀림없이 벌을 주었지, 반드시 방패를 내버리고 직접 화살과 돌이 날아오는 곳에 서있었던 것은 아니다.

37-77 簡子未可以速去楯櫓也라

그러니 趙簡子가 서둘러 크고 작은 방패를 내버릴 수가 없었다.

○**先愼曰 乾道本**에 **櫓作脅**이라 **顧廣圻云 藏本今本**에 **脅作楯**이라하니라 **先愼按 上云 簡子乃去楯櫓**하고 **立矢石之所及**이라하니 **此卽承上而云**이라 **作楯字是**일새 **今據改**하노라

○王先愼：乾道本에 '櫓'가 '脅'으로 되어 있다. 顧廣圻는 "藏本과 今本에 '脅'이 '楯'으로 되어 있다."라고 하였다. 내가 살펴보건대 위에서 "簡子乃去楯櫓 立矢石之所及(趙簡子가 이에 작고 큰 방패를 내버리고 화살과 돌이 날아오는 곳에 섰다.)"이라고 하였으니, 이 구절은

68) 〔公〕：저본에는 '公'이 없으나, ≪韓非子新校注≫ 陳奇猷의 설에 의거하여 보충하였다.

69) (必罰)〔罰必〕：저본에는 '必罰'로 되어 있으나, ≪韓非子新校注≫ 陳奇猷의 설에 의거하여 '罰必'로 바로잡았다.

곧 윗글을 이어서 말한 것이므로 '楯'자로 된 것이 옳기 때문에 지금 이에 의거하여 고쳤다.

37-78 嚴親在圍면 輕犯矢石은 孝子之所愛親也언마는

부모가 포위 속에 있으면 화살과 돌이 날아오는 것을 가볍게 무릅쓰고 〈구원하는〉 것은 효자가 부모를 사랑하기 때문이지만

孝子所以輕犯矢石而救者는 謂(親愛)〔愛親〕[70]이라 ○王渭曰 所下에 當有以字라

舊注 : 효자가 화살과 돌이 날아오는 것을 가볍게 무릅쓰고 구원하는 것은 부모를 사랑함을 말한 것이다.

○王渭 : '所' 아래에 응당 '以'자가 있어야 한다.

37-79 孝子愛親은 百數之一也라

효자가 부모를 사랑하는 일은 백 명 중에 한 명을 꼽을 정도이다.

犯難救親은 百人無一人이니 言孝稀也라

舊注 : 험난한 처지를 무릅쓰고 부모를 구원하는 일은 백 명 중에 한 사람도 없다는 뜻이니, 효자가 드묾을 말한 것이다.

37-80 今以爲身處危而人尙可戰하니 是以百族之子於上에 皆若孝子之愛親也니 是行人之誣也니라

지금 君主 자신이 위험한 곳에 있으면 사람들이 오히려 〈자기를 위해〉 싸울 것이라고 여기고 있으니, 이는 온갖 宗族의 아들이 君上에 대하여 모두 효자가 부모를 사랑하는 일과 같으리라 여긴 것이니, 이는 行人이 속이는 말이다.

能孝於親者도 尙百無一이어든 況於君에 百族行孝哉아 是誣也라 ○顧廣圻曰 藏本同하고 今本은 百族之子下에 有愛字하니 誤라 先愼曰 張榜本에 若作有하고 乾道本

---

70) (親愛)〔愛親〕: 저본에는 '親愛'로 되어 있으나, ≪韓非子新校注≫ 陳奇猷의 설에 의거하여 '愛親'으로 바로잡았다.

注에 一作益이어늘 據趙本改하노라

舊注 : 부모에게 효도를 잘하는 자도 오히려 백 명에 한 사람도 없는데, 하물며 君主에 대하여 온갖 종족의 〈아들이〉 효도를 행하겠는가? 이는 속이는 말이다.

○顧廣圻 : 藏本은 같고, 今本은 '百族之子' 아래에 '愛'자가 있으니 잘못되었다.

王先愼 : 張榜本에 '若'이 '有'로 되어 있고, 乾道本의 舊注에 '一'이 '益'으로 되어 있기에 趙本에 의거하여 고쳤다.

37-81 好利惡(오)害는 夫人之所有也니 賞厚而信이면 人輕敵矣요

이익을 좋아하고 손해를 싫어하는 것은 사람마다 본디 가지고 있는 〈本性이다.〉 상을 후하게 주되 틀림없이 실행하면 사람들은 적을 가볍게 여길 것이고,

○顧廣圻曰 人上에 當有夫字라

○顧廣圻 : 〈'人輕敵矣'의〉 '人' 위에 응당 '夫'자가 있어야 한다.

37-82 刑重而必이면 (失)〔夫〕人不(比)〔北(배)〕矣니라

형벌을 엄중히 집행하되 정확하게 하면 사람들은 패배하여 달아나지 않을 것이다.

○顧廣圻曰 藏本同하고 今本에 無失字하니 按失當作夫라 先愼曰 比는 趙本에 作北라

○顧廣圻 : 藏本은 같고 今本은 '失'자가 없으니, 살펴보건대 '失'은 응당 '夫'가 되어야 한다.

王先愼 : '比'는 趙本에 '北'로 되어 있다.

37-83 長行徇[71]上은 (數百)〔百數〕[72]不一(失)이요

---

71) 徇 : '殉'과 같다.

72) (數百)〔百數〕 : 저본에는 '數百'으로 되어 있으나, "위의 '百數之一也'를 근거해보면 글자가 뒤바뀐 것으로 보아야 한다."라고 한 ≪韓非子新校注≫ 陳奇猷의 설에 의거하여 '百數'로 바로잡았다.

훌륭한 품행으로 君主를 위해 殉死하는 일은 백 명 중에 한 사람도 꼽을 수 없고,

○顧廣圻曰 藏本同하고 今本에 失作人이나 按此當衍이라

○顧廣圻 : 藏本은 같고 今本은 '失'이 '人'으로 되어 있으나, 살펴보건대 이 자는 응당 衍文이 되어야 한다.

37-84 喜利畏罪는 人莫不然이라 將衆者 不出乎莫不然之數하고 而道乎百無一人之行하니

〈상을 받는〉 이익을 좋아하고 죄에 걸리는 일을 두려워하지 않는 사람이 없다. 군대를 통솔하는 자가 〈병사들이〉 그렇게 여기는 수단을 쓰지 않고, 백 명 중에 한 사람도 따르지 않을 품행을 말하고 있으니,

○先愼曰 乾道本에 一作失하고 拾補에 作一이라 盧文弨云 失字譌라하야늘 今依改하노라

○王先愼 : 乾道本에 '一'이 '失'로 되어 있고, 《群書拾補》에 '一'로 되어 있다. 盧文弨는 "'失'자는 잘못되었다."라고 하였기에 지금 이에 의거하여 고쳤다.

37-85 行人未知用衆之道也니라

行人은 군대를 운용하는 방법을 알지 못하는 것이다."

○先愼曰 乾道本에 無行字用字라 顧廣圻云 今本에 有行字하고 藏本今本에 有用字라하야늘 今據補하노라

○王先愼 : 乾道本에 '行'자와 '用'자가 없다. 顧廣圻는 "今本에 '行'자가 있고, 藏本과 今本에 '用'자가 있다."라고 하였기에 지금 이에 의거하여 보충하였다.

第三十八 難三篇　제38편 論難 3

본 편은 상벌에 관한 논의를 중심으로 8개 단락으로 구성되어 있다.

첫 번째 단락은 죄를 숨기는 자는 벌하고 간사한 짓을 들추는 자에게는 상을 내려야 한다는 것이다.

두 번째 단락은 군주는 신하가 꾸며서 하는 말을 가벼이 믿어서는 안 된다는 것이다.

세 번째 단락은 화란을 방지하는 관건으로 尊卑의 등급과 제도를 엄격하게 지켜서 군주의 권위를 침해하지 않도록 해야 한다는 것이다.

네 번째 단락은 군주가 급선무로 해야 할 것은 신하들을 밝게 살펴 간사한 짓을 금하는 데 있지, 백성에게 은혜를 베풀거나 현자를 등용하고 재물을 절제하는 데 있지 않음을 강조한 것이다.

다섯 번째 단락은 군주가 자신의 총명이나 지혜를 믿기보다 사물에 의거해 사물을 다스리고〔因物以治物〕, 사람에 의지하여 사람을 알아내야 한다〔因人以知人〕는 것이다.

여섯 번째 단락은 군주가 나라를 다스리는 요체로 권력을 장악하여 신하로 하여금 군주의 권세에 도전하지 않도록 해야 한다는 것이다.

일곱 번째 단락은 군주는 신하들의 겉으로 꾸민 행동만 보고 상벌을 정해서는 안 된다는 것이다.

여덟 번째 단락은 '法'은 공개해서 백성들이 모두 알게 하고 '術'은 드러나지 않도록 해서 은밀하게 신하들을 통제해야 한다는 것이다.

38-1 魯穆公[1]이 問於子思[2]曰 吾聞龐㵚氏子之不孝러니 其行奚如오

魯 穆公이 子思에게 물었다.

"내가 龐 지역 㵚氏의 자식이 불효하다고 들었는데, 그 행실이 어떠하오?"

---

1) 魯穆公 : 戰國時代 魯나라 군주이다. 이름은 顯 또는 不衍이다. 재위 기간은 33년이다.

2) 子思 : 孔子의 손자로 이름은 伋이다. 曾子의 제자로 魯 穆公의 師를 지냈다. ≪中庸≫을 지어 '述聖'으로 일컬어졌다.

○顧廣圻曰 糲氏는 論衡非韓篇에 作擱是라 按氏是同字라 糲은 當依論衡作擱이니 字書無糲字라 史記酷吏傳云 濟南瞯氏라하야늘 漢書音義[3]云 音〔閒〕[4]이니 小兒癇病也라하니 卽此姓이라 龐은 當是其里也라

○顧廣圻 : 糲氏는 ≪論衡≫ 〈非韓篇〉에 '擱是'로 되어 있다. 살펴보건대, '氏'와 '是'는 同字이다. '糲'은 ≪論衡≫에 의거하여 '擱'이 되어야 하니, 字書에는 '糲'자가 없다. ≪史記≫ 〈酷吏列傳〉에 "濟南의 瞯氏"라 하였는데, ≪漢書音義≫에 "音은 '閒'이니 어린아이의 간질병이다."라고 하였으니, 곧 이 姓이다. '龐'은 응당 〈糲氏가 사는〉 그 마을이다.

38-2 子思對曰 君子尊賢以崇德하고 擧善以觀民하니

子思가 대답하였다.

"군자는 賢人을 존중하여 덕을 숭상하고 善人을 추천하여 백성들에게 보이니,

○顧廣圻曰 藏本今本에 觀作勸하고 論衡에 作勸이라 按此以觀爲是라 觀은 示也라

子思

○顧廣圻 : 藏本과 今本에 '觀'은 '勸'으로 되어 있고, ≪論衡≫에 '勸'으로 되어 있다. 살펴보건대 여기에는 '觀'이 옳다. '觀'은 '보여줌〔示〕'이다.

38-3 若夫過行은 是細人之所識也요 臣不知也로소이다 子思出하고 子服厲伯[5]이 入見(현)이라 問龐糲氏子한대

3) 漢書音義 : 宋 裴駰이 지은 ≪史記集解≫에서 인용한 책으로 ≪漢書≫에 수록된 어구의 음과 의미를 해설한 것인데, 저자는 미상이다.

4) 〔閒〕: 저본에는 '閒'이 없으나, ≪史記集解≫에 의거하여 보충하였다.

5) 子服厲伯 : 戰國時代 魯나라 公族이다. 春秋時代 孟獻子 仲孫 蔑의 후손으로 姓은 子服, 시호는 厲이다.

사람의 잘못된 행위 따위는 소인들이나 아는 것이지 신은 알지 못합니다."

子思가 나가고 子服厲伯이 들어와 뵈었다. 〈穆公이〉 龐 지역 㮰氏의 아들에 대해 묻자,

○先愼曰 乾道本에 無問字어늘 顧廣圻云 藏本今本에 有問字라하니라 先愼按 論衡에 亦有問字하니 今據補라

○王先愼 : 乾道本에 '問'자가 없는데, 顧廣圻는 "藏本과 今本에 '問'자가 있다."라고 하였다. 내가 살펴보건대 ≪論衡≫에도 '問'자가 있으니, 지금 이에 의거하여 보충하였다.

38-4 子服厲伯이 對曰 其過三이니 皆君之[6]所未嘗聞이니이다

子服厲伯이 대답하였다.

"그의 허물은 세 가지인데, 모두 군주께서 들어본 적이 없는 것들입니다."

○顧廣圻曰 之는 當依論衡作子라 先愼曰 論衡에 嘗作曾이라

○顧廣圻 : '之'는 ≪論衡≫에 의거하여 '子'로 되어야 한다.

王先愼 : ≪論衡≫에 '嘗'은 '曾'으로 되어 있다.

38-5 自是之後로 君貴子思而賤子服厲伯也러라

이때부터 穆公은 子思를 귀하게 여기고 子服厲伯을 천하게 여겼다.

38-6 或曰 魯之公室이 三世劫於季氏[7] 不亦宜乎아 明君은 求善而賞之하고 求姦而誅之하나니 其得之一也라 故以善聞[8]之者는 以說(열)善同於上者也요 以姦聞之者는 以惡(오)姦同於上者也니 此宜賞譽之所及也니라

6) 之 : 顧廣圻는 ≪論衡≫에 의거하여 '子'로 고쳐야 한다고 하였으나, 여기서 '君'은 穆公을 가리키므로 '君子'가 되어서는 안 된다고 한 陳奇猷의 ≪韓非子新校注≫에 의거하여 '之'를 '子'로 고치지 않았다.

7) 三世劫於季氏 : 三世는 魯나라 成公·襄公·昭公을 가리키고, 季氏는 魯나라 집정자인 季孫氏로 季武子·季平子·季康子를 가리킨다.(張覺, ≪韓非子全譯≫)

8) 聞 : 군주나 상부에 보고한다는 뜻이다.

혹자는 다음과 같이 論評하였다.

"魯나라의 公室이 3세에 걸쳐 季氏에게 겁박당한 것이 또한 마땅하지 않은가? 현명한 군주는 선한 사람을 찾아서 상을 주고 간사한 사람을 찾아서 벌을 내리니, 〈대상은 다르지만〉 얻는 효과는 똑같다. 그러므로 선한 사람에 대해 보고하는 자는 선을 좋아하는 것이 군주와 같은 자이고, 간사한 사람에 대해 보고하는 자는 간사함을 미워하는 것이 군주와 같은 자이니, 이런 자들에게는 마땅히 상과 명예를 주어야 한다.

聞善聞姦에 俱當賞也라 ○先愼曰 乾道本에 及作力이어늘 顧廣圻云 藏本今本에 力作及이라하니라 先愼按 作及是니 今據改라 下此宜毁罰之所及也라하니 正作及이라

舊注 : 선한 자를 보고하거나 간사한 자를 보고하거나 모두 상을 주어야 한다.

○王先愼 : 乾道本에 '及'은 '力'으로 되어 있는데, 顧廣圻는 "藏本과 今本에 '力'은 '及'으로 되어 있다."라고 하였다. 내가 살펴보건대 '及'으로 된 것이 옳으니, 지금 이에 의거하여 고쳤다. 아래에 '此宜毁罰之所及也'라 하였으니, '及'으로 바로 되어 있다.

38-7 不以姦聞은 是異於上而下比周於姦者也니 此宜毁罰之所及也니라 今子思不以過聞而穆公貴之요 厲伯以姦聞而穆公賤之니 人情皆喜貴而惡(오)賤이라 故季氏之亂成而不上聞하니 此魯君之所以劫也니라 且此亡(王)〔主〕之俗이어늘

간사한 사람에 대해 보고하지 않는 자는 군주와 마음이 다르고 아래로 간사한 사람과 패거리를 짓는 자이니, 이런 자들에게는 비방과 벌을 가해야 한다.

지금 子思는 허물을 보고하지 않았는데도 穆公은 귀하게 여기고, 子服厲伯은 간사함을 보고하였는데도 목공은 천하게 여겼으니, 사람의 마음이란 모두 귀하게 여겨지는 것을 좋아하고 천하게 여겨지는 것을 싫어하게 마련이다. 그러므로 季氏의 반란이 성사되도록 군주에게 보고하지 않았으니, 이것이 魯나라 군주가 〈계씨에게〉 겁박을 당한 까닭이다. 더욱이 이는 군주를 망하게 하는 풍속인데,

○顧廣圻曰 王은 當作主라

○顧廣圻 : '王'은 '主'가 되어야 한다.

38-8 取(추)魯之民[9]所以自美하고 而穆公獨貴之하니 不亦倒乎아

取魯(郰魯)의 백성들은 스스로 아름답게 여기고 穆公도 〈그들을〉 홀로 귀하게 여겼으니, 또한 거꾸로 된 것이 아니겠는가?"

38-9 文公出亡[10]할새 獻公[11]이 使寺(시)人披[12]로 攻之蒲城[13]이라

晉 文公이 망명을 나갈 무렵에 獻公이 寺人 披로 하여금 蒲城을 공격하게 하였다.

○先愼曰 獻公은 一本에 作獻子하니 誤라

○王先愼 : '獻公'은 어떤 본에 '獻子'로 되어 있는데, 잘못되었다.

38-10 披斬其袪어늘 文公奔翟[14]하고 惠公[15]卽位에 又使攻之(惠竇)〔渭濱〕이어늘

9) 取(추)魯之民 : '取'는 '郰(鄒)'와 통용자이다. 곧 山東省 曲阜의 동남쪽에 있는 고을로 孔子의 고향이고 魯는 魯나라 도성 曲阜를 가리키는데, '取魯之民'은 子思 등 儒家의 무리를 가리킨다.

10) 文公出亡 : 文公은 春秋時代 晉 文公으로, 이름은 重耳이다. 중이의 부친인 晉 獻公이 寵姬 驪姬의 참소를 듣고 太子 申生을 핍박하여 자살하게 하였으며, 公子 중이와 夷吾도 모해를 받아 중이는 北狄으로, 이오는 梁나라로 망명하였다. 후에 이오가 먼저 즉위하니, 바로 惠公이고, 중이는 19년 만에 복귀하여 혜공의 아들 懷公을 죽이고 즉위하였다. 후에 周 襄王을 복위시키고 成濮 전투에서 楚나라를 격파하여 霸業을 이루었다.

11) 獻公 : 春秋時代 晉나라 군주로, 이름은 詭諸이다. 耿·霍·虞·虢 등의 나라를 멸망시켜 날로 强國을 이루었으나, 결국 寵姬 驪姬로 인해 내란이 일어났다.

12) 寺(시)人披 : 寺人은 궁중의 近侍를 이른다. 披의 본명은 勃鞮이며, 자는 伯楚이다.

13) 蒲城 : 晉나라 고을 이름으로 공자 重耳의 封邑이다. 지금의 山西省 隰縣 북동쪽에 있었다.

14) 翟 : 狄과 통용자이다. 북방 소수민족의 일종으로 赤狄·白狄이 있었는데, 지금의 山西省 分陽縣·張治縣 일대에 있었다.

15) 惠公 : 春秋時代 晉나라 군주이다. 獻公의 아들로 이름은 夷吾이다. 驪姬의 참소를 입어 梁나라로 도망쳤다가 헌공이 죽은 뒤에 秦 穆公의 도움으로 귀국하여 제후에 올랐다. 내정을 더욱 어지럽게 했으며 秦나라에게도 번번이 신의를 어겨, 秦나라와의 전쟁에서 패배해 포로가 되었다가 석방되었다.

不得也러라

披가 文公의 소맷자락을 베었는데 문공은 翟(狄) 땅으로 도망쳤고, 惠公이 즉위하자 또 〈혜공이 披에게〉 渭濱을 가서 치게 하였는데 뜻을 이루지 못하였다.

○**顧廣圻曰 惠竇**는 **當依左傳**하야 **作渭濱**이라

○顧廣圻 : '惠竇'는 ≪春秋左氏傳≫ 僖公 24년에 의거하여 '渭濱'이 되어야 한다.

38-11 **及文公反國**하야 **披求見**(현)한대 **公曰 蒲城之役**에 **君令一宿**호되 **而汝卽至**하고 (**惠竇**)〔**渭濱**〕**之難**에 **君令三宿**호되 **而汝一宿**하니 **何其速也**오 **披對曰 君令不二**로소이다 **除君之惡**(오)에 **惟恐不堪**이어늘

文公이 故國에 복귀함에 이르러 披가 뵙기를 청하자, 문공이 물었다.
"蒲城의 싸움에서 군주(獻公)는 하루 뒤에 〈치라고〉 명하였는데도 너는 곧바로 와서 〈쳤고,〉 渭濱의 난리에서 군주(惠公)가 사흘 뒤에 〈치라고〉 명하였는데도 너는 하루 뒤에 〈쳤으니,〉 어찌 그렇게 서둘렀는가?"
披가 대답하였다.
"군주의 명에는 딴마음이 있을 수 없습니다. 군주가 미워하는 자를 없애는 데에 감당해내지 못할까 두려워할 뿐인데,

○**先愼曰 乾道本**에 **無惟字**어늘 **顧廣圻云 藏本今本**에 **有惟字**라하니라 **先愼按 左傳亦有**[16]하니 **今據補**라

○王先愼 : 乾道本에 '惟'자가 없는데, 顧廣圻는 "藏本과 今本에 '惟'자가 있다."라고 하였다. 내가 살펴보건대 ≪春秋左氏傳≫에도 〈'惟'자가〉 있으니, 지금 이에 의거하여 보충하였다.

38-12 **蒲人翟人**이 **余何有焉**이리잇고

蒲城 사람, 翟 땅 사람이 저와 무슨 상관이 있겠습니까?

16) 左傳亦有 : ≪春秋左氏傳≫ 僖公 24년에는 '唯力是視(오직 힘만 볼 뿐이다.)'로 되어 있다.

當時君爲蒲翟之人이라 無臣〔主〕之分[17]이어든 則何有焉고 ○盧文弨曰 注無臣之分之를 馮[18]改主라

舊注：당시에 군주는 蒲城, 翟 땅의 사람일 뿐이라 신하와 군주 사이의 분수가 없었는데, 무슨 상관이 있겠는가?

○盧文弨：舊注의 '無臣之分'의 '之'를 馮舒는 '主'로 고쳤다.

38-13 今公卽位에 其無蒲翟乎[19]잇가 且桓公置射鉤而相管仲[20]이러니이다 君乃見之하니라

지금 공이 즉위하였는데 어찌 蒲城의 일과 翟 땅의 일이 없겠습니까? 또 齊 桓公이 띠쇠에 활을 쏜 것을 且置하고 管仲을 재상으로 삼았습니다."

마침내 文公이 그를 만나보았다.

38-14 或曰 齊晉絶祀[21] 不亦宜乎아 桓公能用管仲之功而忘射鉤之怨하고 文公能聽寺(시)人之言而棄斬袪之罪하니 桓公文公能容二子者也니라 後世之君은 明不及二公이요 後世之臣은 賢不如二子라 以不忠之臣으로 事不明之君할새

---

17) 無臣〔主〕之分：저본에는 '主'가 없으나, 馮舒가 '之'를 '主'로 고친 교감을 따르지 않고, "'之' 앞에 '主'가 생략되었다."라고 한 ≪韓非子新校注≫ 陳奇猷의 설에 의거하여 보충하였다.

18) 馮：≪韓非子≫를 교정한 明末淸初 馮舒를 이른다. 江蘇 常熟 사람으로, 아버지 馮復京을 이어 독실히 공부하여 아우 馮班과 함께 馮氏一家의 학문을 이루었다.

19) 其無蒲翟乎：'其'는 '豈'와 같다. 獻公과 惠公이 蒲城과 翟 땅으로 자신을 자객으로 보냈듯이 重耳가 제후에 즉위한 이상, 포성과 적 땅에서 제후 자리를 노리는 적이 없지 않을 것이므로, 그런 일이 있을 경우에 자신을 쓰라고 한 말이다.

20) 桓公置射鉤而相管仲：齊 襄公이 죽은 뒤 망명하였던 공자 糾와 공자 小白(桓公)이 다투어 복귀하던 중에 管仲이 중도에 숨어 소백에게 활을 쏘았는데, 화살이 소백의 띠쇠에 맞았다. 그런데 소백이 즉위한 뒤에 이를 문제 삼지 않고 관중을 재상으로 삼았다.(≪史記≫ 〈齊世家〉)

21) 齊晉絶祀：齊나라는 원래 姜太公의 후손으로 姜姓에 呂氏였으나 田氏에게 나라를 빼앗겼고, 晉나라가 大夫 가문인 韓氏・魏氏・趙氏 등에 의해 멸망하고 세 나라로 쪼개진 것을 가리킨다.

혹자가 다음과 같이 論評하였다.

“齊나라와 晉나라의 제사가 끊어진 것도 마땅하지 않은가? 齊 桓公은 管仲의 능력을 써서 띠쇠를 쏜 원한은 잊어버렸고, 晉 文公은 寺人의 말을 받아들여 소맷자락을 벤 죄를 묻지 않았으니, 桓公과 文公은 그 두 사람을 용납할 수 있었던 것이다.

후세의 군주는 명석함이 두 군주에게 미치지 못하고 후세의 신하는 현명함이 그 두 사람에게 미치지 못한다. 충성스럽지 못한 신하로서 명석하지 못한 군주를 섬길 적에

○先愼曰 乾道本에 以字在臣字下어늘 顧廣圻云 今本에 以字在不字上이라하니라 先愼按 此當乙이니 今據改라

○王先愼：乾道本에 ‘以’자는 ‘臣’자 아래에 있는데, 顧廣圻는 “今本에 ‘以’자는 ‘不’자 위에 있다.”라고 하였다. 내가 살펴보건대 이는 도치되어야 하니, 지금 이에 의거하여 고쳤다.

38-15 君不知면 則有燕操[22)]

군주가 〈신하의 충성스럽지 못함을〉 알지 못한다면 燕나라의 公孫操,

子之也라

舊注：〈‘燕操’는〉 子之이다.

38-16 子罕[23)]田常[24)]之賊하고 知之면 則以管仲寺人自解리라 君必不誅하고 而

22) 燕操：舊注에서는 燕나라 재상 子之라고 하였으나, ≪史記≫ 〈趙世家〉에 의거하면 趙나라 惠文王 28년에 燕 惠王을 시해한 燕나라 장수 公孫操이다.

23) 子罕：戰國時代 宋나라 桓侯의 司城이었던 皇喜의 字이다. 당시 執政이었던 太宰 戴驩과 정권을 다투다가 桓侯를 시해하고 스스로 즉위하여 宋君이 되었다.(≪史記≫ 〈鄒陽列傳〉)

24) 田常：春秋時代 齊나라의 大夫로 시호는 成子이다. 뒤에 鮑息을 사주하여 悼公을 시해하고 簡公을 세웠다가, 다시 政變을 일으켜 간공을 시해하고 平公을 세운 뒤 제나라의 大權을 장악하고 鮑氏와 晏氏 등의 世族을 죽였다. 그의 曾孫 田和가 齊 康公을 축출하고 齊나라 君主가 되었다. 그리하여 姜太公의 후손인 姜氏는 제후의 지위를 상실하였다.

自以爲有桓文之德이면 是臣讐而明不能燭이요

子罕, 田常 등의 역적이 나타나게 되고, 알아차린다면 管仲이나 寺人 披의 예를 들면서 스스로 변명할 것이다. 군주가 반드시 처벌하지 않고 스스로 桓公과 文公의 덕을 지녔다고 여긴다면 이는 신하가 〈군주를〉 원수로 여기는데도 〈군주의〉 명석함은 그것을 알아차리지 못하는 것이고,

○顧廣圻曰 藏本同이라 今本에 讐下有君字라

○顧廣圻 : 藏本은 같다. 今本에 '讐' 아래에 '君'자가 있다.

38-17 多假之資[25)]하고 自以爲賢而不戒면 則雖無後嗣라도 不亦可乎아

그들에게 많은 권한을 넘겨주고 스스로 현명하다고 여겨 경계하지 않는다면 비록 後嗣가 없어지더라도 옳지 않겠는가?

○王先謙曰 韓子此言은 殆爲楚魏相張儀[26)]之類而發이라

○王先謙 : 韓非子의 이 말은 아마 楚나라와 魏나라에서 張儀를 재상으로 삼은 일과 같은 사례 때문에 말한 것인 듯하다.

38-18 且寺人之言也는 直飭(칙)[27)]君令而不貳者니

또 寺人 披의 말은 단지 군주의 명령을 집행하여 두 마음을 갖지 않은 것이니,

非誠言也라 ○先愼曰 趙本注에 誠作識하니 誤[28)]라

---

25) 資 : '의자하는 바'라는 뜻으로, 곧 권세를 말한다.

26) 張儀 : 戰國時代 魏나라의 유세가이다. 秦 惠文王의 신임을 받아 宰相이 되어, 連衡策을 주창하면서, 魏・趙・韓나라 등 동서〔橫〕로 잇닿은 6국을 설득하여 秦나라를 중심으로 하는 동맹관계를 맺게 하였다. 혜문왕이 죽은 뒤 실각하여 魏나라로 피신하였으며 재상이 되고 1년 만에 죽었다.

27) 飭(칙) : 舊注에서는 '꾸미다', '미화하다'로 보았으나, 여기서는 문맥에 의거하여 '飭'과 통용으로 '신중하다', '준수하다' 등의 뜻으로 보았다.

28) 非誠言也……誤 : 이는 원래 저본의 '直飭' 아래에 달려 있는 注이다. 번역상의 편의로 아래 글 '君令'과 연결하여 이처럼 편집하였다.

舊注 : 〈'飾(식)'은〉 말을 〈꾸며〉 진실하게 하지 않는다는 뜻이다.

○王先愼 : 趙本의 舊注에 '誠'은 '識'으로 되어 있으니, 잘못되었다.

38-19 **則是貞於君也**라 **死君(後)〔復〕**[29]**生**이라도 **臣不愧而後爲貞**이니라

이는 군주에 대한 忠貞이다. 죽은 군주가 다시 살아나더라도 신하가 부끄럽지 않은 다음에야 충정이라고 할 수 있다.

不(皆)〔愧〕[30]死而後爲貞이라 ○先愼曰 乾道本에 下後字作復라 拾補에 上後字亦作復라 盧文弨云 復作後는 譌라 注不字는 疑必이라하고 顧廣圻云 今本에 復作後라 按復後互誤라 生下當更有生字라하니라 先愼按 今本에 復作後하니 是也라 此言君死後臣生不愧는 如荀息立奚齊立卓子之類[31]라야 而後爲貞이라 若君朝卒而讐立이로되 遂臣事之는 非貞也라 此與下文語意相承하야 極爲明顯이라 乾道道藏本에 誤後爲復일새 其義遂晦耳라 上後字不譌니 盧顧說竝非라 改從今本이라

舊注 : 죽은 군주에게 부끄럽지 않은 다음에야 忠貞이라고 할 수 있다.

○王先愼 : 乾道本에 아래 '後'자는 '復'로 되어 있다. ≪群書拾補≫에 위의 '後'자도 '復'로 되어 있다. 盧文弨는 "'復'가 '後'로 된 것은 잘못된 것이다. 舊注의 '不'자는 아마도 '必'인 듯하다."라고 하였고, 顧廣圻는 "今本에 '復'는 '後'로 되어 있다. 살펴보건대 '復'와 '後'는 서로 잘못 바뀌었다. '生' 아래에 다시 '生'자가 있어야 한다."라고 하였다. 내가 살펴

---

29) (後)〔復〕: 저본에는 '後'로 되어 있으나, ≪韓非子新校注≫ 諸家의 注에 의거하여 '復'로 바로잡았다. 王先愼은 '後'로 교감을 하여, 군주가 죽은 뒤에 신하가 살아 있어도 부끄럽지 않은 것이라 하였다. 그러나 ≪國語≫ 〈晉語〉에 "死人復生不悔 生人不愧 貞也(죽은 사람이 다시 살아나도 후회하지 않고 살아있는 사람은 부끄럽지 않은 것이 '貞'이다.)"라고 하였고, ≪史記≫ 〈趙世家〉에 "死者復生 生者不愧(죽은 사람이 다시 살아나더라도 살아 있는 사람이 부끄러워하지 않는다.)"라고 하였고, ≪春秋公羊傳≫ 僖公 10년에 "使死者反生 生者不愧乎其言 則可謂信矣(설사 죽은 사람이 도로 살아나더라도 살아있는 사람이 그 말에 부끄럽지 않으면 '信'이라고 할 수 있다.)"라고 나오는 것으로 보아, 이 말은 본래 옛사람의 成語로 보이며, 따라서 '後'보다 '復'가 타당해 보인다. 王先愼의 교감을 따르지 않았다.

30) (皆)〔愧〕: 저본은 '皆'로 되어 있으나, 의미가 불분명하여 ≪韓非子新校注≫ 陳奇猷의 설에 의거하여 '愧'로 바로잡았다.

31) 荀息立奚齊立卓子之類 : 荀息은 春秋時代 晉나라의 大夫로, 字는 叔이다. 虞나라에게 길을 빌려 虢나라를 滅하고 돌아오는 길에 虞나라마저 멸망시키는 계책을 내어 실행하였다. 뒤에 晉 獻公이 죽고 太子 奚齊가 살해되자 卓子를 세웠으나 탁자가 피살될 때 순식도 죽었다.

보건대 今本에 '復'는 '後'로 되어 있으니, 옳다. 이것은 군주가 죽은 뒤 신하가 살아 있어도 부끄럽지 않음을 말한 것이니, 荀息이 〈晉 獻公이 죽은 뒤〉 太子 奚齊를 세우고 卓子를 세운 것과 같은 경우인 다음에야 忠貞이라 할 수 있다. 만약 군주가 하루아침에 죽고 원수가 즉위하였는데도 결국 신하로서 원수를 섬기면 忠貞이 아니다. 이것이 아래 글과 의미가 서로 이어져서 매우 분명하게 드러난다. 乾道本과 道藏本에 '後'가 잘못 '復'로 되어 있었으므로 그 의미가 마침내 모호해진 것이다. 위의 '後'자는 잘못되지 않았으니, 노문초의 설과 고광기의 설이 모두 틀렸다. 今本을 따라 고쳤다.

38-20 今惠公朝卒而暮事文公이어니 寺人之不貳는 何如오

지금 惠公이 아침에 죽자 저녁에 文公을 섬겼으니, 寺人 披가 말한 '두 마음을 갖지 않는다.'라는 것은 무엇이란 말인가?"

38-21 人有設桓公隱[32)]者하야

어떤 사람이 齊 桓公에게 수수께끼를 내어 아뢰었다.

○先愼曰 乾道本에 連上이어늘 今從趙本하야 提行이라

○王先愼 : 乾道本에는 윗글과 이어져 있으나, 지금 趙本을 따라 행을 바꾸었다.

38-22 曰 一難二難三難은 何也잇고 桓公不能射하고

"첫 번째 환난, 두 번째 환난, 세 번째 환난은 무엇입니까?"
桓公은 맞히지 못하고

○先愼曰 乾道本에 射作對어늘 盧文弨云 對는 藏本作射라하니 今據改라

○王先愼 : 乾道本에 '射'는 '對'로 되어 있는데, 盧文弨는 "'對'는 藏本에 '射'로 되어 있다."라고 하였으니, 지금 이에 의거하여 고쳤다.

38-23 以告管仲한대 管仲對曰 一難也는 近優而遠士요 二難也는 去其國而

32) 隱 : 본의를 숨기고 다른 사물에 빗대어 말하는 것으로 곧 수수께끼를 말한다. 후대에 '言隱'으로도 썼다.

數(삭)**之海**요 **三難也**는 **君老而晩置太子**니이다 **桓公曰 善**하다하고 **不擇日而廟禮太子**하니라

그것을 管仲에게 고하자, 관중이 대답하였다.

"첫 번째 환난은 광대를 가까이하고 선비를 멀리하는 것이며, 두 번째 환난은 도성을 떠나 자주 바다에 가는 것이며, 세 번째 환난은 군주가 늙었는데도 늦게 太子를 세우는 것입니다."

桓公이 "좋은 말이오." 하고, 길일을 가릴 새도 없이 宗廟에서 태자를 책봉하는 예를 행하였다.

38-24 **或曰 管仲之射隱**은 **不得也**라 **士之用**은 **不在近遠**이요 **而俳優侏儒**는 **固人主之所與燕也**니 **則近優而遠士**하야 **而以爲治**라도 **非其難者也**라 **夫處勢而不能用其有**하야

혹자가 다음과 같이 論評하였다.

"管仲은 수수께끼를 제대로 맞힌 것이 아니다. 선비를 등용하는 것은 〈그와 군주의 거리가〉 멀고 가까운 데 달려 있는 것이 아니고, 배우와 난장이는 본래 군주가 함께 노는 자들이니 배우를 가까이하고 선비를 멀리하면서 다스리더라도 환난이 되는 것은 아니다. 권세 있는 자리에 있으면서도 가진 권세를 제대로 쓰지 못해서

○**先愼曰 乾道本**에 **勢作世**어늘 **盧文弨云 世張本作勢**라하고 **顧廣圻云 藏本**에 **世作勢**하니 **是也**라하니 **今據改**라

○王先愼 : 乾道本에 '勢'는 '世'로 되어 있는데, 盧文弨는 "'世'는 張本에 '勢'로 되어 있다."라고 하였고, 顧廣圻는 "藏本에 '世'는 '勢'로 되어 있으니, 옳다."라고 하였으니, 지금 이에 의거하여 고쳤다.

38-25 **而悖**[33]**不去國**하니

33) 悖 : 顧廣圻는 '悖'로 교감하였으나 의미가 불분명하여, '惑(정신이 어지러움, 미혹됨)'으로 풀이한 ≪韓非子新校注≫ 陳奇猷의 설에 의거하여 번역하였다.

미혹되어 國都를 떠나지 못하니,

○顧廣圻云 藏本同이라 今本에 悖作徒어늘 按悖當作恃라

○顧廣圻 : 藏本은 같다. 今本에 '悖'는 '徒'로 되어 있는데, 살펴보건대 '悖'는 '恃'가 되어야 한다.

38-26 是以一人之功禁一國일새니라 以一人之力禁一國者는 少能勝之라 明能照遠姦而見隱微하야 必行之令이면 雖遠於海라도 內必無變이라 然則去國之海而不劫殺이니 非其難者也니라 楚成王[34]置商臣[35]以爲太子하고 又欲置公子職[36]한대 商臣作難하야 遂弑成王하니라 公子宰는 周太子也러니

楚나라 商臣이 궁에 들어가 아버지를 시해하다〔楚商臣入宮弑父〕

이는 혼자 힘으로 한 나라를 잡도리하려고 하였기 때문이다. 혼자 힘으로 한 나라를 잡도리하려고 하는 사람은 감당할 수 있는 경우가 드물다.

〈군주의〉 명석함이 멀리 있는 간사함을 환히 알아차리고 숨겨져 드러나지 않은 것을 꿰뚫어보아 반드시 명령이 실행되게 한다면 비록 멀리 바다에

34) 楚成王 : 春秋時代 楚나라 군주이다. 文王의 아들로, 이름은 惲이다. 형 莊敖를 죽이고 스스로 왕위에 올랐다.

35) 商臣 : 楚 成王의 아들인 穆公이다. 성왕을 시해하고 스스로 왕위 올랐다.

36) 公子職 : 楚 成王의 庶子이자, 商臣의 庶弟이다. 성왕이 아들 상신을 太子로 세웠다가 職으로 다시 바꾸려고 하자 상신이 亂을 일으켜 성왕을 시해하였다.

가더라도 國都 내에는 반드시 변고가 없을 것이다. 그렇다면 국도를 떠나 바다에 가더라도 위협을 당하거나 죽임을 당하지 않을 것이니, 환난이 되지는 않는다.

楚 成王이 商臣을 太子로 삼아놓고 다시 孔子 職으로 바꾸고자 하자, 상신이 난을 일으켜 마침내 成王을 시해하였다. 공자 宰는 周나라 太子였는데,

○先愼曰 六微篇에 宰作朝니 說見上이라

○王先愼 : ≪韓非子≫ 〈內儲說 下 六微篇〉에 '宰'는 '朝'로 되어 있으니, 설명은 위에 보인다.

38-27 公子根[37)]有寵하야 遂以東州反하니

公子 根이 총애를 입어 마침내 東州(東周) 땅을 가지고 반란을 일으키니,

○顧廣圻曰 州讀爲周라 見六微篇이라

○顧廣圻 : '州'는 '周'로 읽어야 한다. 〈內儲說 下 六微篇〉에 보인다.

38-28 分而爲兩國이라 此皆非晩置太子之患也니라 夫分勢不二하고 庶孼卑하며 寵無藉하면 雖處耄老하고

두 나라로 쪼개지고 말았다. 이는 모두 太子를 늦게 세워서 일어난 환난이 아니다. 〈태자에게〉 권세를 나눠줄 때 둘로 나누지 말고 庶孼들의 지위를 낮추며, 총애받는 사람이 〈권세를〉 빙자하지 못하게 하면 비록 〈군주가〉 늙은 나이에 이르고

○先愼曰 乾道本에 耄老作大臣하니 誤라 改從趙本이라 庶孼卑句라 寵無藉는 謂所寵之人이 無借以權勢也라

○王先愼 : 乾道本에 '耄老'는 '大臣'으로 되어 있으니, 잘못되었다. 趙本을 따라 고쳤다. '庶孼卑'에 구두를 끊어야 한다. '寵無藉'는 총애받는 사람이 권세를 빙자하지 못하게 함

37) 公子根 : 周 威公의 작은 아들로 東周 惠公이라고 부른다. 위공은 河南桓公 揭의 아들인데 환공이 작은 아들 根을 鞏에 봉하여 周王을 받들게 한 후 東周라 하고, 하남은 西周라 하였다.

을 이른다.

38-29 晩置太子라도 可也니라 然則晩置太子라도 庶孽不亂하니 又非其難也니라 物之所謂難者는 必借人成勢而勿使侵害己니

늦게 太子를 세우더라도 괜찮다. 그렇다면 늦게 태자를 세우더라도 庶孽들이 난을 일으키지 않을 것이니, 또한 환난이 되지 않는다.

세상에서 이른바 어렵다고 할 만한 일은 반드시 남에게 권력을 빌려주어 세력을 이루어주고는 그가 자신을 침해하지 못하도록 하는 것이니,

○先愼曰 乾道本에 無使字어늘 盧文弨云 使字脫이니 張本有라하니 今據補라

○王先愼 : 乾道本에 〈'勿使侵害己'의〉 '使'자가 없는데, 盧文弨는 "'使'자가 탈락되었으니, 張本에는 있다."라고 하였으니, 지금 이에 의거하여 보충하였다.

38-30 可謂一難也요 貴妾不使二后니 〔可謂〕二難也요

이것이 첫 번째 어려움이라고 할 수 있고, 姬妾을 귀하게 여기면서도 王后에 나란하게 하지 않는 것이니, 이것이 두 번째 어려움이라 할 수 있으며,

○先愼曰 二后는 猶竝后也라 二難上에 依上下文하야 當有可謂二字라

○王先愼 : '二后'는 '竝后'와 같다. '二難' 위에 위아래 글에 의거하여 '可謂' 두 글자가 있어야 한다.

38-31 愛孽不使危正適하고 專聽一臣而不敢(隅)〔偶〕君이니

庶孽을 사랑한다고 해도 嫡長子를 위태롭게 하지 않고 한 신하의 말만 오로지 들어주면서도 그가 감히 군주와 맞먹지 않도록 하는 것이니,

○顧廣圻曰 藏本同이라 今本에 隅作偶니 按隅當作愚라 先愼曰 隅偶形近易(이)譌라 詩抑에 維德之隅라하야늘 劉熊碑[38]에 作偶니 是二字古人已有誤者라 此隅當

38) 劉熊碑 : 원래 이름은 漢酸棗令劉熊碑이며, 또는 劉孟陽碑라고도 한다. 碑의 주인인 劉熊의 자는 孟陽이고 廣陵(지금의 江蘇省 揚州) 海西 사람이다. 後漢 光武帝 劉秀의 玄孫으로, 酸棗

作偶니 顧說非라

○顧廣圻 : 藏本은 같다. 今本에 '隅'는 '偶'로 되어 있으니, 살펴보건대 '隅'는 '愚'가 되어야 한다.

王先愼 : '隅'와 '偶'는 字形이 비슷해서 잘못되기가 쉽다. ≪詩經≫ 〈抑篇〉에 "維德之隅(지닌 덕의 징표이다.)"라 하였는데, 劉熊의 碑에 '偶'로 되어 있으니, 이 두 글자는 옛사람들이 이미 잘못 쓰는 경우가 있었다. 이 '隅'자는 '偶'가 되어야 하니, 고광기의 설은 틀렸다.

38-32 此則可謂三難也니라

이것을 세 번째 어려움이라고 할 수 있다."

38-33 葉(섭)公子高[39] 問政於仲尼한대

葉公子高가 仲尼에게 정치에 대해 묻자,

○先愼曰 乾道本에 連上이어늘 今從趙本하야 提行이라

○王先愼 : 乾道本에는 윗글과 이어져 있는데, 지금 趙本을 따라 행을 바꾸었다.

38-34 仲尼曰 政在悅近而來遠이니이다 哀公問政於仲尼한대 仲尼曰 政在選賢이니이다 齊景公問政於仲尼한대 仲尼曰 政在節財니이다 三公出한대 子貢問曰 三公問夫子政一也로되 夫子對之不同은 何也잇고 仲尼曰 葉은 都大而國小하야 民有背心이라 故曰 政在悅近而來遠이라하니라 魯哀公은 有大臣三人[40]하야 外障距諸侯四隣之士하고 內比周하야 而以愚其君하며

현령을 지냈다. 일찍 斷毁되었다고 알려졌다가 1915년 금석가 顧燮光이 이 비의 비음 殘石 부분을 찾아 얻었는데, 8行이며 모두 63字이며, 현재 하남성 延津縣 문화관에 보관되어 있다고 한다.

39) 葉(섭)公子高 : 春秋時代 楚나라 사람으로 姓은 沈이고, 이름은 諸梁, 子高는 자이다. 葉縣의 장관이었는데, 참칭하여 葉公이라 한 것이다.

40) 大臣三人 : 魯 桓公의 후손으로 노나라의 정권을 좌지우지한 孟孫, 叔孫, 季孫을 가리킨다.

仲尼가 대답하였다.

"정치는 가까운 곳에 있는 사람을 기쁘게 하고 먼 곳에 있는 사람을 오게 하는 데 있습니다."

魯 哀公이 중니에게 정치를 묻자, 중니가 대답하였다.

"정치는 현명한 사람을 뽑아 쓰는 데 있습니다."

齊 景公이 중니에게 정치를 묻자, 중니가 대답하였다.

"정치는 재물을 절제하는 데 있습니다."

세 군주가 나가자, 子貢이 물었다.

"세 군주가 夫子께 똑같이 정치를 물었는데, 부자께서 다르게 대답하신 것은 무슨 까닭입니까?"

子貢

중니가 말하였다.

"葉 땅은 都市는 큰데 비해 都城은 작아서 백성들이 배반하는 마음을 갖고 있다. 그래서 '정치는 가까운 곳에 있는 사람을 기쁘게 하고 먼 곳에 있는 사람을 오게 하는 데 있다.'라고 한 것이다.

노 애공에게는 세 大臣이 있어서 밖으로는 제후나 사방의 선비를 막고 안으로는 패거리를 지어 군주를 어리석게 만들며,

○先愼曰 趙本에 其作於라

○王先愼 : 趙本에 〈'以愚其君'의〉 '其'는 '於'로 되어 있다.

38-35 **使宗廟不掃除**하고 **社稷不血食者**하니 **必是三臣也**라 **故曰 政在選賢**이라하니라 **齊景公**은 **築雍門**[41]하고 **爲路寢**[42]하며 **一朝而以三百乘之家賜者三**[43]이라

---

41) 雍門 : 齊나라 都城의 西門 이름이다.

42) 路寢 : ≪春秋公羊傳≫ 莊公 32년에 "路寢이란 무엇인가? 正寢이다.〔路寢者何 正寢也〕"라고

宗廟를 청소하지 못하게 하고 社稷에는 희생을 올리지 못하게 하니, 반드시 이 세 大臣들 때문이다. 그래서 '정치는 현명한 사람을 뽑아 쓰는 데 있다.'라고 한 것이다.

齊 景公은 雍門을 쌓고, 路寢을 지었으며, 하루아침에 3백 乘의 兵車를 보유한 封地를 세 차례나 하사하였다.

謂以大夫之(業世)〔菜地〕賜與爲寢(也)〔者〕라 ○先愼曰 注世는 趙本作也라 盧文弨云 業也는 當作菜地요 又寢也는 當作寢者라

舊注 : 大夫에게 내려주는 菜地를 가지고 路寢을 지은 것을 이른다.

○王先愼 : 舊注의 '世'는 趙本에 '也'로 되어 있다. 盧文弨는 "'業也'는 '菜地'가 되어야 하고, 또 '寢也'는 '寢者'가 되어야 한다.

38-36 故曰 政在節財라하니라

그래서 '정치는 재물을 절제하는 데 있다.'라고 한 것이다."

38-37 或曰 仲尼之對는 亡國之言也니라 葉(섭)民有倍心하야

혹자가 다음과 같이 論評하였다.

"仲尼의 대답은 나라를 망치는 말이다. 葉 땅 백성들이 배반하는 마음을 갖고 있다고 하여

○先愼曰 乾道本에 葉作恐이어늘 盧文弨云 恐은 張本作葉이라하니 今據改라

○王先愼 : 乾道本에 '葉'은 '恐'으로 되어 있는데, 盧文弨는 "'恐'은 張本에 '葉'으로 되어 있다."라고 하였으니, 지금 이에 의거하여 고쳤다.

하였다. 곧 정침은 諸侯가 머무는 正殿을 가리킨다. 또는 ≪淮南子≫ 〈要略〉에 "〈齊 景公이〉 여색을 좋아하는 데 분별이 없어서 궁전의 正寢을 지었다.〔好色無辨 作爲路寢之臺〕"라고 한 데 의거하여 正寢의 高臺라고도 한다.

43) 以三百乘之家賜者三 : 舊注는 세 대부에게 각각 내려주는 3백 乘의 菜地를 가지고 路寢을 지은 것이라고 하였는데, 여기서는 ≪韓非子新校注≫ 陳奇猷의 설에 의거하여, 雍門을 쌓는 것, 路寢을 지은 것과 더불어 또 한 가지 사실로 보고 번역하였다.

38-38 而說(세)之悅近而來遠이라하면

〈葉公에게〉'가까운 곳에 있는 사람을 기쁘게 하고 먼 곳에 있는 사람을 오게 해야 한다.'고 유세하면

○先愼曰 乾道本에 說上有誠字어늘 顧廣圻云 藏本今本에 無誠字라하니 今據刪이라

○王先愼 : 乾道本에 '說' 위에 '誠'자가 있는데, 顧廣圻는 "藏本과 今本에 '誠'자가 없다."라고 하였으니, 지금 이에 의거하여 삭제하였다.

38-39 則是敎民懷惠니라 惠之爲政이면 無功者受賞이요 (則)〔而〕[44]有罪者免이니 此法之所以敗也니라 法敗而政亂이니

이는 백성들로 하여금 은혜를 기대하도록 하는 것이다. 은혜를 베푸는 것으로 정치를 한다면 공이 없는 자가 상을 받을 것이고 죄를 지은 자가 벌을 면할 것이니, 이것이 법이 무너지는 이유이다. 법이 무너지면 정치가 어지러워지니,

○先愼曰 乾道本에 無政字어늘 顧廣圻云 藏本今本에 有라하니 今據增이라

○王先愼 : 乾道本에 '政'자가 없는데, 顧廣圻는 "藏本과 今本에 있다."라고 하였으니, 지금 이에 의거하여 보충하였다.

38-40 以亂政治敗民은 未見其可也니라 且民有倍心者는 君上之明이 有所不及也어늘 不(紹)〔昭〕[45]葉公之明하고

어지러운 정치로 마음이 난폭한 백성을 다스리는 경우에 제대로 된 것을 아직 본 적이 없다. 또 백성들이 배반하는 마음을 갖는 것은 군주의 현명함이 미치지 못하는 점이 있기 때문인데 葉公의 현명함을 일깨워주지 않고

---

44) (則)〔而〕: 저본에는 '則'으로 되어 있으나, 陳奇猷의 ≪韓非子新校注≫, 張覺 ≪韓非子全譯≫ 등 여러 본에 의거하여 '而'로 바로잡았다.

45) (紹)〔昭〕: 저본에는 '紹'로 되어 있으나, "'紹'는 '昭(일깨우다)'가 되어야 한다."라고 한 ≪韓非子新校注≫ 陳奇猷의 설에 의거하여 '昭'로 바로잡았다.

○盧文弨曰 紹는 淩本에 作昝라 顧廣圻曰 句有誤라 孫詒讓曰 紹는 當作詔라 謂誥告之以尙明之義라 紹詔는 形聲竝相近이라

○盧文弨 : '紹'는 淩本에 '昝'로 되어 있다.

顧廣圻 : 句에 오류가 있다.

孫詒讓 : '紹'는 '詔'가 되어야 한다. 현명함을 높이는 의리로써 고해 아룀을 이른다. '紹'와 '詔'는 字形과 소리가 모두 비슷하다.

38-41 而使之悅近而來遠하니 是舍吾勢之所能禁하고 而使與(不)〔下〕行惠以爭民이니

가까운 곳에 있는 사람을 기쁘게 하고 먼 곳에 있는 사람을 오게 하였으니, 이는 禁令을 내릴 수 있는 군주 자신의 권세를 버리고 신하들과 더불어 은혜를 베풀어 民心을 다투게 하는 것이니,

○顧廣圻曰 藏本同이라 今本不作天下二字라 按不字當作下니 形近誤라 今本添天字는 誤甚이라

○顧廣圻 : 藏本은 같다. 今本에 '不'은 '天下' 두 글자로 되어 있다. 살펴보건대 '不'자는 '下'자가 되어야 하니, 字形이 비슷해서 잘못된 것이다. 今本에 '天'자를 첨가한 것은 매우 잘못되었다.

38-42 非能持勢者也니라 夫堯之賢은 六王[46]之冠也로되 舜一(從而咸包)〔徙而成邑〕[47]하니 而堯無天下矣러라 有人無術以禁下하고 恃爲舜而不失其民이면 不亦無術乎아 明君見小姦於微라 故民無大謀하고 行小誅於細라 故民無大亂하니 此謂圖難於其所易(이)也하고

이는 권세를 유지할 수 있는 방도가 아니다. 堯의 현명함은 여섯 왕의 으뜸이지

46) 六王 : 堯, 舜, 禹, 湯, 文王, 武王을 가리킨다.

47) (從而咸包)〔徙而成邑〕: 저본에는 '從而咸包'로 되어 있으나, ≪管子≫ 〈治國篇〉, ≪呂氏春秋≫ 〈貴因篇〉 등에 "舜徙而成邑"이라는 구절이 있으므로, 이에 의거하여 '徙而成邑'으로 바로잡았다.

만 舜이 한 번 거처를 옮길 때마다 〈백성들이 모여들어〉 고을을 이루니, 堯는 천하를 잃게 되었다. 어떤 군주가 法術을 가지고 신하를 제어하지 못하고 舜에게 의지하여 백성을 잃지 않으려 한다면 또한 법술이 없는 게 아니겠는가?

현명한 군주는 작은 간사함을 은미할 때 발견하기 때문에 백성들이 큰 음모를 꾀하지 못하고, 자잘한 잘못에 대해서도 징벌을 행하기 때문에 백성들은 큰 변란을 일으키지 못하니, 이것을 일러 '어려운 일은 쉬운 데서 도모하고,

○顧廣圻曰 藏本今本에 難下有者字라

○顧廣圻 : 藏本과 今本에 '難' 아래에 '者'자가 있다.

38-43 爲大者於其所細也[48)]라하니라 今有功者必賞이면 賞者不得[49)]君이라

큰일은 자잘한 데서 대처한다.'라고 하는 것이다. 이제 공을 세운 자가 반드시 상을 받게 되면 상을 받은 자는 군주의 은혜 덕분이 아니라

○顧廣圻曰 得은 當作德이라

○顧廣圻 : '得'은 '德'이 되어야 한다.

38-44 力之所致也요 有罪者必誅면 誅者不怨上이요 罪之所生也니라 民知誅(罰)〔賞〕之皆起於身也라

자기 힘으로 이룬 것이라고 여길 것이고, 죄를 지은 자가 반드시 처벌되면 처벌을 받은 자는 군주를 원망하는 것이 아니라 자기가 지은 죄 때문이라고 여길 것이다. 〈이렇게 되면〉 백성들은 賞罰이 모두 자기에게서 비롯된다는 것을 안다.

○顧廣圻曰 罰은 當作賞이라

○顧廣圻 : '罰'은 '賞'이 되어야 한다.

---

48) 圖難於其所易(이)也 爲大者於其所細也 : ≪老子≫ 63장에 "圖難於其易 爲大於其細"라고 나온다.

49) 得 : 顧廣圻는 '德'으로 교감하였으나, '得'과 '德'은 옛날에 통용하였으므로 교감하지 않았다.

38-45 故疾功利於業이요

그래서 자기의 일에서 공적과 이익을 이루려고 급급할 것이고

○先愼曰 拾補에 疾作習이어늘 盧文弨云 張本에 作疾이라하고 顧廣圻云 藏本同이라 今本에 疾作習하니 誤라하니라

○王先愼 : ≪群書拾補≫에 '疾'은 '習'으로 되어 있는데, 盧文弨는 "張本에 '疾'로 되어 있다."라고 하였고, 顧廣圻는 "藏本은 같다. 今本에 '疾'은 '習'으로 되어 있으니, 잘못되었다." 라고 하였다.

38-46 而不受賜於君이니라 太上은 下智有之라하니

군주에게 〈은덕을〉 받으려고 하지 않을 것이다. '가장 좋은 〈군주는〉 백성들이 〈그가〉 있는 것만 아는 것이다.' 하였으니,

○顧廣圻曰 智는 讀爲知라 按此老子第十七章文이라

○顧廣圻 : '智'는 '知'로 읽는다. 살펴보건대, 이것은 ≪老子≫ 제17장의 글이다.

38-47 此言太上之下民無說(열)也니

이는 가장 좋은 군주는 백성들이 〈군주의 政事 유무에 대하여〉 기뻐할 것이 없다는 말이니,

○盧文弨曰 張本에 無民字라

○盧文弨 : 張本에 '民'자가 없다.

38-48 安取懷惠之民이리오 上君之民無利害하니 說(세)以悅近來遠은 亦可舍已니라 哀公有臣外障距하고 內比周하야 以愚其君일새 而說(세)之以選賢하니 此非功伐之論也요 選其心之所謂賢者也니라 使哀公知三子外障距內比周也인댄 則三子不一日立矣어늘 哀公不知選賢하고 選其心之所謂賢이라 故三子得任事니라 燕子噲[50]는

어찌 군주의 은혜를 기대하는 백성을 얻겠는가? 최상의 군주가 다스리는 백성은 이해관계에 흔들리지 않으니, '가까운 곳에 있는 사람을 기쁘게 하고 먼 곳에 있는 사람을 오게 해야 한다.'고 유세한 것은 역시 폐기해야 하는 것이다.

魯 哀公에게 權臣이 있어서 밖으로 〈제후나 선비를〉 막고 안으로 패거리를 지어 군주를 어리석게 만들었으므로 '현명한 사람을 뽑아 써야 한다.'고 유세하였으니, 이는 공적을 중심으로 한 논리가 아니라 군주가 마음속으로 현명하다고 여기는 자를 뽑으라는 것이다. 가령 세 권신이 밖으로 〈제후나 선비를〉 막고 안으로 패거리를 짓는다는 것을 애공이 알았다면 세 권신은 하루도 조정에 있지 못했을 것인데, 애공은 현명한 사람을 뽑을 방법을 모른 채 그저 자기 마음속으로 현명하다고 여기는 자를 뽑았다. 그래서 세 권신이 정사를 제멋대로 행한 것이다. 燕나라 子噲는

○顧廣圻曰 藏本同이라 今本에 子作王하니 誤라

○顧廣圻 : 藏本은 같다. 今本에 '子'는 '王'으로 되어 있으니, 잘못되었다.

38-49 **賢子之而非孫卿**[51)]이라

子之를 현명하다고 여기고 孫卿(荀子)을 배척하였으므로

○顧廣圻曰 孫卿은 荀卿也라 其事未詳이라

○顧廣圻 : 孫卿은 荀卿이다. 이에 관한 일은 자세하지 않다.

38-50 **故身死爲僇**하고 **夫差**[52)]는 **智太宰嚭而愚子胥**라 **故滅於越**이러라 **魯君不**

---

50) 子噲 : 戰國時代 燕나라 군주이다. 蘇秦 등의 유세를 받아들여 재상 子之에게 제후 자리를 넘겨주었다가 내란이 일어났고, 齊나라의 침입을 받아 죽었다.

51) 孫卿 : 荀子를 가리킨다. 戰國時代 楚나라 사람으로, 이름은 況이다. 韓非子, 李斯 등이 그의 문하에서 배웠다. 학자들이 존중하여 荀卿이라고 하였는데, 漢나라 때 宣帝의 휘(詢)를 피하여 孫卿이라고 하였다고 한다. 저술로 ≪荀子≫가 전한다.

52) 夫差 : 春秋時代 吳나라 군주이다. 아버지 闔閭가 越나라 王 句踐에게 패해 죽자 복수하였으나, 구천을 죽여야 한다는 伍子胥의 말을 듣지 않고 월나라에 뇌물을 받은 太宰 伯嚭의 꾐에 넘어가 구천을 살려주었고, 뒤에 결국 월나라의 공격으로 패하여 나라가 망하였다.

必知賢이로되 **而說**(세)**以選賢**하니 **是使哀公有夫差燕**噲**之患也**니라 **明君不自擧臣**하고 (臣)〔功〕**相進也**요

몸이 죽어 욕을 당하였고, 夫差는 太宰 伯嚭를 지혜롭다 하고 伍子胥를 어리석게 여겼으므로 越나라에 멸망하였다. 魯나라 군주가 현명한 사람을 꼭 알아보는 것은 아닌데도 현명한 사람을 뽑으라고 유세하였으니, 이는 哀公으로 하여금 夫差나 燕나라 子噲와 같은 환난을 겪게 하는 것이다.

현명한 군주는 스스로 신하를 등용하지 않고 공적에 따라 서로 나아가게 하고,

○顧廣圻曰 臣은 當作功이라

○顧廣圻 : '臣'은 '功'이 되어야 한다.

38-51 **不自〔選〕賢**하고

스스로 현명한 사람을 뽑지 않고

○顧廣圻曰 賢上에 當脫選字라

○顧廣圻 : '賢' 위에 응당 '選'자가 탈락되었다.

38-52 **功自徇也**니라

공적을 세운 사람이 자연히 따르도록 한다.

○顧廣圻曰 藏本同이라 今本에 重功字하니 誤라 自作相이라

○顧廣圻 : 藏本은 같다. 今本에 '功'자가 중복되어 있으니, 잘못되었다. 〈今本에〉 '自'는 '相'으로 되어 있다.

38-53 **論之於任**하고 **試之於事**하며 **課之於功**이라 **故群臣公正而無私**하야

직무를 맡김에 잘 따져보고 실제 사무에서 시험하고 공적을 놓고 평가한다. 그러므로 모든 신하들은 公明正大하고 사사로움이 없어서

○先愼曰 乾道本에 正作政이어늘 今據趙本하야 改라

○王先愼 : 乾道本에 '正'은 '政'으로 되어 있는데, 지금 趙本에 의거하여 고쳤다.

38-54 **不隱賢**하고 **不進不肖**라 **然則人主奚勞於選賢**이리오 **景公以百乘之家賜**일새 **而說(세)以節財**하니 **是使景公無術以享厚樂**이라

현명한 사람을 숨기지 않고 어리석은 사람을 진출하게 하지 않는다. 이렇게 되면 군주가 어찌 현명한 사람을 뽑는 일로 수고하겠는가?

齊 景公이 1백 乘의 병거를 보유한 封地를 하사하였으므로 '재물을 절제하라.'고 유세하였으니, 이는 景公으로 하여금 法術을 써서 부유한 즐거움을 누리게 하는 것이 아니라

○**先愼曰 以享厚樂**은 **乾道本**에 **作使智□之侈**하고 **藏本**에 **作使智之侈**라 **改從今本**이라

○王先愼 : '以享厚樂'은 乾道本에 '使智□之侈'로 되어 있고, 藏本에 '使智之侈'로 되어 있다. 今本을 따라 고쳤다.

38-55 **而獨儉於上**이니 **未免於貧也**니라 **有君以千里養其口腹**이면 **則雖桀紂**라도 **不侈焉**이라 **齊國方三千里**어늘 **而桓公**은 **以其半自養**하니 **是侈於桀紂也**라 **然而能爲五霸冠者**는 **知侈儉之地也**니라 **爲君不能禁下而自禁者**를 **謂之劫**이요 **不能飾(칙)下而自飾者**를 **謂之亂**이요 **不〔能〕節下而自節者**를 **謂之貧**이니라

군주만 위에서 검약하게 한 것이니, 가난을 면하지 못한다. 어떤 군주가 사방 천 리나 되는 땅으로 제 입과 배를 불린다면 비록 桀이나 紂와 같은 폭군이라도 이보다 사치스러울 수 없을 것이다. 齊나라는 사방 3천 리나 되는데, 桓公은 그 절반을 자기 욕심을 채우는 데 썼으니, 이는 桀이나 紂보다 사치스러운 것이다. 그런데도 五霸의 으뜸이 될 수 있었던 것은 사치할 경우와 검약할 경우를 〈분별할 줄〉 알았기 때문이다.

군주가 되어 신하를 억제하지 못하고 스스로 억제하는 것을 '劫(겁을 먹음)'이라고 하고, 신하를 바로잡지 못하고 스스로 바로잡는 것을 '亂(어지러움)'이라고 하

며, 신하를 절약하게 하지 못하고 스스로 절약하는 것을 '貧(가난함)'이라고 한다.

○先愼曰 依上文컨대 不下에 當有能字라

○王先愼 : 윗글에 의거하면 '不' 아래에 '能'자가 있어야 한다.

38-56 明君使人無私하야 以詐而食者를 禁하고 力盡於事하야 歸利於上者를 必聞하며 聞者를 必賞하고 汚穢爲私者를 必知하며 知者를 必誅하니 然故忠臣盡忠於公하고

현명한 군주는 사람들로 하여금 사사로운 마음을 품지 않게 하여 속임수로 녹을 먹는 것을 금하고, 힘을 다해 일하게 해서 군주에게 이익을 돌리는 자를 반드시 소문나게 하며 소문난 자를 반드시 포상하고, 부정한 짓으로 사사로운 이익을 챙기는 자를 반드시 알려지게 하며 알려진 자를 반드시 주벌하니, 그렇게 하면 忠臣은 公務에 충성을 다하고

○先愼曰 乾道本엔 公上에 有方字어늘 顧廣圻云 藏本今本에 無方字라 按句有誤라하니라 先愼按 方字는 衍이라 然故는 卽然則也라 王引之經傳釋詞云 故는 猶則也라하니라 忠臣盡忠於上과 與民士竭力於家와 百官精剋於上은 一律이니 公上에 不當有方字일새 今據删이라

○王先愼 : 乾道本에는 '公' 위에 '方'자가 있는데, 顧廣圻는 "藏本과 今本에 '方'자가 없다. 살펴보건대 句에 오류가 있다."라고 하였다. 내가 살펴보건대 '方'자는 衍文이다. '然故'는 곧 '然則'이다. 王引之의 ≪經傳釋詞≫에 "'故'는 '則'과 같다."라고 하였다. '忠臣盡忠於上', '民士竭力於家', '百官精剋於上'은 句法이 똑같으니, '公' 위에 '方'자가 있어서는 안 되므로 지금 이에 의거하여 삭제하였다.

38-57 民士竭力於家하며 百官精剋於上하니

백성과 선비들은 집안에서 힘을 다하며, 백관들은 조정에서 청렴하여 사욕을 이기니,

精廉剋己라

舊注 : 〈'精剋'은〉 청렴하여 사욕을 이긴다는 뜻이다.

38-58 侈倍景公이라도 非國之患也니라

사치가 景公의 배나 되더라도 나라의 환난은 아니다.

但如上이면 雖侈라도 非國之患也라 ○先愼曰 乾道本注에 但作伊어늘 據趙本하야 改라

舊注 : 다만 위와 같이 하면 비록 사치하더라도 나라의 환난은 되지 않는다.
○王先愼 : 乾道本의 舊注에 '但'은 '伊'로 되어 있는데, 趙本에 의거하여 고쳤다.

38-59 然則說(세)之以節財는 非其急者也니라 夫對三公하되 一言而三公可以無患은 知下之謂也니라 知下明이면

그렇다면 '재물을 절제하라.'고 유세한 것은 급선무로 할 것은 아니다. 세 군주(葉公, 哀公, 景公)에게 대답하되 한마디로 세 군주가 환난을 당하지 않도록 할 수 있는 것은 아랫사람을 알아야 한다는 것이다. 아랫사람을 분명하게 알면

○顧廣圻曰 也下에 當有脫文이라 此知下明則云云은 哀公之無患也요 下文知下明則云云은 景公之無患也라 所脫爲葉(섭)公之無患也니 因知下明則複出而誤漏之耳라

○顧廣圻 : '也' 아래에 응당 탈락된 글이 있다. 여기의 '知下明則……'은 哀公에게 환난이 없음이고, 아래 글의 '知下明則……'은 景公에게 환난이 없음이다. 빠진 것이 葉公에게 환난이 없다는 것이니, '知下明則'이 중복되어 나옴에 따라 잘못 빠뜨렸을 뿐이다.

38-60 則禁於微요 禁於微면 則姦無積이요

〈일이〉 미미할 때 억제할 수 있고, 미미할 때 억제하면 간사한 일이 쌓일 수 없으며,

○先愼曰 乾道本에 不重禁於微三字어늘 顧廣圻云 今本에 重禁於微라 按此當更有라하니 今據補라

○王先愼 : 乾道本에 '禁於微' 세 글자가 중복되지 않았는데, 顧廣圻는 "今本에 '禁於微'가 중복되어 있다. 살펴보건대 이 구절은 거듭 있어야 한다."라고 하였으니, 지금 이에 의거하여 보충하였다.

38-61 姦無積이면 則無比周요 無比周면 則公私分이요 公私分이면 則朋黨散이요 朋黨散이면 則無外障距內比周之患이라 知下明이면 則見精(沐)〔悉〕이요

간사한 일이 쌓일 수 없다면 패거리 짓는 일이 없어지고, 패거리 짓는 일이 없어지면 공적인 일과 사사로운 이익이 구분되며, 공적인 일과 사사로운 이익이 구분되면 朋黨이 흩어지고, 붕당이 흩어지면 밖으로 〈제후나 선비를〉 가로막고 안으로 패거리를 짓는 환난이 없어질 것이다. 아랫사람을 분명하게 알면 見識이 정밀하고 자세해질 것이고,

○王渭曰 精沐二字疑라 孫詒讓曰 精沐은 疑當爲精悉이라 說文에 悉은 詳盡也라하니라 悉은 或變作悉(채)요 又譌作怵하니 與沐形近하야 因而致誤라

○王渭 : '精沐' 2자는 의심스럽다.

孫詒讓 : '精沐'은 아마도 '精悉'이 되어야 한다. ≪說文解字≫에 "'悉'은 상세함을 다함이다."라고 하였다. '悉'은 혹 변해서 '悉'로 되기도 하고 '怵'로 잘못 되기도 하니, '沐'과 字形이 비슷해서 그 때문에 잘못된 것이다.

38-62 見精(沐)〔悉〕이면 則誅賞明이요 誅賞明이면 則國不貧이라 故曰 一對而三公無患은 知下之謂也라하니라

見識이 정밀하고 자세해지면 처벌과 포상이 公明해질 것이고, 처벌과 포상이 공명해지면 나라가 가난해지지 않을 것이다. 그래서 '한마디로 대답하되 세 군주가 환난을 당하지 않도록 할 수 있는 것은 아랫사람을 알아야 한다는 것이다.'라고 한 것이다."

韓子以齊桓侈於桀紂猶未虧德으로 形於翰墨하야 著以爲敎하니 一何逆理之甚고 其不得死秦獄은 未必不由此也라 ○先愼曰 趙本에 無此注文이라 盧文弨云 張本에 有라하니라

舊注 : 韓非子는 齊 桓公이 桀이나 紂보다 사치하였으되 오히려 德을 손상하지 않았다는 것으로 글에 써서 드러내 가르침을 삼았으니, 한결같이 어찌 이리도 심하게 이치를 어긴단 말인가? 그가 秦나라 옥에서 정상적인 죽음을 얻지 못한 것은 꼭 이러한 이유 때문이 아니라고 할 수는 없을 것이다.

○王先愼 : 趙本에는 舊注의 이 글이 없다. 盧文弨는 "張本에는 있다."라고 하였다.

38-63 鄭子産[53]晨出하야 過東匠之閭할새

鄭나라 子産이 새벽에 집을 나서 東匠이라는 마을을 지날 적에

○先愼曰 乾道本에 東作朿이어늘 顧廣圻云 論衡에 朿作東하고 閭作宮이라하니라 先愼按 張榜本趙本에 竝作東하니 今據改라

○王先愼 : 乾道本에 '東'은 '朿'으로 되어 있는데, 顧廣圻는 "《論衡》에 '朿'은 '東'으로 되어 있고, '閭'는 '宮'으로 되어 있다."라고 하였다. 내가 살펴보건대 張榜本과 趙本에 모두 '東'으로 되어 있으니, 지금 이에 의거하여 고쳤다.

子産

38-64 聞婦人之哭하고 撫其御之手而聽之라가 有閒에 遣吏執而問之하니 則手絞其夫者也러라

어떤 부인의 곡하는 소리를 듣고 마부의 손을 눌러 〈수레를 멈추게 하고는 귀를 기울여〉 듣다가 잠시 뒤에 관리를 보내 잡아와서 訊問하니, 곧 남편을 손으로 목 졸라 죽인 여인이었다.

53) 鄭子産 : 鄭나라는 周 宣王의 庶弟인 友가 봉해진 나라로, 河南省 중부 黃河 이남이 있었던 나라이다. 子産은 春秋時代 정나라의 대부로 성은 公孫, 이름은 僑이다. 정나라의 執政으로 있는 동안 정나라가 크게 다스려졌다.

○顧廣圻曰 論衡에 絞作殺하고 下異日作翼日이라

○顧廣圻 : ≪論衡≫에 '絞'는 '殺'로 되어 있고, 아래 '異日'은 '翼日'로 되어 있다.

38-65 異日에 其御問曰 夫子何以知之잇가 子産曰 其聲懼러라 凡人於其親愛也에 始病而憂하고 臨死而懼하며 已死而哀니라 今哭已死어늘 不哀而懼하니 是以知其有姦也로라

다른 날에 마부가 물었다.

"大夫께서는 어떻게 아셨습니까?"

子産이 말하였다.

"그 소리에 두려움이 담겨 있었다. 무릇 사람은 친애하는 사람에 대해 처음 병들었을 적에는 근심하고, 죽기에 이르면 두려워하며, 죽고 난 뒤에는 슬퍼하게 마련이다. 지금 〈남편이〉 이미 죽은 것을 곡하는데 슬퍼하지 않고 두려움이 담겨 있으니, 이 때문에 간악한 짓을 한 것을 알았다."

38-66 或曰 子産之治는 不亦多事乎아

혹자가 다음과 같이 論評하였다.

"子産의 다스림은 또한 번거롭지 않은가?

不以法度而用智라 故曰多事也라

舊注 : 법도로 하지 않고 지혜를 썼으므로 번거롭다고 한 것이다.

38-67 姦必待耳目之所及하고 而後知之면

간악한 일에 대해 반드시 자신의 귀로 듣고 눈으로 보고 난 뒤에 알게 된다면

○先愼曰 乾道本에 姦必은 作必姦이어늘 據趙本改라 論衡非韓篇에 正作姦必이라

○王先愼 : 乾道本에 '姦必'은 '必姦'으로 되어 있는데, 趙本에 의거하여 고쳤다. ≪論衡≫ 〈非韓篇〉에 '姦必'로 바로 되어 있다.

38-68 則鄭國之得姦者 寡矣리라 不任典成之吏[54)]하고

鄭나라는 간악한 자를 잡는 경우가 적을 것이다. 訟事의 판결을 주관하는 관리에게 맡기지 않고

典은 主也니 謂因事而責成之라 ○先愼曰 論衡에 成作城이라 乾道本注에 因作其어늘 據趙本改라

舊注 : '典'은 주관함이니, 일에 따라 성공하기를 요구함을 이른다.

○王先愼 : ≪論衡≫에 '成'은 '城'으로 되어 있다. 乾道本의 舊注에 '因'은 '其'로 되어 있는데, 趙本에 의거하여 고쳤다.

38-69 不察參伍[55)]之政하며

여러 방면으로 비교하여 검증하는 정사를 살피지 않으며,

○先愼曰 論衡에 政作正하니 二字古通이라

○王先愼 : ≪論衡≫에 '政'은 '正'으로 되어 있으니, 두 글자는 예전에 통용하였다.

38-70 不明度量하고 恃盡聰明勞智慮하야

법도를 분명하게 하지 않고 자신의 총명을 다 쓰고 지혜와 사려를 힘쓰는 것만 믿어서

○先愼曰 乾道本에 盡作毒이어늘 顧廣圻云 藏本今本에 毒作盡이라 按此以毒與勞對文이라하니라 先愼案 顧說非라 論衡에 亦作盡하니 今據改라 論衡에 恃作待는 誤니 當依此訂正이라

○王先愼 : 乾道本에 '盡'은 '毒'으로 되어 있는데, 顧廣圻는 "藏本과 今本에 '毒'은 '盡'으

54) 典成之吏 : 訟事를 판결하는 일을 맡은 관리이다. 陳奇猷의 ≪韓非子新校注≫에 劉師培는 '成'은 訟事를 판결하는 뜻이라고 하였다. 舊注의 설을 따르지 않았다.

55) 參伍 : ≪韓非子≫ 〈二柄篇〉에 "參之以比物 五之以合虛(셋으로 나누어 사물을 비교하고 다섯으로 나누어 허수에 합치시킨다.)"라고 나오는데, 곧 여러 방면으로 살피고 비교하여 검증하는 것을 이른다.

로 되어 있다. 살펴보건대 이는 '毒'과 '勞'가 對文이다."라고 하였다. 내가 살펴보건대 顧廣圻의 설은 틀렸다. ≪論衡≫에 역시 '盡'으로 되어 있으니, 지금 이에 의거하여 고쳤다. ≪論衡≫에 '恃'가 '待'로 된 것은 잘못된 것이니, 이 글에 의거하여 바로잡아야 한다.

38-71 **而以知姦**하니 **不亦無術乎**아 **且夫物衆而智寡**하니 **寡不勝衆**이라 (智不足以徧知物)**故因物以治物**이니라 **下衆而上寡**하니 **寡不勝衆**이라 (者言君不足以徧知臣也)**故因人以知人**이라

간악함을 알아내려고 하니, 또한 法術이 없는 것이 아니겠는가? 또 사물이 많은데 비해 智慮는 적으니, 적은 것으로는 많은 것을 이길 수가 없다. 그래서 사물에 의거해 사물을 다스리는 것이다. 신하는 많고 군주는 적으니, 적은 수로 많은 수를 이길 수 없다. 그래서 사람에 의지하여 사람을 알아내는 것이다.

謂若因龍以治鱗蟲하고 因鳳以治羽鳥也니라 ○先愼曰 乾道本에 故下有則字라 顧廣圻云 今本에 無則字라하니라 兪樾云 故則二字는 無義라 趙本刪則字하니 當從之라 惟此文有從舊注羼入者니 韓子原文當云 且夫物衆而智寡일새 寡不勝衆이라 故因物以治物이라 下衆而上寡일새 寡不勝衆이라 故因人以知人이라 舊注於上句寡不勝衆云 言智不足以徧知物也라하고 於下句寡不勝衆云 言君不足以徧知臣也어늘 傳寫誤入正文하고 而又有錯誤하야 遂參差(참치)而不可讀矣라하니라 先愼案 兪說是라 則字는 依趙本刪[56]이라

舊注 : 〈'因物以治物'은〉 용에 의거해 비늘 달린 짐승을 다스리고 봉황에 의거해 날짐승을 다스리는 따위를 이른다.

○王先愼 : 乾道本에 '故' 아래에 '則'자가 있다. 顧廣圻는 "今本에 '則'자가 없다."라고 하였다. 兪樾은 "'故則' 두 글자는 뜻이 없다. 趙本에 '則'자를 삭제하였으니, 따라야 한다. 이 문장은 舊注에서 섞여 들어온 글이 있다. ≪韓非子≫의 원문은 응당 '且夫物衆而智寡 寡不勝衆 故因物以治物 下衆而上寡 寡不勝衆 故因人以知人'이 되어야 한다. 舊注는 위 구의 '寡不勝衆'에 대해 '智不足以徧知物也(智慮는 사물을 두루 알 수 없다.)'라 하고, 아래 구의 '寡不勝衆'에 대해 '君不足以徧知臣也(군주는 신하를 두루 알 수 없다.)'라고 한 것인데,

56) 謂若因龍以治鱗蟲……依趙本刪 : 이는 원래 저본의 '故因物以治物' 아래에 달려 있는 注이다. 注의 내용과 번역상의 편의로 아래 글 '下衆而上寡'와 연결하여 이처럼 편집하였다.

옮겨 쓰면서 正文에 잘못 들어갔고 또 착오가 있게 되어 마침내 어긋나버려서 읽을 수 없게 된 것이다."라고 하였다. 내가 생각하건대 兪樾의 설이 옳다. '則'자는 趙本에 의거하여 삭제하였다.

38-72 是以形體不勞而事治하고 **智慮不用而姦得**이라 **故宋人語曰 一雀過羿**[57]에 **羿必得之**면 **則羿誣矣**니라

그렇기 때문에 몸을 힘들게 하지 않아도 일은 다스려지고, 智慮를 쓰지 않아도 간악한 짓을 잡아낼 수 있다. 그러므로 宋나라 사람의 말에 '참새 한 마리가 羿 앞을 지나갈 때마다 羿가 족족 잡는다고 한다면 羿의 허풍인 것이다.

羿雖善射나 見雀未必一一得之라 故曰誣也라 ○先愼曰 乾道本에 不重羿字어늘 盧文弨云 凌本에 重羿字라하니 今據增[58]이라

舊注 : 羿가 비록 활을 잘 쏘았으나 참새를 보면 반드시 모두 잡지는 못한다. 그러므로 허풍을 치는 것이라고 한 것이다.

○王先愼 : 乾道本에 '羿'자가 중복되어 있지 않은데, 盧文弨는 "凌本에 '羿'가 중복되어 있다."라고 하였으니, 지금 이에 의거하여 보충하였다.

38-73 以天下爲之羅면 **則雀不失矣**리라 **夫知姦亦有大羅**면 **不失其一而已矣**니라 **不修其理**하고 **而以己之胸察爲之弓矢**면 **則子産誣矣**니라 **老子曰 以智治國**은 **國之賊也**[59]라하야늘 **其子産之謂矣**인저

천하로써 그물을 삼는다면 참새를 놓치지 않을 것이다.' 하였다. 간악한 짓을 알아내는 데도 큰 그물이 있다면 하나도 놓치지 않을 것이다. 法理를 정비하지 않고 자기의 판단을 가지고 〈羿의〉 활과 화살처럼 썼으니, 子産의 허풍인 것이다.

---

57) 羿 : 夏나라 때 하늘에 떠 있는 아홉 개의 해를 쏘아 하나만 남겼다는 전설상의 명궁이다. 太康을 폐위하고, 國號를 有窮이라고 칭하였는데, 뒤에 그 신하 寒浞에게 시해되었다고 한다.(≪書經≫ 〈夏書 五子之歌〉, ≪史記≫ 〈夏本紀〉)

58) 增 : 저본의 원주에 "'增'은 원본에 '刪'으로 되어 있으나, 글뜻에 의거하여 고쳤다.〔增 原本作刪 據文義改〕"라고 하였다.

59) 以智治國 國之賊也 : ≪老子≫ 65장에 나온다.

老子가 말하기를 '지혜로 나라를 다스리는 것은 나라를 해치는 일이다.'라고 하였으니, 아마도 자산을 이름일 것이다."

38-74 秦昭王[60]問於左右曰 今時韓魏孰與始强가 **左右對曰 弱於始也**니이다 **今之如耳[61]魏齊[62]**는 **孰與曩之孟常[63]芒卯[64]**아

秦 昭王이 측근 신하에게 물었다.
"오늘날 韓나라와 魏나라는 처음보다 강해졌는가?"
측근 신하가 대답하였다.
"처음보다 약해졌습니다."
〈昭王이 물었다.〉
"오늘날의 如耳와 魏齊는 예전의 孟常(孟嘗君)이나 芒卯에 비해 어떠한가?"

○**盧文弨曰 常**은 **張本**에 **作嘗**하니 **下同**이라

○盧文弨 : '常'은 張本에 '嘗'으로 되어 있으니, 아래도 같다.

38-75 對曰 不及也니이다 **王曰 孟常芒卯率**(솔)**强韓魏**라도 **猶無奈寡人何也**오

측근 신하가 대답하였다.
"미치지 못합니다."
昭王이 말하였다.

---

60) 秦昭王 : 戰國時代 秦나라 군주로 昭襄王이라고도 한다. 이름은 稷이고, 惠王의 아들이자, 武王의 異母弟이다. B.C. 306년에 즉위하여 56년 동안 재위하였다.

61) 如耳 : 戰國時代 魏나라 사람으로, 衛나라에서도 벼슬하였다. ≪史記≫ 〈魏世家〉의 ≪史記正義≫에 "〈如耳는〉 魏나라 大夫의 성명이다."라고 하였다.

62) 魏齊 : 戰國時代 魏나라 사람으로, ≪史記≫ 〈魏世家〉의 ≪史記索隱≫에는 魏나라 大夫라고 하였고, ≪戰國策≫ 〈魏策〉의 注에는 魏나라 相이라고 하였다.

63) 孟常 : 戰國時代 齊나라 사람으로, 흔히 孟嘗君이라고 한다. 이름은 田文이다. 齊 緡王 때 齊나라 재상을 지냈는데, 식객이 수천 명이나 되었다고 한다. 田甲의 난에 魏나라로 도망쳐 魏 昭王 때 재상이 되었다.

64) 芒卯 : 戰國時代 齊나라 사람으로 孟卯라고도 한다. 변론에 뛰어나 魏나라의 相을 지냈다.

"孟常과 芒卯가 강한 韓나라와 魏나라를 이끌더라도 과인에게 어찌하지 못하지 않겠는가?"

○顧廣圻曰 策에 下有今以無能之如耳魏齊 帥(솔)弱韓魏以攻秦이라도 其無奈寡人何 亦明矣라 先愼曰 說苑敬愼篇에 亦有하니 疑此脫이라

○顧廣圻 : ≪戰國策≫ 〈秦策〉에는 아래에 "今以無能之如耳魏齊 帥弱韓魏以攻秦 其無奈寡人何 亦明矣(지금 무능한 如耳・魏齊가 약해진 韓나라・魏나라의 군대를 거느리고 우리 秦나라를 공격하더라도 과인에게 어찌하지 못할 것이 분명하다.)"가 있다.

王先愼 : ≪說苑≫ 〈敬愼篇〉에도 〈≪전국책≫ 〈진책〉에 나오는 내용이〉 있으니, 아마도 여기에는 탈락된 듯하다.

38-76 左右對曰 甚然이로소이다 中期[65)]伏瑟而對

측근 신하가 대답하였다.
"정말 그렇습니다."
中期가 瑟 위에 엎드려 대답하였다.

○先愼曰 各本에 伏瑟은 作推琴이라 顧廣圻云 史記魏世家云 中旗憑琴이라하야늘 索隱云 按戰國策에 作推琴하고 春秋後語에 中旗伏琴이어늘 而韓子에 作推瑟하고 說苑에 作伏瑟하니 文各不同이라 按索隱에 引此作瑟하니 是也라 推는 當作憑이니 憑伏同字라 難二篇云 師曠伏琴而笑之라하니라 先愼案 御覽四百五十九에 引作中旗伏瑟이라하니 今據改라

○王先愼 : 各本에 '伏瑟'은 '推琴'으로 되어 있다. 顧廣圻는 "≪史記≫ 〈魏世家〉에 '中旗憑琴(中期가 琴 위에 엎드리다.)'이라고 하였는데, ≪史記索隱≫에 '살펴보건대 ≪戰國策≫에 「推琴」으로 되어 있고, ≪春秋後語≫에 「中旗伏琴」으로 되어 있는데, ≪韓非子≫에 「推瑟」로 되어 있고 ≪說苑≫에 「伏瑟」로 되어 있으니, 글이 저마다 같지 않다.' 하였다. 살펴보건대 ≪사기색은≫에서 이 글을 인용하면서 '瑟'로 되어 있으니, 옳다. '推'는 '憑'이 되어야 하니, '憑'과 '伏'은 同字이다. ≪韓非子≫ 〈難二篇〉에 '師曠伏琴而笑之(師曠이 琴 위에 엎드려 웃다.)'라고 나온다."라고 하였다. 내가 살펴보건대 ≪太平御覽≫ 권459에 이

---

65) 中期 : 戰國時代 秦나라 樂師이다. ≪史記≫에는 '中旗', ≪說苑≫에는 '申旗'로 나온다.

글을 인용하면서 "中旗伏瑟"이라 하였으니, 지금 이에 의거하여 고쳤다.

38-77 曰 王之料天下過矣로소이다 **夫六晉之時**[66]에 **知氏最强**하야 **滅范中行**(항)하니이다 **又率韓魏之兵**하야 **以伐趙**하야

"왕께서 천하의 〈형세를〉 판단하시는 것이 잘못되었습니다. 晉나라 六卿이 執政하던 시대에 知氏(智氏)가 가장 강성하여 范氏와 中行氏를 멸망시켰습니다. 또 韓氏와 魏氏의 군대를 거느리고 趙氏를 쳐서

○先愼曰 各本에 又率作而從이어늘 今據御覽하야 改라 說苑亦作又率이라

○王先愼 : 各本에 '又率'은 '而從'으로 되어 있는데, 지금 ≪太平御覽≫에 의거하여 고쳤다. ≪說苑≫에도 '又率'로 되어 있다.

38-78 灌以晉水[67]하니 **城之未沈者三板**[68]이러니이다 **知伯出**에 **魏宣子御**하고 **韓康子爲驂乘**하니 **知伯曰 始吾不知水可以滅人之國**이러니 **吾乃今知之**로라 **汾水可以灌安邑**[69]하고 **絳水可以灌平陽**[70]이로다 **魏宣子**肘**韓康子**한대 **康子踐宣子之足**하니 肘**足接乎車上**하야 **而知氏分於晉陽之下**러니이다 **今足下雖强**이나 **未若知氏**요 **韓魏雖弱**이나 **未至如其晉陽之下也**니이다

---

66) 六晉之時 : 春秋時代 말기 晉나라의 知氏, 韓氏, 趙氏, 魏氏, 范氏, 中行氏가 6卿의 자격으로 실권을 장악한 시기를 말한다. '知氏'는 흔히 '智氏'라고도 한다.

67) 灌以晉水 : 知伯이 趙襄子에게 땅을 달라고 요구하였으나 주지 않자 趙氏의 도성인 晉陽을 공격하여 주변에 흐르는 晉水의 물을 끌어들여 晉陽城 안으로 흘려보냈다.

68) 未沈者三板 : 城의 三板 정도만 물이 들어차지 않았다는 말이다. 板은 옛날 흙담을 다져 쌓을 때 양옆에 대는 널빤지로, 한 板의 높이는 두 자[尺]이고, 길이는 여덟 자이다.

69) 汾水可以灌安邑 : 汾水는 山西省 寧武縣 管涔山에서 발원하여 서쪽으로 흘러 平陽을 지나 黃河로 유입하는 강이다. 安邑은 魏宣子의 封邑으로, 지금의 山西省 夏縣에 있었다. 강이 경유하는 지역으로 보아 安邑과 다음 조의 平陽이 서로 바뀌었다는 설이 있다.(≪史記≫ 〈趙世家〉, ≪水經注≫ 〈汾水〉)

70) 絳水可以灌平陽 : 絳水는 山西省 屯留縣의 북서쪽 盤秀口에서 발원하여 潞城縣 경계의 濁漳水로 흘러드는 강이다. 平陽은 韓康子의 封邑으로, 지금의 山西省 臨汾市 남쪽에 있었다.(≪後漢書≫ 〈郡國志〉, ≪讀史方輿紀要≫ 〈山西 平陽府 絳水〉)

智伯이 강물을 터서 晋陽城을 잠기게 하다〔智伯決水灌晋陽〕

晉水를 터서 〈城 안으로〉 물을 흘려보내니, 城이 물에 잠기지 않은 것이 三板 정도에 불과했습니다. 知伯이 나왔을 적에 魏宣子는 수레를 몰고 韓康子는 侍衛하여 모시고 탔는데, 知伯이 말하기를 '나는 애초에 물이 남의 나라를 망하게 하리라는 것을 몰랐었는데, 이제야 알았노라. 汾水는 安邑에 물을 흘려보내 잠기게 할 수 있고, 絳水는 平陽에 물을 흘려보내 잠기게 할 수 있겠구나.' 하였습니다. 그러자 魏宣子가 팔꿈치로 韓康子의 〈옆구리를 찔러 경계의 뜻을 보이자〉 韓康子는 魏宣子의 발을 밟아 〈알았다는 뜻을 표했습니다.〉 수레 위에서 팔꿈치와 발이 접촉함으로써 知氏의 땅이 晉陽의 아래에서 쪼개졌습니다. 지금 군주께서 강성하다고 하지만 知氏만 못하고, 韓나라와 魏나라가 약하다고는 하지만 晉陽城 아래에 있을 때 정도는 아닙니다.

○先愼曰 其字는 疑衍이라

○王先愼 : 〈'其晉陽之下也'의〉 '其'자는 衍文인 듯하다.

38-79 此天下方用肘足之時니 願王勿易(이)之也하노이다

지금이 천하가 막 〈비밀히〉 팔꿈치와 발을 쓰려고 하는 때이니, 왕께서는 쉽게 여기지 마시기 바랍니다."

38-80 或曰

혹자가 다음과 같이 論評하였다.

○先愼曰 乾道本에 連上이어늘 今從趙本하야 提行이라

○王先愼 : 乾道本에는 윗글과 이어져 있는데, 지금 趙本을 따라 행을 바꾸었다.

38-81 昭王之問也有失하고 左右中期之對也有過로다 凡明主之治國也에 任其勢하니라 勢不可害면 則雖强天下라도 無奈何也어든 而況孟常芒卯韓魏能奈我何오 其勢可害也면 則不肖如如耳魏齊와

"秦 昭王이 물은 것도 잘못이 있고 측근 신하와 中期의 대답도 허물이 있다. 무릇 현명한 군주가 나라를 다스릴 때에는 〈모든 일을〉 권세에 맡긴다. 권세가 손상되지 않는다면 비록 강력한 천하 제후라 하더라도 어찌하지 못하는데, 하물며 孟常과 芒卯, 韓나라와 魏나라 등이 우리(秦)에게 어찌할 수 있겠는가? 그런데 그 권세가 손상되면 如耳나 魏齊와 같은 어리석은 자와

○先愼曰 乾道本에 不重如字어늘 盧文弨云 脫이니 凌本에 重이라하니 今據補라

○王先愼 : 乾道本에 '如'자가 중복되지 않았는데, 盧文弨는 "탈락되었으니, 凌本에는 중복되어 있다."라고 하였으니, 지금 이에 의거하여 보충하였다.

38-82 及韓魏라도 猶能害之니라 然則害與不侵은 在自恃而已矣니 奚問乎아 自恃其不可侵이면

〈지금의〉 韓나라와 魏나라라 할지라도 〈秦나라를〉 침해할 수 있다. 그렇다면 침해를 당하고 침해를 당하지 않고는 자기 스스로를 신뢰하는 데 달려 있을 뿐인데, 어찌 물을 것이 있겠는가? 스스로 남에게 침해당하지 않는 〈권세를〉 신뢰한다면

○先愼曰 下自字는 趙本에 作曰이라 盧文弨云 曰字는 譌라하니라

○王先愼 : 아래(自恃其不可侵) '自'자는 趙本에 '曰'로 되어 있다. 盧文弨는 "'曰'자는 잘못된 글자이다."라고 하였다.

38-83 則强與弱奚其擇焉고

〈적국이〉 강한지 약한지를 어찌 따질 필요가 있겠는가?

○**先愼曰 乾道本**에 **無則字**어늘 **顧廣圻云 藏本今本**에 **有則字**라하니 **今據補**라

○王先愼 : 乾道本에 '則'자가 없는데, 顧廣圻는 "藏本과 今本에 '則'자가 있다."라고 하였으니, 지금 이에 의거하여 보충하였다.

38-84 夫不能自恃하고

저 〈秦 昭王은〉 자기 스스로를 신뢰하지 못하고

○**先愼曰 乾道本**에 **夫不能**은 **作失在不**이어늘 **今據趙本改**라

○王先愼 : 乾道本에 '夫不能'은 '失在不'로 되어 있는데, 지금 趙本에 의거하여 고쳤다.

38-85 而問其奈何也며 **其不侵也幸矣**로다 **申子**[71]**曰 失之數而求之信**이면 **則疑矣**라하니 **其昭王之謂也**니라 **知伯無度**하야 **從韓康魏宣而圖以水灌滅其國**하니

〈적국들이 자기 秦나라를〉 어찌할지를 물으며 침범당하지 않는 것을 다행으로 여겼다. 申子(申不害)가 말하기를 '法術을 놓쳐버리고 〈다른 데서〉 믿음을 구하려 하면 미혹되기 마련이다.' 하였으니, 곧 昭王을 두고 한 말이다. 知伯은 분별이 없어서 韓康子와 魏宣子를 거느리고 있으면서 물을 흘려보내 그들의 나라를 멸망시키려고 도모하였으니,

○**先愼曰 其**는 **拾補**에 **作人**이라 **盧文弨云 其字**는 **譌**라하니라 **先愼案 盧說非**라 **其**는 **指韓魏言**이니 **卽上汾水灌安邑絳水灌平陽也**라

○王先愼 : 〈'其國'의〉 '其'는 ≪群書拾補≫에 '人'으로 되어 있다. 盧文弨는 "'其'자는 잘못된 글자이다."라고 하였다. 내가 살펴보건대 盧文弨의 설은 틀렸다. '其'는 韓氏와 魏氏를 가리켜 한 말이니, 곧 위의 汾水를 安邑에 흘려보내고 絳水를 平陽에 흘려보낸다는

---

71) 申子 : 戰國時代 鄭나라 사람으로, 申不害를 높여 이른 말이다. 韓나라가 鄭나라를 멸하였을 때, 韓 昭侯에 의해 相이 되었다. 刑名學의 대가이며 법가사상 중에 특히 '術'을 강조하였다. ≪漢書≫ 〈藝文志〉에 ≪申子≫ 6篇이 전한다고 나온다.

것이다.

38-86 **此知伯之所以國亡而身死**하야 **頭爲飮杯**[72]**之故也**니라 **今昭王乃問孰與始强**하니 **其(未)〔畏〕有水人之患(也)〔乎〕**[73]인저

이는 知伯이 나라를 잃고 몸은 죽어서 두개골이 술잔이 된 까닭이다. 지금 昭王이 〈韓나라와 魏나라가〉 처음보다 강해졌는가를 물었으니, 아마도 남의 나라를 물로 〈공격했다가 도리어 자기가 망한〉 환난을 두려워한 것이리라.

○先愼曰 乾道本에 未作畏하고 也作乎라 盧文弨云 凌本秦本에 畏作未하고 乎作也라하고 顧廣圻云 畏字當有誤어늘 未詳이라하니라 先愼按 畏未는 聲近而譌라 未有水人之患은 與安有肘足之事로 文法一律이니 今據改라

○王先愼：乾道本에 '未'는 '畏'로 되어 있고 '也'는 '乎'로 되어 있다. 盧文弨는 "凌本과 秦本에 '畏'는 '未'로 되어 있고 '乎'는 '也'로 되어 있다."라고 하였고, 顧廣圻는 "'畏'자는 응당 오류가 있을 것인데, 상고할 수 없다."라고 하였다. 내가 살펴보건대 '畏'와 '未'는 성음이 비슷해서 잘못된 것이다. '未有水人之患'은 '安有肘足之事'와 문법이 일치되니, 지금 이에 의거하여 고쳤다.

38-87 **雖有左右**라도 **非韓魏之二子也**어든 **安有肘足之事**리오 **而中期曰 勿易**(이)라하니 **此虛言也**니라 **且中期之所官**은 **琴瑟也**라 **絃不調**하고 **弄不明**이면 **中期之任也**니 **此中期所以事昭王者也**니라 **中期善承其任**이라도 **未慊昭王也**어늘 **而爲所不知**하니 **豈不妄哉**리오 **左右對之曰 弱於始與不及**은 **則可矣**어니와 **其曰 甚然**은

---

72) 頭爲飮杯：趙氏가 知伯에게 등을 돌린 韓氏, 魏氏와 연합하여 지백을 죽인 뒤, 그를 원망한 나머지 두개골로 술잔을 만들었다.(≪戰國策≫〈趙策〉)

73) 其(未)〔畏〕有水人之患(也)〔乎〕：'水人之患'은 강물을 끌어들여 남의 나라를 멸하려고 함으로써 얻게 되는 환난을 말한다. 곧 知伯이 강물을 韓氏와 魏氏 쪽으로 흘려보내려고 꾀하다가 자기가 멸망하게 된 환난을 가리킨다. 乾道本에 따라 읽는 것이 문맥에 더 순조로우므로 王先愼의 교감을 따르지 않았다. ≪韓非子新校注≫, ≪韓非子全譯≫, ≪新譯韓非子≫(三民書局) 등도 모두 乾道本과 같다.

비록 측근 신하가 있어도 그들은 韓나라, 魏나라의 두 군주가 아닌데, 어찌 팔꿈치로 〈찌르고〉 발로 밟아 〈신호를 보내는 짓을〉 하겠는가? 그런데 中期가 '쉽게 여기지 말라.'고 말했으니, 이는 허황된 말이다. 또 중기가 맡은 관직은 琴이나 瑟을 연주하는 일이다. 줄이 제대로 조율되지 않고 곡조가 분명하지 않으면 중기의 책임이니, 이는 중기가 昭王을 섬기는 이유이다. 중기가 그 책임을 잘 수행하더라도 아직 소왕을 흡족하게 할 수 없을 터인데, 잘 알지도 못하는 영역을 말했으니 어찌 허망한 짓이 아니겠는가? 측근 신하가 '처음보다 약해졌습니다.'라고 대답하거나 '미치지 못합니다.'라고 대답한 것은 괜찮지만, '정말 그렇습니다.'라고 말한 것은

○盧文弨曰 四字句라

○盧文弨 : 〈'其曰甚然'의〉 네 글자가 한 구가 된다.

38-88 **則諛也**니라 **申子曰 治不踰官**이요 **雖知**라도 **不言**이라하니 **今中期不知**로되 **而尙言之**라 **故曰 昭王之問有失**이요 **左右中期之對皆有過也**라하니라

아첨한 것이다. 申子(申不害)가 말하기를 '일을 처리할 때 직분을 넘지 말고 비록 알더라도 말하지 말라.' 하였으니, 지금 中期는 알지도 못하면서 오히려 말을 하였다. 그래서 '昭王이 물은 것도 잘못이 있고, 측근 신하와 중기의 대답도 허물이 있다.'고 한 것이다."

38-89 **管子曰 見其可**하면 **說**(열)**之**하야 **有證**[74]하고 **見其不可**하면 **惡**(오)**之**하야 **有形**[75]이니라 **賞罰信於所見**이면 **雖所不見**이라도 **其敢爲之乎**아 **見其可**로되 **說之**하고 **無證**하고

管子가 말하였다.

---

74) 有證 : 신하의 좋은 점을 보고 기뻐한 데 대한 구체적 징험을 말하는데, 곧 賞을 내림을 말한다.

75) 有形 : 신하의 나쁜 점을 보고 미워한 데 대한 구체적 표현을 말하는데, 곧 罰을 내림을 말한다.

"〈신하의〉 좋은 점을 보면 그것을 기뻐하여 상을 주고, 나쁜 점을 보면 그것을 미워하여 벌을 내려야 한다. 자기가 본 대로 상과 벌이 확실하게 시행된다면 비록 보지 못하는 곳에선들 감히 〈나쁜 짓을〉 하겠는가? 좋은 점을 보고서도 기뻐하기만 하고 상은 내리지 않고

○先愼曰 乾道本에 證上有說字어늘 顧廣圻云 藏本今本에 無下說字라하니 先愼按 說字涉上文而衍이니 今據刪이라

○王先愼 : 乾道本에 〈'無證'의〉 '證' 위에 '說'자가 있는데, 顧廣圻는 "藏本과 今本에 아래의 '說'자는 없다."라고 하였다. 내가 살펴보건대 '說'자는 윗글에 관련이 되어 잘못 들어간 글자이니, 지금 이에 의거하여 삭제하였다.

38-90 見其不可로되 惡之하고 無形하야 賞罰不信於所見하면 而求所不見之外라도 不可得也니라

나쁜 점을 보고서도 미워하기만 하고 벌을 내리지 않아서 자기가 본 대로 상과 벌이 확실하게 시행되지 않는다면 보지 못하는 곳에서 〈나쁜 짓을 하지 않기를〉 바라더라도 될 수가 없는 것이다."

38-91 或曰 廣廷嚴居하야는 衆人之所肅也요 宴室[76]獨處하야는 曾史[77]之所優也니라

혹자가 다음과 같이 論評하였다.

"넓은 조정의 위엄 있는 곳에 있을 적에는 사람들이 엄숙하기 마련이고, 側室에 홀로 들어앉아 있을 적에는 曾參이나 史鰌 같은 이들도 태만해지기 마련이다.

---

76) 宴室 : 편안히 쉬는 側室을 말한다. ≪漢書≫ 〈賈山傳〉의 集注에 "편안히 쉬는 것을 '宴'이라 한다.〔安息曰宴〕"라고 하였고, ≪大戴禮記≫ 〈保傅〉의 注에 "宴室은 내실에 달린 작은 방이니, 기거하는 방의 곁에 있다. 側室이라고도 한다.〔宴室郟室 次于宴寢也 亦曰側室〕"라고 하였다.

77) 曾史 : 孔子의 제자 曾參과 衛나라 대부 史魚를 말한다. 曾參은 효행으로 널리 알려졌으며, 史魚는 이름이 鰌, 자가 子魚로, 공자가 그의 강직함을 칭찬하였다.

○先愼曰 優은 趙本에 作慢하니 古字通用이라

○王先愼 : '優'은 趙本에 '慢'으로 되어 있으니, 古字에 통용이다.

38-92 觀人之所肅이면 非行情也요

사람이 엄숙하게 있는 것만 살펴보면 행위의 진정은 아닌 것이고

○顧廣圻曰 藏本同이라 今本에 行作得하니 誤라

○顧廣圻 : 藏本은 같다. 今本에 '行'은 '得'으로 되어 있으니, 잘못되었다.

38-93 且君上者는 臣下之所爲飾也니 好惡(오)在所見이면 臣下之飾姦物以愚其君이 必也니라 明不能燭遠姦하고 見隱微하야 而待之以觀飾行하고 定賞罰하면 不亦弊乎아

또 군주는 신하들이 꾸며서 대하는 상대이니, 드러난 것만 보고서 좋아하고 싫어한다면 신하들이 간사한 짓을 꾸며서 군주를 어리석게 만드는 것은 필연적이다. 〈군주의〉 밝음이 멀리 있는 간사한 자를 알아채지 못하며 감춰진 은밀한 죄악을 보지 못하고서 겉으로 꾸민 행동만 보고 상과 벌을 정하는 식으로 신하들을 상대한다면 또한 〈군주의 눈이〉 가려진 것이 아니겠는가?"

38-94 管子曰 言於室이면 滿於室이요 言於堂이면 滿於堂이니 是謂天下王[78)]이니라

管子가 말하였다.

"방에서 말을 하면 방 안에 있는 사람이 다 듣고, 堂에서 말을 하면 당 안에서 있는 사람이 다 들으니, 이를 천하의 왕이라고 한다."

38-95 或曰 管仲之所謂言室滿室言堂滿堂者는 非特謂遊戲飮食之言也요 必謂大物也니라 人主之大物은 非法則術也니라 法者는 編著之圖籍하야 設之於官

78) 管子曰……是謂天下王 : ≪管子≫ 〈牧民篇〉에는 "言室滿室 言堂滿堂 是謂聖王"으로 나온다.

府라가 而布之於百姓者也요 術者는 藏之於胸中하야 以偶衆端而潛御群臣者也니라

혹자가 다음과 같이 論評하였다. "管仲이 방에서 말을 하면 방 안에 있는 사람이 다 듣고 堂에서 말을 하면 당 안에서 있는 사람이 다 듣는다고 말한 것은, 단지 놀거나 먹고 마시는 것을 두고 한 말이 아니고 반드시 큰일을 두고 말한 것이다. 군주의 큰일은 法 아니면 術이다. '法'은 문서에 기록하고 관청에 비치하였다가 백성들에게 널리 알리는 것이고, '術'은 마음속에 간직해서 여러 가지 단서에 따라 맞추어보면서 가만히 신하들을 통제하는 것이다.

○先愼曰 張榜本에 衆作重이라

○王先愼 : 張榜本에 '衆'은 '重'으로 되어 있다.

38-96 故法莫如顯이요 而術不欲見(현)이라 是以明主言法이면 則境內卑賤莫不聞知也니 不獨滿於堂이요 用術이면 則親愛近習莫之得聞也니 不得滿室이니라 而管子猶曰 言於室이면 滿室이요 言於堂이면 滿堂이라하니 非法術之言也니라

그러므로 法은 드러내는 것이 가장 좋고, 術은 드러내지 않으려 한다. 이 때문에 현명한 군주가 法을 말하면 나라 안의 비천한 사람들까지 들어서 알지 못하는 자가 없으니 단지 堂 안에 있는 사람들뿐만이 아니고, 術을 쓰면 가까이 총애하고 측근에서 모시는 사람들조차 들을 수 없으니 방 안에 있는 사람들뿐만이 아니다. 그런데도 管子는 오히려 '방에서 말을 하면 방 안에 있는 사람이 다 듣고, 당에서 말을 하면 당 안에서 있는 사람이 다 듣는다.'라고 하였으니, 法術을 〈터득한 사람의〉 말이 아니다."

第三十九 難四篇 제39편 論難 4

앞의 편들과 마찬가지로 기존의 역사적 고사나 이야기 가운데 法家의 원칙에서 문제가 될 만한 것들에 대해서 구체적으로 論難하고 論駁한 편인데, 〈難〉의 마지막 편에 해당한다.

다만 이 편은 앞의 편들과 다른 점이 있다. 앞의 편들이 어떤 고사나 이야기에 대해 한 차례 논란하는 것으로 끝났다면, 이 편은 한 차례 논란한 뒤에 다시 이 논란에 대해 再論難하는 형식으로 이루어져 있다. 이와 같은 형식으로 총 4개의 내용이 수록되어 있다. 예컨대 마지막에 수록된 衛 靈公과 난쟁이의 이야기를 간략히 살펴보면 다음과 같다.

어떤 난쟁이가 꿈에 아궁이를 보고 영공을 만날 징조라 여겼다. 그 이유는 아궁이 앞에 어떤 이가 불을 쬐고 있으면 뒤에 있는 사람들은 그 불을 쬘 수 없는데, 지금 누군가가 영공의 총애를 믿고 전횡하고 있음을 비유한 것이다. 영공은 이러한 난쟁이의 이야기를 듣고 총애하던 이를 내쫓고 어진 이를 등용하였다.

이에 대한 첫 번째 論難은 다음과 같다. 우선 영공이 총애하던 이는 불초한 자이기 때문에 영공의 총명함을 손상시키기 어렵고, 다음으로 총애하던 이를 내쫓고 어진 이를 등용하면 어진 이가 영공보다 현명하여 외려 영공이 위태로워진다는 것이다.

이 논란에 대한 재논란은 다음과 같다. 난쟁이의 꿈 이야기를 듣기 전에는 영공은 자신이 총애하던 이들에 의해 가려진 사실을 몰랐다가, 꿈 이야기를 듣고는 깨달아 총애하던 이를 내쫓았으니, 이는 영공이 현실 파악을 하여 더욱 현명해진 것이다. 이렇게 현명해진 이후에는 혹 어진 이를 총애하게 되더라도 예전처럼 총애하던 이들에 의해 가려져 위태로워지지 않는 것이다.

39-1 衛孫文子[1] 聘於魯러니 公登亦登이라 叔孫穆子 趨進曰 諸侯之會에 寡君未嘗後衛君也어늘 今子不後寡君一等하니 寡君未知所過也라 子其少安[2]하라하니라

1) 孫文子 : 魏나라 대부로 魏 獻公을 몰아내고 殤公을 세웠던 인물이다.

孫子無辭하고 **亦無悛容**이라 **穆子 退而告人曰 孫子必亡**하리라 **亡臣而不後君**하고

衛나라 孫文子가 魯나라에 사신으로 갔는데, 魯나라 군주가 계단을 오르자 〈손문자〉 또한 함께 계단을 올랐다. 叔孫穆子가 앞으로 나아가 말하였다.

"제후의 모임에서 우리 군주는 일찍이 魏나라 군주의 뒤에 있은 적이 없었는데, 지금 그대는 우리 군주보다 한 계단 뒤에 있지 않으니 우리 군주가 무슨 잘못이라도 한 것인지 모르겠다. 그대는 조금 천천히 〈올라가라.〉"

손문자는 아무런 변명도 하지 않고 또 고치는 모습을 보이지 않았다. 숙손목자가 물러나 사람에게 말하였다.

"손문자는 반드시 망할 것이다. 신하임을 잊고 군주의 뒤에 있지 않으며

○顧廣圻曰 藏本今本에 不重亡字라 按當依左傳云 孫子必亡하리니 爲臣而君이라하니 衍不後二字라 先愼曰 按 此相傳當日之語不同하니 應各依本書爲是라 亡臣은 卽下其所以亡其失所以得君也니 亡臣之亡은 讀若忘이라 孫子自忘己尙爲臣이라 故與魯君竝行而不違라 下文孫子君於衛而後不臣於魯는 正申亡臣而不後君之說이라 顧氏는 依左傳改本書하니 失本書恉[3]矣라

○顧廣圻 : 藏本과 今本에 '亡'자가 중첩되어 있지 않다. 살펴보건대 응당 ≪春秋左氏傳≫ 襄公 7년 조에 "孫子必亡 爲臣而君(孫文子는 필시 망할 것이니 신하가 되어 임금 노릇을 하였다.)"이라 한 내용에 의거해야 하니 '不後' 두 자는 衍文이다.

王先愼 : 살펴보건대 이는 서로 전승되어 온 당시의 말이 다른 것이니, 응당 각기 本書에 의거해야 옳다. '亡臣'은 곧 아래의 "자신이 〈신하임을〉 잊은 것이고 자신이 〈신하로서의 예를〉 잃었기 때문에 군주 노릇을 할 수 있었다.〔其所以亡 其失所以得君也〕"이니, '亡臣'의 '亡'은 '忘(잊다)'와 같이 읽어야 한다. 손문자는 스스로 자신이 오히려 신하임을 잊었기 때문에 魯나라 군주와 나란히 가면서도 피하지 않았다. 아래 글의 "孫文子는 魏나라에서 군주 노릇을 하여 이후 魯나라에서도 신하 노릇을 하지 않은 것이다.〔孫子君於衛而後不臣於魯〕"는 "신하임을 잊고 군주의 뒤에 있지 않았다.〔亡臣而不後君〕"는 설을 바로 펼쳐서 말한 것이다. 顧廣圻는 ≪春秋左氏傳≫에 의거하여 본서를 고쳤으니 본서의 뜻을 잃은 것이다.

---

2) 安 : '徐'의 뜻이다.

3) 恉 : 志와 같다.

39-2 **過而不悛**하니 **亡之本也**로라

과오를 저지르고도 고치지 않으니 이는 망하는 근본이다.”

39-3 **或曰 天子失道**면 **諸侯伐之**하니

혹자는 다음과 같이 論評하였다.
“天子가 道를 잃으면 諸侯가 정벌하니

○**顧廣圻曰 伐**은 **當作代**라 **代之**는 **代爲君也**니 **下文盡同**이라

○顧廣圻 : ‘伐’자는 응당 ‘代’자가 되어야 한다. ‘代之’는 대신하여 군주가 되는 것이니, 아래 글도 모두 마찬가지다.

39-4 **故有湯武**라 **諸侯失道**면 **大夫伐之**하니 **故有齊晉**[4]이라 **臣而伐君者 必亡**인댄 **則是湯武不王**이요 (晉齊)〔**齊晉**〕**不立也**라

이 때문에 湯임금과 武王이 있었던 것이다. 諸侯가 도를 잃으면 大夫가 정벌하니 이 때문에 齊나라와 晉나라가 있었던 것이다. 신하로서 군주를 정벌하는 자가 반드시 망하게 된다면 湯임금과 武王은 왕이 되지 못했을 것이고 齊나라와 晉나라는 세워지지 못했을 것이다.

○**先愼曰 依上文**하야 **晉齊當作齊晉**이라

○王先愼 : 윗글에 의거해서 ‘晉齊’는 응당 ‘齊晉’이 되어야 한다.

39-5 **孫子君於衛**하야

孫文子는 衛나라에서 군주 노릇을 하여

○**顧廣圻曰 句絶**이라

○顧廣圻 : 句를 끊어야 한다.

---

4) 諸侯伐之……故有齊晉 : ≪韓非子新校注≫에서 陳奇猷는 “대개 田氏가 齊나라를 대신하고, 韓·魏·趙의 三卿이 晉나라를 나누어 차지한 것을 이른다.”라고 하였다.

39-6 而後不臣於魯는 臣之君也라

이후 魯나라에서도 신하 노릇을 하지 않은 것은 신하로서 군주 노릇을 한 것이다.

○王先謙曰 臣之君은 謂臣變而爲君也라

○王先謙 : '臣之君'은 신하가 변통하여 군주 노릇을 한 것이다.

39-7 君有失也하야 故臣有得也라 不命亡於有失之君하고 而命亡於有得之臣은 不察이라

군주가 道를 잃었으므로 신하가 얻은 것이다. 도를 잃은 군주가 망한다고 말하지 않고 그것을 얻은 신하가 망한다고 말한 것은, 살피지 못한 것이다.

○顧廣圻曰 二字句絶이라 先愼曰 命은 與言通이라 書大禹謨咸聽朕命이 墨子兼愛篇下作咸聽朕言이라 禹謨卽本墨子改言爲命이니 可見古人命言二字相通이라 此謂穆子不言衛君有失之當亡이라하고 而言衛臣有得之必亡이라하니 是謂不明이라

○顧廣圻 : 이 두 글자(不察)에서 句를 끊어야 한다.

王先愼 : '命'은 '言'과 통용이다. ≪書經≫ 〈大禹謨〉의 "咸聽朕命(모두 나의 명령을 들어라)"이 ≪墨子≫ 〈兼愛 下篇〉에는 "咸聽朕言"으로 되어 있다. 〈대우모〉의 글이 바로 ≪묵자≫에서 '言'을 고쳐 '命'으로 삼은 것에 근본한 것이니, 古人이 '命'과 '言' 두 글자를 서로 통용했음을 알 수 있다. 여기서는 叔孫穆子가 도를 잃은 衛나라 군주가 응당 망할 것이라 말하지 않고, 그것을 얻은 衛나라 신하가 반드시 망할 것이라 말하였으니, 이는 〈살핌이〉 밝지 못한 것을 이른다.

39-8 魯不得誅衛大夫하고 而衛君之明不知不悛之臣이라 孫子雖有是二也라도 (臣)〔巨〕以亡이리오

魯나라가 衛나라 大夫를 주벌하지 못하고 衛나라 군주의 밝음이 〈허물을〉 고칠 줄 모르는 신하를 알지 못한 것이다. 孫文子가 비록 이 두 가지 〈잘못이〉 있더라도 어찌 이 때문에 망하겠는가.

○顧廣圻曰 藏本同이라 今本에 無臣字니 誤라 按 臣當爲巨니 詎巨同字라

○顧廣圻 : 藏本도 마찬가지다. 今本에는 '臣'자가 없으니 잘못되었다. 살펴보건대 '臣'자는 응당 '巨'자가 되어야 하니 '詎'와 '巨'는 같은 글자이다.

39-9 其所以亡이요 其失所以得君也라

자신이 〈신하임을〉 잊은 것이고, 자신이 〈신하로서의 예를〉 잃었기 때문에 군주 노릇을 할 수 있었다."

○顧廣圻曰 藏本同이라 今本에 無亡其二字니 誤라 亡句絶이니 下七字爲一句라 先愼曰 其所以亡은 謂亡其爲臣也요 其失所以得君은 謂失其爲臣之禮라 故得爲其君也라

○顧廣圻 : 藏本도 마찬가지다. 今本에 '亡其' 두 글자가 없으니 잘못되었다. '亡'에서 句를 끊어야 하니 아래의 7글자가 한 句가 된다.

王先愼 : '其所以亡'은 신하임을 잊은 것을 말한 것이고, '其失所以得君'은 신하로서의 예를 잃었으므로 군주 노릇을 할 수 있음을 말한 것이다.

39-10 或曰

혹자는 다음과 같이 論評하였다.

○先愼曰 前三篇은 皆一難이라 此篇은 先立一義하야 以難古人하고 又立一義하야 以自難前說하니 其文은 皆出於韓子라

○王先愼 : 앞의 세 편은 모두 하나씩 論難하였다. 이 편은 먼저 하나의 논의를 세워서 古人을 논란하고, 또 하나의 논의를 세워서 앞의 설을 스스로 논란하였으니 그 문장은 모두 韓非子에게서 나왔다.

39-11 臣主之施分也어늘 臣能奪君者는 以得相踦也라 故非其分而取者는 衆之所奪也요 辭其分而取者는 民之所予也라 是以桀索崏山之女[5]하고 紂求比

5) 桀索崏山之女 : 桀王이 崏山을 정벌하고서 琬과 琰이라는 두 미녀를 취하여 총애하였는데,

干之心[6]하야 而天下離하며

“신하와 군주의 역할은 구분되어 있는데, 신하가 군주의 자리를 뺏을 수 있는 것은 그 역할이 서로 뒤집혔기 때문이다. 그러므로 그 명분이 아닌데도 〈군주의 자리를〉 취하는 경우는 사람들이 빼앗고, 그 명분을 사양하는데도 〈군주의 자리를〉 취하는 경우는 백성이 주어서이다. 이 때문에 桀이 嶓山의 미녀를 요구하고 紂가 比干의 심장을 구하여 천하가 돌아섰으며,

○先愼曰 乾道本에 離作謂라 顧廣圻云 今本에 謂作離라하니 今據改하노라

○王先愼 : 乾道本에 '離'자가 '謂'자로 되어 있다. 顧廣圻는 "今本에 '謂'자가 '離'자로 되어 있다."라고 하였으니, 지금 이에 의거하여 고쳤다.

39-12 湯身(易名)〔惕呂〕[7]하고

湯임금은 呂에서 근심하였고

○顧廣圻曰 未詳이라 先愼曰 路史[8]에 桀殺關龍逢하니 湯聞而歎하야 使人哭之라 桀怒하야 囚湯於夏臺하고 已而得釋이라하니라 以下文受詈例之는 當卽此事라

○顧廣圻 : 미상이다.

王先愼 : ≪路史≫에 "桀이 關龍逢을 죽이니 湯이 이 소식을 듣고 탄식하여 사람으로 하여금 곡하게 하였다. 桀이 노하여 湯을 夏臺에 가두고 얼마 뒤 풀어주었다."라고 하였다. 아래 글에서 치욕을 받은 사례로 든 것은 응당 이 일을 가리킨다.

39-13 (武)〔文〕[9]身受詈하야

두 미녀의 이름을 苕華의 美玉에 새겼다고 한다.

6) 紂求比干之心 : 比干이 紂王에게 諫言하다 죽었는데, 주왕이 "내가 들으니 성인은 심장에 구멍이 일곱 개 있다고 한다."라고 하며 그의 배를 갈라 심장을 보았다고 한다.

7) (易名)〔惕呂〕 : 저본에는 '易名'으로 되어 있으나, ≪韓非子新校注≫ 陳奇猷의 설에 의거하여 '惕呂'로 바로잡았다. ≪說苑≫ 〈雜言篇〉에서 "湯임금이 呂에서 곤경에 처했다.〔湯困於呂〕"라고 하였는데, 이를 가리킨다.

8) 路史 : 宋나라 羅泌이 편찬한 역사서로, 상고 이래 역사・지리・풍속・씨족 등 다양한 전설과 사실을 기록했다.

文王은 玉門에서 치욕을 당해서

○顧廣圻曰 見喩老篇이라

○顧廣圻 : 〈이 일은〉 〈喩老篇〉에 보인다.

39-14 而海內服이라 趙(咺)〔宣〕走山하고

천하가 복종하였다. 趙宣子는 산으로 달아나고

○顧廣圻曰 咺은 當作宣이라 左傳에 宣子未出山而復이라하니 是其事也라

○顧廣圻 : '咺'자는 응당 '宣'자가 되어야 한다. ≪春秋左氏傳≫ 宣公 2년에 "趙宣子가 〈국경에 있는〉 산을 나가기 전에 돌아왔다.〔未出山而復〕"라고 하였으니, 바로 이 일을 가리킨다.

39-15 田外僕하야

田成子[10]는 외지에서 종복 노릇을 해서

○顧廣圻曰 藏本同이라 今本에 田下有氏字하니 誤라 此當有成字라 卽田成子去齊하야 走而之燕할새 負傳[11]隨鴟夷子皮事也니 見說林上篇이라

○顧廣圻 : 藏本도 마찬가지다. 今本에 '田'자 아래에 '氏'자가 있으니 잘못되었다. 여기는 응당 '成'자가 있어야 한다. 이는 곧 田成子가 齊나라를 떠나 燕나라로 달아날 적에 傳을 짊어지고 鴟夷子皮를 따라간 일을 가리키니, ≪韓非子≫ 〈說林 上篇〉에 보인다.

---

9) (武)〔文〕 : 저본에는 '武'로 되어 있으나, ≪韓非子≫ 〈喩老篇〉에 의거하여 '文'으로 바로잡았다.

10) 田成子 : 春秋時代 사람으로 陳成子, 田成子, 田常이라고도 한다. 陳나라 공자 完이 내란으로 齊나라에 망명하여 성을 田氏로 바꾸어 제나라의 卿을 지냈는데, 그의 후손들이 점점 강성해져서 齊 悼公 때 田乞은 이미 제나라의 정권을 장악하였다. 그의 아들 田常에 이르러 더욱 백성들의 환심을 샀으며, 결국 簡公 4년(B.C. 481)에 간공을 시해하고 平公을 옹립하고는 국정을 완전히 장악하였다.(≪春秋左氏傳≫ 哀公 14년)

11) 傳 : 옛날 관문이나 나루를 통과할 때, 역참에 숙박하고 역참의 거마를 사용하도록 허가하는 증명서로 비단〔繒帛〕이나 나무로 만든 符信(棨)이다.

39-16 而齊晉從이라 則湯武之所以王과 齊晉之所以立은 非必以其君也요 彼得之而後以君處之也라

齊나라와 晉나라가 따랐다. 그렇다면 湯임금과 武王이 왕이 된 것과 齊나라와 晉나라가 세워진 것은 반드시 군주의 지위로써 한 것이 아니요, 저들이 〈올바른 명분을〉 얻은 이후에 군주로서 〈그 지위에〉 처한 것이다.

○趙用賢曰 非必奪君之位요 分所當得也라 以分所當得而後自處於君位也라

○趙用賢 : 군주의 지위를 반드시 빼앗으려고 한 것이 아니요, 응당 얻게 된 것을 명분으로 삼은 것이다. 응당 얻게 된 것을 명분으로 삼은 이후에 군주의 지위에 스스로 처한 것이다.

39-17 今未有其所以得이어늘 而行其所以處하니 是倒義而逆德也라 倒義면 則事之所以敗也요 逆德이면 則怨之所以聚也라 敗亡之不察은 何也오

지금 〈명분을〉 얻을 만한 것도 있지 않은데 〈군주의 지위에〉 처하는 것을 행하니, 이는 義를 전도시키고 德을 거스르는 것이다. 義를 전도시키면 일이 실패하게 되고, 德을 거스르면 원망이 한데 모이는 것이다. 실패하고 망하는 요인을 살피지 않은 것은 어째서인가."

39-18 魯陽虎[12)]欲攻三桓[13)]이라가 不剋而奔齊하다 景公이 禮之하니

魯나라 陽虎가 三桓을 공격하려다가 이기지 못하고 齊나라로 달아났다. 齊 景公이 그를 예우하니

---

12) 陽虎 : 春秋時代 魯나라 사람으로, 季氏의 가신이 되어 季平子를 섬기다가 계평자가 졸한 뒤에는 전권을 잡고 권한을 부렸다. 魯 定公 때 三桓, 즉 孟孫氏·叔孫氏·季孫氏를 제거하려고 모의하였다가 도리어 이들의 습격을 받아 陽關으로 도망쳤으며, 삼환이 양관을 공격하자 다시 齊나라로 도망쳤다가 다시 趙簡子의 謀臣이 되었다.

13) 三桓 : 春秋時代 魯나라의 국정을 장악했던 孟孫氏(일명 仲孫氏)·叔孫氏·季孫氏를 말한다. 이 세 종족은 모두 桓公의 아들인 仲慶父(孟氏라고도 함)·叔牙·季友의 후예이기 때문에 三桓이라고 하며, 三家라고도 한다. 삼환 중에 계손씨의 세력이 가장 강대하여 대대로 노나라의 정권을 장악하였다.

○顧廣圻曰 藏本今本에 重齊字하니 誤라

○顧廣圻 : 藏本과 今本에 '齊'자가 중복되어 있으니 잘못되었다.

39-19 鮑文子[14)]諫曰 不可니이다 陽虎有寵於季氏어늘 而欲伐於季孫은

鮑文子가 간언하였다.

"안 됩니다. 陽虎가 季氏에게 총애를 받았는데도 季孫을 치려고 한 것은

○先愼曰 伐下衍於字라

○王先愼 : '伐'자 아래에 '於'자는 衍文이다.

39-20 貪其富也니이다 今君富於季孫하고 而齊大於魯하니 陽虎所以盡詐也리이다하니 景公이 乃囚陽虎하다

그 부유함을 탐해서입니다. 지금 군주께서는 季孫보다 부유하고 齊나라는 魯나라보다 크니, 陽虎는 온갖 속임수를 부릴 것입니다."

그러자 景公이 양호를 가두었다.

39-21 或曰

혹자는 다음과 같이 論評하였다.

○先愼曰 乾道本에 連上이어늘 今從趙本提行하노라

○王先愼 : 乾道本은 윗글과 이어져 있는데, 지금 趙本을 따라 줄을 바꾸었다.

39-22 千金之家에 其子不仁하니 人之急利甚也라 桓公은 五伯(패)之上也어늘 爭國而殺其兄하니 其利大也라 臣主之間에 非兄弟之親也니 劫殺之功으로 制萬乘而享大利면 則群臣孰非陽虎也리오 事以微巧成이요 以疏拙敗라 群臣之未起難也는 其備未具也라 群臣皆有陽虎之心이어늘 而君上不知하니 是微而巧也라

14) 鮑文子 : 齊 景公 때의 大夫 鮑國으로, 鮑叔의 현손이다.

陽虎貪於天下하야 以欲攻上하니 是疏而拙也라 不使景公加誅〔於齊之巧臣하고 而使加誅〕於拙虎하니

"천금을 소유한 집에는 그 자식이 어질지 못하니, 사람이 이익에 급급함이 심해서이다. 桓公은 五霸의 으뜸이었는데 나라를 다투어 형을 죽였으니 그 이익이 컸기 때문이다. 〈이처럼〉 신하와 군주의 사이에는 형제의 친함도 없으니, 겁박하여 죽이는 공으로 萬乘의 나라를 제어하여 큰 이익을 누릴 수 있다면, 신하들 가운데 어느 누가 陽虎가 〈되지〉 아니겠는가.

일은 은밀하고 간교하면 성공하고 서툴고 졸렬하면 실패한다. 신하들이 난리를 아직 일으키지 않은 것은 준비가 덜 되어서이다. 신하들이 모두 양호의 마음을 가지고 있는데 군주가 알지 못했으니, 이는 은밀하고 간교한 것이다. 양호는 천하를 탐하여 윗사람을 공격하려고 했으니, 이는 서툴고 졸렬한 것이다.

景公으로 하여금 齊나라의 간교한 신하에게 주벌을 가하도록 하지 않고 졸렬한 양호에게 주벌을 가하도록 하였으니,

○顧廣圻曰 誅下當有脫文하니 本云 不使景公加誅於齊之巧臣하고 而使加誅於拙虎라 下文云 不知齊之巧臣이라하니 其證也라

○顧廣圻 : '誅'자 아래에 응당 탈락된 문장이 있으니, 본래는 "不使景公加誅於齊之巧臣而使加誅於拙虎"라고 말한 것이다. 아래 글에서 "不知齊之巧臣(齊나라의 간교한 신하를 알지 못함)"이라고 했으니 이것이 그 증거이다.

39-23 是鮑文子之說反也라 臣之忠詐는 在君所行也니 君明而嚴하면 而群臣忠하고 君懦而闇하면 則群臣詐라 知微之謂明이라하고 無赦之謂嚴이라하니라

이는 鮑文子가 반대로 말한 것이다. 신하가 충성하고 속이는 것은 군주가 하는 바에 달려 있으니, 군주가 밝고 엄하면 신하들이 충성하고, 군주가 나약하고 어두우면 신하들이 속인다. 은밀한 것을 아는 것을 '明(밝음)'이라 하고, 용서함이 없는 것을 '嚴(엄격함)'이라 한다.

○先愼曰 乾道本에 赦上有救字하고 拾補에 無라 盧文弨云 救字는 衍이라하니 今據

刪하노라

○王先愼 : 乾道本에 '赦'자 위에 '救'자가 있고, ≪群書拾補≫에는 〈'救'자가〉 없다. 盧文弨는 "'救'자는 衍文이다."라고 하였으니, 지금 이에 의거하여 삭제하였다.

39-24 不知齊之巧臣하고 而誅魯之成亂하니 不亦妄乎아

齊나라의 간교한 신하를 알지 못하고 魯나라에서 난리를 일으킨 이를 주벌하였으니, 또한 망령된 것이 아니겠는가."

39-25 或曰 仁貪은 不同心이라 故公子目夷辭宋[15)]이나 而楚商臣弑父[16)]하고 鄭去疾予弟[17)]나

혹자는 다음과 같이 論評하였다.

"어질거나 탐하는 것은 다른 마음이다. 그러므로 公子 目夷는 宋나라를 사양하였으나 楚나라 商臣은 부친을 시해하였고, 鄭나라 去疾은 〈왕위를〉 아우에게 주었으나

○顧廣圻曰 與左傳[18)]不同이라 **鄭世家亦云 堅者**는 **靈公庶弟**요 **而去疾之兄也**라하니라

○顧廣圻 : ≪春秋左氏傳≫의 내용과 다르다. ≪史記≫ 〈鄭世家〉에 또한 "堅은 靈公의 庶弟이고 去疾의 형이다."라고 하였다.

39-26 而魯桓弑兄이라 五伯(패)兼幷하고 而以〔三〕桓律人하면

魯 桓公은 형을 시해하였다. 五霸가 여러 나라를 겸병하고 三桓과 같은 부류로 사람의 법도를 삼는다면

---

15) 公子目夷辭宋 : 宋 桓公의 태자가 庶兄인 目夷에게 왕위를 물려주고자 했으나 사양하였다.

16) 楚商臣弑父 : 楚나라 태자 商臣이 부친을 시해하고 왕위에 올랐으니 楚 穆王이다.

17) 鄭去疾予弟 : 鄭나라 公子 去疾이 먼저 추대되었으나 자신의 형인 堅에게 왕위를 물려주었다.

18) 左傳 : ≪春秋左氏傳≫ 宣公 4년에 보인다.

○先愼曰 桓上當有三字라

○王先愼 : 〈'而以桓律人'의〉 '桓'자 위에 응당 '三'자가 있어야 한다.

39-27 則是皆無貞廉也라 且君明而嚴하면 則群臣忠이라 陽虎爲亂於魯하야 不成而走하야 入齊而不誅는 是承爲亂也라 君明則誅는 知陽虎之可以濟亂也니

이는 모두 올바르고 청렴함이 없는 것이다. 또한 군주가 밝고 엄하면 신하들이 충성한다. 陽虎가 魯나라에서 난리를 일으켜 성공하지 못해 달아나 齊나라로 들어왔는데도 그를 주벌하지 않는 것은 난리를 일으킨 자를 받아들이는 것이다. 군주가 밝아서 주벌한 것은 陽虎와 같은 난리를 일으킬 자를 아는 것이니,

○先愼曰 誅知는 趙本에 作知誅하니 誤라 誅字句요 知下屬이라

○王先愼 : '誅知'는 趙本에 '知誅'로 되어 있으니 잘못되었다. '誅'자에 句가 끊어지고 '知'자는 아래로 붙어야 한다.

39-28 此見微之情也라 語曰 諸侯以國爲親이라하니라 君嚴則陽虎之罪를 不可失하니 此無赦之實也라

이는 은밀한 사정을 아는 것이다. 옛말에 '제후들은 나라로써 친하게 지낸다.'라고 하였다. 군주가 엄하면 陽虎의 죄를 놓치지 않으니 이는 용서할 만한 실정이 없기 때문이다.

○先愼曰 乾道本에 赦上有救字어늘 據拾補刪하노라

○王先愼 : 乾道本에 '赦'자 위에 '救'자가 있는데, ≪群書拾補≫에 의거하여 삭제하였다.

39-29 則誅陽虎는 所以使群臣忠也라 未知齊之巧臣하고 而廢明亂之罰하며 責於未然하고 而不誅昭昭之罪하면 此則妄矣라 今誅魯之罪亂하야 以威群臣之有姦心者하야 而可以得季孟叔孫之親하니 鮑文之說이 何以爲反이리오

그렇다면 陽虎을 주벌하는 것은 신하들로 하여금 충성을 하도록 하는 것이다. 齊나라의 간교한 신하는 아직 알지 못하고 명백하게 난리를 일으킨 죄는 덮어두며, 아직 일어나지 않은 일을 책망하고 밝게 드러난 죄를 주벌하지 않는다면, 이는 망령된 것이다. 지금 魯나라에서 난리를 일으킨 죄를 주벌하여 간교한 마음을 지닌 신하들에게 위엄을 보여서, 이로써 季孫·孟孫·叔孫들과 친하게 지낼 수 있으니 鮑文子의 말이 어찌 반대로 말한 것이라 하겠는가."

39-30 鄭伯[19]이 將以高渠彌[20]爲卿하니 昭公[21]惡(오)之하야 固諫이어늘 不聽하다 及昭公卽位하야 懼其殺己也일새 辛卯에 弑昭公而立子亹也하다

鄭伯이 장차 高渠彌를 卿으로 삼고자 하니, 昭公이 그를 미워하여 심하게 간하였는데도 〈鄭伯은〉 듣지 않았다. 소공이 즉위하자 〈고거미는〉 자신을 죽일까 두려워하였기에 辛卯日에 소공을 시해하고 공자 亹을 세웠다.

○盧文弨曰 亹은 左傳桓十七年傳作亹하니 疑此因形近而譌라 下公子圉는 傳作達하니 亦然이라

○盧文弨 : '亹'은 ≪春秋左氏傳≫ 桓公 17년에 '亹'로 되어 있으니, 아마도 여기는 字形이 비슷해서 잘못된 듯하다. 아래의 '公子圉'는 ≪春秋左氏傳≫에 '達'자로 되어 있으니 또한 마찬가지 이유이다.

39-31 君子曰 昭公은 知所惡(오)矣라하니라 公子圉曰 高伯은 其爲戮乎인저 報惡已甚矣라하니라

君子는 말하였다.

"昭公은 미워할 바를 알았다."

公子 圉는 말하였다.

"高伯(高渠彌)은 죽임을 당할 것이다. 미워한 것에 대한 앙갚음이 너무 심하다."

---

19) 鄭伯 : 鄭 莊公을 가리킨다.

20) 高渠彌 : 鄭나라 대부이다. 字는 高伯이고, 昭公을 시해한 인물이다.

21) 昭公 : 鄭 莊公의 아들이며, 이름은 忽이다.

39-32 或曰 公子圉之言也는 不亦反乎아 昭公之及於難者는 報惡(오)晩也라 然則高伯之晩於死者는 報惡甚也라 明君은 不懸怒하니

혹자는 다음과 같이 論評하였다.

"公子 圉는 또한 반대로 말한 것이 아니겠는가. 昭公이 난리에 미치게 된 것은 미워한 것에 대한 앙갚음이 늦어서이다. 그렇다면 高伯이 늦게 죽게 된 것은 미워한 것에 대한 앙갚음이 심한 것이다. 밝은 군주는 화를 내걸어두지 않으니

有怒不行하고 且擧之라 故曰懸怒라하니라

舊注 : 화가 나는데 행동에 옮기지 않고 또한 들어서 〈내보이기〉 때문에 '懸怒'라고 말한 것이다.

39-33 懸怒하면 則(臣罪)〔罪臣〕輕擧以行計하니 〔罪臣輕擧以行計하면〕

화를 내걸어두면 죄를 지은 신하는 제멋대로 행동하여 계책을 실행할 것이니, 죄를 지은 신하가 제멋대로 행동하여 계책을 실행하면

○顧廣圻曰 藏本同이라 今本臣下有懼字라 按 臣罪는 當作罪臣이라 此下當重有罪臣輕擧以行計七字라

○顧廣圻 : 藏本도 마찬가지다. 今本에는 '臣'자 아래에 '懼'자가 있다. 살펴보건대 '臣罪'는 응당 '罪臣'이 되어야 한다. 이 아래에 응당 "罪臣輕擧以行計" 일곱 글자가 중복되어 있어야 한다.

39-34 則人主危라 故靈臺[22]之飮에

군주는 위태로워진다. 그러므로 靈臺의 연회 때

○顧廣圻曰 與左傳[23]不同이라

○顧廣圻 : ≪春秋左氏傳≫의 내용과 다르다.

---

22) 靈臺 : 春秋時代 衛侯가 축조한 건물이다. ≪春秋左氏傳≫ 哀公 25년에, 衛侯가 藉圃에 靈臺를 건조하고서 여러 대부들과 술을 마셨다는 기록이 보인다.

23) 左傳 : ≪春秋左氏傳≫ 哀公 25년에 보인다.

39-35 衛侯怒而不誅라 故褚師[24)]作難하고

衛侯(出公)가 화가 나는데도 주벌하지 않았기 때문에 褚師가 난리를 일으켰고,

○先愼曰 乾道本褚作楮어늘 據趙本改하노라

○王先愼 : 乾道本에 '褚'자가 '楮'자로 되어 있는데, 趙本에 의거하여 고쳤다.

39-36 食黿之羹에 鄭君怒而不誅라 故子公殺君[25)]이라 君子之擧知所惡(오)는 非甚之也라 曰 知之若是其明也나 而不行誅焉하야 以及於死라하니라 故曰 知所惡하야 以見其無權也라하니라

자라를 국으로 만들어 먹을 때 鄭나라 군주가 화가 나는데도 주벌하지 않았기 때문에 子公이 군주를 살해하였다. 君子가 '〈昭公이〉 미워할 바를 알았다.'라고 말한 것은 〈高渠彌의 복수를〉 심하게 여긴 것이 아니라, '〈昭公이〉 아는 것이 이처럼 명백하였으나 주벌을 행하지 않아서 죽음에 이르게 되었다.'고 한 것이니, 그러므로 '〈昭公이〉 미워할 바를 알았다.'고 말해서 그가 권위가 없었음을 드러낸 것이다.

○先愼曰 乾道本無曰字하고 拾補有라 盧文弨云 張本無라하니라 顧廣圻云 藏本同이라 今本故下有曰字라 按 當有擧字라하니라 先愼按 有曰字是하니 今據補[26)]하노라

○王先愼 : 乾道本에는 '曰'자가 없고, ≪群書拾補≫에는 〈'曰'자가〉 있다. 盧文弨는 "張本에는 〈'曰'자가〉 없다."라고 하였다. 顧廣圻는 "藏本도 마찬가지다. 今本에는 '故'자 아래

---

24) 褚師 : 魏나라의 대부이다. 衛侯 出公이 靈臺에서 잔치를 벌였는데, 褚師가 무례하게 신을 신은 채로 올라오자 출공이 화를 내었다. 나중에 반란을 일으켰다가 실패하였다.

25) 子公殺君 : 楚나라에서 鄭 靈公에게 자라를 바쳤다. 子公이 자라를 국으로 만든 것을 보고 먹고 싶은 마음이 들었으나, 영공이 유독 자공에게만 국을 주지 않았다. 이에 화가 난 자공이 국이 담긴 솥에 손가락을 넣어 맛을 보고는 나가버렸다. 이를 보고 영공이 화가 났지만 주벌하지 않았는데, 나중에 자공이 子家와 함께 모의하여 영공을 시해하였다.(≪春秋左氏傳≫ 宣公 4년)

26) 先愼曰……今據補 : 이는 원래 저본의 '故曰 知所惡' 아래에 달려 있는 注이다. 번역상의 편의로 아래 글 '以見其無權也'와 연결하여 이처럼 편집하였다.

에 '曰'자가 있다. 살펴보건대 응당 '擧'자가 있어야 한다."라고 하였다. 내가 살펴보건대 '曰'자가 있는 것이 옳으니, 지금 이에 의거하여 보충하였다.

39-37 人君非獨不足於見難而已요 或不足於斷制라 今昭公見惡(오)稽罪而不誅하야 使渠彌含憎懼死以徼幸이라 故不免於殺이라 是(昭公)〔高伯〕之報惡(오)不甚也라

군주가 난리가 날 것을 알아보지 못했을 뿐 아니라 결단하여 제어하지 못한 것이다. 지금 昭公이 미워함을 드러내고 죄를 따지고도 주벌하지 않아, 高渠彌로 하여금 증오를 품고 죽음을 두려워하여 요행을 바라도록 하였다. 이 때문에 〈소공은〉 죽음을 면치 못한 것이다. 이는 高伯(고거미)이 미워한 것에 대한 앙갚음이 심하지 않은 것이다."

○先愼曰 昭公은 當作高伯이라 昭公含怒未發하니 不得言昭公之報惡라 此卽難公子圉高伯其爲戮乎報惡已甚矣之語라 今本皆誤高伯爲昭公하니 文義不可通矣라

○王先愼 : '昭公'은 응당 '高伯'이 되어야 한다. 소공은 화를 참고 드러내지 않았으니 소공이 미워한 것에 대해 앙갚음을 했다고 말할 수 없다. 이는 곧 公子 圉가 "고백은 죽임을 당할 것이다. 미워한 것에 대한 앙갚음이 너무 심하다.〔高伯其爲戮乎 報惡已甚矣〕"라고 말한 것을 論難한 것이다. 今本은 모두 '高伯'이 '昭公'으로 잘못되어 있으니 문장의 뜻이 통하지 않는다.

39-38 或曰 報惡(오)甚者는 大誅報小罪라 大誅報小罪也者는 獄之至也니

혹자는 다음과 같이 論評하였다.

"미워하는 것에 대한 앙갚음이 심한 것은 큰 주벌로 작은 죄를 갚는 것이다. 큰 주벌로 작은 죄를 갚는 것은 獄事가 가장 심하니

○先愼曰 乾道本에 無下報字라 顧廣圻云 藏本今本에 有報字라하니 今據補하노라

○王先愼 : 乾道本에는 아래의 '報'자가 없다. 顧廣圻는 "藏本과 今本에 '報'자가 있다."라고 하였으니, 지금 이에 의거하여 보충하였다.

39-39 **獄之患**은 **故非在所以誅也**요

獄事의 근심은 본디 주벌을 내리게 된 이유에 있지 않고

○**顧廣圻曰 獄之患句絶**이라 **以當作已**라

○顧廣圻 : '獄之患'에서 句를 끊어야 한다. '以'자는 응당 '已'자가 되어야 한다.

39-40 **以讐之衆也**라 **是以晉厲公滅三郤**[27]**而欒中行**(항)**作難**하고 **鄭子都殺伯咺**[28]**而食鼎起禍**하고

원수가 많아지는 데 있는 것이다. 이 때문에 晉 厲公이 三郤을 멸망시키자 欒氏와 中行氏가 난리를 일으켰고, 鄭나라 子都가 伯咺을 살해하자 食鼎(큰 잔치)에서 화가 일어났으며,

○**顧廣圻曰 未詳**이라

○顧廣圻 : 미상이다.

39-41 **吳王誅子胥**[29]**而越句踐成霸**라 **則衛侯之逐**과 **鄭靈之弑**는 **不以褚師之不死而子公之不誅也**요

吳王(夫差)이 伍子胥를 주벌하자 越王 句踐이 霸業을 이루었다. 그렇다면 衛侯(出公)가 쫓겨나고 鄭 靈公이 시해를 당한 것은 褚師가 죽임을 당하지 않고 子公이 주벌을 받지 않아서가 아니라

○**先愼曰 乾道本**에 **子公作公父**라 **顧廣圻云 今本**에 **公父作子公**하니 **誤**라하니라 **先愼按 作子公**이 **是**하니 **上子公弑**[30]**君與褚師作難**으로 **對言**하니 **是其證**이라 **改從今**

27) 晉厲公滅三郤 : 晉 厲公이 郤氏 문벌의 세 사람을 제거하고 欒胥와 中行偃을 죽이려고 하자, 난서와 중항언이 여공을 시해하고 悼公을 세웠다.

28) 鄭子都殺伯咺 : 子都는 鄭 厲公을 가리키는 듯하다. 일찍이 축출당했다가 복위하였는데, 축출당할 때 관여했던 伯咺을 살해하였다.

29) 吳王誅子胥 : 吳王 夫差는 伍子胥의 도움으로 왕위에 올랐으나, 나중에 오자서를 의심하여 자결하도록 하였다. 뒤에 越王 句踐에게 멸망당하였다.

本하노라 事見左傳이라

○王先愼：乾道本에 '子公'이 '公父'로 되어 있다. 顧廣圻는 "今本에 '公父'가 '子公'으로 되어 있으니 잘못되었다."라고 하였다. 내가 살펴보건대 '子公'으로 되어 있는 것이 옳으니, 윗글의 '子公弑君'·'褚師作難'과 상대하는 말이니 이것이 그 증거이다. 今本을 따라 고쳤다. 이 일은 ≪春秋左氏傳≫에 보인다.

39-42 以未可以怒而有怒之色하고 未可誅而有誅之心이라 怒之當罪하고

화를 내서는 안 되는 일로 화를 내는 모습이 있었고 주벌해서는 안 되는 일인데도 주벌하려는 마음이 있어서이다. 화를 낸 것이 죄를 주기에 마땅하고

○先愼曰 乾道本에 之作其라 盧文弨云 其는 秦本作之라하니 今據改하노라

○王先愼：乾道本에 〈'怒之當罪'의〉 '之'자가 '其'자로 되어 있다. 盧文弨는 "'其'자는 秦本에 '之'자로 되어 있다."라고 하였으니, 지금 이에 의거하여 고쳤다.

39-43 而誅不逆人心하면 雖懸이라도 奚害리오 夫未立有罪어늘 卽位之後에 宿罪而誅하면 齊胡之所以滅也[31]라

주벌한 것이 인심을 거스르지 않는다면 비록 〈화를〉 내걸어두더라도 무슨 해가 되겠는가. 왕위에 오르기 전에 죄가 있었는데 왕위에 오른 뒤에 묵은 죄를 가지고 주벌한다면 齊나라 胡公처럼 멸망하는 원인이 된다.

○先愼曰 乾道本에 齊下有故字라 顧廣圻云 藏本今本에 無故字라 國語에 昔齊騶馬繻以胡公入於貝水라하니 卽其事라하니라 今據刪하노라

○王先愼：乾道本에 '齊'자 아래에 '故'자가 있다. 顧廣圻는 "藏本과 今本에 '故'자가 없다. ≪國語≫ 〈楚語〉에 '옛날 齊나라 騶馬繻가 胡公을 貝水에 빠트렸다.〔昔齊騶馬繻以胡公入於貝水〕'라고 하였으니 바로 이 일이다."라고 하였으니, 지금 이에 의거하여 삭제하였다.

30) 弑：윗글(39-36)에는 '弑'가 '殺'로 되어 있다.

31) 齊胡之所以滅也：齊나라 騶馬繻는 齊나라 대부이고, 胡公은 齊나라 太公의 현손의 아들이다. 호공이 일찍이 추마수를 학대하였는데, 나중에 추마수가 호공을 살해하였다.

39-44 君行之臣이라도

군주가 신하에게 이런 일을 해도

○顧廣圻曰 四字爲一句라

○顧廣圻 : 네 글자가 한 句가 된다.

39-45 猶有後患이어늘 況爲臣而行之君乎아 誅旣不當이어늘 而以盡爲心하면 是與天下爲讐也니 則雖爲戮이라도 不亦可乎아

오히려 훗날의 우환이 있는데 하물며 신하가 군주에게 이런 일을 하면 어떠하겠는가. 주벌이 이미 마땅하지 않는데도 여기에 힘을 다하겠다고 마음을 먹는다면 이는 천하와 원수가 되는 것이니, 비록 죽임을 당하더라도 또한 가하지 않겠는가."

○先愼曰 拾補에 乎下有哉字라 盧文弨云 脫이라 張本有라하니라

○王先愼 : ≪群書拾補≫에 '乎'자 아래에 '哉'자가 있다. 盧文弨는 "탈락된 것이다. 張本에는 〈'哉'자가〉 있다."라고 하였다.

39-46 衛靈公之時에

衛 靈公 때

○先愼曰 乾道本에 無公字라 盧文弨云 脫이라 張本有라하니라 顧廣圻云 藏本有公字 是也니 七術篇有라하니라 今據補하노라

○王先愼 : 乾道本에 '公'자가 없다. 盧文弨는 "탈락되었다. 張本에 〈'公'자가〉 있다."라고 하였다. 顧廣圻는 "藏本에 '公'자가 있는 것이 옳으니, ≪韓非子≫ 〈內儲說 上 七術篇〉에 〈'公'자가〉 있다."라고 하였다. 지금 이에 의거하여 보충하였다.

39-47 彌子瑕[32]有寵於衛國이라 侏儒有見(현)公者曰 臣之夢踐矣니이다

32) 彌子瑕 : 衛 靈公의 총애를 믿고 정사를 제멋대로 한 인물이다.

彌子瑕가 衛나라에서 총애를 받고 있었다. 어떤 난쟁이가 靈公을 뵙고 말하였다.

"臣의 꿈이 맞았습니다."

○先愼曰 乾道本踐作淺이라 拾補作踐하니 今據改하노라 七術篇作賤하니 亦誤라

○王先愼 : 乾道本에 '踐'자가 '淺'자로 되어 있다. ≪群書拾補≫에 '踐'자로 되어 있으니 지금 이에 의거하여 고쳤다. ≪韓非子≫ 〈七術篇〉에 '賤'자로 되어 있으니 또한 잘못되었다.

39-48 公曰 奚夢고 〔對曰〕

靈公이 말하였다.

"무슨 꿈을 꾸었는고?"

난쟁이가 대답하였다.

○先愼曰 此下當依七術篇有對曰二字라

○王先愼 : 여기 아래에는 응당 ≪韓非子≫ 〈七術篇〉에 의거하여 '對曰' 두 글자가 있어야 한다.

39-49 夢見竈者하니 爲見公也니이다 公怒曰 吾聞見人主者는 夢見日이어늘

"꿈에 아궁이를 보았으니, 公을 만나 뵐 징조였습니다."

靈公이 성을 내며 말하였다.

"내가 듣기에 군주를 뵙는 자는 꿈에 태양을 본다고 하였는데

○先愼曰 乾道本에 聞下無見字라 拾補有하고 七術篇有하니 今據補하노라 拾補에 夢下刪見字는 非라

○王先愼 : 乾道本에 '聞'자 아래에 '見'자가 없다. ≪群書拾補≫에 〈'見'자가〉 있고, 〈七術篇〉에도 〈'見'자가〉 있으니, 지금 이에 의거하여 보충하였다. ≪군서습보≫에 〈'夢見日'의〉 '夢'자 아래에 '見'자를 삭제한 것은 틀렸다.

39-50 奚爲見寡人而夢見竈乎아 侏儒曰 夫日兼照天下하야 一物不能當也요 人君兼照一國하야 一人不能壅也니이다 故將見人主而夢日也니이다 夫竈는 一人煬焉하면 則後人無從見矣니이다 或者一人煬君邪(야)잇가 則臣雖夢竈라도 不亦可乎잇가 公曰 善이라하고 遂去雍鉏[33)]하고 退彌子瑕하며 而用司空狗[34)]하다

어째서 寡人을 만날 징조로 꿈에 아궁이를 보았다는 것인가?"

난쟁이가 대답하였다.

"무릇 태양은 천하를 모두 비추는 것이어서 하나의 물건으로 가릴 수 없고, 군주는 온 나라를 모두 비추어서 한 사람이 〈군주의 밝음을〉 가리지 못합니다. 그러므로 장차 군주를 뵐 때에는 꿈에 태양을 보는 것입니다.

무릇 아궁이는 한 사람이 불을 쬐면 뒤에 있는 사람이 〈그 불을〉 볼 수가 없습니다. 어떤 한 사람이 군주 앞에서 불을 쬐고 있는 것입니까? 그렇다면 臣이 꿈에서 아궁이를 보았더라도 또한 옳지 않겠습니까."

靈公이 "훌륭하다." 말하고, 마침내 雍鉏를 없애고 彌子瑕를 물리쳤으며 司空狗를 등용하였다.

○顧廣圻曰 雍鉏는 趙策에 作雍疽라 先愼曰 孟子衛策에 作癰疽하고 說苑至公篇에 作雍睢라하니 皆音近通借라

○顧廣圻 : '雍鉏'는 ≪戰國策≫ 〈趙策〉에 '雍疽'로 되어 있다.

王先愼 : ≪孟子≫ 〈萬章 上〉과 ≪戰國策≫ 〈衛策〉에 '癰疽'로 되어 있고, ≪說苑≫ 〈至公篇〉에 '雍睢'로 되어 있으니, 이는 모두 소리가 비슷해서 서로 빌려 쓰는 글자들이다.

39-51 或曰 侏儒 善假於夢하야 以見(현)主道矣나 然靈公不知侏儒之言也라 去雍鉏하고 退彌子瑕하며 而用司空狗者는 是去所愛而用所賢也라 鄭子都는 賢慶建而壅焉하고

혹자는 다음과 같이 論評하였다.

---

33) 雍鉏 : 衛 靈公의 총애를 받았던 환관이다.

34) 司空狗 : 魏나라 대부로 史朝의 아들 史狗를 가리킨다.

"난쟁이가 꿈을 잘 가탁해서 군주의 道를 드러내었으나, 靈公이 난쟁이의 말을 제대로 알지 못한 것이다. 雍鉏를 없애고 彌子瑕를 물리쳤으며 司空狗를 등용한 것은 사랑하는 이를 물리치고 어질다고 여기는 이를 등용한 것이다. 鄭나라 子都는 慶建을 어질게 여겨 자신이 가려졌고

○顧廣圻曰 未詳이라

○顧廣圻 : 미상이다.

39-52 燕子噲[35)]는 賢子之而壅焉하다 夫去所愛而用所賢이라도 未免使一人煬己也라 不肖者煬主는 不足以害明이요 今不加知[36)]而使賢者煬己하면

燕王 子噲는 子之를 어질게 여겨 자신이 가려졌다. 사랑하는 이를 물리치고 어질다고 여기는 이를 등용하더라도, 한 사람으로 하여금 자기 앞에서 불을 쬐게 하는 것을 면하지 못한다. 불초한 자가 군주 앞에서 불을 쬐는 것은 〈군주의〉 밝음을 해치기에 부족하고, 지금 더욱 자세히 알지 못하면서 어진 이로 하여금 자기 앞에서 불을 쬐게 하면

○先愼曰 乾道本에 己上有主字라 顧廣圻云 今本無己字하니 誤라 按 依下文當衍主字라하니라 先愼按 拾補有己字하고 無主字라 盧文弨云 主字는 非라하니 今據刪하노라

○王先愼 : 乾道本에 '己'자 위에 '主'자가 있다. 顧廣圻는 "今本에는 '己'자가 없으니 잘못되었다. 살펴보건대 아래 글에 의거하면 응당 '主'자는 衍文이다."라고 하였다. 내가 살펴보건대 ≪群書拾補≫에는 '己'자가 있고 '主'자가 없다. 盧文弨는 "'主'자는 틀렸다."라고 하였으니 지금 이에 의거하여 삭제하였다.

39-53 則必危矣리라

---

35) 燕子噲 : 燕王 子噲로 易王을 이어 왕위에 올랐다. 자신의 왕위를 재상이었던 子之에게 물려주었다가 나라가 큰 혼란에 빠졌다.

36) 知 : 저본의 원주에 "'知'자는 원본에 '誅'자로 되어 있으나, 乾道本과 아래 글에 의거하여 고쳤다.〔知 原本作誅 據乾道本及下文改〕"라고 하였다.

반드시 위태로워질 것이다."

○先愼曰 乾道本에 必危二字作賢하니 誤라 顧廣圻云 藏本今本에 賢作必危二字라 按 依下文是也라하니 今據改하노라

○王先愼 : 乾道本에 '必危' 두 글자가 '賢'자로 되어 있으니 잘못되었다. 顧廣圻는 "藏本과 今本에 '賢'자가 '必危' 두 글자로 되어 있다. 살펴보건대 아래 글에 의거하면 이것이 옳다."라고 하였으니, 지금 이에 의거하여 고쳤다.

39-54 或曰 屈到嗜芰[37)]하고 文王嗜菖蒲葅[38)]하야 非正味也나 而二賢尙之하니 所味不必美라 晉靈侯說(열)(參)〔范〕[39)]無恤[40)]하고

혹자는 다음과 같이 論評하였다.

"屈到는 마름을 즐기고 文王은 창포 김치를 좋아하여 올바른 맛을 〈즐긴〉 것은 아니었으나 두 현인은 그것을 높였으니, 맛이란 반드시 훌륭할 필요가 없는 것이다. 晉 靈侯(晉 靈公)는 范無恤을 좋아하였고

○顧廣圻云 未詳이라

○顧廣圻 : 미상이다.

39-55 燕噲賢子之하야 非正士也나

燕王 子噲는 子之를 어질게 여겨 올바른 선비를 〈좋아한〉 것은 아니었으나,

---

37) 屈到嗜芰 : 屈到는 楚나라의 대부로 字는 子夕이다. 평소에 마름〔芰〕을 좋아하여 자신의 제사에 마름을 제수로 사용하라고 했다고 한다.

38) 文王嗜菖蒲葅 : 周 文王이 창포 김치를 매우 좋아했는데, 孔子 또한 문왕을 사모한 나머지 창포 김치를 즐겼다고 한다.

39) (參)〔范〕: 저본에는 '參'으로 되어 있으나, ≪韓非子新校注≫ 陳奇猷의 설에 의거하여 '范'으로 바로잡았다.

40) (參)〔范〕無恤 : 자세한 사적은 미상이다. 다만 ≪春秋左氏傳≫ 文公 12년에, 晉나라가 秦나라를 방어할 적에 范無恤을 戎車의 御로 삼아 河曲에서 秦軍을 맞아 싸웠다는 기록이 보인다.

○先愼曰 乾道本에 重之字라 顧廣圻云 藏本에 不更有之字하니 是也라하니라 今據刪하노라

○王先愼 : 乾道本에 '之'자가 중복되어 있다. 顧廣圻는 "藏本에 다시 '之'자가 있지 않으니 옳다."라고 하였다. 지금 이에 의거하여 삭제하였다.

39-56 而二君尊之하니 所賢不必賢也라 非賢而賢用之는

두 군주는 그들을 존중하였으니 어질게 여기는 자가 반드시 어질 필요가 없는 것이다. 어진 자가 아닌데도 어질게 여겨 등용하는 것은

○顧廣圻曰 藏本同이라 今本에 無下賢字하니 誤라

○顧廣圻 : 藏本도 마찬가지다. 今本에 아래(賢用之)의 '賢'자가 없으니 잘못되었다.

39-57 與愛而用之同이나

사랑하여 등용하는 경우와 같지만,

○顧廣圻曰 句絶이라

○顧廣圻 : 여기서 句를 끊어야 한다.

39-58 賢誠賢而擧之는

어진 이가 참으로 어질어서 등용하는 것은

○顧廣圻曰 六字爲一句라

○顧廣圻 : 여섯 글자가 한 句가 된다.

39-59 與用所愛異狀이라

사랑하는 이를 등용하는 경우와 다른 상황이다.

○顧廣圻曰 狀字衍이라

○顧廣圻 : '狀'자는 衍文이다.

39-60 **故楚莊擧(叔孫)〔孫叔〕[41]而霸**하고

楚 莊王은 孫叔敖를 등용하여 霸者가 되었고

○**王渭曰 叔孫**은 **當作孫叔**이라

○王渭 : '叔孫'은 응당 '孫叔'이 되어야 한다.

39-61 **商辛用費仲[42]而滅**이라 **此皆用所賢**이어늘 **而事相反也**라 **燕噲**는 **雖擧所賢**이나 **而同於用所愛**하니 **衛奚(距)〔遽〕然哉**리오

商辛(殷나라 紂)은 費仲을 등용하여 멸망하였다. 이들은 모두 자신이 어질게 여긴 자를 등용하였는데 그 결과는 상반되었다. 燕王 子噲는 비록 자신이 어질게 여긴 자를 등용하였으나 사랑하는 자를 등용한 경우와 같았으니, 衛나라가 어찌 대번에 〈子噲와 子之의 경우처럼〉 그렇게 되겠는가.

○**先愼曰 拾補**에 **奚下有獨字**하고 **距作詎**라 **盧文弨云 距字**는 **非**라하고 **顧廣圻云 距**는 **讀爲遽**라하니라 **先愼按 顧說是**라

○王先愼 : ≪群書拾補≫에 '奚'자 아래에 '獨'자가 있고, '距'자는 '詎'자로 되어 있다. 盧文弨는 "'距'자는 틀렸다."라고 하였고, 顧廣圻는 "'距'는 '遽'자로 읽어야 된다."라고 하였다. 내가 살펴보건대 고광기의 설이 옳다.

39-62 **則侏儒之未見**(현)**也**에

그렇다면 난쟁이가 군주를 뵙기 전에는

○**先愼曰 乾道本**에 **見上有可字**라 **盧文弨云 可字**는 **淩秦本無**라하니 **今據刪**하노라

---

41) (叔孫)〔孫叔〕: 春秋時代 楚 莊王의 유명한 재상인 孫叔敖를 가리킨다.

42) 費仲 : 殷나라 말기 紂王의 姦臣이다. 西伯 姬昌(뒤의 周 文王)이 崇侯의 고발로 羑里獄에 갇혔을 때 서백 희창의 신하 閎夭가 비중을 매수하여 주왕에게 많은 뇌물을 바치자 서백을 석방하였다.

○王先愼 : 乾道本에 '見'자 위에 '可'자가 있다. 盧文弨는 "'可'자는 凌本과 秦本에 없다." 라고 하였으니, 지금 이에 의거하여 삭제하였다.

39-63 君壅而不知其壅也요 已見(현)之後而知其壅也라 故退壅臣은 是加知之也라

군주가 가려지고도 그 가려진 줄 알지 못했으며, 〈난쟁이가 군주를〉 뵙고 난 후에야 자신이 가려졌음을 알게 된 것이다. 그러므로 자신을 가리게 한 신하를 물리친 것은 〈이러한 사실을〉 더욱 자세히 알게 된 것이다.

○顧廣圻曰 之字當衍이라

○顧廣圻 : '之'자는 응당 衍文이다.

39-64 (日)〔曰〕[43] 不加知하야

'더욱 자세히 알지 못하면서

○顧廣圻曰 藏本同이라 今本日作曰하니 誤라

○顧廣圻 : 藏本도 마찬가지다. 今本에 '日'자가 '曰'자로 되어 있으니 잘못되었다.

39-65 而使賢者煬己하면 則必危라하나 而今以加知矣니 則雖煬己라도 必不危矣리라

어진 이로 하여금 자기 앞에서 불을 쬐게 하면 반드시 위태로워질 것이다.'라고 하였지만, 지금 더욱 자세히 알게 되었으니 비록 자기 앞에서 불을 쬐더라도 반드시 위태로워지지는 않을 것이다."

43) (日)〔曰〕: 저본에는 '日'로 되어 있으나, ≪韓非子新校注≫ 陳奇猷의 설에 의거하여 '曰'로 바로잡았다.

第四十 難勢篇 제40편 형세에 대한 論難

이 篇은 나라를 權勢로 다스려야 한다고 주장한 說을 비판하고 반박하였다. 전체를 세 項目으로 나누어 자기의 주장을 피력하였다.

제1항은 먼저 ≪愼子≫의 내용을 인용하여 이를 비판하는 목표로 삼았다. 愼到는 "賢明과 才智로는 민중을 복종시킬 수 없으니, 권세와 지위가 있어야 어진 사람을 굴복시킬 수 있다."라고 말하여, 어진 사람도 반드시 권세에 의지하여야 천하를 다스릴 수 있다는 주장을 전개하였다. 그는 현명함과 권세 두 가지의 작용을 말하면서도 권세의 작용을 일방적으로 더욱 강조하였다.

제2항은 신도의 말에 대응한 '應愼子曰' 이하로, 권세로 나라를 다스려야 한다는 신도의 學說을 비판하며 반박하였다. 그는 "愼子는 法에 가려져서 현명에 대해서는 모른다."라고 비판하고, 또 "현명함을 버리고 오로지 권세에 맡겨야 한다."라고 하여 오직 권세로 통치해야 한다는 설을 비판하였다. 또한 권세는 반드시 어진 사람의 재능에 의지하여야 천하를 잘 다스릴 수 있다는 인식하에 현명함과 권세 두 가지 중에서 현명함의 作用을 더욱 강조하였으나 그렇다고 권세의 功效를 부정하지는 않았다.

제3항은 신도의 설에 반박한 사람에게 다시 대응한 "復應之曰" 이하의 내용을 다시 논박한 부분이다. 현명한 사람에게 맡기는 것과 권세에 맡기는 것은 한 데 섞어 논해서는 안 되니, 그 중의 하나를 위주로 해야 한다. 대부분의 군주는 中等 정도의 인물이므로, 그들이 "법도를 굳게 지키고 권세에 의거하면 나라를 잘 다스리고, 법도를 위배하고 권세를 잃으면 혼란에 빠진다."라고 하여 법도를 위주로 하고 현명은 배제하였다. 만일 賢君이 출현하기를 기다려 나라를 다스리려고 하면 천 년 동안 혼란하다가 한 번 다스려지게 된다. 이 때문에 현명과 권세를 함께 사용하여 다스리는 것이 법도와 권세를 함께 사용하여 다스리는 것보다 못하니, 법도와 권세를 사용하여 다스려야지 굳이 어진 사람이 출현하기를 기다릴 필요는 없음을 제창하였다.

40-1 愼子[1)]曰 飛龍乘雲하고 騰蛇遊霧라가 雲罷霧霽하면

愼子는 말하였다.

"하늘을 나는 龍은 구름을 타고 다니고, 하늘을 오르는 뱀은 안개 속에 떠가다가 구름이 걷히고 안개가 개면

○先愼曰 初學記二御覽十五事類賦三에 引霽作散이라

○王先愼 : ≪初學記≫ 권2와 ≪太平御覽≫ 권15와 ≪事類賦≫ 권3에 이 글을 인용하면서 '霽'가 '散'으로 되어 있다.

40-2 而龍蛇與螾螘同矣니 則失其所乘也라 賢人而詘於不肖者는 則權輕位卑也요

용과 뱀이 지렁이나 개미와 같게 되니, 이것은 그 타고 다니던 〈구름과 안개를〉 잃었기 때문이다. 어진 사람이면서 不肖한 사람에게 굴복하는 것은 권력이 가볍고 지위가 낮기 때문이며,

○盧文弨曰 張本에 賢上有故字라

○盧文弨 : 張本에 '賢' 위에 '故'자가 있다.

40-3 不肖而能服於賢者는 則權重位尊也일새니라 堯爲匹夫면 不能治三人이요 而桀爲天子하야 能亂天下하니 吾以此知勢位之足恃요 而賢智之不足慕也로라 夫弩弱而矢高者는 激於風也요 身不肖而令行者는 得助於衆也라 堯敎於隷屬而民不聽이나 至於南面而王天下하얀 令則行하고 禁則止하니라 由此觀之컨대 賢智未足以服衆이요 而勢位足以(缶)〔詘〕賢者也니라

불초한 사람이면서 어진 사람을 굴복시키는 것은 권력이 크고 지위가 높기 때문이다. 帝堯가 보통 남자였다면 세 사람도 잘 다스리지 못했을 것이고, 夏桀은 天子가 되었기에 천하를 어지럽혔으니, 나는 이것으로 권세와 지위는 믿어 의지할 만하고 賢明과 才智는 흠모하기에 부족함을 알았노라.

---

1) 愼子 : 戰國時代 趙나라 사람 愼到를 높여 부르는 칭호이다. 黃老道德의 術을 배워 ≪愼子≫ 1권을 지었다.

쇠뇌의 힘이 약한데도 쏜 화살이 높이 날아가는 것은 바람의 힘을 받아 격동했기 때문이고, 자신은 불초하면서 내린 명령이 시행되는 것은 많은 사람들의 도움을 얻기 때문이다. 帝堯가 노예의 처지에서 가르치면 백성들이 따르지 않지만 南面하여 왕 노릇 하게 되어서는 명령하면 시행되고 금지하면 멈추었다. 이것으로 미루어보면 현명과 재지로는 민중을 굴복시킬 수 없고, 권세와 지위가 있어야 어진 사람도 굴복시킬 수 있는 것이다."

○盧文弨曰 缶는 㱏之譌라 㱏은 古正字니 墨子往往用此라 顧廣圻曰 句有誤라 兪樾曰 缶는 乃詘字之誤니 詘이 闕壞而爲出字하고 又因誤爲缶也라 上文云 賢人乃詘於不肖者는 則權輕位卑也라하니 此卽勢位足以詘賢者之說이라 趙本作任賢者는 乃不得其字而臆改니 不可從也라 先愼曰 兪說是라 張榜本亦改作任하니라

○盧文弨 : '缶'는 '㱏'의 잘못이다. '㱏'은 '正'의 古字니 《墨子》에 가끔 이 자를 썼다.
顧廣圻 : 이 구절에 잘못이 있다.
兪樾 : '缶'는 곧 '詘'의 오자이니, '詘'이 이지러져서 '出'자가 되고 또 따라서 잘못 '缶'가 되었다. 윗글에 "賢人乃詘於不肖者 則權輕位卑也"라 하였으니, 이는 곧 권세와 지위가 있어야 어진 이를 굴복시킬 수 있다는 말이다. 趙本에 〈'缶賢'이〉 '任賢'으로 되어 있는 것은 곧 그 글자를 알지 못하여 억측으로 고친 것이니, 따를 수가 없다.
王先愼 : 兪樾의 설이 옳다. 張榜本에도 '任'으로 고쳐놓았다.

40-4 應愼子曰 飛龍乘雲하고 騰蛇遊霧하니 吾不以龍蛇爲不託於雲霧之勢也라 雖然이나 夫釋賢而專任勢면 足以爲治乎아

어떤 이가 愼子의 말에 이렇게 대응하였다.
"하늘을 나는 龍은 구름을 타고 다니고, 하늘을 오르는 뱀은 안개 속에 떠다닌다고 하는데, 나는 용과 뱀이 구름과 안개의 기세에 의탁하지 않는다고 여기지는 않는다. 그렇기는 하지만 어진 사람을 버려두고 오로지 권세에만 맡긴다면 국가를 잘 다스릴 수 있겠는가?

○先愼曰 乾道本에 釋作擇하고 拾補에 擇作釋이라 顧廣圻云 當作釋이라하야늘 今據改라하니라

○王先愼：乾道本에 '釋'이 '擇'으로 되어 있고, ≪群書拾補≫에 '擇'이 '釋'으로 되어 있다. 顧廣圻는 "응당 '釋'이 되어야 한다."라고 하였기에 지금 이에 의거하여 고쳤다.

40-5 則吾未得見也로라 夫有雲霧之勢而能乘遊之者는 龍蛇之材美(之)也요

그렇다면 나는 아직 〈그런 경우를〉 보지 못하였다. 구름과 안개의 〈의탁할 만한〉 기세가 있는데 그것을 타고 떠다니는 것은 용과 뱀의 재질이 훌륭하기 때문이요,

○盧文弨曰 下之字는 淩本無라 王先謙曰 此與下螾螘之材薄也로 對文이니 明下之字衍이라

○盧文弨：아래의 '之'자는 淩本에 없다.

王先謙：이 문구은 아래의 '螾螘之材薄也(지렁이와 개미의 재질이 부족하기 때문이다.)'와 상대되는 문구이니, 아래의 '之'자는 衍文임이 분명하다.

40-6 今雲盛而螾(인)弗能乘也하고 霧醲而螘(의)不能遊也니 夫有盛雲醲霧之勢而不能乘遊者는 螾螘之材薄也니라 今桀紂南面而王天下하야 以天子之威爲之雲霧라도 而天下不免乎大亂者는 桀紂之材薄也라 且其人以堯之勢以治天下也하니 其勢

지금 뭉게뭉게 큰 구름이 일어나도 지렁이는 구름을 타고 날지 못하며, 자욱하게 짙은 안개가 끼더라도 개미는 안개 속을 떠다니지 못한다. 뭉게뭉게 일어나는 큰 구름과 자욱하게 낀 짙은 안개라는 의탁할 기세가 있건만 타고 날거나 떠다니지 못하는 것은 지렁이와 개미의 재질이 부족하기 때문이다.

지금 夏桀과 商紂가 南面하여 천하에 왕 노릇 하면서 天子의 권위를 구름과 안개 같은 기세로 삼더라도 천하가 크게 혼란해지는 데에서 벗어나지 못하는 것은 하걸과 상주의 재질이 부족하기 때문이다.

또 그 사람(愼子)은 帝堯가 권세에 의지하여 천하를 잘 다스렸다고 여기는데, 그 〈帝堯가 의지한〉 권세가

○顧廣圻曰 藏本同하고 今本無以也其勢四字라 先愼曰 張榜本에 無以也二字라 按其勢二字는 屬下讀이라

○顧廣圻 : 藏本은 같고, 今本에 '以'·'也'·'其勢' 네 글자가 없다.

王先愼 : 張榜本에 '以'·'也' 두 글자가 없다. 살펴보건대 '其勢' 두 글자는 아래 글에 붙여서 읽어야 한다.

40-7 何以異桀之勢也완대 亂天下者也오

夏桀이 의지한 권세와 무엇이 달랐기에 〈하걸은〉 천하를 혼란하게 한 것인가?

○盧文弨曰 一本에 無者字라 顧廣圻曰 藏本今本에 無上也字하니 按也當作以라

○盧文弨 : 어떤 본에는 '者'자가 없다.

顧廣圻 : 藏本과 今本에 위의 '也'자가 없으니, 살펴보건대 〈위의〉 '也'는 응당 '以'가 되어야 한다.

40-8 夫勢者는 非能必使賢者用(已)〔之〕[2)]요 而不肖者不用(已)〔之〕也니

권세란 반드시 어진 사람에게 사용하도록 하고 불초한 사람은 사용하지 못하게 할 수는 없으니,

○顧廣圻曰 兩已字는 當有誤나 未詳이라 兪樾曰 兩已字는 當作人己之己니 卽以勢而言이라 勢者는 人人得而用之요 不能使賢者用我하고 而不肖者不用我也라 顧氏由不達古人語意耳라

○顧廣圻 : 두 '已'자는 응당 잘못이 있으나 알지 못하겠다.

兪樾 : 두 '已'자는 응당 '人己(남과 나)'의 '己'가 되어야 하니, 곧 권세로써 말한 것이다. 권세는 사람마다 쓸 수 있는 것이지 어진 이는 나를 쓰게 하고 어질지 못한 사람은 나를 못 쓰게 할 수는 없다는 말이다. 顧廣圻의 설은 옛사람의 말뜻을 알지 못한 데에 연유한 것이다.

---

2) (已)〔之〕: 저본에는 '已'로 되어 있으나, "'已'는 '之'의 잘못이라고 한 津田鳳卿과 太田方의 주장이 옳다."라고 한 ≪韓非子新校注≫ 陳奇猷의 설을 따라 '之'로 바로잡았다.

40-9 賢者用之則天下治하고 不肖者用之則天下亂이니라 人之情性은 賢者寡而不肖者衆하니 而以威勢之利로 濟亂世之不肖人이면 則是以勢亂天下者多矣요

어진 사람이 사용하면 천하가 다스려지고 불초한 사람이 사용하면 천하가 어지러워진다. 사람의 本性으로 말하면 어진 사람은 적고 불초한 사람은 많다. 그러니 권세의 편리한 도구로써 亂世의 어질지 못한 사람을 돕는다면 이는 권세로써 천하를 혼란에 빠뜨리는 자는 많아지고,

○盧文弨曰 一本에 無矣字라

○盧文弨 : 어떤 본에 '矣'자가 없다.

40-10 以勢治天下者寡矣니라 夫勢者는 便治而利亂者也라 故周書曰 毋爲虎傅翼하라 將飛入邑하야 擇人而食之하리라하니라

권세로써 천하를 다스리는 자는 적어질 것이다. 권세는 천하를 다스리는 데 편리한 도구이지만 천하를 혼란에 빠뜨리는 데 유리하기도 하다. 그러므로 ≪逸周書≫ 〈寤儆篇〉에 '호랑이를 위해 날개를 달아주지 말아라. 〈날개를 달아주면〉 장차 邑內에 날아와서 사람을 골라 잡아먹을 것이다.'라고 하였다.

○先愼曰 乾道本에 無將字라 顧廣圻云 藏本今本은 飛上에 有將字라 按之字當衍이라하니라 先愼按 逸周書寤儆篇에 正有將字일새 今據補하노라 彼脫爲字하니 當依此訂이라

○王先愼 : 乾道本에 '將'자가 없다. 顧廣圻는 "藏本과 今本은 '飛' 위에 '將'자가 있다. 살펴보건대 '之'자는 응당 衍文이 되어야 한다."라고 하였다. 내가 살펴보건대 ≪逸周書≫ 〈寤儆篇〉에 바로 '將'자가 있기 때문에 지금 이에 의거하여 보충하였다. 저 ≪일주서≫에는 '爲'자가 탈락되었으니 응당 이 책에 의거하여 바로잡아야 한다.

40-11 夫乘不肖人於勢는 是爲虎傅翼也니라 桀紂爲高臺深池以盡民力하고 爲炮烙[3]以傷民性하니

---

3) 炮烙 : 본서 139쪽 역주 12) 참조.

어질지 못한 사람이 권세를 이용하는 것은 바로 호랑이에게 날개를 달아주는 격이다. 夏桀과 商紂가 높은 누대를 짓고 깊은 못을 파느라 백성의 인력과 재력을 소진하고 炮烙刑을 만들어 백성의 생명을 해쳤으니,

○顧廣圻曰 句當有脫字라 高臺一也요 深池二也요 炮烙三也어늘 下文云四行이로되 其一未見이라 先愼曰 此隨擧二人暴虐之事니 非必有四行也라 炮烙은 卽非桀所爲니 顧說太泥라

○顧廣圻 : 이 文句에는 응당 탈락된 글자가 있다. 높은 누대가 하나, 깊은 못이 둘, 포락이 셋인데, 아래 글에 '四行(네 가지 행위)'이라고 하였으나 그 하나는 보이지 않는다.
王先愼 : 이는 〈夏桀과 商紂〉 두 사람의 暴虐한 짓을 따라 든 것이니, 반드시 '四行'이 있을 필요가 없다. 포락은 곧 하걸의 所行이 아니니 顧廣圻의 설은 너무 융통성이 없다.

40-12 桀紂得(乘)〔成〕[4](四)〔肆〕行者는

夏桀과 商紂가 이런 방자한 행위를 이루게 된 것은

○顧廣圻曰 藏本에 乘作成하고 今本에 四作肆하니 皆誤라 乘은 當作兼이니 下文云未始行一이 其證也라 先愼曰 乘下脫勢字요 四는 當作肆라 肆行은 卽指盡民力傷民性言이니 顧說非라

○顧廣圻 : 藏本에 '乘'이 '成'으로 되어 있고, 今本에 '四'가 '肆'로 되어 있으니 모두 잘못되었다. '乘'은 응당 '兼'이 되어야 하니, 아래 글에 '未始行一(한 가지도 실행하기 전에)'이라고 한 것이 그 증명이다.
王先愼 : '乘' 아래에 '勢'자가 탈락되었고, '四'는 응당 '肆'가 되어야 한다. '肆行'은 곧 백성의 인력과 재력을 소진하고, 백성의 목숨을 해친 일을 가리켜 말한 것이니, 顧廣圻의 설은 잘못되었다.

40-13 南面之威爲之翼也라 使桀紂爲匹夫면 未始行一而身在刑戮矣리라

南面하여 왕 노릇 한 권위가 날개 역할을 한 것이니, 가령 夏桀과 商紂가 보통

4) (乘)〔成〕 : 저본에는 '乘'으로 되어 있으나, ≪韓非子新校注≫ 陳奇猷의 설에 의거하여 '成'으로 바로잡았다.

남자였다면 〈포악한 일을〉 한 가지도 시작하기 전에 그의 몸은 형벌을 받거나 죽임을 당했을 것이다.

○先愼曰 言匹夫未一行桀紂之暴亂에 刑戮隨之也니 顧氏以一對四言은 非라

○王先愼 : 보통 남자였다면 夏桀과 商紂 같은 포악한 짓을 한 가지도 실행하기 전에 형벌을 받거나 죽임을 당하는 일이 뒤따랐을 것이라는 말이니, 顧廣圻가 '一'을 '四'에 상대하여 말한 것은 잘못이다.

40-14 勢者는 養虎狼之心하야 而成暴亂之事者也니

권세는 호랑이나 이리 같은 〈흉포한〉 마음을 길러서 포악한 짓을 이루게 하는 것이니,

○先愼曰 乾道本에 暴下有風字라 顧廣圻云 今本에 無風字라 按句有誤라하니라 先愼按 無風字是하니 改從今本하노라 此謂桀紂得有天下之勢하야 以爲之傅翼하니 所以暴亂之事成也라

○王先愼 : 乾道本에 '暴' 아래에 '風'자가 있다. 顧廣圻는 "今本에 '風'자가 없다. 살펴보건대 이 文句에 잘못이 있다."라고 하였다. 내가 살펴보건대 '風'자가 없는 것이 옳으니, 今本을 따라 고쳤다. 이는 夏桀과 商紂가 천하의 권세를 얻어서 날개를 단 형세가 되었으니, 이 때문에 포악한 짓이 이루어졌음을 이른 것이다.

40-15 此天下之大患也라 勢之於治亂에 本(末)〔未〕有位也하니

이것이 천하의 큰 우환이다. 권세가 국가의 治亂에 있어 본디 일정한 관계가 있지 않으니,

○顧廣圻曰 末은 當作未라

○顧廣圻 : '末'은 응당 '未'가 되어야 한다.

40-16 而語專言勢之足以治天下者하니 則其智之所至者淺矣니라 夫良馬固車를 使臧獲[5]御之則爲人笑하고 王良[6]御之而日取(추)[7]千里라 車馬非異也어늘 或

至乎千里하고 **或爲人笑**는 **則巧拙相去遠矣**니라

그런데 〈愼子의〉 말은 오로지 '권세만이 천하를 잘 다스리기에 충분하다.'라고 말하였으니, 그렇다면 그의 도달한 지혜는 수준이 낮다.

좋은 말과 견고한 수레를 奴僕을 시켜 몰게 하면 남의 웃음거리가 되고, 王良을 시켜 몰게 하면 하루에 천 리를 달릴 것이다. 수레와 말은 다르지 않는데 어떤 이가 몰면 천 리를 달리기도 하고 어떤 이가 몰면 남의 웃음거리가 되기도 하는 것은 수레를 모는 기술이 뛰어나고 서툰 차이가 크기 때문이다.

○**先愼曰 乾道本**에 **無巧字**라 **顧廣圻云 藏本今本**에 **有巧字**라하니라 **先愼案 治要**에 **亦有**일새 **今據補**하노라

○王先愼 : 乾道本에 '巧'자가 없다. 顧廣圻는 "藏本과 今本에 '巧'자가 있다."라고 하였다. 내가 살펴보건대 ≪群書治要≫에도 〈'巧'자가〉 있기 때문에 지금 이에 의거하여 보충하였다.

40-17 **今以國(位)爲車**하고

지금 나라로 수레를 삼고

○**先愼曰 治要**에 **無位字**라

○王先愼 : ≪群書治要≫에 '位'자가 없다.

40-18 **以勢爲馬**하며 **以號令爲轡〔銜〕**하고

권세로 말을 삼으며 호령으로 고삐와 재갈을 삼고

○**先愼曰 治要**에 **轡下有銜字**라

○王先愼 : ≪群書治要≫에 '轡' 아래에 '銜'자가 있다.

---

5) 臧獲 : 옛날 노예를 賤하게 부르던 칭호이다.

6) 王良 : 春秋時代 말을 잘 부리던 사람으로 趙簡子의 수레를 모는 마부였다고 한다.

7) 取(추) : '趨'와 통용한다.

40-19 以刑罰爲鞭筴(책)하야 使堯舜御之則天下治하고 桀紂御之則天下亂은 則賢不肖相去遠矣니라 夫欲追速致遠하며 不知任王良하고 欲進利除害하며 不知任賢能이면 此則不知類之患也니 夫堯舜은 亦治民之王良也니라

형벌로 채찍을 삼아서 帝堯와 帝舜을 시켜 몰게 하면 천하가 잘 다스려지고, 夏桀과 商紂를 시켜 몰게 하면 천하가 혼란해지는 것은, 현명하고 현명하지 못한 차이가 크기 때문이다.

빨리 치달려 먼 거리에 도달하려고 하면서 王良을 任用할 줄 모르고, 이득을 얻고 손해를 없애려고 하면서 賢能한 사람을 임용할 줄 모른다면 이는 類推할 줄 모르는 병통이다. 제요와 제순은 백성을 잘 다스리는 왕량과 같은 존재이다."

40-20 復應之曰[8] 其人以勢爲足恃以治官이라하니 客曰[9] 必待賢乃治라하니 則不然矣라 夫勢者는 名一而變無數者也라

〈또 어떤 이가 愼子를 반박한 사람에게〉 다시 이렇게 대응하였다.

"그 사람(愼子)은 '권세에 의지하여 국가〔官〕를 다스릴 수 있다.'라고 하였고, 〈이를 반박한〉 論客은 '반드시 어진 이가 〈등용되기를〉 기다려야 비로소 잘 다스려진다.'라고 하였는데, 이는 그렇지 않다. 권세란 명칭은 하나이지만 그 변화는 무궁하다.

○先愼曰 有自然之勢하고 有人設之勢라

○王先愼 : 자연적인 권세가 있고, 사람이 설정한 권세가 있다.

40-21 勢必於自然이면 則無爲言於勢矣어니와 吾所爲言勢者는 言人之所設也니라 今曰 堯舜得勢而治하고 桀紂得勢而亂이라하니 吾非以堯舜爲不然也라 雖然이나 非(一)[10]人之所得設也니라

---

8) 復應之曰 : 愼子의 주장을 반박한 사람의 말을 다시 반론한 사람의 말이다.

9) 客曰 : 다시 반론한 사람의 말을 따져서 나무라는 사람의 말이니, 韓非 자신의 말이다.

10) (一) : 저본에는 '一'자가 있으나, 太田方과 松皐圓의 설이 옳다고 한 《韓非子新校注》 陳奇猷의 설을 따라 衍文으로 처리하였다.

권세가 반드시 자연적인 것에 속한다면 그 권세에 대해서는 말할 것이 없거니와 내가 말하는 권세란 사람이 설정한 권세를 말한다. 지금 그(愼子)가 '帝堯와 帝舜은 권세를 얻어서 천하가 잘 다스려졌고 夏桀과 商紂는 권세를 얻어서 천하가 혼란해졌다.'라고 하였는데, 나도 제요와 제순이 그렇지 않다고는 여기지 않는다. 그렇지만 〈그들의 권세는〉 사람이 설정한 것은 아니다.

○先愼曰 乾道本에 無今日至設也어늘 據藏本張榜本趙本하야 補三十三[11]字하노라

○王先愼 : 乾道本에 '今日'에서 '設也'까지가 없는데, 藏本과 張榜本과 趙本에 의거하여 33자를 보충하였다.

40-22 夫堯舜이 生而在上位면

가령 帝堯와 帝舜이 태어나면서부터 君主의 지위에 있었다면

○先愼曰 乾道本[12]에 堯作聖이라 顧廣圻云 藏本今本에 聖作堯하니 非也라 舜上에 當有脫文이라하니라 先愼按 顧氏不審上文有三十三字之本이라 故疑此下脫文이라 堯舜은 承上言이니 堯不當作聖이라 御覽六百二十四와 初學記九에 引竝作堯하야 與藏本今本合하니 是其證일새 今據改하노라 初學記에 引夫上有今字하고 藝文類聚五十二에 引無舜字하고 有堯字하니 蓋堯下脫舜字나 然亦足見聖爲堯之誤라

○王先愼 : 乾道本에 '堯'가 '聖'으로 되어 있다. 顧廣圻는 "藏本과 今本에 '聖'이 '堯'로 되어 있으니 잘못되었다. '舜' 위에 응당 탈락된 글자가 있다."라고 하였다. 내가 살펴보건대 고광기는 윗글에 33자가 있는 책을 보지 못했기 때문에 이 아래에 글자가 탈락되었다고 의심한 것이다. '堯舜'은 윗글을 이어서 한 말이니, '堯'가 '聖'이 되어서는 온당치 않다. ≪太平御覽≫ 권624와 ≪初學記≫ 권9에 이 글을 인용하면서 모두 '堯'로 되어 있어서 藏本·今本과 부합하니, 이것이 그 증거이므로 지금 이에 의거하여 고쳤다. ≪초학기≫에 이 글을 인용하면서 '夫' 위에 '今'자가 있고, ≪藝文類聚≫ 권52에 이 글을 인용하면서 '舜'자가 없고 '堯'자가 있으니, '堯' 아래에 '舜'자가 탈락되었으나 이 또한 '聖'이 '堯'의

---

11) 三 : 저본의 원주에 "'三'은 원본엔 '二'로 되어 있으나, 실제 글자 수에 의거하여 고쳤다.〔三原本作二 據實際字數改〕"라고 하였다.

12) 本 : 저본의 원주에 "'本'은 원년에 '字'로 되어 있으나 글뜻에 의거하여 '本'으로 고쳤다.〔本原本作字 據文義改〕"라고 하였다.

잘못임을 알 수 있다.

40-23 雖有十桀紂라도 **不能亂者**니 **則勢治也**요 **桀紂亦生而在上位**면 **雖有十堯舜**이라도 **而亦不能治者**니 **則勢亂也**니라 **故曰 勢治者則不可亂**이요 **而勢亂者則不可治也**라하노라 **此自然之勢也**요 **非人之所得設也**라 **若吾所言〔勢〕**[13]는 **謂人之所得(設也若吾所言謂人之所得)**[14]**(勢)**[15]**〔設〕**[16]**也而已矣**니라

열 명의 夏桀과 商紂가 있더라도 〈천하를〉 어지럽게 하지 못했을 것이니, 이는 잘 다스려질 형세가 있었기 때문이고, 하걸과 상주 역시 태어나면서부터 군주의 지위에 있었다면 열 명의 帝堯와 帝舜이 있더라도 역시 〈천하를〉 잘 다스리지 못했을 것이니, 이는 어지러워질 형세가 있었기 때문이다. 그러므로 '잘 다스려질 형세가 있는 경우에는 어지럽힐 수가 없고, 어지러워질 형세가 있는 경우에는 잘 다스릴 수가 없다.'라고 말하는 것이다. 이는 자연적인 추세이지 사람의 힘으로 설정할 수 있는 것이 아니다. 내가 이와 같이 말한 '勢'는 사람이 설정한 바를 이른 말일 뿐이다.

○先愼曰 乾道本에 無設也若吾所言謂人之所得十一字라 顧廣圻云 謂人之所得下에 有脫文이라 兪樾云 勢는 當作設이니 上文云 此自然之勢也요 非人之所得設也라 故此曰若吾所言은 謂人之所得設也而已矣라 設이 誤作勢하야 文不可通이어늘 顧氏因疑有脫文하니 非是라하니라 先愼案 張榜本에 得下有設也若吾所言謂人之所得十一字하니 是일새 今據增하노라 上吾字는 乃客之誤니 當作若客所言은 謂人之所得設也요 若吾所言은 謂人之所得勢也而已矣라 若客所言 謂人之所得設은 正

---

13) 〔勢〕 : 저본에는 '勢'가 없으나, "'勢'자가 제자리를 벗어나 〈'人之所得'〉 아래에 잘못 놓였다고 본 陶鴻慶의 설이 옳다."라고 한 ≪韓非子新校注≫ 陳奇猷의 설에 의거하여 보충하였다.

14) (設也若吾所言謂人所得) : 저본에는 '設也若吾所言謂人所得'이 있으나, 王先愼의 교감을 부정한 ≪韓非子新校注≫·≪增訂韓非子校釋≫·≪韓非子今注今譯≫ 등에 의거하여 衍文으로 처리하였다.

15) (勢) : 저본에는 '勢'가 있으나, 역주 13) ≪韓非子新校注≫ 陳奇猷의 설에 의거하여 衍文으로 처리하였다.

16) 〔設〕 : 저본에는 '設'이 없으나, "'設'자가 탈락되었다는 陶鴻慶의 설이 옳다."라고 한 ≪韓非子新校注≫ 陳奇猷의 설에 의거하여 보충하였다.

承上非人之所得設也而來하니 語極明晰이어늘 客誤爲吾하야 遂不可讀이라 乾道本에 因刪去若吾所言謂人之所得設也十一字耳라 顧氏는 知有缺文而失於考校하고 兪氏는 又强爲之說而不加參訂하니 均非라

○王先愼：乾道本에 '設也若吾所言謂人之所得'의 11자가 없다. 顧廣圻는 "'謂人之所得' 아래에 탈락된 글자가 있다."라고 하였다. 兪樾은 "'勢'는 응당 '設'이 되어야 하니, 윗글에 '此自然之勢也 非人之所得設也'라고 하였기 때문에 여기에서 '若吾所言 謂人之所得設也而已矣(내가 이와 같이 말한 바는 사람이 설정한 바를 이른 말일 뿐이다.)'라고 말한 것이다. '設'이 잘못 '勢'가 되어서 문장이 통할 수 없게 되었는데, 고광기는 탈락된 글자가 있다고 의심하였으니 옳지 않다."라고 하였다.

내가 살펴보건대 張榜本에 '得' 아래에 '設也若吾所言謂人之所得'의 11자가 있으니, 그것이 옳기 때문에 지금 이에 의거하여 더하였다. 위의 '吾'자는 곧 '客'의 잘못이니, 응당 '若客所言 謂人之所得設也 若吾所言 謂人之所得勢也而已矣(논객이 이와 같이 말한 바는 사람이 설정한 바를 이른 말이고, 내가 이와 같이 말한 바는 사람이 권세를 얻은 바를 이른 말일 뿐이다.)'가 되어야 한다. '若客所言 謂人之所得設'은 바로 위의 '非人之所得設也(사람이 설정한 바는 아니다.)'를 받아서 왔으니, 말이 지극히 명백한데 '客'이 잘못 '吾'가 되어서 마침내 읽을 수 없게 되었다. 乾道本은 이 때문에 '若吾所言謂人之所得設也'의 11자를 삭제하였다. 고광기는 빠진 글자가 있는 줄은 알았으나 고찰하여 조사하지 않았고, 유월은 또 억지로 말을 만들면서 참고하여 바로잡지 않았으니 모두 잘못되었다.

40-24 賢何事焉고 何以明其然也오 客曰 人有鬻矛與楯者러니

賢能한 사람이 무슨 관계가 있겠는가? 무엇으로 그와 같음을 설명하겠는가? 논객이 말하였다.

'창과 방패를 파는 어떤 사람이 있었는데

○先愼曰 難一篇에 矛楯互易하고 白孔六帖[17]五十八에 引無與字라

○王先愼：≪韓非子≫ 〈難一篇〉에 '矛'와 '楯'이 서로 바뀌어 있고, ≪白孔六帖≫ 권58에 이 글을 인용하면서 '與'자가 없다.

---

17) 白孔六帖：唐나라 白居易의 ≪六帖≫과 宋나라 孔傳의 ≪續六帖≫을 합하여 만든 類書의 한 가지로, 모두 100권이다.

40-25 譽其楯之堅호되 物莫能陷也라하더니 俄而又譽其矛曰 吾矛之利는 物無不陷也라하다 人應之曰 以子之矛로 陷子之楯이면 何如오하니 其人弗能應也라하니라

방패의 견고함을 자랑하여 「어떤 물건도 뚫을 수 없다.」라고 하더니, 얼마 뒤에 또 창을 자랑하여 「내 창의 날카로움은 어떤 물건도 뚫지 못하는 것이 없다.」라고 하였다. 어떤 이가 응대하여 「그대의 창으로 그대의 방패를 뚫는다면 어떻게 되는 것이오?」라고 하자 그 사람은 응답하지 못하였다.'

○先愼曰 白孔六帖에 引陷子之楯何如 作擊子之楯如之何라

○王先愼 : ≪白孔六帖≫에 이 글을 인용하면서 '陷子之楯何如'가 '擊子之楯如之何(그대의 방패를 공격하면 어떻게 되는 것이오?)'로 되어 있다.

40-26 以爲不可陷之楯과 與無不陷之矛는 爲名不可兩立也라 夫賢之爲勢不可禁이요 而勢之爲道也無不禁이니 以不可禁之(勢)〔賢〕으로 〔與無不禁之勢〕는

이 때문에 뚫을 수 없는 방패와 뚫지 못할 물건이 없는 창은 논리상 둘 다 존립할 수 없다고 여긴다. 賢能한 사람은 권세로 금지할 수 없고, 권세가 수단이 되면 금지하지 못할 일이 없으니, 금지할 수 없는 현능으로 금지하지 못할 것이 없는 권세를 함께 드는 것은

○顧廣圻曰 藏本同하고 今本은 勢下有與無不禁之道하니 誤라 按當云 以不可禁之賢與無不禁之勢라

○顧廣圻 : 藏本은 같고, 今本은 '勢' 아래에 '與無不禁之道(~와 금지하지 못할 수단은 없다.)'가 있으니 잘못이다. 살펴보건대 응당 '以不可禁之賢與無不禁之勢'라고 해야 한다.

40-27 此矛楯之說也니 夫賢勢之不相容이 亦明矣로다 且夫堯舜桀紂는 千世而一出이니 是〔非〕[18]比肩隨踵而生也라

이것이 바로 모순이 되는 論法이니, 현능과 권세가 서로 용납될 수 없는 것이 또한 분명하다. 게다가 帝堯·帝舜·夏桀·商紂는 천 년에 한번 출현하는 인물이

18) 〔非〕: 저본에는 '非'자가 없으나, ≪韓非子新校注≫ 陳奇猷의 설에 의거하여 보충하였다.

니, 이는 어깨를 나란히 하고 발꿈치를 뒤따라 태어나는 것이 아니다.

○先愼曰 是上에 當有反字라

○王先愼 : '是' 위에 응당 '反'자가 있어야 한다.

40-28 世之治者不絶於中하니 吾所以爲言勢者는 中也라 中者는 上不及堯舜하고 而下亦不爲桀紂니 抱法處勢則治하고 背法去勢則亂이니라 今廢勢背法而待堯舜하야 堯舜至乃治면 是千世亂而一治也요 抱法處勢而待桀紂하야 桀紂至乃亂이면 是千世治而一亂也니라 且夫治千而亂一과 與治一而亂千也는 是猶乘驥駬而分馳也니 相去亦遠矣니라

세상의 통치자는 중급의 인물 중에서 끊임없이 이어지니, 내가 의논하려는 권세는 바로 중급 인물에 대한 것이다. 중급 자질을 가진 군주는 위로는 帝堯와 帝舜 〈같은 聖君에〉 미치지 못하고, 아래로도 夏桀과 商紂 〈같은 暴君이〉 되지 못한다. 〈이런 중급의 인물은〉 법도를 굳게 지키고 권세에 의거하면 나라를 잘 다스리고, 법도를 위배하고 권세를 잃으면 나라가 혼란에 빠진다.

지금 만일 권세를 폐기하고 법도를 위배하면서 제요와 제순이 출현하기를 기다려 제요와 제순이 와야 비로소 나라가 잘 다스려진다면 이는 천 년 동안 혼란하다가 한 번 다스려지는 것이고, 법도를 굳게 지키고 권세에 의거하면서 하걸과 상주를 기다려 하걸과 상주가 와야 비로소 나라가 혼란에 빠진다면 이는 천 년 동안 잘 다스려지다가 한 번 혼란해지는 것이다. 게다가 천 년 동안 잘 다스려지다가 한 번 혼란해지는 것과 한 번 잘 다스려지다가 천 년 동안 혼란해지는 것은, 이는 바로 千里馬를 타고 반대로 나뉘어 내달리는 것과 같으니, 서로의 차이가 또한 크다.

○先愼曰 驥駬는 竝千里馬니 乘而分馳면 違背必速이라

○王先愼 : '驥'와 '駬'는 모두 천리마이니, 〈천리마를〉 타고 반대로 나뉘어 내달리면 서로 등지고 떠남이 반드시 빠를 것이다.

40-29 夫棄隱栝[19)]之法하고

목재를 바로잡는 법을 버리고

○先愼曰 張榜本趙本에 栝作括이라 公羊何休序云 隱括使就繩墨이라하니 是也라 字當作棔(혼)이니 說文에 棔은 隱也니 從木昏聲이라하니라 今通用炊竈木之栝하고 又或(從)〔作〕[20)]括하니 書太甲에 往省括于度라하니 是也라

○王先愼 : 張榜本과 趙本에 '栝'이 '括'로 되어 있다. ≪春秋公羊傳≫ 何休의 序文에 "隱括使就繩墨(오류를 바로잡아 법도에 맞게 하였다.)"이라고 하였는데 바로 이것이다. 글자(栝)는 응당 棔이 되어야 하니, ≪說文解字≫에 "'棔'은 '隱'이니, 木의 의미를 따르고 昏이 소리이다."라고 하였다. 지금은 부엌에 불을 지피는 나무의 '栝'과 통용하고 또는 '括'로 쓰기도 하니, ≪書經≫ 〈太甲〉에 '往省括于度(가서 화살 끝이 법도에 맞는지를 살피라.)'라고 하였는데 바로 이것이다.

40-30 去度量之數면 使奚仲[21)]爲車라도 不能成一輪이요 無慶賞之勸과 刑罰之威하고 釋勢委法이면 堯舜戶說(세)而人辯之라도 不能治三家리니 夫勢之足用亦明矣어늘 而曰 必待賢이라하니 則亦不然矣니라

길이나 분량을 재는 기술을 버리면 奚仲을 시켜서 수레를 만들게 하더라도 바퀴 하나를 완성하지 못할 것이다. 賞을 주어 권장함과 형벌로 두렵게 하는 행위가 없으며, 권세를 포기하고 法治를 버리면 帝堯와 帝舜이 집집마다 찾아가서 설득하고 만나는 사람마다 변론하더라도 세 집도 잘 다스리지 못할 것이다. 권세의 이용할 만한 기능이 분명한데도 〈論客이〉 '반드시 어진 이가 〈등용되기를〉 기다려야 한다.'라고 말했으니 그것은 역시 옳지 않다.

○先愼曰 乾道本에 無不字라 顧廣圻云 藏本今本에 有不字라하야늘 今據增하노라

---

19) 隱栝 : 비뚤어지고 굽은 것을 바로잡는 기구이다. 隱은 굽은 것을 바르게 펴는 것이고, 栝은 모난 것을 바로잡는 것이다.

20) (從)〔作〕 : 저본에는 '從'으로 되어 있으나, ≪韓非子新校注≫ 陳奇猷의 설에 의거하여 '作'으로 바로잡았다.

21) 奚仲 : 夏나라 禹王의 신하로 처음 수레를 만들어 車正이 되었고, 春秋時代 薛의 시조라고 한다.

○王先愼 : 乾道本에 '不'자가 없다. 顧廣圻는 "藏本과 今本에 '不'자가 있다."고 하였기에 지금 이에 의거하여 〈'不'자를〉 보충하였다.

40-31 且夫百日不食以待粱肉이면 餓者不活하고

다시 또 백 일 동안 아무것도 먹지 않으면서 훌륭한 음식〔粱肉〕이 오기를 기다린다면 굶주린 사람은 살아남지 못하고,

○先愼曰 御覽八百六十三에 引活作育이라

○王先愼 : ≪太平御覽≫ 권863에 이 글을 인용하면서 '活'이 '育'으로 되어 있다.

40-32 今待堯舜之賢하야 乃治當世之民이면 是猶待粱肉而救餓之說也니라 夫曰良馬固車를 臧獲御之면 則爲人笑하고 王良御之면 則日取(추)乎千里라하니 吾不以爲然하노라 夫待越人之善(海)游者하야

지금 帝堯와 帝舜 같은 현능한 사람이 〈출현하기를〉 기다려 當世의 백성을 다스리려고 한다면 이는 마치 훌륭한 음식이 오기를 기다려 굶주린 사람을 구출하겠다는 논법과 같다. 〈愼子를 반박한 사람이〉 '좋은 말과 견고한 수레를 奴僕을 시켜 몰게 하면 남의 웃음거리가 되고, 王良을 시켜 몰게 하면 하루에 천 리를 달린다.'라고 하였는데, 나는 그 말을 옳다고 여기지 않는다. 헤엄을 잘 치는 越나라 사람이 〈오기를〉 기다려서

○盧文弨曰 海字疑衍이라 先愼曰 海卽游字니 誤而複者라

○盧文弨 : '海'자는 衍文인 듯하다.
王先愼 : '海'는 곧 '游'이니, 잘못 거듭된 것이다.

40-33 以救中國之溺人이면 越人〔雖〕善游矣라도 而溺者不濟矣리라

中原 지역의 물에 빠진 사람을 구해내려고 한다면 越나라 사람이 아무리 헤엄을 잘 친다 하더라도 물에 빠진 사람을 구해내지 못할 것이다.

○先愼曰 上矣字는 當衍이요 善上에 當有雖字라 說林上篇에 越人雖善游라도 子必不生矣라하니 語句正同이라

○王先愼 : 위의 '矣'자는 응당 衍文이고, '善' 위에 응당 '雖'자가 있어야 한다. 〈說林上〉에 "越人雖善遊 子必不生矣(越나라 사람이 아무리 헤엄을 잘 친다 하더라도 자식을 반드시 살려내지는 못할 것이다.)"라고 하였으니 語句가 여기와 똑같다.

40-34 夫待古之王良하야 以馭今之馬면 亦猶越人救溺之說也니 不可亦明矣라 夫良馬固車를

옛날의 王良이 〈나타나기를〉 기다려서 현재의 말을 부리려고 한다면, 이 또한 越나라 사람이 〈오기를〉 기다려 물에 빠진 사람을 구해내려는 것과 같은 論法이니, 될 수 없는 점이 또한 분명하다. 좋은 말과 견고한 수레를

○先愼曰 張榜本에 脫馬字라

○王先愼 : 張榜本에 '馬'자가 탈락되었다.

40-35 五十里而一置하고 使中手御之면 追速致遠을 可以及也요 而千里可日至也리니 何必待古之王良乎아 且御非使王良也면 則必使臧獲敗之요 治非使堯舜也면 則必使桀紂亂之라하니라 此味非飴蜜也면 必苦菜亭歷也니라

50리 간격마다 〈말을 바꾸는 驛站에〉 하나씩 두고 중등의 솜씨를 가진 마부로 부리게 하면 빠르게 내달려 먼 거리에 도달하는 일을 해낼 수 있을 것이고, 천 리 먼 길을 하루에 갈 수가 있을 것이다. 그러니 구태여 옛날의 王良을 기다릴 필요가 있는가!

게다가 〈愼子를 반박한 사람이 주장하기를,〉 말을 부리는 일에 왕량을 시키지 않으면 반드시 奴僕을 시켜서 실패할 것이고, 나라를 다스리는 일에 帝堯와 帝舜을 시키지 않으면 반드시 夏桀과 商紂를 시켜서 나라를 혼란에 빠뜨릴 것이라고 한다. 이는 食物의 맛은 엿이나 꿀이 아니면 반드시 씀바귀〔苦菜〕나 다닥냉이〔亭歷 : 葶藶〕뿐이라고 하는 것과 같다.

○先愼曰 乾道本에 茱作萊라 顧廣圻云 今本에 萊作茱라하야늘 今據改하노라

○王先愼 : 乾道本에 '茱'가 '萊'로 되어 있다. 顧廣圻는 "今本에 '萊'가 '茱'로 되어 있다." 라고 하였기에 지금 이에 의거하여 고쳤다.

40-36 **此則積辯累辭**하야 **離理失術**하야 **兩(未)〔末〕**[22]**之議也**라

이는 많은 言辯을 동원하여 常理를 위배하고 法術을 잃어서 두 극단으로 치달은 의론이다.

○盧文弨曰 未는 張凌本에 作末이라 顧廣圻(云)〔曰〕[23] 句有誤라하니라

○盧文弨 : '未'는 張本과 凌本에 '末'로 되어 있다.
顧廣圻 : 이 文句에 잘못이 있다.

40-37 **奚可以難夫道理之言乎哉**아 **客議未及此論也**니라

어찌 도리에 맞는 언론을 따져 비난하고 있는가? 論客의 의론은 〈愼子의〉 이 의론에 미치지 못한다."

○顧廣圻曰 句有誤라 先愼曰 語意明顯하니 顧說謬라

○顧廣圻 : 이 文句에 잘못이 있다.
王先愼 : 말의 뜻이 분명하게 나타나 있으니 고광기의 설은 틀렸다.

---

22) (未)〔末〕: 저본에는 '未'로 되어 있으나, "'未'는 '末'의 잘못이니, '兩末'은 두 극단을 이른다."라고 한 ≪韓非子新校注≫ 陶鴻慶의 설에 따라 '末'로 바로잡고, '兩末'을 '두 극단'으로 번역하였다.

23) (云)〔曰〕: 저본에는 '云'으로 되어 있으나, 盧文弨의 ≪群書拾補≫에는 顧廣圻의 이 말이 없으므로 본서의 체재에 따라 '曰'로 바로잡았다.

第四十一 問辯篇 제41편 論辯에 대하여

'問'은 문제를 제기한다는 뜻이고, '辯'는 爭辯한다는 뜻이다. 당시 성행하는 쟁변에 대해 어떤 사람이 묻고 韓非子가 그에게 대답하는 방식으로 구성되어 있는데, 쟁변이 성행하는 원인과 그것을 방지하는 방법에 대해 논의하였다. 곧 쟁변은 군주가 명철하지 못하기 때문에 생기므로, 군주는 반드시 명령과 법술을 기준으로 삼고 그에 합치되지 않는 것은 금지해야 쟁변이 생기지 않는다고 논하였다. 이는 결국 군주가 강력한 권한을 구축하고 그것을 바탕으로 통치해야 한다는 한비자의 정치사상을 보여주는 것이다.

41-1 或問曰 辯安生乎잇가 對曰 生於上之不明也니라 問者曰 上之不明하야 因生辯也는 何哉오 對曰 明主之國은 令者言最貴者也요 法者事最適者也니라 言無二貴하고 法不兩適이라 故言行而不軌於法令者必禁이니라 若其無法令而可以接詐應變生利揣事者면 上必采其言而責其實이니라 言當이면 則有大利하고 不當이면 則有重罪니라 是以愚者畏罪而不敢言이요 智者無以訟[1]하니

혹자가 물었다.

"論辯은 어떻게 생기는가?"

내가 대답하였다.

"군주가 명철하지 못해서 생긴다."

묻는 자가 말하였다.

"군주가 명철하지 못해서 그로 인해 논변이 생기는 까닭은 무엇인가?"

내가 대답하였다.

"명철한 군주가 다스리는 나라는 군주의 명령이 말 중에서 가장 존귀한 것이고, 법이 일 중에서 가장 알맞은 것이다. 〈군주의 명령 외에〉 귀한 말은 둘도 없고,

1) 訟 : 王先愼은 '誦(외다)'으로 읽어야 한다고 하였으나, 문맥상 '爭訟'의 뜻으로 보는 것이 타당한 듯하다. ≪說文解字≫에도 "訟은 다툰다는 뜻이다.〔訟 爭也〕"라고 하였다.

법보다 알맞은 것은 둘도 없다. 그러므로 말과 행동이 법과 명령을 따르지 않으면 반드시 금지된다.

만약 법과 명령이 없는데도 속임수에 대처하고 변화에 응하며 이익을 창출하고 앞일을 헤아린다고 〈말하는〉 자가 있다면 군주는 반드시 그 말을 채택하되 그 실적을 따져봐야 한다. 말이 타당하면 큰 이익을 주고, 타당하지 않으면 무거운 죄를 내린다. 이 때문에 어리석은 자는 죄를 받을까 두려워 감히 말하지 않고 지혜로운 자는 是非하지 않는다.

○先愼曰 訟은 讀爲誦이라

○王先愼 : '訟'은 '誦'으로 읽는다.

41-2 **此所以無辯之故也**니라 **亂世則不然**하야 **主上有令**이면

이것이 論辯이 없는 까닭이다. 어지러운 세상은 그렇지 않아서 군주가 명령을 내리면

○先愼曰 乾道本에 無上字어늘 顧廣圻云 藏本今本에 有라하니 今據補라

○王先愼 : 乾道本에 '上'자가 없는데, 顧廣圻는 "藏本과 今本에 있다."라고 하였으니, 지금 이에 의거하여 보충하였다.

41-3 **而民以文學[2]非之**하고 **官府有法**이면 **〔而〕民以私行矯[3]之**니라

백성들은 옛 학설을 가지고 비방하고, 관청에서 법을 공포하면 백성들은 개인의 품행을 이유로 이를 어긴다.

---

2) 文學 : 옛 학설 또는 고대의 경전 따위를 이른다.

3) 矯 : ≪管子≫ 〈君臣 上〉에 "上及下之事 謂之矯(군주가 신하의 일을 간섭하는 것을 '矯'라고 한다.)"라고 하였는데, 王念孫의 ≪讀書雜志≫ 〈管子 5〉에 "군주가 신하의 일을 간섭하면 군주가 되는 도리를 어기는 것이다.〔上而及下之事 則拂乎爲上之道〕"라고 하였고, ≪淮南子≫ 〈俶眞訓〉에 "賢人之所以矯世俗者 聖人未嘗觀焉(현인이 세속을 어기는 것에 대해 성인은 일찍이 눈길도 준 적이 없다.)"이라고 하였는데, 高誘의 注에 "'矯'는 '拂(어기다)'이다."라고 하였다. 이로 보아 여기 '矯' 역시 '어기다', '위배하다'의 뜻으로 보는 것이 타당할 듯하다.

○先愼曰 依上文컨대 民上에 當有而字라

○王先愼 : 윗글에 의거하면 '民' 위에 '而'자가 있어야 한다.

41-4 人主顧漸其法令而尊學者之智行하니

군주는 도리어 그 법과 명령을 숨겨버리고 학자들의 지혜와 행동을 높이니,

○趙用賢曰 漸은 沒也니 音尖(첨)이라

○趙用賢 : '漸'은 '沒(숨음)'이니, 음은 '尖'이다.

41-5 此世之所以多文學也니라

이것이 세상에 옛 학설이 많아지는 까닭이다.

○先愼曰 張榜本에 所下脫以字라

○王先愼 : '張榜本'에는 '所' 아래에 '以'자가 탈락되었다.

41-6 夫言行者는 以功用爲之的彀(구)者也니라 夫砥礪殺矢[4]면 而以妄發이라도 其端未嘗不中秋毫也로되

말과 행동은 실질적인 功用으로 그 표적을 삼는다. 사냥용 화살을 숫돌에 잘 갈면 마구 쏘아도 화살 끝이 가을 터럭까지도 맞히지 못하는 적이 없지만

○先愼曰 殺矢는 用諸(저)田獵之矢니 見周禮考工記冶氏注라

○王先愼 : '殺矢'는 사냥에 쓰는 화살이니, ≪周禮≫ 〈考工記 冶氏〉의 鄭玄 注에 보인다.

41-7 然而不可謂善射者니 無常儀的也일새니라 設五寸之的하야 引(十)〔百〕步之遠에

---

4) 殺矢 : 狩獵에 쓰는 화살이다. ≪周禮≫ 〈考工記〉에 "冶人이 殺矢를 만든다.〔冶人爲殺矢〕"라 하였는데, 鄭玄의 注에 "사냥에 쓰는 화살이다.〔用諸田獵之矢〕"라고 하였다.

활을 잘 쏜다고 할 수 없으니, 일정한 표적이 없기 때문이다. 다섯 치 크기의 표적을 설치하여 백 보 떨어진 곳에서 활을 당겨 쏠 경우에

○先愼曰 外儲說左上篇同이라 按十步當作百步라

○王先愼 : ≪韓非子≫ 〈外儲說 左上篇〉의 내용과 같다. 살펴보건대 '十步'는 '百步'가 되어야 한다.

41-8 非羿逢蒙[5]이면 不能必中者니 有常〔儀的〕也일새니라

羿나 逢蒙이 아니면 반드시 맞힐 수 없으니, 일정한 표적이 있기 때문이다.

○先愼曰 常下에 脫儀的二字니 外儲說에 有라

○王先愼 : '常' 아래에 '儀的' 두 글자가 탈락되었으니, 〈外儲說〉에는 있다.

41-9 故有常이면 則羿逢蒙以五寸的爲巧요

그러므로 일정한 표적이 있으면 羿나 逢蒙이 다섯 치 크기의 표적을 맞혀도 교묘하다고 할 것이고,

○先愼曰 張榜本趙本에 巧作功하니 誤라 巧는 與下文拙正相對待라 外儲說에 作巧하니 是其證이라

○王先愼 : 張榜本과 趙本에 '巧'는 '功'으로 되어 있으니, 잘못되었다. '巧'는 아래 글의 '拙'과 꼭 서로 對가 된다. 〈外儲說〉에 '巧'로 되어 있으니, 바로 그 증거이다.

41-10 無常이면 則以妄發之中秋毫爲拙이니라 今聽言觀行에 不以功用爲之的彀면

일정한 표적이 없으면 마구 쏘아 가을 터럭을 맞혀도 졸렬하다 할 것이다. 이제 신하의 말을 듣고 행동을 살필 적에 실질적인 공용을 그 표적으로 삼지 않

5) 逢蒙 : ≪孟子≫ 〈離婁 下〉에 의하면 名弓 羿의 제자로, 활 쏘는 기술을 다 배운 뒤 스승을 살해했다고 한다. '逄蒙', '蜂門'이라고도 한다. ≪荀子≫ 〈王霸篇〉에 "蜂門은 羿에게 활쏘기를 배웠다."라고 하였고, ≪漢書≫ 〈藝文志〉에 ≪逢門射法≫ 2편이 있었다고 나온다.

으면

○先愼曰 張榜本趙本에 功作公하니 誤라

○王先愼 : 張榜本과 趙本에 '功'은 '公'으로 되어 있으니, 잘못되었다.

41-11 言雖至察하고 行雖至堅이라도 則妄發之說也니라 是以亂世之聽言也에 以難知爲察하고 以博文爲辯하며 其觀行也에 以離群爲賢하고 以犯上爲抗하나니라 人主者 說(열)辯察之言하고 尊賢抗之行이라 故夫作法術之人이 立取舍之行하고 別辭爭之論이라도

말이 비록 지극히 明察하고 행동이 지극히 굳건하더라도 화살을 마구 쏘아댄 것과 같은 가설이 된다.

이 때문에 어지러운 세상에서는 남의 말을 들을 적에 알기 어려운 것을 명찰하다고 여기고 옛 학설을 두루 인용하는 것을 달변이라고 여기며, 행동을 살필 적에 남들에게서 벗어난 것을 현명하다고 여기고 윗사람에게 대드는 것을 강직하다고 여긴다. 군주는 달변하고 명찰하다 여겨지는 언론을 좋아하고 현명하고 강직하다 여겨지는 행동을 존중한다. 그래서 法術을 행하는 사람이 취하거나 버릴 행동의 기준을 세우고 爭論의 옳고 그름을 분별하더라도

○先愼曰 張榜本에 無故夫至此十七字라

○王先愼 : 張榜本에 '故夫'에서 여기까지 열일곱 글자가 없다.

41-12 而莫爲之正이라 是以儒服帶劍者衆하고 而耕戰之士寡하며 堅白無厚之詞章[6]하야

군주를 위해 바로잡지 못한다. 이 때문에 의관을 갖춘 儒者와 칼을 찬 遊俠은 많아지고 밭을 갈고 전쟁에 나가는 사람은 적어지며, '堅白'이나 '無厚' 등의 궤변이 성행하여

6) 章 : '盛'의 뜻이다.

○先愼曰 史記荀卿傳에 趙有公孫龍하야 爲堅白異同之辨[7)]이라하고 鄧析子無厚篇에 天不能屛勃厲之氣하고 全夭折之人하며 使爲善之民必壽하니 此於民無厚也니라 凡民有穿窬爲盜者하고 有詐僞相迷者하니 此皆生於不足하고 起於貧窮이어늘 而君必執法誅之하니 此於民無厚也니라 堯舜位爲天子로되 而丹朱商均[8)]爲布衣하니 此於子無厚也니라 周公誅管蔡하니 此於弟無厚也니라하니라

○王先愼 : ≪史記≫ 〈荀卿列傳〉에 "趙나라에 公孫龍이라는 자가 있어서 '堅白異同'이라는 변설을 만들었다."라고 하였고, ≪鄧析子≫ 〈無厚篇〉에 "하늘은 몹쓸 병의 기운을 막아주거나 요절하는 사람을 살려주거나 착한 사람이 반드시 장수하게 해주지 않으니, 이는 하늘이 사람을 후하게 대우하지 않는 것이다. 백성들 중에 담을 뚫거나 넘는 도둑질을 하는 자도 있고 사기를 쳐서 속이는 자도 있으니, 이는 모두 부족한 데서 생기고 빈궁한 데서 나오는데, 군주는 반드시 법을 집행해서 벌을 주니 이는 백성을 후하게 대우하지 않는 것이다. 堯임금과 舜임금이 천자의 지위에 올랐으되 아들인 丹朱와 商均은 서민으로 살았으니, 이는 자식을 후하게 대우하지 않은 것이다. 周公이 아우 管叔과 蔡叔을 주벌하였으니, 이는 아우를 후하게 대우하지 않은 것이다."라고 하였다.

41-13 而憲令之法息이라 故曰 上不明이면 則辯生焉이라하니라

법령의 규범은 사라진다. 그래서 '군주가 명철하지 못하면 論辯이 생긴다.'고 말한 것이다."

7) 堅白異同之辨 : 戰國時代 公孫龍의 궤변으로, 단단하고 흰 돌을 눈으로 보았을 때는 흰 것만 알 수 있고 손으로 만져 보았을 때는 단단한 것만 알 수 있으므로, 단단한 돌과 흰 돌은 동시에 성립되는 개념이 아니라는 말이다.

8) 丹朱商均 : 丹朱는 堯임금의 아들로 朱는 이름인데, 丹淵에 살았기 때문에 丹朱라 한다. 商均은 舜임금의 아들로 均은 이름인데, 商 땅에 봉하여져 商均이라 부른다. 모두 不肖해서 요임금은 순에게 禪位했고, 순임금은 禹에게 선위했다.(≪史記≫ 〈五帝本紀〉)

第四十二 問田篇 제42편 田鳩에게 묻다

이 편은 徐渠와 田鳩, 堂谿公과 韓非子 사이에 주고받은 문답을 수록하고 있다. 편명인 '問田'은 이 편이 처음 시작하는 부분 "徐渠問田鳩曰"에서 취한 것이다.

앞에서의 문답은 다음과 같다. 예로부터 뛰어난 인물들은 낮은 관직을 거치지 않고 혹은 큰 공적을 이루지 않아도 군주가 대우하였는데, 義渠와 公孫亶回는 유능한 인물들인데 모두 낮은 관직에 머물고 있다고 서거가 의문을 제기하였다. 이에 대해 전구는 군주가 法術과 法度를 가지고 통솔하기 때문이라고 하였다. 군주는 어떤 이의 명성이나 변설에 현혹되지 않고, 실제로 그가 낮은 관직에서도 얼마만큼 재능을 발휘하는지를 살펴보아야 한다는 것이다.

뒤에서의 문답은 다음과 같다. 한비자가 법술을 내세우고 度數를 만드는 것에 대해서 당계공은 儒家의 논리로 반박하였다. 이에 대해 한비자는 법술을 내세우고 도수를 만드는 것만이 백성을 이롭게 하고 편하게 만드는 가장 손쉬운 방법이라고 주장하였다. 또한 혼란한 시대와 어두운 군주를 못마땅하게 여겨서 자신의 목숨을 보전하기 위해서 도망가거나 숨는 행위는 탐욕스럽고 비루한 행동이라고 비난하였는데, 이는 유가의 出處 의식을 정면으로 비판한 것이라 할 수 있다.

42-1 徐渠問田鳩[1)]曰 臣聞智士不襲下而遇君하고 聖人不見功而接上이라하니이다 今陽成義渠[2)]는 明將也어늘

徐渠가 田鳩에게 물었다.

"제가 듣건대 智士는 낮은 자리를 거치지 않고도 군주에게 대우를 받고 聖人은 공을 드러내지 않고도 군주에게 영접을 받는다고 하였습니다. 지금 陽成의 義渠는

---

1) 田鳩 : 戰國時代 齊나라 사람으로, 墨翟의 제자이다. 田俅라고도 한다.

2) 陽成義渠 : 陽成은 陽城과 같은데 지금의 河北에 있는 옛 지명이다. 義渠는 그곳을 봉지로 삼고 있는 인물이다.

名將인데

○先愼曰 乾道本에 今作令하고 拾補에 作今이라 盧文弨云 令字 非라하니 今據改하노라

○王先愼 : 乾道本에 '今'자가 '令'자로 되어 있고, ≪群書拾補≫에 '今'자로 되어 있다. 盧文弨는 "'令'자가 틀렸다."라고 하였으니, 지금 이에 의거하여 고쳤다.

42-2 而(措)〔試〕於(毛)〔屯〕伯하고

屯伯의 〈낮은 무관 자리에서 재능을〉 시험하고 있고,

○顧廣圻曰 毛當作屯이라 外儲說右篇云 屯二甲[3]이라하니 義同이라 先愼曰 顧說에 毛當作屯은 是나 其引屯二甲爲證은 非라 屯伯은 卽屯長이니 見商君書境內篇이라 措는 當依下文作試이라

○顧廣圻 : '毛'자는 응당 '屯'자가 되어야 한다. ≪韓非子≫ 〈外儲說 右下篇〉에 "그 마을〔屯〕에 〈벌금으로〉 갑옷 두 벌을 바치게 하였다."라고 하였으니 그 뜻이 똑같다.

王先愼 : 고광기의 설에서, '毛'자가 응당 '屯'자가 되어야 한다는 것은 옳지만, '屯二甲'을 인용하여 증거로 삼은 것은 틀렸다. 屯伯은 屯長(소규모 군대의 우두머리)이니 ≪商君書≫ 〈境內篇〉에 보인다. '措'는 응당 아래 글에 의거하여 '試'자가 되어야 한다.

42-3 公孫亶回는 聖相也어늘

公孫亶回는 현능한 재상인데

○顧廣圻曰 文心雕龍書記에 引此云孫亶回라하니 無公字는 省耳라

○顧廣圻 : ≪文心雕龍≫ 〈書記〉에서 이 글을 인용하면서 '孫亶回'라고 하였으니, '公'자가 없는 것은 생략해서이다.

42-4 而關[4]於州部하니 何哉잇가 田鳩曰 此無他故異物[5]이니 主有度上有術之

---

3) 屯二甲 : ≪韓非子≫ 〈外儲說 右下篇〉에 "그 마을의 里正과 伍長에게 갑옷 두 벌을 바치게 하였다.〔訾其里正與伍長屯二甲〕"라 하였고, 王先愼은 '屯'을 '邨(마을)'의 의미로 보았다.

4) 關 : ≪韓非子新校注≫ 陳奇猷의 설에 의거하여 '두다〔措置〕'의 뜻으로 번역하였다.

5) 物 : '事'와 같다.

故也라 **且足下獨不聞楚將宋觚而失其政**하고 **魏相馮離而亡其國**고 **二君者**는 **驅於聲詞**하고 **眩乎辯說**하야 **不試於(毛)〔屯〕伯**하고 **不關乎州部**라 **故有失政亡國之患**이라 **由是觀之**컨대 **夫無(毛)〔屯〕伯之試州部之關**인댄 **豈明主之備哉**리오

州部의 관직에 두었으니 어째서입니까?"

田鳩가 말하였다.

"이것은 다른 이유나 다른 일이 있어서가 아니니, 군주에게 법도와 법술이 있기 때문이다. 또한 足下는 楚나라가 宋觚를 장수로 삼아서 정사를 망치고 魏나라가 馮離를 재상으로 삼아서 나라를 망하게 한 것을 어찌 듣지 못했는가. 〈楚나라와 魏나라의〉 두 군주는 듣기 좋은 말을 따르고 변설에 현혹되어 屯伯의 자리에서 재능을 시험하지 않고 州部의 관직에 두지 않았다. 이 때문에 정사를 망치고 나라를 망하게 한 우환이 있었던 것이다. 이로 보건대 屯伯의 자리에서 재능을 시험하고 州部의 관직에 두는 것이 없다면 어찌 밝은 군주의 대비라 할 수 있겠는가."

42-5 **堂谿公謂韓子**[6]**曰 臣聞服禮辭讓**은 **全之術也**요 **修行退智**는 **遂之道也**라하니라 **今先生立法術**하고 **設度數**하니

堂谿公이 韓非子에게 말하였다.

"제가 듣건대 禮를 지키고 사양함은 〈몸을〉 온전히 할 수 있는 '術'이며, 행실을 닦고 才智를 감추는 것은 〈일을〉 이룰 수 있는 '道'라고 하였습니다. 지금 선생은 法術을 세우고 度數를 만들고 있으니

○**先愼曰 乾道本生作王**이어늘 **今據拾補改**하노라

○王先愼 : 乾道本에 '生'자가 '王'자로 되어 있는데, 지금은 ≪群書拾補≫에 의거하여 고쳤다.

42-6 **臣竊以爲危於身而殆於軀**니이다 **何以效之**잇가

저는 삼가 자신에게 위험하고 몸을 위태롭게 하는 것이라 생각합니다. 〈이러한

6) 堂谿公謂韓子 : 堂谿公은 韓 昭侯 때의 인물이고, 韓子는 韓非子를 가리킨다.

것이 제 생각과 다름을〉 어떻게 증명해보이겠습니까?

○先愼曰 乾道本効作效라 盧文弨云 效는 藏本作効라하니 今據改하노라

○王先愼 : 乾道本에 '効'자가 '效'자로 되어 있다. 盧文弨는 "'效'자는 藏本에 '効'자로 되어 있다."라고 하였으니, 지금 이에 의거하여 고쳤다.

42-7 所聞先生術曰 楚不用吳起[7]而削亂이요 秦行商君[8]而富彊하니

듣기로 선생의 法術에서 '楚나라는 吳起를 등용하지 않아 땅이 깎이고 혼란해졌으며, 秦나라는 商君(商鞅)을 등용하여 부유하고 강성해졌으니,

○先愼曰 乾道本彊作疆이라 今據張榜本趙本改하노라

○王先愼 : 乾道本에 '彊'자가 '疆'자로 되어 있다. 지금은 張榜本과 趙本에 의거하여 고쳤다.

42-8 二子之言已當矣라 然而吳起支解而商君車裂者는 不逢世遇主之患也라하니이다 逢遇不可必也요 患禍不可斥也로되 夫舍乎全遂之道하고 而肆乎危殆之行하니 竊爲先生無取焉이라하니라 韓子曰 臣明先生之言矣호리이다

두 사람의 말은 이미 마땅하였다. 그러나 吳起는 사지가 찢어지고 商君은 車裂形을 당한 것은 세상과 군주를 만나지 못해서 생긴 환난이다.'라고 하였습니다. 〈그러나 세상과 군주를〉 만나는 것은 기필할 수 없고 환난과 재앙은 피할 수 없는데 〈몸을〉 온전히 하고 〈일을〉 이룰 수 있는 道를 버리고 위험하고 위태로운 행동을 제멋대로 하니, 삼가 생각건대 선생은 그렇게 해서는 안 될 것입니다."

---

7) 吳起 : 戰國時代 衛나라 사람이다. 처음에 魯나라의 장수가 되어 齊나라 군대를 격파하였고, 뒤에 魏 文侯의 장수가 되어 秦나라와 韓나라의 공격을 막아내었다. 위 문후가 죽자 다시 楚悼王의 정승이 되어 百越·三晉·秦을 정벌하였다. 초 도왕이 죽은 뒤에 貴戚大臣의 원망을 사서 피살되었다.

8) 商君 : 公孫鞅을 말한다. 공손앙은 본래 衛나라 公孫이었기 때문에 衛鞅이라고도 하며, 뒤에 秦나라에 들어가 秦 孝公을 도와 富國强兵을 이루어 商·於(오) 6백 리의 땅에 봉해졌기 때문에 商君·商鞅이라고 한다.

韓非子가 말하였다.
"제가 선생의 말에 대해 해명하겠습니다.

○先愼曰 乾道本無臣字라 顧廣圻云 藏本今本有라하니 今據補하노라

○王先愼 : 乾道本에 '臣'자가 없다. 顧廣圻는 "藏本과 今本에 〈'臣'자가〉 있다."라고 하였으니, 지금 이에 의거하여 보충하였다.

42-9 夫治天下之柄과 齊民萌之度는 甚未易(이)處也니이다 然所以廢先王之教하고

천하를 다스리는 권위와 백성을 다스리는 법도는 쉽게 처리할 수 있는 것이 전혀 아닙니다. 그러나 先王의 가르침을 버리고

○王渭曰 王은 當作生하니 下同이라

○王渭 : '王'자는 응당 '生'자가 되어야 하니, 아래도 마찬가지다.

42-10 而行賤臣之所取者는 竊以爲立法術設度數 所以利民萌便衆庶之道也니이다 故不憚亂主闇上之患禍하고 而必思以齊民萌之資利者는 仁智之行也니이다 憚亂主闇上之患禍하고 而避乎死亡之害하야 知明夫身而不見民萌之資利者는 貪鄙之爲也니이다

미천한 제가 취한 것을 행하는 까닭은, 삼가 생각하기에 法術을 세우고 度數를 만드는 것이 백성을 이롭게 하고 뭇사람들을 편리하게 하는 道라고 생각해서입니다. 그러므로 혼란한 시대의 군주와 어두운 군주로부터의 환란과 재앙을 꺼리지 않고 반드시 백성을 다스리는 바탕과 이익을 생각하는 것은 어질고 지혜로운 행동입니다. 혼란한 시대의 군주와 어두운 군주로부터의 환란과 재앙을 꺼리고 죽게 되는 재앙을 피해서 제 몸을 보전하는 것만 환히 알고 백성에게 바탕과 이익이 되는 것을 개의치 않는 것은 탐욕스럽고 비루한 행동입니다.

○先愼曰 乾道本에 知明夫身而不見民萌之資利者作知明而不見民萌之資夫科

身者라 盧文弨云 夫字身字는 淩本無라하니라 顧廣圻云 此當作知明夫身而不見民萌之資利者라 乾道本利作科하니 譌라하니라 今據改하노라

○王先愼：乾道本에 "知明夫身而不見民萌之資利者"가 "知明而不見民萌之資夫科身者"로 되어 있다. 盧文弨는 "'夫'자와 '身'자는 淩本에 없다."라고 하였다. 顧廣圻는 "여기는 응당 '知明夫身而不見民萌之資利者'가 되어야 한다. 乾道本에 '利'자가 '科'자로 되어 있으니 잘못되었다."라고 하였다. 지금 이에 의거하여 고쳤다.

42-11 臣不忍嚮貪鄙之爲요 不敢傷仁智之行이니이다 (先王)〔先生〕有幸臣之意나 然有大傷臣之實이니이다하니라

저는 차마 탐욕스럽고 비루한 행동으로 나아갈 수 없고, 감히 어질고 지혜로운 행동을 해칠 수 없습니다. 선생은 저를 사랑하는 뜻이 있으나, 또한 저의 실천을 크게 해치는 것입니다."

○兪樾曰 先王은 當作先生하니 卽謂堂谿公也라 公[9]諷韓子舍全遂之道而肆危殆之行이라 故曰 先生有幸臣之意라 幸臣은 猶愛臣也라 呂氏春秋至忠篇에 王必幸臣與臣之母라하니 是也라 韓子自謂不忍嚮貪鄙之爲요 不敢傷仁智之行이라 若從堂谿公言하면 則仁智之行傷矣라 故曰 然有大傷臣之實이라하니라 此有字當讀爲又라

○兪樾：'先王'은 응당 '先生'이 되어야 하니, 곧 堂谿公을 가리킨 것이다. 당계공은 韓非子가 〈몸을〉 온전히 하고 〈일을〉 이룰 수 있는 道를 버리고 위험하고 위태로운 행동을 제멋대로 하는 것을 풍자한 것이다. 그러므로 "선생은 저를 사랑하는 뜻이 있습니다."라고 말한 것이다. '幸臣'은 '愛臣'과 같다. ≪呂氏春秋≫ 〈至忠篇〉에 "王必幸臣與臣之母(왕이 반드시 臣과 臣의 어미를 사랑할 것이다.)"라고 하였으니 바로 이것이다. 한비자는 스스로 차마 탐욕스럽고 비루한 행동으로 나아갈 수 없고, 감히 어질고 지혜로운 행동을 해칠 수 없다고 말했다. 만약 당계공의 말을 따른다면 어질고 지혜로운 행동에 해가 될 것이기 때문에 "그러나 또한 저의 실천을 크게 해치는 것입니다."라고 말하였다. 여기서의 '有'자는 응당 '又'자로 읽어야 한다.

9) 公：저본의 원주에 "'公'은 원본에 '非'로 되어 있으나, 兪氏(兪樾)의 ≪諸子評議≫에 의거하여 고쳤다.〔公 原本作非 據兪氏諸子評議改〕"라고 하였다.

第四十三 定法篇 제43편 법도를 확정함

〈定法篇〉은 韓非子가 申不害의 術治와 商鞅의 法治를 종합·수정하여 法治에 대한 원칙을 세운 篇으로, 한비자의 法術思想과 그 사상이 유래한 근원을 이해할 수 있다.

이 글은 問答의 형식으로 이루어졌다. 한비자는 먼저 술치와 법치의 기본적인 내용을 闡明하여 "術이란 그 사람의 재능에 따라 그에 맞는 벼슬을 주고〔因任而授官〕, 名位에 따라 그에 상당하는 실적을 요구하며〔循名而責實〕, 사람을 살리고 죽이는 대권을 장악하고〔操殺生之柄〕, 群臣의 능력을 고과하는 것이니〔課群神之能者也〕, 이것이 임금이 장악해야 하는 것이다.〔此人主之所執也〕"라고 하였다. 또 "法이란 법령은 관부에서 분명히 밝혀 공포하고〔憲令著於官府〕, 형벌은 반드시 백성의 마음에 각인시키며〔刑罰必於民心〕, 賞은 법령을 삼가 지키는 사람에게 주고〔賞存乎愼法〕, 罰은 법령을 위배하는 사람에게 시행하는 것이니〔而罰加乎姦令者也〕, 이것은 신하가 본보기로 삼아야 하는 것이다.〔此臣之所師也〕"라고 하였다.

아울러 한비자는 그들의 지위와 작용을 강조하여 "군주에게 술이 없으면 윗자리에서 속임을 당하고, 신하에게 법이 없으면 아래에서 문란해진다. 이 술과 법은 한 가지라도 없어서는 안 되니, 모두 제왕이 다스리는 데 필수적인 도구이다.〔君無術則弊於上 臣無法則亂於下 此不可一無 皆帝王之具也〕"라고 하였다. 여기에서 한비자는 법과 술을 겸용하여 다스려야 한다는 법치의 원칙을 확정적으로 주장하였다. 다시 이어서 신불해의 술 한 가지만을 쓰거나 상앙의 법 한 가지만을 시행했을 때의 폐단을 분석하고, 이 두 학설의 부족한 부분을 지적하였다.

43-1 問者曰 申不害[1]公孫鞅[2] 此二家之言에 孰急於國고 應之曰 是不可程

---

1) 申不害 : 戰國時代 鄭나라 京邑 사람으로 法家의 鼻祖이다. 韓나라가 정나라를 멸한 후에 한나라 昭侯를 섬겨 15년 동안 相國으로 在任하면서 한나라의 富國强兵을 이루었다. 그의 학문적인 바탕은 黃老에 근본하였으나 사상은 形名을 위주로 하였다. 저서에 ≪申子≫가 있었으나 오래 전에 散逸되었고, 지금은 ≪玉函山房輯佚書≫에 ≪申子≫ 輯本이 있다.

也라 **人不食十日則死**하고 **大寒之隆**에 **不衣亦死**라 **謂之衣食孰急於人**고하면 **則是不可一無也**니 **皆養生之具也**일새니라 **今申不害言術**하고 **而公孫鞅爲法**하니 **術者**는 **因任而授官**하고 **循名而責實**하며

묻는 이가 말하였다.

"申不害와 公孫鞅 이 두 사람의 學說에서 어떤 사람의 주장이 나라를 다스리는 데에 더욱 요긴한 것인가?"

나는 이렇게 응답하였다.

"이는 비교할 수가 없다. 사람이 열흘 동안 먹지 않으면 굶어 죽고, 극도의 추위에 옷을 입지 않으면 역시 얼어 죽는다. 〈이런 경우에〉 옷과 음식 중에 어느 것이 사람에게 더 요긴한가 하고 묻는다면, 이는 한 가지도 없어서는 안 되니 두 가지 모두 생명을 기르는 도구이기 때문이다.

지금 신불해는 '術'을 주장하고 공손앙은 '法'을 주장한다. 術이란, 그 사람의 재능에 따라 그에 맞는 벼슬을 주고 名位에 따라 그에 상당하는 실적을 요구하며,

○先慎曰 乾道本責作貴하니 誤일새 據張榜本趙本改하노라

○王先愼 : 乾道本에 '責'이 '貴'로 되어 있으니, 잘못이기 때문에 張榜本과 趙本에 의거하여 고쳤다.

43-2 **操殺生之柄**하고 **課群臣之能者也**니 **此人主之所執也**니라 **法者**는 **憲令著於官府**하고 **刑罰必於民心**하며 **賞存乎愼法**하고 **而罰加乎姦令者也**니

사람을 살리고 죽이는 大權을 장악하고 群臣의 능력을 考課해야 하니, 이것이 임금이 장악해야 하는 것이다.

法이란, 법령은 官府에서 분명히 밝혀 〈공포하고〉 형벌은 반드시 민심에 〈각인시키며,〉 賞은 법령을 삼가 지키는 사람에게 주고 罰은 법령을 위배하는 사람에게

---

2) 公孫鞅 : 戰國時代 衛나라 公族의 한 사람으로 形名家이다. 秦 孝公의 左庶長이 되어 富國强兵을 위하여 變法을 제정하였으며, 井田法을 폐지하고 賦稅制度를 고쳤다. 뒤에 나라를 부강하게 한 공로로 商於(상오)에 봉해져서 商君으로 불리었고, 商鞅·衛鞅이라고도 한다. 효공이 죽은 뒤 惠王에게 주살되었다.

시행하는 것이니,

○盧文弨曰 姦은 馮改作姧이라

○盧文弨 : '姦'은 馮舒의 校訂本에 '姧'으로 고쳐져 있다.

43-3 此臣之所師也니라 君無術이면 則弊於上하고 臣無法이면 則亂於下라 此不可一無니 皆帝王之具也니라

이것은 신하가 본보기로 삼아야 하는 것이다. 군주에게 術이 없으면 윗자리에서 속임을 당하고, 신하에게 法이 없으면 아래에서 문란해진다. 이 〈술과 법은〉 한 가지라도 없어서는 안 되니, 모두 제왕이 〈천하를 다스리는 데 필수적인〉 도구이다."

43-4 問者曰

묻는 이가 말하였다.

○先愼曰 問이 張榜本作或이라

○王先愼 : '問'이 張榜本에 '或'으로 되어 있다.

43-5 徒術而無法하고 徒法而無術이면 其不可는 何哉오 對曰 申不害는 韓昭侯[3]之佐也오 韓者는 晉之別國也라 晉之故法未息이어늘 而韓之新法又生하고 先君之令未收어늘 而後君之令又下라 申不害不擅其法하고 不一其(憲)[4]令하니 則姦多하니라

"단지 術만 쓰고 法은 시행하지 않으며, 단지 법만 쓰고 술은 시행하지 않으면 안 되는 것은 무엇 때문이오?"

---

3) 韓昭侯 : 戰國時代 韓나라 제6대 君主로, 姓은 姬, 이름은 武이다. 懿侯의 아들인데 혼란한 상태의 國政을 이어받아 개혁을 시행하여 申不害를 등용하고 政令을 정비하여 한나라의 國勢를 가장 강성한 시기로 만들었다. 釐侯·昭釐侯·昭僖侯라고도 한다.

4) (憲) : 저본에는 '憲'자가 있으나, ≪增訂韓非子校釋≫에 陳啓天이 ≪韓非子集解補正≫을 인용한 설을 따라 衍文으로 처리하였다.

나는 이렇게 대답하였다.

"申不害는 韓 昭侯를 輔佐하는 大臣이고, 韓나라는 晉나라에서 갈려나온 나라였다. 晉나라 원래의 옛 법이 폐기되지 않았는데 韓나라의 새 법이 또 공표되고, 先代 晉君의 政令이 회수되지 않았는데 後代 韓君의 정령이 또 하달되었다. 신불해는 새 법을 전일하게 시행하지도 못하고 韓나라의 정령을 통일하지도 못하였으니, 이 때문에 간사한 일이 많이 일어났다.

○先愼曰 不一其憲令句하고 則姦多句라

○王先愼 : '不一其憲令'에서 句를 끊고, '則姦多'에서 구를 끊어야 한다.

43-6 故利在故法前令이면 則道之하고 利在新法後令이면 則道之라

그러므로 〈간사한 사람들이〉 챙길 이익이 옛 법과 선대의 政令에 있으면 그것을 따르고, 챙길 이익이 새 법과 후대의 정령에 있으면 그것을 따랐다.

○先愼曰 道는 讀爲導니 與下使昭侯用術로 同意라 利在故法前令이면 申不害則使昭侯用故法前令하고 其利在新法後令이면 則使昭侯用新法後令이라 前令後令은 卽上先君之令과 後君之令이니 今人以前後兩字逗는 非也라

○王先愼 : '道'는 '導'의 뜻으로 읽어야 되니, 아래의 '使昭侯用術(韓 昭侯에게 術을 사용하게 하다.)'과 같은 뜻이다. 챙길 이익이 옛 법과 선대의 정령에 있으면 申不害는 韓 昭侯에게 옛 법과 선대의 정령을 사용하게 하고, 챙길 이익이 새 법과 후대의 정령에 있으면 한 소후에게 새 법과 후대의 정령을 사용하게 한 것이다. '前令'과 '後令'은 곧 위의 '先君의 정령'과 '後君의 정령'이니, 지금 사람이 '前'과 '後' 두 글자에 구두를 끊은 것은 잘못이다.

43-7 利在[5]故新相反하고

그들이 챙길 이익이 옛 〈법과〉 새 〈법이〉 서로 반대되고

5) 利在 : '利在'는 衍文이라는 ≪韓非子集解≫ 盧文弨의 설을 따르지 않고, 연문이 아니라는 ≪韓非子新校注≫ 陳奇猷의 설을 따라 번역하였다.

○盧文弨曰 利在二字衍이라

○盧文弨 : '利在' 두 글자는 衍文이다.

43-8 前後相悖하니

선대의 〈정령과〉 후대의 〈정령이〉 서로 위배되는 데에 있으니,

○先愼曰 乾道本에 悖作勃이라 顧廣圻云 今本에 勃作悖하니 誤라하니라 先愼案 說文誖下云 亂也니 或從心作悖라하고 勃下云 排也라하니 明乖亂之字應作悖요 而勃은 爲叚借字라 顧氏以正字爲誤하니 蓋未之審耳라 今據改하노라

○王先愼 : 乾道本에 '悖'가 '勃'로 되어 있다. 顧廣圻는 "今本에 '勃'이 '悖'로 되어 있으니 잘못이다."라고 하였다. 내가 살펴보건대 ≪說文解字≫의 '誖' 아래에 "'亂(어지러움)'이니, 혹은 '心(忄)'을 따라 '悖'로 쓰기도 한다."라고 하였고, '勃' 아래에 "'排(배척함)'이다."라고 하였으니, 乖亂(常道에 위배됨)의 글자는 응당 '悖'가 되어야 하고 '勃'은 〈'悖'의〉 假借字가 됨이 분명하다. 顧廣圻는 바른 글자(悖)를 잘못이라고 하였으니, 자세히 살피지 못한 것이다. 지금 〈今本에〉 의거하여 고쳤다.

43-9 則申不害雖十使昭侯用術이라도 而姦臣猶有所譎其辭矣니라

그렇다면 申不害가 아무리 열 번을 昭侯에게 術을 사용하게 하더라도 간사한 신하들은 오히려 궤변을 늘어놓게 될 것이다.

○先愼曰 張榜本에 用誤利라

○王先愼 : 張榜本에 '用'이 '利'로 잘못되어 있다.

43-10 故託万乘[6]之勁韓하야

그 때문에 萬乘의 강대한 韓나라에 의탁하여

---

6) 万乘 : 1만 채의 兵車를 말한다. 1채의 병거는 4필의 말이 끄는데 일반적으로 天子國이라야 萬乘을 보유한다고 한다.

○先愼曰 万이 張榜本趙本에 作萬이라

○王先愼 : '万'이 張榜本과 趙本에 '萬'으로 되어 있다.

43-11 (七十)〔十七〕年而不至於霸王者는

17년이 지났는데도 霸王의 지위에 도달하지 못한 것은

○顧廣圻曰 七十有誤니 或當作十七이라

○顧廣圻 : '七十'은 오류가 있으니, 혹 '十七'이 되어야 마땅할 듯하다.

43-12 雖用術於上이나 法不勤飾(칙)於官之患也니라 公孫鞅之治秦也에 設告(相)坐而責其實하고

〈君主가〉 위에서 術을 사용하게 하였지만 관리에게 힘써 법을 정돈하도록 하지 못한 폐해 때문이다.

公孫鞅이 秦나라를 다스릴 때 고발하여 연좌하는 제도를 만들어 그 범죄의 실정을 구하고,

○先愼曰 相字는 淺人所加니 此與下連什伍而同其罪로 對文이라

○王先愼 : '相'자는 식견이 짧은 사람이 더한 것이니, 이 문구는 아래의 '連什伍而同其罪(열 집과 다섯 집을 조직하여 죄를 범하면 같은 죄를 줌)'와 상대되는 문구이다.

43-13 連什伍而同其罪라 賞厚而信하고 刑重而必하니 是以其民用力勞而不休하고 逐敵危而不卻이라 故其國富而兵强하니라 然而無術以知姦이면 則以其富强也로 資人臣而已矣라 及孝公[7]商君死하고 惠王[8]卽位하야 秦法未敗也어늘 而張儀[9]

---

7) 孝公 : 戰國時代 秦나라 25대 군주이다. 姓은 嬴, 氏는 趙, 이름은 渠梁이며, 獻公의 아들이다. 商鞅을 중용하여 富國强兵을 이루어 훗날 中國을 통일하는 초석이 되게 하였다.

8) 惠王 : 戰國時代 秦나라의 惠文君을 말한다. 이름은 駟이고, 시호는 惠文인데 孝公의 아들이다. 蜀을 멸망시키고 魏나라의 上郡 15縣을 돌려받았으며, 楚나라의 漢中 6백여 리를 侵奪하여 國勢를 키웠고, 秦나라에서 처음으로 王이라 칭하였기 때문에 惠王이라 부른다.

以秦殉[10)]韓魏하고

열 집과 다섯 집을 조직하여 죄를 범하면 같은 죄를 주었다. 賞은 후하게 틀림없이 주고 형벌은 무겁게 반드시 시행하니, 이 때문에 백성들은 힘을 다해 일을 하여 지쳐도 쉬지 않고, 敵軍을 추격하여 위험하여도 물러서지 않았다. 그러므로 〈秦나라가〉 나라는 부유해지고 군대는 강성하였다. 그러나 術을 사용하여 간신을 식별하지 못하였으니 그렇다면 그 부유하고 강성한 국력은 신하들에게 도움을 주는 데만 그쳤을 뿐이다.

孝公과 商君(公孫鞅)이 죽고 惠文王이 즉위했을 때까지 秦나라의 變法이 폐기되지 않았는데, 張儀가 秦나라의 국력을 희생시켜 韓나라와 魏나라에서 〈자신의 이익을 추구하였고,〉

○顧廣圻曰 句絶이라

○顧廣圻 : 句를 끊어야 한다.

43-14 **惠王死**하고 **武王[11)]卽位**에 **甘茂[12)]以秦殉周**하니라

惠文王이 죽고 武王이 즉위하자 甘茂가 秦나라의 국력을 희생하여 周나라 〈都城을 공격함으로서 자신의 이익을 추구하였다.〉

○先愼曰 依上文甘上當有而字라

---

9) 張儀 : 戰國時代 魏나라 사람이다. 蘇秦과 함께 鬼谷子에게 수학하였다. 秦 惠王을 위해 소진의 合從說을 반대하여 列國이 秦나라를 섬겨야 한다는 連衡說을 주장하였으나 혜왕이 죽은 뒤 신하들의 참소로 인해 실현되지 못하였다. 뒤에 秦나라를 떠나 魏나라에 가서 宰相이 되었다.

10) 殉 : '殉'의 字解에 '어떤 목적을 이루기 위하여 자신의 생명을 버린다.'는 뜻이 있어서 '희생'으로 번역하였다.

11) 武王 : 戰國時代 秦나라 군주이다. 惠文王의 아들로, 성은 嬴이고 이름은 蕩이다. 신체가 건장하고 무력을 좋아하였다. 용사인 孟說(열)과 龍文赤鼎을 들어 올리는 힘겨루기를 하다가 놓쳐서 정강이뼈가 부러져 죽었다.

12) 甘茂 : 戰國時代 秦나라 下蔡 사람이다. 秦 武王 때 左相이 되어 韓나라 宜陽을 탈취하였다. 昭王 때 참소를 당하여 齊나라로 망명하였다.

○王先愼 : 윗글에 의거하면 '甘' 위에 응당 '而'자가 있어야 한다.

43-15 **武王死**하고 **昭襄王**[13]**卽位**에 **穰侯**[14]**越韓魏而東攻齊**로되

武王이 죽고 昭襄王이 즉위하자 穰侯가 韓나라와 魏나라를 넘어가서 동쪽으로 齊나라를 공격하였지만

○**先愼曰 御覽一百九十八**에 **引無韓字**라

○王先愼 : ≪太平御覽≫ 권198에 이 글을 인용하면서 '韓'자가 없다.

43-16 **五年而秦不益**(一尺)〔**尺寸**〕[15]**之地**하고

5년이 지나도록 秦나라는 아주 좁은 땅도 불어난 것이 없고,

○**先愼曰 各本**에 **一尺**이 **作尺土**나 **據御覽引改**하노라

○王先愼 : 각 본에 '一尺'이 '尺土'로 되어 있으나, ≪太平御覽≫의 인용문에 의거하여 〈'一尺'으로〉 고쳤다.

43-17 **乃成其陶邑**[16]**之封**하니라

그저 자기의 封地인 陶邑만을 완전히 이루었다.

○**先愼曰 各本**에 **成作城**이어늘 **據御覽引改**하노라

---

13) 昭襄王 : 戰國時代 秦나라 군주이다. 惠文王의 아들이고 武王의 이복 아우이다. 遠交近攻 정책을 채택하고 魏冉·范雎·白起 등을 등용하여 강성한 국가를 이루었다. 昭王이라고도 하며 秦 始皇의 증조부이다.

14) 穰侯 : 戰國時代 秦나라 魏冉의 封號이다. 위염은 본래 楚나라 계통의 羋姓으로 秦 昭王의 어머니 宣太后의 異父 아우이다. 소왕 때 태후의 신임을 얻어 네 번이나 國相이 되었다. 白起를 장군으로 등용하여 關東 諸侯의 세력을 약화시키고 진나라의 국력을 강성하게 하였다.

15) (一尺)〔尺寸〕 : 저본에는 '一尺'으로 되어 있으나, "'一尺'은 '尺寸'이 되어야 한다."는 陶鴻慶·松皐圓의 설이 옳다고 한 ≪韓非子新校注≫ 陳奇猷의 설에 의거하여 '尺寸'으로 바로잡았다.

16) 陶邑 : 上古時代 堯의 封國으로 지금의 山東省 菏澤市 定陶區 지역이다.

○王先愼 : 각 본에 '成'이 '城'으로 되어 있는데, ≪太平御覽≫의 인용문에 의거하여 〈'成'으로〉 고쳤다.

43-18 應侯[17]攻韓八年에 成其汝南[18]之封하니

應侯는 韓나라를 공격한 지 8년 동안에 자기의 봉지인 汝南만을 완전히 이루었으니,

○顧廣圻曰 藏本同하고 今本에 成作城하니 誤라 上文乃城其陶邑之封도 亦當作成이라 先愼曰 御覽에 此亦作成하니 不誤라

○顧廣圻 : 藏本은 같고, 今本에 '成'이 '城'으로 되어 있으니, 잘못이다. 윗글의 '乃城其陶邑之封'의 〈'城'도〉 응당 '成'이 되어야 한다.

王先愼 : ≪太平御覽≫에 이곳 역시 〈'城'이〉 '成'으로 되어 있으니 잘못되지 않았다.

43-19 自是以來로 諸用秦者는 皆應穰之類也라 故戰勝이면 則大臣尊하고 益地면 則私封立은 主無術以知姦也일새니라

이로부터 이후로 秦나라에 重用된 사람들은 모두 應侯・穰侯와 같은 부류들이다. 그러므로 전쟁에서 승리하면 大臣은 존귀해지고 땅이 늘어나면 신하 개인의 봉지만을 확립하게 되니, 이는 군주가 〈신하의〉 간사함을 알아내는 術이 없기 때문이다.

○先愼曰 張榜本에 主作其하니 誤라 主는 謂秦王也라

○王先愼 : 張榜本에 '主'가 '其'로 되어 있으니 잘못이다. '主'는 秦王을 이른다.

---

17) 應侯 : 戰國時代 秦나라 재상 范雎의 封號이다. 범저는 원래 魏나라 사람인데 위나라의 재상 魏齊에게 태형을 당했으나 간신히 목숨을 건진 뒤 이름을 張祿으로 바꾸고 진나라에 들어갔다. 뛰어난 언변과 책략으로 재상이 되고 遠交近攻으로 영토를 확장하는 정책을 확립하여 진나라가 천하를 통일하는 기초를 닦았다. 그의 封地가 應城에 있었기 때문에 응후로 부르며, '范且(범저)'로도 쓴다.

18) 汝南 : 지금의 河南省 魯山縣 지역이다.

43-20 商君[19)]雖十飾(칙)其法이나 人臣反用其資라 故乘强秦之資로되 數十年而不至於帝王者는 法(不)〔雖〕勤飾於官이나

商君이 열 번이나 法을 整備하였지만 신하들은 도리어 그가 만들어놓은 토대를 이용하였다. 그러므로 강대한 秦나라의 토대를 이용하였으면서도 수십 년 지나도록 帝王의 지위에 도달하지 못한 것은, 관리들은 부지런히 법을 정비하였지만

○盧文弨曰 不이 或改雖라 顧廣圻曰 不은 當作雖라

○盧文弨 : '不'이 어떤 본에는 '雖'로 고쳐졌다.
顧廣圻 : '不'은 응당 '雖'가 되어야 한다.

43-21 主無術於上之患也니라

군주가 위에서 術을 운용하지 못하여 초래한 禍患이다."

43-22 問者曰 主用申子之術하고 而官行商君之法이면 可乎아 對曰 申子未盡於〔術이요 商君未盡於〕法也라

묻는 이가 말하였다.
"군주는 申子의 術을 운용하고 관리는 商君의 法을 시행하면 되겠는가?"
나는 이렇게 대답하였다.
"신자는 술에 대한 이론이 완전하지 못하고, 상군은 법에 대한 이론이 완전하지 못하다.

○顧廣圻曰 當云申子未盡於術이요 商君未盡於法也니 脫去六字라

○顧廣圻 : 응당 '申子未盡於術 商君未盡於法也'라고 말해야 하니, 〈'術商君未盡於'〉 여섯 글자가 탈락되었다.

43-23 申子言 治不踰官하며 雖知弗言이라하니라

19) 商君 : 公孫鞅의 封地가 商於이기 때문에 그를 높여 부르는 칭호이다. 앞(43-1)의 주 '公孫鞅' 참조.

申子는 '〈관리가〉 일을 처리할 적에 자기의 직권 범위를 넘지 않아야 하며, 〈직권 이외의 내용은〉 알더라도 말하지 않아야 된다.'라고 하였다.

○先愼曰 乾道本에 無治字弗字라 顧廣圻云 藏本今本에 知下有弗字하고 今本은 不上有治字라 按依下文當有라 又見難三篇하니 弗亦作不이라하야늘 今據補하노라

○王先愼 : 乾道本에 '治'자와 '弗'자가 없다. 顧廣圻는 "藏本과 今本에 '知' 아래에 '弗'자가 있고, 今本은 '不' 위에 '治'자가 있다. 살펴보건대 아래 글에 의거하면 응당 〈'治'와 '弗'이〉 있어야 한다. 또 ≪韓非子≫ 〈難三篇〉을 보니 '弗'이 역시 '不'로 되어 있다."라고 하였기에 지금 이에 의거하여 보충하였다.

43-24 治不踰官은 謂之守職也니 可어니와

'〈관리가〉 일을 처리할 적에 자기의 직권 범위를 넘지 않아야 한다.'는 것은, '守職(자기의 직분을 지킴)'이라는 것이니 괜찮지만,

○顧廣圻曰 藏本今本에 也可作可也라 先愼曰 張榜本에 無可字라

○顧廣圻 : 藏本과 今本에 '也可'가 '可也'로 되어 있다.
王先愼 : 張榜本에 '可'자가 없다.

43-25 知而弗言은 是〔不〕謂[20)]過也니라

'〈직권 이외의 내용은〉 알더라도 말하지 않아야 된다.'는 것은 〈신하의〉 잘못을 〈알면서도〉 보고하지 않아야 된다는 것이다.

○先愼曰 乾道本에 是下有不字라 盧文弨云 不字脫이라 藏本張本에 有라 也는 邪同이라하고 顧廣圻云 今本에 無不字하니 按句有誤라 先愼按 不字衍文이니 下知而弗言이면 則人主尙安假借矣라하니 即是謂過也意일새 今據改하노라

○王先愼 : 乾道本에 '是' 아래에 '不'자가 있다. 盧文弨는 "'不'자가 탈락되었다. 藏本과 張本에 있다. '也'는 '邪(야)'와 같다."라고 하였고, 顧廣圻는 "今本에 '不'자가 없으니, 살펴

20) 〔不〕謂 : 저본에는 '不'자 없으나, ≪韓非子新校注≫의 劉師培와 陳奇猷의 설을 따라 '不'자를 보충하고, '謂'는 '謁(보고하다)'의 뜻으로 번역하였다.

보건대 이 句에 잘못이 있다."라고 하였다. 내가 살펴보건대 '不'자는 衍文이니, 아래에 '知而弗言 則人主尙安假借矣(알면서도 말해주지 않으면 군주는 도리어 누구에게 도움을 받아 〈알겠는가.〉)'라고 하였으니, 곧 '是謂過也(이는 잘못을 말하는 것이다.)'의 뜻이기 때문에 지금 이에 의거하여 고쳤다.

43-26 人主以一國目視라 **故視莫明焉**이요 **以一國耳聽**이라 **故聽莫聰焉**이어늘 **今知而弗言**이면 **則人主尙安假借矣**리오

군주는 온 나라 사람들의 눈으로 살펴보므로 그보다 더 밝게 보는 것이 없고, 온 나라 사람들의 귀로 들으므로 그보다 더 밝게 듣는 것이 없다. 그런데 지금 〈직권 이외의 내용을〉 알면서도 말해주지 않으면 군주는 도리어 누구에게 도움을 받아 〈알겠는가.〉

○先愼曰 矣는 當作乎라

○王先愼 : '矣'는 응당 '乎'가 되어야 한다.

43-27 商君之法曰

商君이 규정한 법에

○先愼曰 乾道本에 曰作日이어늘 據張榜本趙本改라

○王先愼 : 乾道本에 '曰'이 '日'로 되어 있는데, 張榜本과 趙本에 의거하여 고쳤다.

43-28 斬一首者爵一級하고 **欲爲官者**는 **爲五十石之官**하며 **斬二首者**는 **爵二級**하고

'〈敵國 사람〉 한 명의 머리를 벤 자는 상으로 한 階級의 벼슬을 올려주고, 관리가 되기를 원하는 자는 50石의 녹봉을 받는 벼슬에 임명하며, 두 명의 머리를 벤 자는 상으로 두 계급의 벼슬을 올려주고,

○先愼曰 乾道本에 爵二級이 作爵一級이어늘 據張榜本趙本改라

○王先愼 : 乾道本에 '爵二級이' '爵一級'으로 되어 있는데, 張榜本과 趙本에 의거하여 고쳤다.

43-29 欲爲官者는 爲百石之官이라하야 官爵之遷與斬首之功이 相稱也하니라 今有法曰 斬首者를 令爲醫匠이라하면 則屋不成而病不已니라 夫匠者는 手巧也요 而醫者는 齊[21]藥也어늘

관리가 되기를 원하는 자는 100석의 녹봉을 받는 벼슬에 임명한다.'라고 하여, 官爵의 승진과 〈적국 사람의〉 머리를 벤 공이 서로 꼭 맞았다.

그런데 지금 법에 '〈적국 사람의〉 머리를 벤 자에게 의원이나 목수를 시켜준다.' 라고 하면 집은 완성되지 못하고 병은 낫지 않을 것이다. 목수는 손재주가 뛰어난 사람이고 의원은 약을 조제하는 사람인데,

○先愼曰 乾道本에 無病不至者齊十三字하고 空十八字라 顧廣圻云 藏本今本에 有病不已夫匠者手巧也而醫者齊十三字라하야늘 今依藏本今本補하니 說詳下라

○王先愼 : 乾道本에 '病不'에서 '者齊'까지 열세 글자가 없고, 열여덟 글자가 비어 있다. 顧廣圻는 "藏本과 今本에 '病不已夫匠者手巧也而醫者齊'의 열세 글자가 있다."라고 하였기에 지금 藏本과 今本에 의거하여 보충하였으니, 아래에서 자세히 말하였다.

43-30 而以斬首之功爲之면 則不當其能이니라 今治官者는 智能也어늘

〈적국 사람의〉 머리를 벤 공으로 그 일을 하게 한다면 그의 재능과 맞지 않을 것이다. 지금 官事를 처리하는 것은 지혜와 재능을 〈요구하는 것인데〉

○先愼曰 乾道本에 無能也二字라 顧廣圻云 空四字하니 藏本今本에 有能也二字라하야늘 今據補하노라

○王先愼 : 乾道本에 '能也' 두 글자가 없다. 顧廣圻는 "네 글자가 비었으니, 藏本과 今本에 '能也' 두 글자가 있다."라고 하였기에 지금 이에 의거하여 보충하였다.

43-31 今斬首者는 勇力之所加也라 以勇力之所加로

지금 〈적국 사람의〉 머리를 베는 것은 용기와 힘을 발휘하는 것이다. 용기와 힘을 발휘하여 〈얻은 관직으로〉

21) 齊 : '劑(약을 조제함)'와 같다.

○先愼曰 乾道本에 無勇力之所加也以七字하고 不空이라 合計屋不成下缺五字와 智下缺二字하면 正符七字之數하니 足見今本之字非臆撰也라 今據今本補勇力之所[22]加也以七字하노라

○王先愼 : 乾道本에 '勇力之所加也以' 일곱 글자가 없고 빈자리가 없다. '屋不成' 아래에 빠진 다섯 글자와 '智' 아래에 빠진 두 글자를 합계하면 바로 일곱 글자의 수와 부합하니, 今本의 글자는 근거 없이 써놓은 것이 아님을 알 수 있다. 지금 今本에 의거하여 '勇力之所加也以'의 일곱 글자를 보충하였다.

43-32 而治智能之官은

지혜와 재능이 〈요구되는〉 官事를 처리하게 하는 것은

○先愼曰 乾道本에 治下有者字라 顧廣圻云 藏本今本에 無者字하니 此未詳이라하니라 先愼按 者字衍일새 今據刪하노라 此謂以勇力所得之官으로 而理智能之事면 不當其能이니 無異令斬首之人으로 爲醫匠也라

○王先愼 : 乾道本에 '治' 아래에 '者'자가 있다. 顧廣圻는 "藏本과 今本에 '者'자가 없으니, 여기의 글자는 모르겠다."라고 하였다. 내가 살펴보건대 '者'는 衍文이기 때문에 지금 이에 의거하여 삭제하였다. 이는 용기와 힘을 발휘하여 얻는 관직으로 지혜와 재능이 〈요구되는〉 일을 처리하면 그 재능에 맞지 않으니, 〈적국 사람의〉 머리를 벤 사람으로 의원이나 목수를 삼는 것과 다름이 없음을 이른 말이다.

43-33 是以斬首之功으로 爲醫匠也라 故曰 二子之於法術에 皆未盡善也라하노라

이는 〈적국 사람의〉 머리를 벤 공으로 의원이나 목수를 삼는 격이다. 그러므로 '〈申子와 商君〉 두 사람이 術과 法의 이론에 모두 완전하지 못하다.'고 말하는 것이다."

---

22) 所 : 저본의 원주에 "'所' 아래에 원본에는 '以'자의 衍文이 있으나, 正文에 의거하여 삭제하였다.〔所下 原本衍以字 據正文刪〕"라고 하였다.

第四十四 說疑篇　제44편 의심나는 행동에 대한 설명

'說疑'는 신하들의 의심나는 행동을 설명한다는 뜻이다. 奸臣들의 행태를 분석해 대처 방안을 제시하고 신하의 임용과 처우에 대한 군주의 경계를 촉구하고 있다.

이 편의 편명에 대한 풀이는 '疑'를 어떻게 보느냐에 따라 크게 두 가지로 나뉜다. 우선 '擬(비교하다, 견주다)'로 읽어서 '견주는 것에 대해 설명하다.'(顧廣圻)가 되어야 한다는 설이 있다. 그리고 글자 그대로 보고 '신하들의 설을 의심하다.'(陳奇猷) 또는 '신하들의 의심스러운 행위에 대해 설명하다.'(張覺)로 보는 설이 있다. 대체로 군주가 정권을 공고히 하는 과정에서 간사한 신하들에 대해 의심하는 태도를 가지고 그들을 다스려야 함을 주장한 것으로 보인다.

이를 위해서 우선 '간사함을 막는 것〔禁姦〕'과 '법으로 복종시킬 것〔服之以法〕'을 제시하였고 '신하를 가려 쓰는 것〔擇臣〕'에 대한 중요성을 역사상의 각종 유형을 들어 설명하고, 법을 밝히고 나라를 태평하게 하며 백성을 이롭게 하는 관리를 뽑아 쓰도록 하고 여러 유형의 간신을 척결할 것을 강조하였다.

○顧廣圻曰 疑는 讀爲擬라

○顧廣圻 : '疑'는 '擬'로 읽는다.

44-1 凡治之大者는 非謂其賞罰之當也라 賞無功之人과 罰不辜之民은

무릇 정치에서 가장 중요한 것은 賞罰을 알맞게 시행함을 이르는 것은 아니다. 공이 없는 사람에게 상을 내리거나 죄가 없는 백성에게 벌을 주는 것은

○先愼曰 乾道本에 辜下無之字어늘 顧廣圻云 藏本今本에 有라하니 今據補라

○王先愼 : 乾道本에 '辜' 아래에 '之'자가 없는데, 顧廣圻는 "藏本과 今本에 있다."라고 하였으니, 지금 이에 의거하여 보충하였다.

44-2 **非所謂明**[1]**也**니라

이른바 밝음이 아니다.

○顧廣圻曰 明字는 當衍이라

○顧廣圻 : '明'자는 衍文이라야 한다.

44-3 **賞有功**하고 **罰有罪**하야 **而不失其人**은 **方在**[2]**於人者也**요

공이 있는 자에게 상을 내리고 죄를 지은 자에게 벌을 주어서 그 사람을 놓치지 않는 것은 겨우 그 당사자에게 미칠 뿐이고,

○顧廣圻曰 藏本同이라 今本에 人方作當乃하니 誤라 按在當作任이니 形近誤라 先愼曰 顧說是라 讀(두)當以而不失其人句요 方任於人者也句라

○顧廣圻 : 藏本은 같다. 今本에 '人方'은 '當乃'로 되어 있으니, 잘못되었다. 살펴보건대 '在'는 '任'이 되어야 하니, 字形이 비슷해서 잘못된 것이다.

王先愼 : 顧廣圻의 설이 옳다. 구두는 '而不失其人'에 句를 끊고, '方任於人者也'에 구를 끊어야 한다.

44-4 **非能生功止過者也**라 **是故禁姦之法**에 **太上**은 **禁其心**이요 **其次**는 **禁其言**이요 **其次**는 **禁其事**니라 **今世皆曰 尊主安國者**는 **必以仁義智能**이라하야늘 **而不知卑主危國者之必以仁義智能也**라 **故有道之主**는 **遠仁義**하고 **去智能**하야 **服之以法**이라 **是以譽廣而名威**하고 **民治而國安**하니 **知用民之法也**일새니라 **凡術也者**는 **主之所以執也**요 **法也者**는 **官之所以師也**라 **然使郎中**[3]**日聞道於郎門**[4]

---

1) 明 : 顧廣圻는 衍文이라고 하였는데, 문맥상 賞罰이 알맞게 시행되지 않는 것은 군주가 명찰하지 못해서라는 뜻으로 볼 수 있으므로, 고광기의 교감을 따르지 않았다.

2) 方在 : 顧廣圻와 王先愼은 모두 '在'를 '任'으로 교감하였으나 여기서는 이를 따르지 않고, '方'은 '僅(겨우)'과 같고, '在'는 '及(미치다)'과 같다고 한 《韓非子新校注》 高亨의 설에 의거하여 번역하였다.

3) 郎中 : 임금의 출입문과 車騎 등에 관한 일을 주관하며, 안에서는 侍衛에 보충되고 밖에서는 전쟁에 隨從하는 近臣을 이른다.

之外하야 **以至於境內日見法**은 **又非其難者也**니라 **昔者有扈氏有失度**[5)]하고 **讙兜氏有孤男**[6)]하며 **三苗有成駒**[7)]하고 **桀有**(侯)〔隹〕**侈**[8)]하며

공을 창출하고 허물을 그치게 할 수 있는 것은 아니다. 그러므로 간사한 일을 금하는 법 중에 최상은 간사한 마음을 막는 것이고, 그 다음은 간사한 말을 막는 것이고, 그 다음은 간사한 일을 막는 것이다.

지금 세상 사람들은 모두 "군주를 존귀하게 하고 나라를 안정시키는 일은 반드시 仁義와 智能으로써 한다."라고 하는데, 군주를 비천하게 하고 나라를 위태롭게 하는 일이 반드시 인의와 지능 때문이라는 것은 모른다. 그래서 통치의 道를 터득한 군주는 인의를 멀리하고 지능을 버려서 法으로써 복종시킨다. 이 때문에 칭송이 자자하고 명성을 크게 떨치며 백성은 잘 다스려지고 나라는 편안해지니, 백성을 다루는 법을 알았기 때문이다.

무릇 '術'이란 군주가 확고하게 잡아야 하는 것이고, '法'이란 관리가 받들어 따라야 하는 것이다. 그러나 郎中으로 하여금 날마다 〈법치의〉 도를 궁궐의 문 바깥에 알리게 해서 나라 안에 날로 법을 알게 하는 일은 또한 그리 어려운 것이 아니다.

예전에 有扈氏에게는 失度가 있었고 讙兜氏에게는 孤男이 있었으며, 三苗에게는 成駒가 있었고 桀에게 隹侈가 있었으며

---

4) 郎門 : 궁궐 回廊의 문이다. '郎'은 '廊'과 같다.

5) 有扈氏有失度 : 有扈氏는 夏나라 때 인물로, 禹임금의 아들 啓에게 불복하다가 啓의 공격으로 멸망하였다. 陝西省 鄠縣에 있었다.(≪書經≫ 〈甘誓〉) 失度는 有扈氏의 相을 지낸 인물이다. ≪路史≫ 〈夏后紀〉에 "戶氏가 공손하지 못하여 失度를 믿고 相을 삼았고 五常의 도를 위협해 업신여겼다.〔戶氏不恭 信相失度 威侮五行〕"라고 하였다. '戶'와 '扈'는 통용한다.

6) 讙兜氏有孤男 : 讙兜氏는 ≪書經≫ 〈堯典〉에 '驩兜'로 되어 있다. 堯임금 때 四凶의 하나로 지목되어 崇山에 추방되었다. 孤男은 讙兜氏에게서 집권하였던 寵臣으로 추측된다. ≪路史≫ 〈國名紀〉에 "驩兜가 폐신 狐攻에게 전권을 주었다가 나라가 망했다.〔驩兜以嬖臣狐攻專權亡國〕"라 하였다. '孤男'과 '狐攻'은 동일한 인물로 보인다.

7) 三苗有成駒 : 三苗는 堯舜 때 江·淮·荊州에 자리 잡고 있었던 蠻族의 이름으로, 有苗라고도 한다. 四凶으로 지목되어 三危로 쫓겨나 구금되었다. 成駒는 人名인데 상고할 수 없다.

8) (侯)〔隹〕侈 : 夏나라 桀王 때 인물이다. 재상으로 桀의 폭정을 종용한 자로 추정된다.

○顧廣圻曰 墨子所染篇云 夏桀染於干辛推哆라하고 明鬼篇云 推哆大戲 (主別)〔生列〕[9]兕虎라하며 古今人表下中에 有推侈하니 卽此侯侈라 又呂氏春秋簡選篇云 移는 大犧라하고 淮南子主術訓云 推移大犧라하니 侈哆移는 皆同字耳라 王念孫曰 侯當作隹 形相似而誤①라 墨子所染篇明鬼篇에 竝作推哆하고 晏子諫篇漢書古今人表에 竝作推侈하니 隹與推는 聲相近이라 故通作推也니 其爲隹字無疑라

① 隷書從隹從侯之字 往往譌溷하니 說見墨子非命篇(爲)〔惟〕[10]舌下[11]라

隷書에 '隹'를 따르는 글자와 '侯'를 따르는 글자는 종종 잘못 섞여버리니, 그 내용이 ≪墨子≫〈非命篇〉'惟舌' 아래에 보인다.

○顧廣圻 : ≪墨子≫〈所染篇〉에 "夏나라 桀이 干辛과 推哆에게 물들었다."라고 하였고, 〈明鬼篇〉에 "推哆와 大戲가 산 채로 무소와 범을 갈랐다."라고 하였으며, ≪漢書≫〈古今人表 下中〉에 '推侈'가 나오니, 바로 이 '侯侈'이다. 또 ≪呂氏春秋≫〈簡選篇〉에 "移는 大犧이다."라고 하였고, ≪淮南子≫〈主術訓〉에 "推移는 大犧이다."라고 하였으니, '侈'·'哆'·'移'는 모두 同字일 뿐이다.

王念孫 : '侯'는 '隹'가 되어야 하니, 字形이 서로 비슷해서 잘못된 것이다. ≪墨子≫〈所染篇〉과 〈明鬼篇〉에 모두 '推哆'로 되어 있고, ≪晏子≫〈諫篇〉, ≪漢書≫〈古今人表〉에 모두 '推侈'로 되어 있다. '隹'와 '推'는 성음이 비슷하기 때문에 일반적으로 '推'로 되어 있는 것이니, 〈여기에서〉 '隹'자가 되는 것은 의심할 것이 없다.

44-5 紂有崇侯虎[12]하고 晉有優施[13]하니 此六人者는 亡國之臣也니라 言是如非하고 言非如是하며 內險以賊하고 其外小謹하야 以徵其善하며 稱道往古하야 使

---

9) (主別)〔生列〕: 저본에는 '主別'로 되어 있으나, ≪墨子閒詁≫의 교감에 의거하여 '生列'로 바로잡았다.

10) (爲)〔惟〕: 저본에는 '爲'로 되어 있으나, ≪讀書雜志≫에 의거하여 '惟'로 바로잡았다.

11) 說見墨子非命篇(爲)〔惟〕舌下 : 王念孫의 ≪讀書雜志≫에 〈墨子 非命 下〉의 '惟舌' 조항에 보인다.

12) 崇侯虎 : 崇은 殷나라 때 나라 이름으로 陝西省 鄠縣 동쪽에 있었다. 崇侯 虎가 西伯 昌(周文王)을 紂에게 참소하였는데, 서백은 유폐되었던 羑里에서 탈출하여 돌아와 崇侯를 치고 豐邑을 만들었다.

13) 優施 : 春秋時代 晉나라의 배우로 이름이 施이다. 麗姬가 낳은 奚齊를 제후로 세우기 위해 麗姬와 짜고 태자 申生을 자살하게 하고 重耳와 夷吾 등 공자들을 축출하였다.

良事沮하고 **善(禪)〔伺〕其主**하야 **以集精微**[14)]하고

紂에게는 崇侯 虎가 있었고 晉나라에는 優施가 있었는데, 이들 여섯 사람은 나라를 망친 신하이다.

옳은 것을 그르다고 말하고 그른 것을 옳다고 말하며, 속으로는 음흉하게 남을 해치려고 하면서 겉으로는 작은 일에도 조심하는 체하여 자신의 선함을 내보이며 지나간 옛일을 칭송하여 좋은 일을 못하게 막고 군주를 엿보아 세밀한 정보까지 모으고,

○顧廣圻曰 句有誤라 先愼曰 禪與擅通이니 莊子人間世釋文에 禪本作擅 是也라 說文에 擅은 專也라하니라 精微는 猶精細也라 言平日擅專其主하야 無毫髮之可間也라

○顧廣圻 : 句에 오류가 있다.

王先愼 : '禪'은 '擅'과 통용이니, ≪莊子≫ 〈人間世〉의 ≪經典釋文≫에 "'禪'은 본래 '擅'으로 되어 있다." 한 것이 이 예이다. ≪說文解字≫에 "'擅'은 '專(독점함)'이다."라고 하였다. '精微'는 '精細(정밀하고 자세함)'이다. 평소에 군주와의 관계를 독점하여 털끝만큼의 틈도 주지 않음을 말한다.

44-6 **亂之以其所好**하니

군주가 좋아하는 것을 가지고 어지럽히니,

○先愼曰 投其所欲하야 引爲不善也라

○王先愼 : 좋아하는 바에 영합하여 不善을 하도록 유인한다.

44-7 **此夫郎中左右之類者也**니라 **往世之主**는 **有得人而身安國存者**요 **有得人而身危國亡者**니 **得人之名一也**로되 **而利害相千万也**라

이들은 郎中이나 측근 신하의 무리들이다. 지난 시대의 군주 중에는 사람을 얻

14) (禪)〔伺〕 : 저본에는 '禪'으로 되어 있으나, "'禪'은 '伺(엿보다)'의 잘못된 글자이다."라고 한 ≪韓非子新校注≫ 陳奇猷의 설에 의거하여 '伺'로 바로잡았다. 곧 군주의 마음을 잘 엿보아 군주의 세미하고 비밀스런 정보까지 모은다는 뜻이다.

어 자신은 편안하고 나라를 보존한 이들도 있었고 사람을 얻어 자신은 위태롭고 나라를 망친 이들도 있었으니, 사람을 얻었다는 명분은 똑같지만 이익과 손해는 천 배 만 배로 차이가 난다.

○先愼曰 趙本에 万作萬이라

○王先愼 : 趙本에 '万'은 '萬'으로 되어 있다.

44-8 故人主左右不可不愼也니라 爲人主者 誠明於臣之所言이면 則別賢不肖如黑白矣니라 若夫許由[15)]續牙[16)]

그래서 군주는 측근 신하를 둠에 신중하지 않아서는 안 된다. 군주가 신하의 말에 대해 진실로 밝게 판단할 수 있다면 현명한지 어리석은지를 검은색과 흰색을 구별하듯이 할 수 있을 것이다.

저 許由, 續牙,

○顧廣圻曰 此七友在第三이라

○顧廣圻 : 이 사람(續牙)은 〈舜임금의〉 七友 중에 세 번째이다.

44-9 (晉)伯陽

伯陽,

○顧廣圻曰 晉字當衍이라 此七友在第四라

○顧廣圻 : '晉'자는 응당 衍文이라야 한다. 이 사람은 七友 중에 네 번째이다.

44-10 秦(顚頡衛僑如)〔不虛雒陶〕[17)]

15) 許由 : 고대의 전설상의 인물로, 堯임금이 왕위를 물려주려 하자 받지 않고 箕山에 은거하였다고 한다.

16) 續牙 : 고대의 전설상의 인물로, 아래 董不識에 이르기까지 통틀어서 舜의 七友라고 한다.

17) 秦(顚頡衛僑如)〔不虛雒陶〕: 저본에는 '秦顚頡衛僑如'로 되어 있으나, 舜의 七友에 대해 ≪漢書≫ 〈古今人表〉에는 續牙, 伯陽, 董不識 외에 雒陶, 秦不虛, 方回를 들고 있으며, 陶潛

秦不盧，雒陶，

○顧廣圻曰 未詳이라 兪樾曰 顚頡은 晉人이어늘 而係之秦이요 僑如는 魯人이어늘 而係之衛니 不可曉라 且其人亦非如下文所云伏死窟穴者也라 據下文云若夫齊田桓宋子罕魯季孫意如晉僑如衛子南勁鄭太宰欣楚白公周單荼燕子之 此九人者之爲其臣也에 皆朋黨比周以事其君云云컨대 疑魯季孫意如晉僑如는 當作晉顚頡魯僑如니 而傳寫誤入上文이요 又移晉字於伯陽之上하야 遂妄竄入秦字耳라

○顧廣圻：미상이다.

兪樾：顚頡은 晉나라 사람인데 秦을 붙였고，僑如는 魯나라 사람인데 衛를 붙였으니，알 수가 없다. 그리고 그 사람은 또한 아래 글에서 이른 '암굴에 숨어 살다 죽은 자'가 아니다. 아래 글의 '若夫齊田桓宋子罕魯季孫意如晉僑如衛子南勁鄭太宰欣楚白公周單荼燕子之 此九人者之爲其臣也 皆朋黨比周以事其君……'이라고 한 말에 의거하면 아마도 '魯季孫意如'와 '晉僑如'는 '晉顚頡'과 '魯僑如'가 되어야 하니，옮겨 쓰면서 위의 글에 잘못 들어간 것이고，또 '晉'자를 '伯陽' 위로 옮기면서 마침내 '秦'자가 멋대로 들어갔을 뿐이다.

44-11 狐不稽

狐不稽，

○顧廣圻曰 莊子大宗師에 孤不偕라하야늘 釋文에 司馬云[18] 古賢人也라하니라

○顧廣圻：≪莊子≫〈大宗師〉에 "孤不偕"라고 하였는데，≪經典釋文≫에 "司馬彪가 '옛 현인이다.'라고 하였다." 하였다.

44-12 重明

의〈集聖賢群輔錄〉에는 순의 칠우로 雄陶，方回，續牙，伯陽，東不訾，秦不虛，靈甫를 들었다. 따라서 뒤의 '魯季孫意如'와 '晉僑如'가 위로 잘못 들어왔다고 한 兪樾의 교감과 여기 秦자 뒤로 '不虛雒陶'가 이어져야 한다고 한 ≪韓非子新校注≫ 劉師培와 陳奇猷의 설에 의거하여 '秦不虛雒陶'로 바로잡았다.

18) 云：저본의 원주에 "'云' 아래에 원본에는 '云' 1자가 중복되어 있으나，顧氏(顧廣圻)의 ≪韓非子識誤≫에 의거하여 삭제하였다.〔云下 原本重一云字 據顧氏韓非子識誤刪〕"라고 하였다.

重明,

○顧廣圻曰 未詳이라

○顧廣圻 : 미상이다.

44-13 董不識

董不識,

○顧廣圻曰 此七友在第五라 按齊策云 舜有七友라하야늘 姚校[19)]云 雄陶方回續牙伯陽東不訾秦不虛靈甫라하니라 古今人表上下에 有雒陶續身柏陽東不訾秦不虛어늘 顔師古曰 雒陶以下는 皆舜之友也라하니라 身或作耳하고 虛或作宇하니 竝見尸子라 上中에 有方回어늘 其靈甫는 人表未見也라 此續牙는 卽續身이요 伯陽은 卽栢陽이요 東不識은 卽東不訾라 其餘或皆彼之駁異耳라

○顧廣圻 : 이 사람은 七友 중에 다섯 번째이다. 살펴보건대 ≪戰國策≫ 〈齊策〉에 "舜에게 七友가 있었다."라고 하였는데, 姚宏의 校注에 "雄陶, 方回, 續牙, 伯陽, 東不訾, 秦不虛, 靈甫이다."라고 하였다. ≪漢書≫ 〈古今人表 上下〉에 雒陶, 續身, 柏陽, 東不訾, 秦不虛가 있는데, 顔師古는 "雒陶 이하는 모두 舜의 벗이다."라고 하였다. '身'은 '耳'로도 되어 있고, '虛'는 '宇'로도 되어 있는데, 모두 ≪尸子≫에 보인다. ≪漢書≫ 〈古今人表 上中〉에 方回가 있는데, 靈甫는 〈古今人表〉에 보이지 않는다. 여기 續牙는 곧 續身이고, 伯陽은 곧 栢陽이며, 東不識는 곧 東不訾이다. 그 나머지도 대체로 저들의 설이 뒤섞여 나올 뿐이다.

44-14 卞隨務光[20)]伯夷叔齊[21)] 此十二人者는 皆上見利不喜하고 下臨難不

---

19) 姚校 : 宋나라 姚宏이 지은 校注本인 ≪戰國策續注≫를 말한다. 요굉은 浙江省 剡川 사람으로, 徽宗 宣和 연간(1119~1125)에 太學生이 되고 高宗 建炎 연간(1127~1130)에 刪定官이 되었다. 뒤에 秦檜와의 宿怨 때문에 옥중에서 죽었다.

20) 卞隨務光 : 모두 夏나라 殷나라 교체기의 隱士이다. 湯이 夏나라를 멸하고 천하를 卞隨에게 양보하자 변수는 응하지 않고 桐水에 몸을 던져 죽었고, 湯이 또 務光에게 양보하자 務光은 廬水에 빠져 죽었다고 한다.

21) 伯夷叔弟 : 殷나라 말기 孤竹君의 두 아들로, 周 武王이 殷나라를 멸하자 주나라의 곡식을 먹기를 거부하고 首陽山에 들어가 굶어 죽었다.

恐하며 或與之天下而不取하고 有萃辱之名이면

卞隨, 務光, 伯夷, 叔齊 등 이 열두 사람은 모두 위로는 名利를 보고도 기뻐하지 않고 아래로 어려움이 닥쳐도 두려워하지 않았으며, 누가 천하를 주어도 받지 않았고 고달프고 욕된 명성이 있으면

○顧廣圻曰 藏本同이라 今本에 萃作卑라 先愼曰 萃字不誤라 說文에 萃는 讀若瘁라하니 瘁는 卽顇字라 顇는 顦顇也라 荀子富國篇에 勞苦頓萃而愈無功이라하야 正作萃하니 是其證이라 今本改萃爲卑는 失其義矣라

○顧廣圻 : 藏本은 같다. 今本에 '萃'는 '卑'로 되어 있다.

王先愼 : '萃'자는 잘못되지 않았다. ≪說文解字≫에 "'萃'는 '瘁'와 같이 읽는다."라고 하였으니, '瘁'는 곧 '顇'자이다. '顇'는 '顦顇(초췌함)'이다. ≪荀子≫ 〈富國篇〉에 "勞苦頓萃而愈無功(노고하여 초췌하여도 더욱 공로는 없다.)"이라고 하여 '萃'로 바로 되어 있으니, 이것이 그 증거이다. 今本에 '萃'를 '卑'로 고친 것은 뜻이 잘못된 것이다.

44-15 則不樂食穀之利러라 夫見利不喜면 上雖厚賞이나 無以勸之요 臨難不恐이면 上雖嚴刑이나 無以威之니 此之謂不令之民也니라 此十二人者는

녹을 먹는 이득도 달가워하지 않았다. 名利를 보고도 기뻐하지 않으면 군주가 비록 후한 상을 내려도 권면이 될 수가 없고, 어려움이 닥쳐도 두려워하지 않으면 군주가 비록 엄한 형벌을 가해도 위협이 될 수가 없으니, 이들을 일러 명령으로 〈따르게 할 수〉 없는 백성이라고 한다. 이 열두 사람은

○先愼曰 乾道本에 無人字어늘 盧文弨云 凌本에 有라하니 今據補라

○王先愼 : 乾道本에 '人'자가 없는데, 盧文弨는 "凌本에는 있다."라고 하였으니, 지금 이에 의거하여 보충하였다.

44-16 或伏死於窟穴하며 或槁死於草木하며 或飢餓於山谷하며 或沈溺於水泉하니 有民如此면

巖穴에 숨어살다 죽기도 하였고 숲속에서 말라 죽기도 하였으며, 산골짜기

에서 굶어죽기도 하였고 물에 빠져 죽기도 하였으니, 이와 같은 백성들이 있다면

○先愼曰 乾道本에 無民字어늘 顧廣圻云 藏本今本에 有라하니 今據補라

○王先愼 : 乾道本에 '民'자가 없는데, 顧廣圻는 "藏本과 今本에는 있다."라고 하였으니, 지금 이에 의거하여 보충하였다.

44-17 先古聖王도 皆不能臣이어든 當今之世에 將安用之리오 若夫關龍逢[22)]王子比干[23)]隨季梁[24)]陳泄冶[25)]楚(申胥)〔葆申〕

옛날의 聖王들도 모두 신하로 삼지 못하였는데, 지금 세상에서 그들을 어떻게 신하로 쓸 수 있겠는가?

저 關龍逢, 王子 比干, 隨나라 季梁, 陳나라 泄冶, 楚나라 葆申,

關龍奉

比干

22) 關龍逢 : 夏나라 桀王 때의 충신으로, 걸왕의 무도함을 간하다가 죽임을 당하였다.

23) 王子比干 : 殷나라 紂王 때의 충신으로, 紂의 음란과 학정을 직언하자 紂가 심장을 도려내어 죽였다.

24) 隨季梁 : 隨나라는 지금의 湖北 隨縣에 있었던 西周 초 제후국이다. 季梁은 隨나라의 賢臣으로, 군주가 교만하여 강대국인 楚에 맞서지 않도록 간하였으나 받아들여지지 않아 결국 楚 武王의 토벌을 받고 나라가 망하였다.(≪春秋左氏傳≫ 桓公 6년)

25) 泄冶 : 春秋時代 陳나라의 대부이다. 靈公이 무도하여 淫女인 夏姬를 公寧, 儀行父와 함께 간통하는 짓에 대해 간하였다가 죽임을 당하였다.(≪春秋左氏傳≫ 宣公 9년)

○顧廣圻曰 申胥는 當作葆申이라 葆申者는 楚文王之臣이니 極言文王茹黃狗宛路矰丹姬事[26]하야 而變更之하니 下文所謂疾爭强諫以勝其君者也라 見呂氏春秋라 高誘注云 葆는 太葆니 官이요 名申이라하니라 又載說苑하니 葆作保라 古今人表同이라 葆保는 同字也라

○顧廣圻 : '申胥'는 '葆申'이 되어야 한다. 葆申은 楚 文王의 신하인데, 文王에게 茹黃狗, 宛路矰, 丹姬의 일에 대해 극력 간하여 문왕의 마음을 바꾸게 하였으니, 아래 글에서 이른바 격렬하게 논쟁하고 강력하게 간하여 군주를 이긴 자이다. 이 일은 ≪呂氏春秋≫에 보이니, 高誘의 注에 "'葆'는 太葆이니 관직이고, 이름이 申이다."라고 하였다. 또 ≪說苑≫에도 실려 있는데, '葆'는 '保'로 되어 있다. ≪漢書≫ 〈古今人表〉도 같다. '葆'와 '保'는 同字이다.

44-18 吳子胥[27] 此六人者는 皆疾爭强諫以勝其君이라 言聽事行이면 則如師徒之勢어니와

吳나라 伍子胥 등 이 여섯 사람은 모두 격렬하게 논쟁하고 강렬하게 간하여 군주를 이기려고 하였다. 말이 받아들여지고 일이 행해지면 스승과 제자의 형세처럼 되지만

○盧文弨曰 勢는 秦本에 作合이라

○顧廣圻 : '勢'는 秦本에 '合'으로 되어 있다.

44-19 一言而不聽하고 一事而不行이면 則陵其主以語하고 從之以威하야 雖身死

---

26) 茹黃狗宛路矰丹姬事 : '茹黃狗'는 좋은 개의 이름이고, '宛路矰'은 宛路라는 곳에서 나는 좋은 주살이며, 丹姬는 寵姬의 이름이다. ≪呂氏春秋≫ 〈直諫〉에 의하면 楚 文王이 여황의 개와 완로의 주살을 얻어서 雲夢에 사냥을 나가서 석 달 동안 돌아오지 않고, 丹姬를 얻어서 음행에 빠져 1년 동안 조회를 보지 않자, 葆申이 극력 간하여 문왕의 마음을 돌이켰다고 한다.

27) 子胥 : 春秋時代 楚나라 사람인 伍員의 자이다. 아비와 형이 모함을 받아 楚 平王에게 처형당하자 원수를 갚기 위해 吳나라로 망명하였다. 吳王 闔廬를 도와 霸者로 만들었으나 합려의 아들 夫差가 즉위한 후에는 계책이 받아들여지지 않았고, 결국 간신 伯嚭의 모함을 받아 자결하였다.(≪史記≫ 〈伍子胥列傳〉)

家破하고

한 마디 말이라도 받아들여지지 않거나 한 가지 일이라도 행해지지 않으면 말로써 군주를 능멸하고 위협으로 따르게 하여, 비록 몸이 죽고 집안이 무너지며

○先愼曰 乾道本에 從作待하고 威雖身作其身雖어늘 顧廣圻云 今本에 待作從하고 其身雖作威雖身이라 按句有誤라하니라 先愼按 今本是라 從之以威句니 此如鬻拳諫君以兵[28]之類라 改從今本이라

○王先愼 : 乾道本에 '從'은 '待'로 되어 있고, '威雖身'은 '其身雖'로 되어 있는데 顧廣圻는 "今本에 '待'는 '從'으로 되어 있고, '其身雖'는 '威雖身'으로 되어 있다. 살펴보건대, 句에 오류가 있다."라고 하였다. 내가 살펴보건대 今本이 옳다. '從之以威'로 구를 끊어야 하니, 이 말은 鬻拳이 군대를 일으켜 군주에게 간한 따위와 같다. 今本을 따라 고쳤다.

44-20 要領不屬하며 **手足異處**라도 **不難爲也**러라 **如此臣者**는 **先古聖王**도 **皆不能忍也**어든 **當今之時**에 **將安用之**리오 **若夫齊田恒**[29]

허리와 목이 잘리고 손발이 떨어져 나가더라도 꺼리지 않았다. 이와 같은 신하들은 옛날의 聖王들도 모두 차마 어찌할 수 없었는데, 지금 세상에서 그들을 어떻게 신하로 쓸 수 있겠는가?

저 齊나라 田恒,

○先愼曰 乾道本에 齊田作田齊어늘 盧文弨云 田齊倒니 張本에 作齊田이라하니 今據改라

○王先愼 : 乾道本에 '齊田'은 '田齊'로 되어 있는데, 盧文弨는 "'田齊'는 도치된 것이니, 張本에는 '齊田'으로 되어 있다."라고 하였으니, 지금 이에 의거하여 고쳤다.

---

28) 鬻拳諫君以兵 : 春秋時代에 鬻拳이 楚子에게 강력히 간하였으나 초자가 따르지 않자 군사를 일으켜 위협하였는데, 초자는 겁이 나서 육권의 말을 따랐다는 일이다.(≪春秋左氏傳≫ 莊公 19년)

29) 田恒 : 春秋時代 齊나라의 權臣으로, 시호는 成子이다. 원래 성은 陳으로, 그의 先祖 陳나라 公子 完이 齊나라에 망명하여 姓을 田氏로 바꾸었다. 齊 簡公을 시해하고 平公을 세워 제나라의 정권을 독점하였고, 증손 田和가 諸侯가 되어 齊나라를 차지하였다. 陳恒 또는 田常이라고도 한다.

44-21 宋子罕[30)]魯季孫意如[31)](晉)僑如[32)]

宋나라 子罕, 魯나라 季孫意如와 僑如,

○顧廣圻曰 未詳이라 先愼曰 晉字衍이라 此卽魯叔孫宣伯이라

○顧廣圻 : 미상이다.
王先愼 : '晉'자는 衍文이다. 이 사람(僑如)은 곧 魯나라 叔孫宣伯이다.

44-22 衛子南勁[33)]

衛나라 子南勁,

○顧廣圻曰 未詳이라

○顧廣圻 : 미상이다.

44-23 鄭太宰欣

鄭나라 太宰 欣,

○顧廣圻曰 未詳이라 下文云 太宰欣取鄭이라

○顧廣圻 : 미상이다. 아래 글에 "太宰 欣은 鄭나라를 빼앗았다."라고 하였다.

44-24 楚白公[34)]周單(선)荼

30) 子罕 : 戰國時代 宋나라 대부로, 이름은 皇喜이다. 당시 執政이었던 太宰 戴驩과 정권을 다투다가 桓侯를 시해하고 스스로 즉위하여 宋君이 되었다.
31) 季孫意如 : 春秋時代 魯나라 권신인 季平子를 가리킨다. 昭公을 축출하고 魯나라의 정권을 잡았다.(≪春秋左氏傳≫ 昭公 25년)
32) 僑如 : 春秋時代 魯나라 권신인 叔孫宣伯을 가리킨다. 成公의 어머니인 穆姜과 사통하여 季孫, 孟孫을 제거하려다 실패하자 외국으로 망명하였다.(≪春秋左氏傳≫ 成公 10년)
33) 子南勁 : 戰國時代 초기 衛나라 대부이다. 將軍 子南彌牟의 후손이다. 魏나라의 힘을 빌려 衛侯가 되었다고 한다.
34) 白公 : 楚 平王의 손자이자 태자 建의 아들이다. 이름은 勝이다. 초나라의 伍子胥가 吳나라로 도망칠 때 따라가서 오나라에 있었는데, 초나라의 令尹으로 있던 子西가 데려다가 白公으로 삼았다. 뒤에 난리를 일으켜 子西를 죽이고 즉위하였다.(≪史記≫ 〈伍子胥列傳〉)

楚나라 白公, 周나라 單荼,

○顧廣圻曰 未詳이라 下文에 單氏之取周라

○顧廣圻 : 미상이다. 아래 글에 "單氏가 周나라를 빼앗았다."라 하였다.

44-25 燕子之[35] 此九人者之爲其臣也에 皆朋黨比周以事其君하고 隱正道而行私曲하야 上逼君하고 下亂治하며 援外以撓內하고 親下以謀上하니

燕나라 子之 등 이 아홉 사람이 신하 노릇을 할 적에 모두 朋黨을 만들고 패거리를 지어 군주를 섬기고 바른 도리를 숨기고 삿된 짓을 행하여, 위로 군주를 핍박하고 아래로 정치를 어지럽히며 외세를 끌어들여 나라 안을 흔들고 다른 신하들을 가까이하여 〈제 편으로 끌어들이고〉 군주를 〈배반하려〉 꾀하였으니,

○顧廣圻曰 藏本同이라 今本에 親作侵하니 誤라

○顧廣圻 : 藏本同이라 今本에 '親'은 '侵'으로 되어 있으니, 잘못되었다.

44-26 不難爲也러라 如此臣者는 唯聖王智主能禁之어든 (若夫)昏亂之君이 能見之乎아

이런 짓을 꺼리지 않았다. 이런 신하들은 오직 聖王이나 지혜로운 군주만이 제압할 수 있는데, 어리석고 어지러운 군주가 그들을 알아볼 수나 있겠는가?

○先愼曰 若夫二字는 不當有라

○王先愼 : '若夫' 두 글자는 있어서는 안 된다.

44-27 若夫后稷[36]皐陶(요)[37]伊尹[38]周公旦[39]太公望[40]管仲[41]隰朋[42]百里

---

35) 子之 : 戰國時代 燕나라 대부이다. 燕王 子噲가 蘇代 등의 유세로 그에게 왕위를 물려주자 연나라는 크게 어지러워졌고, 얼마 뒤 齊나라의 침공을 받아 죽임을 당하였다.(≪史記≫ 〈燕世家〉)

36) 后稷 : 周나라의 시조로, 이름은 棄이다. 어머니인 姜嫄이 巨人의 발자국을 밟아서 임신하였다고 한다. 周代에 農業을 다스리는 神으로 숭배되었다.

奚[43]**蹇叔**[44]**舅犯**[45]**趙衰**(최)[46]

저 后稷, 皐陶, 伊尹, 周公 旦, 太公 望, 管仲, 隰朋, 百里奚, 蹇叔, 舅犯, 趙衰,

○先愼曰 乾道本에 下作褰하고 拾補에 作衰라 顧廣圻云 褰은 當作衰라하니 今依拾補하야 改라

○王先愼 : 乾道本에는 맨 아래 글자(衰)가 '褰'으로 되어 있고, ≪群書拾補≫에는 '衰'로 되어 있다. 顧廣圻는 "'褰'은 '衰'가 되어야 한다."라고 하였으니, 지금 ≪群書拾補≫에 의거하여 고쳤다.

44-28 范蠡[47]大夫種[48]逢同[49]華登[50] 此十五人者〔之〕爲其臣也에

37) 皐陶(요) : 전설상 東夷族의 수령이다. 舜임금의 신하로 刑獄을 관장하였다.

38) 伊尹 : 殷나라 湯王의 재상이다. 당초 湯王의 처인 有莘氏 집의 요리사가 된 뒤에, 솥과 도마를 등에 지고 湯王을 만나 음식으로써 천하의 도리를 비유해 설명했다고 한다.(≪史記≫ 〈殷本紀〉)

39) 周公旦 : 周 武王의 아우로, 예악제도를 정비하여 周나라의 기초를 확립하였고, 魯나라에 봉해져 魯나라의 시조가 되었다.

40) 太公望 : 周나라 초기의 정치가이자 공신이다. 성은 姜, 이름은 呂尙이다. 武王을 도와 殷나라를 멸망시켜 천하를 평정하였으며 齊나라 시조가 되었다.

41) 管仲 : 春秋時代 齊나라의 재상이다. 桓公을 도와 군사력의 강화, 상업・수공업의 육성을 통하여 부국강병을 이루어, 桓公이 패자가 되는 데 일조하였다.

42) 隰朋 : 春秋時代 齊나라의 대부이다. 管仲과 함께 桓公의 패업을 도왔다.

43) 百里奚 : 春秋時代 秦 穆公의 賢臣이다. 원래 虞나라의 신하로, 불우하게 떠돌아다니다가 잘못 楚나라에 억류되었는데, 이때 秦 穆公이 암양 가죽 다섯 벌을 초나라 사람에게 주고 억류된 백리해를 데려와 정승으로 삼았다. 그래서 五羖大夫(오고대부)라고도 한다.(≪史記≫ 〈秦本紀〉)

44) 蹇叔 : 齊나라 출신의 현인이다. 百里奚의 비범함을 간파하였고, 함께 秦 穆公을 섬겼다.

45) 舅犯 : 春秋時代 晉나라 대부이다. 이름은 狐偃이며, 자는 子犯이다. 咎犯이라고도 한다. 晉 文公의 외숙이므로 舅犯으로 불렸다. 文公과 함께 19년 동안 망명생활을 하였고 복귀 후에 문공이 패업을 이루는 데 크게 기여하였다.(≪史記≫ 〈晉世家〉)

46) 趙衰(최) : 春秋時代 晉나라 대부이다. 자는 子餘이고, 시호는 成子이다. 狐偃과 함께 文公을 도와 망명생활을 하였고 복귀 후에 문공이 패업을 이루는 데 크게 기여하였다.(≪史記≫ 〈晉世家〉)

47) 范蠡 : 春秋時代 越나라 대부이다. 자는 少伯이고, 越王 句踐을 도와 吳나라를 멸망시켰다.

范蠡, 大夫 種, 逢同, 華登 등 이 열다섯 사람이 신하 노릇을 할 적에

○盧文弨曰 爲其는 疑倒니 下同이라 先愼曰 者下에 脫之字라 上文此九人者之爲其臣也와 下文此十二人者之爲其臣也는 句法一律이니 明此脫之字라 讀(두)當以十字爲句니 顧氏疑爲其倒는 非也라

○盧文弨 : '爲其'는 도치된 듯하니, 아래도 같다.

王先愼 : '者' 아래에 '之'자가 탈락되었다. 위의 글에 '此九人者之爲其臣也'와 아래 글에 '此十二人者之爲其臣也'는 句法이 똑같으니, 이곳에는 '之'자가 탈락된 것이 분명하다. 10자(此十五人者之爲其臣也)를 한 구로 구두해야 하니, 顧廣圻가 '爲其'는 도치된 듯하다고 한 것은 틀렸다.

44-29 皆夙興夜寐하야 卑身賤體하고 竦心白意하며 明刑辟하고 治官職하야 以事其君하고 進善言하고 通道法하되 而不敢矜其善하고 有成功立事하되 而不敢伐其勞하니라

모두 일찍 일어나고 밤늦게 잠들면서 자신을 낮추고 몸을 천하게 두며 마음을 공손하게 가지고 뜻을 깨끗하게 지녔으며, 형벌을 엄정히 밝히고 관직을 잘 다스려서 군주를 섬겼고, 좋은 의견을 올리고 法術에 정통하였으되 감히 자기의 뛰어남을 자랑하지 않았고, 공을 이루고 일을 수립하였으되 감히 자신의 공로를 떠벌리지 않았다.

○先愼曰 立事上에 當有脫字라

○王先愼 : '立事' 위에 응당 탈락된 글자가 있다.

후에 월나라를 떠나 巨富가 되었다.(≪史記≫ 〈越王句踐世家〉)

48) 大夫種 : 春秋時代 越나라 대부이고, 본명은 文種이다. 范蠡와 함께 句踐을 도와 吳나라를 멸하였으나, 후에 구천에게 의심을 받아 賜死되었다.(≪史記≫ 〈越王句踐世家〉)

49) 逢同 : 春秋時代 越나라 대부이다. 越王 句踐에게 이웃 강대국과 친교를 맺을 것을 권한 바 있다.(≪史記≫ 〈越王句踐世家〉)

50) 華登 : 春秋時代 吳나라 대부이다. 宋나라 司馬 華費遂의 아들이다. 華氏의 난이 실패하자 오나라로 도망쳐서 대부가 되었다.

44-30 不難破家以便國하고 殺身以安主하며 以其主爲高天泰山之尊하되 而以其身爲壑谷鬴(부)洧之卑하고

집안을 무너뜨려 나라를 태평하게 하고 자신의 몸을 희생하여 군주를 편안하게 하는 것을 꺼리지 않으며, 군주를 하늘이나 泰山처럼 높이되 자신의 몸은 골짜기와 솥의 바닥처럼 낮추고

○顧廣圻曰 鬴洧는 未詳이라 王先謙曰 爾雅釋文에 鬴는 古釜字라하니 釜洧는 即釜鍑(부)也라 洧는 古讀與复聲之字近이라 水經洧水注에 甲庚溝水枝分하야 東逕洧陽故城南하니 俗謂之復陽城은 非也라하니라 蓋洧復字類音讀變하니 是其證也라 洧可讀爲復하니 則亦可讀爲鍑이라 方言에 釜는 自關而西하야는 或讀之釜하고 或謂之鍑라하니 明釜鍑連文이라 此鬴洧即釜鍑之通叚字矣니라 鬴洧는 四旁高而中央卑니 與壑谷地形之卑相類라 故竝以爲身卑之喩라

○顧廣圻 : '鬴洧'는 未詳이다.

王先謙 : ≪爾雅≫의 ≪經典釋文≫에 "'鬴'는 古字에 '釜'이다."라고 하였으니, '釜洧'는 곧 '釜鍑'이다. '洧'는 옛날 독음은 '复聲'의 글자와 비슷하였다. ≪水經注≫ 〈洧水〉에 "甲庚溝의 물줄기가 나뉘어 동쪽으로 洧陽 옛 성의 남쪽으로 지나는데, 세속에서 '復陽城'이라고 하는 것은 틀렸다."라고 하였다. '洧'와 '復'는 字形이 유사한데 음독이 변한 것이니, 이것이 그 증거이다. '洧'는 '復'로 읽을 수 있으니, 그렇다면 또 '鍑'로 읽을 수도 있다. ≪方言≫에 "'釜'는 關中에서부터 서쪽으로는 '釜'로 읽기도 하고 '鍑'로 읽기도 하니, '釜鍑'가 連文임은 분명하다. 이 '鬴洧'는 곧 '釜鍑'의 通假字이다. '鬴洧'는 사방이 높고 중앙이 낮으니, 골짜기 지형이 나지막한 것과 비슷하다. 그러므로 아울러 처지가 비천한 것을 비유한다.

44-31 主有明名廣譽於國하되 而身不難受壑谷鬴洧之卑니라

군주는 나라에서 이름을 밝히고 명예를 떨쳤지만 자신은 골짜기와 솥의 바닥처럼 비천해짐을 꺼리지 않았다.

○顧廣圻曰 句有誤라 先愼曰 主得美名而身受卑名也라 上文指位言이요 此指名言이니 文複而義不同이라

○顧廣圻 : 句에 오류가 있다.

王先愼 : 군주는 아름다운 명성을 얻고 자신은 비천한 이름을 받는다. 위의 글은 지위를 가리켜 말한 것이고, 이 글은 명성을 가리켜 말한 것이니, 글은 중복되었으나 뜻은 같지 않다.

44-32 **如此臣者**는 **雖當昏亂之主**라도 **尙可致功**이어든 **況於顯明之主乎**아 **此謂霸王之佐也**니라 **若夫周滑之**[51]

이와 같은 신하들은 비록 어리석고 어지러운 군주를 만나더라도 오히려 공을 이룰 수 있는데, 하물며 현명한 군주를 만났으면 어떻겠는가? 이들을 '霸王의 보좌'라고 한다.

저 周나라 滑之,

○顧廣圻曰 藏本同이라 今本에 之作伯이라 按依下文컨대 此周威王所用也나 今無可考라

○顧廣圻 : 藏本은 같다. 今本에 '之'는 '伯'으로 되어 있다. 살펴보건대 아래 글에 의거하면 이 사람은 周 威王이 등용한 자이나 지금은 상고할 수 없다.

44-33 **鄭(王)〔公〕孫申**[52]

鄭나라 公孫申,

○顧廣圻曰 依下文컨대 此鄭子陽所用也라 先愼曰 鄭無王孫하니 王은 當爲公之誤라

○顧廣圻 : 아래 글에 의거하면 이 사람은 鄭나라 子陽이 등용한 자이다.

王先愼 : 鄭나라에 王孫이 없으니, '王'은 응당 '公'의 잘못이다.

44-34 **陳公孫寧儀行父**(보)[53]**荊芋尹申亥**[54]

---

51) 滑之 : 西周 成公 때의 권신으로 威王이 죽자 西周의 내란을 일으켜 결국 나라가 쪼개지게 되었다.

52) (王)〔公〕孫申 : 戰國時代 鄭나라 권신으로 鄭나라의 내란을 일으켰다.

陳나라 公孫寧과 儀行父, 楚나라〔荊〕 芋尹 申亥,

○先愼曰 趙本에 芋作芉이어늘 盧文弨云 芉은 誤라하니라

○王先愼 : 趙本에 '芋'는 '芉'으로 되어 있는데, 盧文弨는 "'芉'은 잘못되었다."라고 하였다.

44-35 隨少師越種干[55)]

隨나라 少師 越과 種干,

○顧廣圻曰 種干은 下文未見이라

○顧廣圻 : 種干은 아래 글에 보이지 않는다.

44-36 吳王孫頟[56)]

吳나라 王孫頟,

○顧廣圻曰 頟은 國語에 作雒이라 頟雒은 同字也니 他書에 頟作駱이라

○顧廣圻 : '頟'은 ≪國語≫에 '雒'으로 되어 있다. '頟'과 '雒'은 同字이니, 다른 책에 '頟'은 '駱'으로 되어 있다.

---

53) 公孫寧儀行父(보) : 모두 春秋時代 陳나라 大夫로, 靈公과 더불어 夏徵舒의 어머니인 夏姬와 정을 통하였다. 하징서가 영공을 시해하자 楚나라로 도망을 갔으며, 楚 莊王이 이를 빌미로 陳나라를 공격하여 멸망시켰다.

54) 芋尹申亥 : 芋尹은 楚나라 官名이고, 申亥는 春秋時代 초나라 대부이다. 楚 靈王이 徐를 치려고 출병하였다가 내란이 일어나 그의 집에 도망쳤다가 자살하였다.

55) 隨少師越種干 : 저본에는 '隨少師・越種干'으로 표점하여, '種干'을 越나라 사람으로 본 듯하나, ≪漢書≫ 〈古今人表〉에 少師陽, 少師彊, 少師慶 등이 나오는 것으로 보아 '少師'가 氏인 듯하다. 아래 글에서 隨나라가 망한 것은 말하고 越나라가 망한 것은 말하지 않는 것으로 보아도 여기서 '越'은 나라로 볼 수 없으며 種干 역시 隨나라 사람으로 보인다.(陳奇猷, ≪韓非子新校注≫ 참조)

少師越은 春秋時代 隨나라 대부로, 楚나라의 유혹에 넘어가 초나라에 출병하였다가 대패하여 隨侯는 도망치고 자신은 포로가 되었다.(≪春秋左氏傳≫ 桓公 8년) 種干은 미상이다.

56) 王孫頟 : 春秋時代 吳나라 대부이다. 吳王 夫差에게 越나라와 강화를 맺고 齊나라를 치라고 주장하여 오나라가 월나라에 멸망당하는 결과를 초래하였다.(≪國語≫ 〈吳語〉)

44-37 晉陽成泄

晉나라 陽成泄,

○顧廣圻曰 依下文건대 智伯所用也라

○顧廣圻 : 아래 글에 의거하건대, 智伯이 등용한 자이다.

44-38 齊豎刁易牙[57] 此十二人者之爲其臣也에

齊나라 豎刁와 易牙 등 이 열두 사람이 신하 노릇을 할 적에

○顧廣圻曰 按上文건대 但有十一人이니 當有脫文이라

○顧廣圻 : 위의 글을 살펴보건대, 단지 11인뿐이니, 응당 脫文이 있다.

44-39 皆思小利而忘法義하야 進則揜蔽賢良以陰闇其主하고 退則撓亂百官而爲禍難하니라 皆輔其君하고 共其欲하야 苟得一說(열)於主면

모두 작은 이익을 생각하고 법과 도의를 망각하여 벼슬에 나아가서는 현량한 사람을 가려서 군주를 어둡게 만들고, 물러나서는 백관을 동요시켜서 禍難을 일으켰다. 그들 모두 군주를 돕고 군주가 바라는 것을 함께하여 만약 한 가지라도 군주를 기뻐하게 할 수 있다면

○先愼曰 說은 卽悅字라

○王先愼 : '說'은 곧 '悅'자이다.

44-40 雖破國殺衆이라도 不難爲也러라 有臣如此면 雖當聖王이라도 尙恐奪之어든 而況昏亂之君이 其能無失乎아 有臣如此者면 皆身死國亡하야 爲天下笑라 故周威公身殺하고 國分爲二[58]하며

57) 豎刁易牙 : 春秋時代 齊 桓公의 근신이다. 豎刁는 侍人 貂라고도 한다. 스스로 환관이 되어 궁중에 들어가 환공의 근신이 되었다. 易牙는 자식을 요리해서 환공의 환심을 샀다. 환공이 병들자 開方과 함께 난을 일으켜 궁문을 폐쇄하여 환공을 굶어죽게 하였다. 이 내용이 ≪韓非子≫ 〈十過篇〉에 나온다.

비록 나라를 망치고 백성을 죽이더라도 꺼리지 않았다. 이런 신하들이 있다면 비록 聖王이라 하더라도 오히려 나라를 빼앗길까 걱정인데, 하물며 어리석고 어지러운 군주가 나라를 잃어버리지 않을 수 있겠는가? 이런 신하를 둔 군주는 모두 자신은 죽임을 당하고 나라는 망하여 천하의 웃음거리가 될 것이다. 그래서 周威公은 자신은 죽임을 당하고 나라는 둘로 쪼개졌으며,

○先愼曰 周威公은 河南桓公揭之子라 桓公自封少子班於鞏以奉王하고 號東周하니 而河南遂號西周라 不詳身殺之事라

○王先愼 : 周 威公은 河南 桓公 揭의 아들이다. 桓公이 직접 작은 아들 班을 鞏에 봉하여 왕으로 받들게 하고 東周라고 부르자 河南은 마침내 西周라고 불리게 되었다. 자신이 죽임을 당했다는 일은 자세히 알 수 없다.

44-41 鄭子陽身殺하고 國分爲三[59]하며

鄭나라 子陽은 자신은 죽임을 당하고 나라는 셋으로 쪼개졌으며,

○先愼曰 其事未詳이라

○王先愼 : 그 일은 자세히 알 수 없다.

44-42 陳靈公身死於夏徵舒氏하며

陳 靈公은 夏徵舒에게 자신이 죽임을 당하였으며

○先愼曰 乾道本에 無公字어늘 顧廣圻云 藏本今本에 有라하니 今據補라

○王先愼 : 乾道本에 '公'자가 없는데, 顧廣圻는 "藏本과 今本에 있다."라고 하였으니,

---

58) 周威公身殺 國分爲二 : 周 考公이 아우를 河南에 봉하니, 바로 桓公이고 桓公이 죽자 그의 아들 威公이 계승하고 위공이 죽자 그의 아들 惠公이 계승하였는데, 혜공의 장자가 西周 武公이다. 또 위공의 작은 아들을 鞏 땅에 봉하자, 東周 惠公이라고 하여 周나라가 둘로 쪼개졌다.(≪史記≫ 〈周本紀〉) '身殺'에 대해서는 미상이다.

59) 鄭子陽身殺 國分爲三 : 子陽은 戰國時代 鄭나라 군주로 신하에게 죽임을 당하였다.(≪呂氏春秋≫ 〈適威〉) 일설에 子陽은 鄭 繻公의 相으로, 繻公에게 죽임을 당하자 子陽의 패거리들이 繻公을 시해하였다고 한다. 나라가 셋으로 쪼개진 일은 미상이다.(≪史記≫ 〈鄭世家〉)

지금 이에 의거하여 보충하였다.

44-43 荊靈王死於乾谿之上하며 **隨亡於荊**하며 **吳幷於越**하며 **智伯滅於晉陽之下**하며 **桓公身死七日不收**[60]라 **故曰 諂諛之臣**은 **唯聖王知之**어니와 **而亂主近之**라 **故至身死國亡**이니라

楚 靈王은 乾谿 가에서 죽었고 隨나라는 楚나라에 멸망당하였으며, 吳나라는 越나라에 병탄되었고 智伯은 晉陽 아래에서 멸망하였으며, 齊 桓公은 죽은 뒤 7일 동안 시신이 수습되지 못했다. 그래서 "아첨하는 신하는 오직 聖王이라야 알아보지만, 어지러운 군주는 그들을 가까이하므로 자신은 죽임을 당하고 나라는 망하게 된다."고 하는 것이다.

44-44 聖王明君則不然하니 **內擧不避親**하고 **外擧不避讐**하며 **是在焉**이면 **從而擧之**하고 **非在焉**이면 **從而罰之**라 **是以賢良遂進而姦邪幷退**라 **故一擧而能服諸侯**니라 **其在記曰 堯有丹朱**하며 **而舜有商均**하며 **啓有五觀**하며 **商有太甲**하며 **武王有管蔡**하니라 **五王之所誅者**는 **皆父兄子弟之親也**나 **而(所)殺亡其身殘破其家者**는 **何也**오

聖王과 明君은 그렇지 않으니, 안으로 친족이라도 피하지 않고 등용하고 밖으로 원수라도 피하지 않고 등용하며, 정당하면 좇아서 등용하고 부당하면 좇아서 벌한다. 이 때문에 현량한 사람은 결국 벼슬에 나아가고 간사한 사람은 모두 물러난다. 그래서 한 번 인재를 등용함으로써 제후를 복종시킬 수 있다.

옛 문헌에도 이렇게 기록되어 있다.

"堯임금에게 아들 丹朱가 있었고, 舜임금에게 아들 商均이 있었으며, 啓(禹의 아들)에게 아들 五觀이 있었고, 商나라 湯에게 손자 太甲이 있었으며, 武王에게 아우

---

60) 桓公身死七日不收 : 齊 桓公이 죽은 뒤 易牙 등이 난을 일으켜 후계 다툼이 벌어지는 바람에 환공의 시신이 오랫동안 수습되지 않았다. ≪春秋左氏傳≫의 經과 傳 및 ≪史記≫ 〈齊世家〉에 의하면 67일로 나오며, ≪韓非子≫ 〈十過篇〉에도 3개월 동안 시신이 수습되지 않았다고 하였다.

管叔과 蔡叔이 있었다.”

다섯 왕이 주벌한 자들은 모두 父兄과 子弟 같은 친족이었으나 일신은 죽어 없어지고 집안은 산산이 부서진 까닭은 무엇인가?

○王先謙曰 而下所字는 當衍이라

○王先謙 : ‘而’자 아래 ‘所’자는 응당 衍文이다.

44-45 以其害國傷民敗法類也일새니라

나라를 해치고 백성을 상하게 하고 법을 어긴 부류들이기 때문이다.

○顧廣圻曰 藏本同이라 今本에 法下有圯字하니 誤라

○顧廣圻 : 藏本은 같다. 今本에는 ‘法’ 아래에 ‘圯’자가 있으니, 잘못되었다.

44-46 觀其所擧컨대 或在山林藪澤巖穴之間하고 或在囹圄(緤)〔縲〕紲纏索之中하며

등용한 사람들을 살펴보면, 산림이나 늪지대, 암굴 사이에 숨어살거나, 감옥에 갇히고 포승줄에 묶여 있거나,

○盧文弨曰 纏은 當作纆이라 顧廣圻曰 藏本今本에 緤作縲라

○盧文弨 : ‘纏’은 ‘纆’이 되어야 한다.

顧廣圻 : 藏本과 今本에 ‘緤’은 ‘縲’로 되어 있다.

44-47 或在割烹芻牧飯牛之事나 然明主不羞其卑賤也요

고기를 자르고 삶거나 꼴을 베고 소를 먹이는 일을 하였으나 현명한 군주는 그들의 비천한 신분을 부끄럽게 여기지 않고

○顧廣圻曰 藏本에 然下有後字하고 今本에 有而字하니 皆誤라

○顧廣圻 : 藏本에는 ‘然’ 아래에 ‘後’자가 있고 今本에 ‘而’자가 있으니, 모두 잘못되었다.

44-48 以其能으로 (爲)可以明法하고

그들의 능력으로 법을 밝히고

○顧廣圻曰 藏本今本에 無爲字라 按能字逗라

○顧廣圻 : 藏本과 今本에 '爲'자가 없다. 살펴보건대 '能'자에서 쉰다.

44-49 便國利民하야 從而擧之하니 身安名尊하니라 亂主則不然하니 不知其臣之意行하고 而任之以國이라 故小之名卑地削이요 大之國亡身死니 不明於用臣也니라 無數以度(탁)其臣者면

나라를 태평하게 하며 백성을 이롭게 할 수 있다고 여겨서 좇아서 등용하였으니, 군주의 일신은 편안하고 명성은 높아진 것이다.

어지러운 군주는 그렇지 않으니, 신하들의 속내와 행위를 알지 못하고 나랏일을 맡긴다. 그래서 작게는 명성이 실추되고 영토가 깎이며, 크게는 나라가 망하고 자신은 죽임을 당하니, 신하를 쓰는 데에 밝지 못해서이다. 術數로써 신하를 헤아리지 못하면

○顧廣圻曰 藏本同이라 今本에 無上有夫字하니 誤라 先愼曰 數는 謂術數라

○顧廣圻 : 藏本은 같다. 今本에 '無' 위에 '夫'자가 있으니, 잘못되었다.
王先愼 : '數'는 術數를 말한다.

44-50 必以其衆人之口斷之하야 衆之所譽를 從而說(열)之하고 衆之所非를 從而憎之라 故爲人臣者破家殘賥하야

반드시 여러 사람의 口舌을 통해 판단하여 사람들이 칭찬하는 자를 좇아서 좋아하고 사람들이 비난하는 자를 좇아서 미워한다. 그래서 신하 된 자들은 온 가산을 거덜내면서

○趙用賢曰 賥는 音粹니 貨也라

○趙用賢 : '賥'는 음이 '粹'이니, 재물이다.

44-51 內構黨與하고 外接巷族하야 以爲譽하고

안으로는 패거리를 엮고 밖으로는 同鄕 사람과 결탁하여 서로 명성을 조작하며,

○先愼曰 相爲名譽라

○王先愼 : 서로 명성을 만들어준다.

44-52 從陰約結하야 以相固也하며 虛(相)與爵祿하야

은밀하게 결탁하여 서로 관계를 공고히 하고, 허위로 爵祿을 주어

○顧廣圻曰 相字는 當衍이라

○顧廣圻 : '相'자는 응당 衍文이다.

44-53 以相勸也하야 曰 與我者는 將利之요

서로 권유하며 말한다.
"내 편을 드는 자는 이롭게 해줄 것이고

○顧廣圻曰 藏本今本에 曰作且어늘 按曰字是라

○顧廣圻 : 藏本과 今本에 '曰'은 '且'로 되어 있는데, 살펴보건대 '曰'자가 옳다.

44-54 不與我者는 將害之리라 衆貪其利하고 劫其威하야 彼誠喜면 則能利已요 (忌)〔誠〕怒면 則能害己리라

내 편을 들지 않는 자는 해칠 것이다."
그러면 뭇 관리들은 이익을 탐하고 위협을 겁내서 〈이렇게 말한다.〉
"저 사람이 실로 기뻐하면 나를 이롭게 할 것이고 실로 노하면 나를 해칠 것이다."

○先愼曰 忌는 當作誠이라

○王先愼 : '忌'는 '誠'이 되어야 한다.

44-55 衆歸而民留之하야 以譽盈於國하고 發聞於主하니 主不能理其情하야 因以爲賢하니라 彼又使譎詐之士로 外假爲諸侯之寵使하야

〈그런 자에게〉 뭇 관리들이 몰리고 백성들이 마음을 둠으로써 명성이 나라에 가득 차고 군주에게까지 소문이 들어가니, 군주는 실정을 분간하지 못하고서 따라서 그를 현명하다고 여긴다. 그는 또 교활하게 잘 속이는 인사로 하여금 외국의 제후가 총애하는 사신으로 가장하게 해서

○顧廣圻曰 句絶이라

○顧廣圻 : 여기서 句를 끊어야 한다.

44-56 假之以輿馬하며 信之以瑞節하며 鎭之以辭令하며 資之以幣帛하니라 使諸(侯)淫說(세)其主하야

수레를 빌려주고 瑞玉과 符節로 믿게 하며, 사령장으로 권위를 실어주고 예물로 밑천을 삼게 한다. 그로 하여금 군주에게 교묘하게 유세하게 하여

○顧廣圻曰 藏本同이라 今本에 侯下有而字하니 誤라 按句有誤라 先愼曰 侯字衍이라 使諸淫說其主는 謂使譎詐之士譎說於主前也라

○顧廣圻 : 藏本은 같다. 今本에 '侯' 아래에 '而'자가 있으니, 잘못되었다. 살펴보건대 句에 오류가 있다.

王先愼 : '侯'자는 衍文이다. '使諸淫說其主'는 교묘하게 잘 속이는 인사로 하여금 군주 앞에서 교묘하게 속이는 유세를 하도록 하는 것을 말한다.

44-57 微挾私而公議하니라 所爲使者는 異國之主也어니와 所爲談者는 左右之人也니라

은밀히 사적인 이익을 꾀하면서 겉으로는 국사를 논의하는 체한다. 누굴 위해 사신을 왔는가 하면 외국의 군주이지만, 누굴 위해 담론하는가 하면 군주 측근의 간신이다.

○先愼曰 如蘇代爲齊使燕하야 而使子之重權也라

○王先愼：蘇代가 齊나라를 위해 燕나라에 사신을 가서 子之가 중한 권세를 장악하게 한 것과 같다.

44-58 主說(열)其言而辯其辭하야 以此人者天下之賢士也니라 內外之於左右에

군주는 그가 하는 말에 기뻐하고 그 내용이 조리가 있다고 하여, 이 사람을 천하의 賢者라고 여긴다. 나라 안팎 사람들이 측근 신하에 대해서

○盧文弨曰 之於二字는 或刪去라

○盧文弨：'之於' 두 글자는 삭제된 곳도 있다.

44-59 其諷一而語同하니라 大者不難卑身(尊)〔撙〕[61]位以下之요 小者高爵重祿以利之니라 夫姦人之爵祿重而黨與彌衆하고 又有姦邪之意면 則姦臣愈反而說(세)之〔者〕하야 曰 古之所謂聖君明王者는

평판하는 여론도 똑같고 아뢰는 말도 똑같다. 〈그래서 그 신하를 존경하는 마음이〉 클 경우에는 군주가 몸을 낮추고 지위를 굽혀 간신의 아래에 놓이는 것을 꺼리지 않고, 〈그 마음이〉 적을 경우에는 작위를 높이고 녹을 두텁게 하여 간신을 이롭게 한다. 간신의 작위가 높아지고 녹봉이 두터워지면 그의 편을 드는 무리는 더욱 많아지고, 또 간사한 뜻을 품게 되면 추종하는 자들이 더욱 군주를 배반하여 〈간신에게〉 유세하며 말한다.

"옛날의 이른바 聖君이나 明王들은

○先愼曰 乾道本에 者上有君字어늘 顧廣圻云 聖君明王句絶하니 君者上當有脫文이라 藏本同이라 今本無下君字라하니라 先愼按 無下君字 是니 今據刪이라 曰字上에 亦當有者字니 各本奪曰上者字하니 連寫하야 於王下에 增君字以補其缺耳라 而說之者는 卽謂姦臣之黨與라 故下文姦臣聞此蹶然擧耳以爲是也라 顧氏不知

61) (尊)〔撙〕: 저본에는 '尊'으로 되어 있으나, ≪韓非子新校注≫ 太田方의 설에 의거하여 '撙'으로 바로잡았다. '撙'은 '굽힘', '억제함'을 뜻한다.

君字爲曰字上者字之誤니 因讀聖君明王句絶하니 則疑君者上有脫文이 宜矣라

○王先愼 : 乾道本에 '者' 위에 '君'자가 있는데, 顧廣圻는 "'聖君明王'에 句를 끊어야 하니, '君者' 위에 응당 脫文이 있다. 藏本은 같다. 今本에는 아래 '君'자가 없다."라고 하였다. 내가 살펴보건대 아래 '君'자가 없는 것이 옳으니, 지금 이에 의거하여 삭제하였다. '曰'자 위에 또한 '者'자가 있어야 한다. 각 本에 '曰' 위의 '者'자가 탈락되어 있으니, 이어 쓰면서 '王' 아래에 '君'자를 더하여 빠진 글자를 보충한 것일 뿐이다. '而說之者'는 곧 간신의 黨與이다. 그러므로 아래 글에 "간사한 신하가 이를 듣고 솔깃해서 귀를 기울여 그럴듯하게 여긴다.〔姦臣聞此 蹷然擧耳以爲是也〕"라고 한 것이다. 고광기는 '君'자가 '曰'자 위의 '者'자의 잘못임을 알지 못하였으니, 이로 인해 '聖君明王'으로 구를 끊었다. 그렇다면 '君者' 위에 탈문이 있다고 의심하는 것도 당연하다.

44-60 非長幼弱(也)〔世〕及[62]以次序也요

나이가 많고 적음이나 대대로 이어받는 것으로 차례를 매겨 즉위한 것이 아니고

○顧廣圻曰 幼弱二字는 當衍其一이라 上也字는 當作世라 九字爲一句라

○顧廣圻 : '幼弱' 두 글자 중에 한 글자는 응당 衍文이다. 위의 '也'자는 '世'가 되어야 한다. 아홉 글자가 한 句이다.

44-61 以其搆黨與하고 聚巷族하야 偪上弑君而求其利也니이다 彼曰 何知其然也오 因曰 舜偪堯하며 禹偪舜하며 湯放桀하며 武王伐紂하니 此四王者는 人臣弑其君者也로되 而天下譽之니이다 察四王之情컨대 貪得(人)之意也요

패거리를 엮고 同鄕 사람을 모아서 군주를 핍박하거나 시해하여 자기들의 이익을 구한 것입니다."

저 간신은 묻는다.

"어떻게 그런 줄을 아시오?"

---

62) (也)〔世〕及 : 대대로 이어받는다는 뜻인데, 父子 사이에 이어받는 것을 '世', 형제 사이에 이어받는 것을 '及'이라고 한다.(≪禮記≫ 〈禮運〉 孔穎達 疏)

추종자들이 이어 말한다.

“舜은 堯를 핍박하였고 禹는 舜을 핍박하였으며, 湯은 桀을 추방하였고 武王은 紂를 정벌하였으니, 이 네 왕은 신하로서 군주를 시해한 자들이지만 천하 사람들은 그들을 칭송하였습니다. 그런데 네 왕의 마음을 살펴보면 이득을 탐하는 야심이었고,

○顧廣圻曰 人字衍이라

○顧廣圻 : ‘人’자는 衍文이다.

44-62 度(탁)其行컨대

그들의 행동을 헤아려보면

○顧廣圻曰 三字爲一句라

○顧廣圻 : 세 글자가 한 구이다.

44-63 **暴亂之兵也**나 **然四王自廣措也**에 **而天下稱大焉**하고 **自顯名也**에 **而天下稱明焉**이라 **則威足以臨天下**하고 **利足以蓋世**하니 **天下從之**니이다 **又曰 以今時之所聞**으론 **田成子取齊**하며 **司城子罕取宋**하며 **太宰欣取鄭**하며 **單**(선)**氏取周**하며 **易牙〔取齊**하며 **子南勁〕**[63]**之取衛**하며

폭력으로 난을 일으킨 군대입니다. 그러나 네 왕이 스스로 세력을 넓혀나가자 천하 사람들은 위대하다 칭송하였고, 스스로 명성을 떨치자 천하 사람들은 현명하다 칭송하였습니다. 그렇다면 위엄은 천하에 군림할 만하고 이득은 세상을 덮을 만하였으므로 천하 사람들이 따랐던 것입니다.”

〈추종자들이〉 또 말한다.

“지금 시대에 들은 것으로 〈말해보겠습니다.〉 田成子는 齊나라를 빼앗았고 司城

63) 〔取齊 子南勁〕 : 저본에는 ‘取齊 子南勁’이 없으나, ≪韓非子新校注≫ 陳奇猷의 설에 의거하여 보충하였다. ‘取齊’의 ‘取’는 나라를 빼앗는 것이 아니라 권세를 빼앗는 것으로 보는 것이 타당하다.

子罕은 宋나라를 빼앗았으며, 太宰 欣은 鄭나라를 빼앗았고 單荼는 周나라를 빼앗았으며, 易牙는 齊나라의 권력을 빼앗았고 子南勁은 衛나라를 빼앗았고

○顧廣圻曰 未詳이라 先愼曰 呂氏春秋先識覽에 衛公子啓方이 以書社四十下衛라하야늘 此易牙疑開方之誤니 取는 當作下라 或因易牙倡亂하야 而開方始降衛니 歸罪於易牙라 故云然이라

○顧廣圻 : 〈易牙가 衛나라를 빼앗은 것은〉 未詳이다.

王先愼 : ≪呂氏春秋≫ 〈先識覽〉에 "衛나라 公子 啓方이 書社 땅 40리를 가지고 衛나라에 항복하였다."라고 하였는데, 여기 '易牙'는 아마도 '開方'의 잘못인 듯하니, '取'는 '下'가 되어야 한다. 혹은 易牙가 난을 일으켜서 開方이 비로소 衛나라에 항복한 것이니, 易牙에게 죄를 돌렸기 때문에 그렇게 말한 것일 수 있다.

44-64 韓魏趙三子分晉하니 此(六)〔八〕人〔者〕는 臣之弑其君者也니이다

韓氏, 魏氏, 趙氏 세 사람은 晉나라를 나누어 차지하였으니, 이 여덟 사람은 신하로서 군주를 시해한 자들입니다."

○兪樾曰 上文에 自田成子以下로 凡八人이니 不得言六이라 六은 疑亦字之誤라 承上文舜偪堯禹偪舜湯放桀武王伐紂而言이라 故云亦也라 先愼曰 此與上不相承이라 六은 當作八이라 人下에 當有者字라 與上此四王者로 文法一例니 兪說은 非라

○兪樾 : 위의 글에 '田成子' 이하로 모두 8인이니, '六'이라고 말할 수 없다. '六'은 아마도 '亦'자의 잘못인 듯하다. 위의 글 '舜은 堯를 핍박하였고 禹는 舜을 핍박하였으며, 湯은 桀을 추방하였고 武王은 紂를 정벌하였다.'는 것을 가리켜 말하였으므로 '亦'이라 한 것이다.

王先愼 : 이 구절은 위의 글과 서로 이어지는 것이 아니다. '六'은 '八'이 되어야 한다. '人' 아래에 '者'자가 있어야 한다. 위의 '此四王者'와 문법이 같으니, 유월의 설은 틀렸다.

44-65 姦臣聞此에 蹶然擧耳하야 以爲是也라 故內搆黨與하고 外(攄)〔接〕巷族하야

간신은 이를 듣고 솔깃해서 귀를 기울여 그럴듯하게 여긴다. 그래서 안으로는 패거리를 엮고 밖으로는 동향 사람과 결탁하여

○盧文弨曰 攄는 張本에 作攎라 先愼曰 攄攎는 竝誤라 當依上文作接이라

○盧文弨 : '攄'는 張本에 '攎'로 되어 있다.

王先愼 : '攄'와 '攎'는 모두 잘못되었다. 위의 글에 의거하여 '接'이 되어야 한다.

44-66 觀時發事하야 一擧而取國家니라 且夫內以黨與劫弑其君하고 外以諸侯之權矯易其國하며

때를 살피고 일을 일으켜 일거에 나라를 빼앗는다. 또 안으로 패거리를 지어 군주를 겁박하고 시해하며 밖으로는 제후의 권세를 빌려 국정을 뜯어고치며,

○先愼曰 乾道本에 權矯作懽驕어늘 顧廣圻云 今本에 懽驕作權矯라 按今本是也라하니 改從今本이라

○王先愼 : 乾道本에 '權矯'는 '懽驕'로 되어 있는데, 顧廣圻는 "今本에 '懽驕'는 '權矯'로 되어 있다. 살펴보건대 今本이 옳다."라고 하였으니, 今本을 따라 고쳤다.

44-67 隱正道하고

법도를 숨기고

○先愼曰 乾道本에 正道作敦適이어늘 顧廣圻云 今本에 敦適作正道하니 未詳이라하니라 先愼按 作正道是也라 正道는 謂法度니 與下私曲對文이라 上云 皆朋黨比周以事其君하고 隱正道而行私曲이라하고 (飭)〔飾〕[64]邪篇에 群臣朋黨比周以隱正道行私曲이라하야 竝作正道하니 卽其證이라 改從今本이라

○王先愼 : 乾道本에 '正道'는 '敦適'으로 되어 있는데, 顧廣圻는 "今本에 '敦適'은 '正道'로 되어 있으니, 미상이다."라고 하였다. 내가 살펴보건대 '正道'로 된 것이 옳다. '正道'는 '法度'를 이르니, 아래의 '私曲'과 對文이다. 위에서 "皆朋黨比周以事其君 隱正道而行私曲"이라고 하였고, ≪韓非子≫ 〈飾邪篇〉에 "群臣朋黨比周以隱正道行私曲(신하들이 편당을 지어 사익을 추구하여 정도를 은폐하고 삿되고 아부한다.)"이라 하여 모두 '正道'로 되어 있으니,

64) (飭)〔飾〕 : 저본에는 '飭'으로 되어 있으나, ≪韓非子≫ 〈飾邪篇〉에 의거하여 '飾'으로 바로잡았다.

곧 그 증거이다. 今本을 따라 고쳤다.

44-68 **持私曲**하며 **上禁君**하고 **下撓治者**는 **不可勝數也**니라 **是何也**오 **則不明於擇臣也**일새니라 **記曰 周宣王以來**로 **亡國數十**이니 **其臣弑君而取國者衆矣**니라

삿된 짓을 행하며, 위로 군주를 억누르고 아래로 정치를 흔드는 자들은 셀 수 없을 정도로 많다. 이 어찌 그런가? 신하를 가려 쓰는 데 밝지 못해서이다. 옛 기록에 이런 말이 있다.

"周 宣王 이후로 망한 나라가 수십이나 되는데, 신하가 군주를 시해하고 나라를 빼앗은 경우가 많다."

○先愼曰 乾道本에 君上有其字하고 取上無而字어늘 盧文弨云 而字脫이니 張本有라하고 顧廣圻云 今本에 無下其字라하니 今據改라

○王先愼 : 乾道本에 '君' 위에 '其'자가 있고 '取' 위에 '而'자가 없는데, 盧文弨는 "'而'자가 탈락되었으니, 張本에는 있다."라고 하였고, 顧廣圻는 "今本에 아래 '其'자가 없다."라고 하였으니, 지금 이에 의거하여 고쳤다.

44-69 **然則難之從內起**와 **與從外作者**는 **相半也**니라 **能一盡其民力**하야 **破國殺身者**는 **尙皆賢主也**어니와 **若夫轉身(法)易位**하야 **全衆(傅)〔傳〕國**이면

그렇다면 환난이 안에서 일어나는 경우와 밖에서 만들어진 경우는 반반이다. 〈군주가〉 백성의 힘을 하나로 모아 〈환난을 막다가〉 나라가 깨지고 몸이 죽은 자는 오히려 모두 현명한 군주이지만, 만약 신하와 신분·지위를 바꾸어 백성을 온전히 한 채로 나라를 넘겨준다면

○顧廣圻曰 今本에 無身字하고 傅는 作傳이라 按句當有誤나 未詳이라 兪樾曰 法字는 衍文이라 傅는 當作傳이라 上所謂破國殺身者는 以國君死社稷而言也라 故曰 尙皆賢主也라 此所謂轉身易位全衆傳國者는 卽晉靜公[65] 齊康公[66]之類니 是以

65) 晉靜公 : 戰國時代 晉나라 군주로, 이름은 俱酒이다. 재위 2년째인 周 安王 26년에 魏 武侯와 韓 哀侯, 趙 敬侯에 의해 나라가 망하고 땅이 셋으로 쪼개졌다.

66) 齊康公 : 戰國時代 齊나라 군주로, 성은 姜이고, 이름은 貸이다. 재위 14년에 田和에 의해

其不能死而反見屈於臣이라 故曰 最其病也라 趙本改傅爲傳하니 正得其字라 惟不知法字之衍하야 而刪去身字하니 失之라

○顧廣圻 : 今本에 '身'자가 없고 '傅'는 '傳'으로 되어 있다. 살펴보건대 句에 응당 오류가 있는데, 미상이다.

兪樾 : '法'자는 衍文이다. '傅'는 '傳'이 되어야 한다. 위의 '破國殺身'이라고 한 경우는 國君으로서 社稷을 위해 죽는 자를 가리켜 한 말이다. 그래서 '오히려 모두 현명한 군주이다.'라고 한 것이다. 여기서 '轉身易位 全衆傳國'이라고 한 경우는 晉 靜公이나 齊 康公의 부류이니, 이는 죽지도 못하고 도리어 신하에게 굴복당하였다. 그러므로 〈아래에서〉 '가장 큰 병폐이다.'라 한 것이다. 趙本에 '傅'를 '傳'으로 고쳤으니, 바로 옳은 글자를 얻었다. 오직 '法'자가 衍文임은 알지 못해서 '身'자를 삭제하였으니, 잘못이다.

44-70 最其病也니라 爲人(臣)〔主〕[67]者

가장 큰 병폐이다.
군주된 자가

○先愼曰 乾道本에 臣作主라 顧廣圻云 今本에 主作臣하니라 按依上下文當作臣이라하니 今據改라

○王先愼 : 乾道本에 '臣'은 '主'로 되어 있다. 顧廣圻는 "今本에 '主'는 '臣'으로 되어 있다. 살펴보건대 위아래 글에 의거하면 '臣'이 되어야 한다."라고 하였으니, 지금 이에 의거하여 고쳤다.

44-71 誠明於臣之所言이면 則雖畢(필)弋馳騁하고

신하가 말한 것을 참으로 환하게 판단한다면 비록 그물질과 주살질로 말을 달리며 사냥하고

○盧文弨曰 畢은 張本에 作畢이라

바닷가로 축출되어 죽자 姜氏의 齊나라는 멸망하였다.

67) (臣)〔主〕 : 저본에는 '臣'으로 되어 있으나, "문맥으로 보아 군주가 신하의 말을 제대로 파악하면 비록 안일하게 정사를 보더라도 환난이 없을 수 있다는 논리이므로, '主'가 되어야 한다."라고 한 ≪韓非子新校注≫ 陳奇猷의 설에 의거하여 '主'로 바로잡았다.

○盧文弨 : '畢'은 張本에 '畢'로 되어 있다.

44-72 撞鐘舞女라도 國猶且存也어니와 不明臣之所言이면 雖節儉勤勞하고 布衣惡食이라도 國猶自亡也니라 趙之先君敬侯는 不修德行而好縱慾하고 適身體之所安과 耳目之所樂하야 冬日畢弋하고 夏浮淫하며 爲長夜토록 數日不廢御觴하야 不能飮者는 以筩(통)灌其口하고 進退不肅應對不恭者는 斬於前이라 故居處飮食如此其不節也요 制刑殺戮如此其無度也로되 然敬侯享國數十年에

종을 울리며 舞姬와 〈즐기더라도〉 나라는 오히려 보존되었거니와, 신하가 말한 것을 판단하지 못하면 비록 근검절약해 부지런히 일하고 갈옷을 입고 거친 음식을 먹더라도 나라는 오히려 절로 멸망하게 된다.

趙나라의 先君 敬侯는 덕행을 닦지 않고 멋대로 욕심 부리는 것을 좋아하였으며 몸의 편안함이나 耳目의 즐거운 것을 좇아서 겨울에는 그물질과 주살질로 〈사냥을 하고〉 여름에는 뱃놀이에 빠졌으며, 밤새도록 여러 날 술판을 벌여서 술을 못 마시는 자에게 대롱을 물려 입에 들이부었고 나아가고 물러남에 엄숙하지 않거나 응대함에 공손하지 않은 자는 그 자리에서 목을 베었다. 그러므로 거처와 음식이 이와 같이 절제가 없었고 형벌과 살육이 이와 같이 무도하였는데도 敬侯가 나라를 향유한 수십 년 동안

○先愼曰 史世家에 敬侯卽位十二年卒이라

○王先愼 : 《史記》〈趙世家〉에 의하면 敬侯는 재위 12년에 죽었다.

44-73 兵不頓於敵國이요 地不虧於四隣이며 內無群臣百官之亂하고 外無諸侯隣國之患하니 明於所以任臣也니라 燕君子噲[68]는 邵公奭[69]之後也라

군대는 적국에 패하지 않았고 땅은 이웃나라에 깎이지 않았으며, 안으로는 여

68) 子噲 : 戰國時代 燕나라 군주이다. 蘇秦 등의 유세를 받아들여 재상 子之에게 제후 자리를 넘겨주었다가 내란이 일어났고, 齊나라의 침입을 받아 죽었다.

69) 邵公奭 : 周 文王의 서자로, '召公'이라고도 한다. 이름은 奭이고, 召 땅에 봉해져서 소공이라 부른다. 武王을 도와 商을 멸하고 燕에 봉해져서 燕나라의 시조가 되었다.

러 신하와 관리들의 반란이 없었고 밖으로는 제후와 이웃나라의 침략도 없었으니, 신하들을 부리는 방도에 밝았기 때문이다.

燕나라 군주 子噲는 邵公 奭의 후예이다.

○先愼曰 趙本에 邵作召니 古字通이라

○王先愼 : 趙本에 '邵'는 '召'로 되어 있으니, 古字에 통용이다.

44-74 **地方數千里**요 **持戟數十萬**이며 **不安子女**[70]**之樂**하고 **不聽鍾石之聲**하며 **內不湮**汙**池臺榭**[71]하고

〈燕나라의〉 영토는 사방 천리이고 무장한 군사는 몇십만이며, 여인과 노는 것을 즐기지 않고 악기 연주 소리를 듣지 않았으며, 안으로는 연못이나 누각을 만들지 않았고,

○先愼曰 此句衍一字라

○王先愼 : 이 句에서 한 글자는 衍文이다.

44-75 **外不**罼弋**田獵**하며 **又親操**耒耨**以修**畎**畝**하니라 **子**噲**之苦身以憂民**이 **如此其甚也**니 **雖古之所謂聖王明君者**라도 **其勤身而憂世 不甚於此矣**러라 **然而子**噲**身死國亡**하고 **奪於子之**하야 **而天下笑之**하니 **此其**(何故)〔**故何**〕**也**오

밖으로는 그물질과 주살질로 사냥을 하지 않았으며, 또 손수 쟁기와 호미를 잡고 농토를 일구었다. 子噲가 몸을 수고롭게 하며 백성을 걱정한 것이 이와 같이 심했으니, 비록 옛날의 이른바 聖王이나 현명한 군주라도 몸을 부지런히 움직이며 세상 백성을 근심한 것이 이보다 심하지 않았다. 그러나 子噲는 몸이 죽고 나라가 망하여 子之에게 나라를 빼앗겨 천하 사람들에게 비웃음을 샀으니, 이렇게

---

70) 子女 : 젊고 아리따운 여인을 가리킨다.

71) 不湮汙池臺榭 : '湮'은 ≪韓非子新校注≫ 高亨의 설에 의거하여 '다스리다', '수리하다' 뜻으로 보았다. '汙池'는 연못, '臺榭'는 누대나 누각을 이른다. 곧 연못이나 누각을 만들지 않음을 말한다. 王先愼의 說대로 衍文이 있는 것은 아닌 듯하다.

된 까닭은 무엇인가?

○先愼曰 何故二字는 倒라

○王先愼 : '何故' 두 글자는 도치되었다.

44-76 不明乎所以任臣也니라 故曰 人臣有五姦이나 而主不知也라하니라 爲人臣者

신하를 부리는 방도에 밝지 못했기 때문이다. 그러므로 "신하 중에 다섯 가지 간사함을 지닌 자가 있는데도 군주가 알아차리지 못한다."라고 하는 것이다. 신하된 자로서

○先愼曰 乾道本에 臣作二어늘 據趙本改라

○王先愼 : 乾道本에 '臣'은 '二'로 되어 있는데, 趙本에 의거하여 고쳤다.

44-77 有侈用財貨賂以取譽者하며 有務慶賞賜予以移衆者하며 有務朋黨狗智尊士以擅逞者하며 有務解免赦罪獄以事威者하며 有務奉下直曲怪言偉服瑰稱以眩民耳目者하니 此五者는 明君之所疑[72]也요

재물을 사치스럽게 쓰고 뇌물로 명예를 얻는 것, 포상을 주고 혜택을 베풀어 민심을 얻기를 힘쓰는 것, 朋黨을 짓고 지혜로운 자를 따르며 선비를 높여 세력을 떨치기를 힘쓰는 것, 부역을 면해주고 죄수를 사면하여 권세를 부리기를 힘쓰는 것, 백성들에 영합해 曲直을 뒤집고 괴상한 말과 이상한 복식, 과대한 언론으로 백성의 耳目을 현혹하는 데 힘쓰는 것, 이 다섯 가지는 현명한 군주가 의심하는 것이고,

○顧廣圻曰 疑는 讀爲擬니 下文同이라 又本篇二字互見이라

○顧廣圻 : '疑'는 '擬'로 읽어야 하니, 아래 글도 같다. 또 본편에 두 글자가 함께 보인다.

---

72) 疑 : 顧廣圻는 '擬'로 보았으나, 의미가 불분명하여 ≪韓非子新校注≫ 陳奇猷의 설에 의거하여 본음대로 '의심함'으로 번역하였다. 곧 위의 다섯 가지 간사함에 대해 현명한 군주는 의심하고 믿지 않는다는 뜻이다.

44-78 而聖主之所禁也니라 去此五者면 則(誤)〔詭〕詐之人은 不敢北面(談立)〔立談〕이요

聖스런 군주는 금지하는 것이다. 이 다섯 가지를 제거하면 속임수를 부리는 사람은 감히 北面하고 서서 담론하지 못하고,

○顧廣圻曰 句有誤라 王先謙曰 談立二字는 疑倒라 先愼曰 誤는 當作詭라 人君南面이라 故臣言北面이라

○顧廣圻 : 句에 오류가 있다.

王先謙 : '談立' 두 글자는 도치된 듯하다.

王先愼 : '誤'는 '詭'가 되어야 한다. 군주는 南面(남쪽으로 향함)한다. 그러므로 신하에 대해 北面(북쪽으로 향함)이라고 한 것이다.

44-79 文言多實行寡而不當法者는 不敢誣情以談說(세)라

그럴싸한 말만 많고 실질적 행동은 적으면서 법을 어기는 자는 감히 실정을 속이면서 유세를 떠벌리지 못한다.

○先愼曰 乾道本에 敢誣作誣敢이어늘 顧廣圻云 今本에 作敢誣라하니 今據改라

○王先愼 : 乾道本에 '敢誣'는 '誣敢'으로 되어 있는데, 顧廣圻는 "今本에 '敢誣'로 되어 있다."라고 하였으니, 지금 이에 의거하여 고쳤다.

44-80 是以群臣이 居則修身하고 動則任力하며 非上之令이면 不敢擅作疾言誣事하니 此聖王之所以牧臣下也니라 彼聖主明君은 不適[73]疑物以闚其臣也나

이 때문에 여러 신하들이 머물 때는 몸을 닦고 행동할 적에는 힘을 다 쏟으며, 군주의 명령이 아니면 감히 멋대로 성급한 말이나 속이는 일을 저지르지 않으니, 이것이 聖王이 신하를 다스리는 방법이다. 저 성스런 군주와 현명한 군주는 의심

---

73) 適 : 王先愼은 '道'가 되어야 한다고 하였고, 陳奇猷는 "'道'는 '從'의 뜻이다."라고 하였다. ≪玉篇≫ 〈辵部〉에도 "'適'은 '從'의 뜻이다."라 하여, '適'에 '從'의 뜻이 있으므로 교감하여 고칠 필요가 없다.

스러운 일을 통해 그런 신하들을 엿보지 않으나,

○先愼曰 適은 疑作道라

○王先愼 : '適'은 '道'로 되어야 할 듯하다.

44-81 **見疑物而無反者**는 **天下鮮矣**라 **故曰 孼有擬適之子**하며 **配有擬妻之妾**하며 **廷有擬相之臣**하며 **臣有擬主之寵**이라 **此四者**는 **國之所危也**니라 **故曰 內寵竝后**하며 **外寵貳政**하며 **枝子配適**하며 **大臣擬主**는 **亂之道也**니라 **故周記**[74]**曰 無尊妾而卑妻**요 **無孼適子而尊小枝**며

의심스러운 일을 보고도 추궁하지 않는 군주는 천하에 드물다.

그래서 말한다. "庶子 중에 嫡子에 맞먹는 자식이 있고 배필 중에 正妻에 맞먹는 첩이 있으며, 조정에는 재상에 맞먹는 신하가 있고, 신하 중에 군주에 맞먹는 총신이 있다. 이 넷은 나라를 위태롭게 하는 부류이다."

그래서 말한다. "안으로 총애를 받는 첩이 后妃와 나란하고 밖으로 총애를 받는 신하가 재상에 버금가며, 서자들이 적자에 대등하고 대신이 군주에 맞먹는 것은 나라가 어지러워지는 길이다."

그래서 ≪周記≫에서 말하였다. "첩을 높이고 처를 낮추어서는 안 되고 적자를 서자로 삼고 서자를 높여서도 안 되며,

○先愼曰 無孼適子는 謂無以適子爲孼也라

○王先愼 : '無孼適子'는 적자를 서자로 삼아서는 안 된다는 말이다.

44-82 **無尊嬖臣而匹上卿**이며 **無尊大臣以擬其主也**니라 **四擬者破**면 **則上無意**[75]하고 **下無怪也**니라

---

74) 周記 : 周書로 보이는데, 현재 ≪書經≫ 〈周書〉에 이 내용이 없으니, ≪逸周書≫인 듯하다.

75) 意 : ≪漢書≫ 〈梁孝王劉武傳〉에 "於是天子意梁(이에 천자가 梁을 의심하였다.)"라고 하였는데, 顔師古의 注에 "'意'는 의심함〔疑〕이다." 하였다. 여기서 '意'는 위의 "明君之所疑也(현명한 군주가 의심하는 것이다.)"의 '疑'와와 호응하므로 '의심하다'의 뜻으로 풀이하는 것이 타당하다.

총애하는 신하를 높여 上卿에 필적하게 해서는 안 되고 대신을 높여 군주에 견주게 해서는 안 된다. 네 가지 맞먹는 것을 혁파하면 군주는 의심할 게 없고 신하는 괴이한 짓을 할 게 없다.

○先愼曰 君不道疑物以闚其臣하고 臣不誣情以談說(세)라 是謂上無意下無怪라

○王先愼 : 군주는 의심스러운 일을 통해 신하를 엿보지 않고, 신하는 실정을 속이면서 유세를 떠벌리지 않는다. 이를 일러 군주는 의심할 게 없고 신하는 괴이한 짓을 할 게 없다는 것이다.

44-83 四擬不破면 則隕身滅國矣니라

네 가지 맞먹는 것을 혁파하지 않으면 군주 자신은 죽임을 당하고 나라는 멸망하게 된다."

第四十五 詭使篇　제45편 어긋나게 행하는 政事

이 편은 군주가 法家의 정치를 실천하지 않고 사사로움에 의지하여 '어긋나게 정사를 행하는 것〔詭使〕'을 경계한 것이다.

세상이 잘 다스려지지 않는 이유는 군주가 法家의 治術을 잃어서이다. 군주는 항상 나라를 어지럽게 만드는 것을 귀하게 여기는 반면 법령으로 나라를 다스리는 것을 하찮게 여기기 때문에, 신하와 백성의 늘어나는 욕망이 군주의 이상적인 정치와 서로 어긋나는 것이다.

法家에 기초한 군주의 정치가 이루어지지 않는 가장 큰 이유를 '사사로움〔私〕'이라고 지목하였는데, 특히 사사로운 학문을 하는 儒者를 비판하고 있다. 군주를 어지럽히고 세상과 상반되는 자는 항상 두 마음을 갖고 사사로운 학문을 하는 儒者이고, 이들은 무리를 지어 이러저러한 學說을 만들어서 법령 위에서 사유하고 행동한다. 그런데 군주가 이들을 막지 않을 뿐더러 따르며 존중하니, 이로 인해 백성이 군주의 법령을 따르지 않게 된다. 군주는 항상 이 점을 경계해야 하는데, 마지막 부분에서 "사사로움을 道로 삼으면 어지러워지고, 법을 道로 삼으면 다스려진다.〔道私者亂 道法者治〕"라는 언급으로 재차 강조하고 있다.

45-1 聖人之所以爲治道者三이니 一曰利[1])요 二曰威[2])요 三曰名[3])이라 夫利者는 所以得民也요 威者는 所以行令也요 名者는 上下之所同道也라 非此三者면 雖有不急矣라 今利非無有也어늘 而民不化上하고 威非不存也어늘 而下不聽從하고 官非無法也어늘 而治不當名이라 三者非不存也어늘 而世一治一亂者는 何也오 夫上之所貴與其所以爲治相反也라

---

1) 利 : 실질적인 이익이 되는 官爵, 祿俸, 封地, 財物 등을 포괄하는 개념이다.

2) 威 : 權威, 權勢, 威嚴 등을 포괄하는 개념이다.

3) 名 : 名分, 名目, 名實 등을 포괄하는 개념이다.

성인이 治道로 삼는 것은 세 가지이니, 첫 번째가 利이고, 두 번째가 威이고, 세 번째가 名이다. 利라는 것은 백성을 얻는 것이고, 威라는 것은 법령을 행하는 것이고, 名이라는 것은 위아래가 함께하는 道이다. 이 세 가지가 아니면 비록 〈다른 것이〉 있더라도 급급해할 필요가 없다.

지금 利가 있지 않는 것이 아닌데도 백성이 위로부터 감화되지 못하고, 威가 존재하지 않는 것이 아닌데도 아래에서 듣고 따르지 않고, 관청에 법령이 없는 것이 아닌데도 다스림이 名에 합당하지 않다. 세 가지가 존재하지 않는 것이 아닌데도 세상의 治亂이 반복되는 것은 어째서인가? 무릇 위에서 귀하게 여기는 것과 다스림으로 여기는 바가 서로 어긋나서이다.

○先愼曰 拾補에 與上有嘗字라 盧文弨云 脫이니 秦本有라 疑當作常이라하니라

○王先愼 : ≪群書拾補≫에는 '與'자 위에 '嘗'자가 있다. 盧文弨는 "〈'嘗'자가〉 탈락된 것이니 秦本에는 있다. 응당 '常'자가 되어야 할 듯하다."라고 하였다.

45-2 夫立名號는 所以爲尊也어늘 今有賤名輕實者하니 世謂之高라하니라

名號를 세우는 것은 존숭하려고 하는 것인데, 지금 名을 하찮게 여기고 實을 경시하는 자가 있으니 세상에서 이러한 자를 '高'라고 한다.

○先愼曰 乾道本에 無之字라 顧廣圻云 藏本今本에 有之字라하니라 先愼按 依下文當有일새 今據補하노라

○王先愼 : 乾道本에 '之'자가 없다. 顧廣圻는 "藏本과 今本에 '之'자가 있다."라고 하였다. 내가 살펴보건대 아래 글에 의거하면 응당 〈'之'자가〉 있어야 하기에 지금 이에 의거하여 보충하였다.

45-3 設爵位는 所以爲賤貴基也어늘 而簡上不求見(현)者를 世謂之賢이라하니라 威利는 所以行令也어늘 而無利輕威者를 世謂之重이라하니라

爵位를 만든 것은 貴賤의 기초로 삼으려고 하는 것인데, 윗사람을 경시하여 알현하기를 구하지 않는 자를 세상에서 '賢'이라고 한다.

威와 利는 법령을 행하려는 것인데, 利를 무시하고 威를 경시하는 자를 세상에서 '重'이라고 한다.

○先愼曰 乾道本에 無世字라 顧廣圻云 藏本今本有라하니라 先愼按 依上下文當有일새 今據補하노라

○王先愼 : 乾道本에 〈'世謂之重'의〉 '世'자가 없다. 顧廣圻는 "藏本과 今本에 〈'世'자가〉 있다."라고 하였다. 내가 살펴보건대 위와 아래 글에 의거하면 응당 〈'世'자가〉 있어야 하기에 지금 이에 의거하여 보충하였다.

45-4 法令은 所以爲治也어늘 而不從法令爲私善者를 世謂之忠이라하니라 官爵은 所以勸民也어늘 而好名義不進仕者를 世謂之烈士라하니라

法令은 다스리기 위한 것인데, 법령을 따르지 않고 사사로운 선행을 하는 자를 세상에서 '忠'이라고 한다.

官爵은 백성을 권면하기 위한 것인데, 名과 義를 좋아하여 출사하지 않는 자를 세상에서 '烈士'라고 한다.

○顧廣圻曰 句絶이라

○顧廣圻 : 句를 끊어야 한다.

45-5 刑罰은 所以擅威也어늘 而輕法不避刑戮死亡之罪者를 世謂之勇夫라하니라

刑罰은 威를 떨치기 위한 것인데, 법령을 경시하여 형벌로 죽임을 당하는 죄마저 피하지 않는 자를 세상에서 '勇夫'라고 한다.

○顧廣圻曰 句絶이라

○顧廣圻 : 句를 끊어야 한다.

45-6 民之急名也 甚其求利也니 如此인댄 則士之飢餓乏絶者 焉得無巖居苦身以爭名於天下哉리오 故世之所以不治者는 非下之罪요 上失其道也니라 常

貴其所以亂하고 **而賤其所以治**라 **是故下之所欲**은 **常與上之所以爲治相詭也**니라 **今下而聽其上**은 **上之所急也**라 **而惇慤純信**하고 **用心怯言**[4)]을 **則謂之窶**라하고

백성이 名에 급급해하는 것이 利를 추구하는 것보다 심하니, 이와 같다면 선비들 가운데 굶주리고 궁핍한 자가 어찌 산중에 살면서 몸을 고생시켜 名을 천하에 다투려고 하지 않겠는가. 그러므로 세상이 다스려지지 않는 것은 아랫사람의 죄가 아니요 윗사람이 그 道를 잃어서이다. 항상 어지럽게 되는 것을 귀하게 여기고 다스려지는 것을 하찮게 여기기 때문에, 아랫사람이 하려고 하는 것은 항상 윗사람이 다스리는 바와 서로 어긋난다.

지금 아랫사람이 그 윗사람의 말을 들어야 하는 것은 윗사람이 급급하게 여겨서이다. 그런데도 도탑고 성실하며 순수하게 믿으며 全心으로 말을 조심하는 것을 일러 '窶'라 하고,

○**先愼曰 乾道本**에 **則作時**어늘 **據藏本今本改**하노라 **怯言二字**는 **當爲少欲之誤**라 **因少欲二字錯簡在寬惠行德句上**하야 **乾道本遂涉下文之字而誤增**이라 **藏本以意改爲壹者**하고 **張趙本改爲一者**하니 **竝非**라

○王先愼 : 乾道本에 '則'자가 '時'자로 되어 있는데, 藏本과 今本에 의거하여 고쳤다. '怯言' 두 글자는 응당 '少欲'이 잘못된 것이다. '少欲' 두 글자가 '寬惠行德(널리 은혜를 베풀고 덕을 행함)' 句 위에 착간된 것으로 인하여, 乾道本은 마침내 아래 글의 글자와 연계되어 잘못 더해졌다. 藏本은 뜻을 가지고 '壹者'로 고쳤고, 張本과 趙本은 '一者'로 고쳤으니 모두 틀렸다.

45-7 **守法固**하고 **聽令審**을 **則謂之愚**라하고 **敬上畏罪**를 **則謂之怯**이라하고 **言時節**하고 **行中適**을 **則謂之不肖**라하고 **無二心私學**하고 **聽吏從教者**를 **則謂之陋**라하니라

법령을 지키는 것이 견고하고 명령을 따르는 것이 자세한 것을 '愚'라 하고, 윗사람을 공경하고 죄를 두려워하는 것을 '怯'이라 하고, 말을 때에 맞게 절제하고

4) 怯言 : 王先愼은 '怯言'을 '少欲'으로 고쳤으나, ≪韓非子新校注≫ 陳奇猷의 설에 의거하여 고치지 않았다.

행동이 正道에 맞는 것을 '不肖'라 하고, 두 마음으로 사사로운 학문을 하지 않으며 관리의 말만 듣고 따르는 것을 '陋'라 한다.

○先愼曰 乾道本에 聽上有吏字라 顧廣圻云 今本無吏字라하니 今據刪하노라

○王先愼 : 乾道本에 '聽'자 위에 '吏'자가 있다. 顧廣圻는 "今本에 '吏'자가 없다."라고 하였으니, 지금 이에 의거하여 삭제하였다.

45-8 難致를 謂之正이라하고 難予를 謂之廉이라하고 難禁을 謂之齊라하고 有令不聽從을 謂之勇이라하고 無利於上을 謂之愿이라하고 寬惠行德을 謂之仁이라하고

초빙하기 어려운 것을 '正'이라 하고, 내려주기 어려운 것을 '廉'이라 하고, 금하기 어려운 것을 '齊'라 하고, 명령이 있어도 듣고 따르지 않는 것을 '勇'이라 하고, 윗사람에게 이익이 되지 않는 것을 '愿'이라 하고, 널리 은혜를 베풀고 덕을 행하는 것을 '仁'이라 하고,

○先愼曰 乾道本에 寬上有少欲二字라 顧廣圻云 今本에 無少欲二字라하니라 先愼按 少欲二字는 當在上用心下어늘 誤衍於此일새 據今本刪하노라 上下文皆四字니 句無脫文이라

○王先愼 : 乾道本에 '寬'자 위에 '少欲' 두 글자가 있다. 顧廣圻는 "今本에 '少欲' 두 글자가 없다."라고 하였다. 내가 살펴보건대 '少欲' 두 글자는 응당 윗글 '用心'의 아래에 있어야 하는데 이곳에 衍文으로 잘못된 것이기에 今本에 의거하여 삭제하였다. 위와 아래의 글이 모두 네 글자이니 句에 脫文이 없다.

45-9 重厚自尊을 謂之長者라하고 私學成群을 謂之師徒라하고 閒靜安居를 謂之有思라하고

중후하여 스스로를 높이는 것을 '長者'라 하고, 사사로운 학문으로 무리를 이루는 것을 '師徒'라 하고, 한가롭게 편안히 지내는 것을 '有思'라 하고,

○先愼曰 乾道本에 閒作閑이어늘 據趙本改하노라

○王先愼 : 乾道本에 '閒'자가 '閑'자로 되어 있는데, 趙本에 의거하여 고쳤다.

45-10 損仁逐利를 謂之疾이라하고

어짊을 버리고 이익을 좇는 것을 '疾'이라 하고,

○顧廣圻曰 句絶이라

○顧廣圻 : 句를 끊어야 한다.

45-11 險躁(佻)反覆을 謂之智라하니라

경박하고 조급하며 이랬다저랬다 하는 것을 '智'라 한다.

○顧廣圻曰 當脫一字라 險躁는 連讀이니 下文云 而險躁讒諛者任이라하니라 先愼曰 佻字는 衍文이라 險躁反覆四字爲句라

○顧廣圻 : 응당 한 글자가 탈락되어야 한다. '險躁'는 이어서 읽으니, 아래 글에 "而險躁讒諛者任(경박하고 조급하며 참소하고 아첨하는 자를 임용함)"이라고 하였다.
王先愼 : '佻'자는 衍文이다. '險躁反覆' 네 글자가 句를 이룬다.

45-12 先爲人而後自爲하고 類名號言하며 汎愛天下를 謂之聖이라하고 言大本[5] 稱이어늘

먼저 남을 위한 뒤에 스스로를 위하고 名號를 〈구분하지 않고〉 뭉뚱그려 말하며 천하 사람들을 널리 사랑하는 것을 '聖'이라 하고, 큰 것을 말하고 번다하게 일컫는데도

○顧廣圻曰 藏本同이라 今本에 本作不이라 按句有誤라

○顧廣圻 : 藏本도 마찬가지다. 今本에 '本'자가 '不'자로 되어 있다. 살펴보건대 句에 잘못이 있다.

45-13 而不可用하며 行而乖於世者를 謂之大人이라하고 賤爵祿하고 不撓上者를 謂之傑이라하니라 下漸行如此하야 入則亂民하고 出則不便也라

5) 本 : ≪韓非子新校注≫ 陳奇猷의 설에 의거하여 '本'을 '繁(번다함)'의 뜻으로 해석하였다.

쓸 수가 없으며 시행하여도 세상과 어긋나는 것을 '大人'이라 하고, 爵祿을 하찮게 여기고 윗사람에게 굴복하지 않는 것을 '傑'이라 한다. 아래에서 차츰 행하는 것이 이와 같아서, 들어가면 백성을 어지럽게 하고 나가면 〈나라에〉 이롭지 않다.

○盧文弨曰 便은 一作使라

○盧文弨 : '便'자는 어떤 본에 '使'자로 되어 있다.

45-14 **上宜禁其欲**하고 **滅其迹**이어늘 **而不止也**요

위에서는 응당 그 하고자 하는 것을 금하고 그 자취를 없애야 하거늘 막지 못하고,

○先愼曰 乾道本에 迹作近이라 顧廣圻云 藏本今本에 近作迹이라하니 今據改하노라

○王先愼 : 乾道本에 '迹'자가 '近'자로 되어 있다. 顧廣圻는 "藏本과 今本에 '近'자가 '迹'자로 되어 있다."라고 하였으니, 지금 이에 의거하여 고쳤다.

45-15 **又從而尊之**하니 **是敎下亂上以爲治也**라 **凡上所〔以〕**[6]**治者**는 **刑罰也**어늘

또한 이들을 따르며 존숭하니, 이는 아랫사람으로 하여금 윗사람을 어지럽게 하여 다스림으로 삼는 것이다. 무릇 윗사람이 잘 다스리는 까닭은 형벌 때문인데,

○先愼曰 乾道本에 無上字라 盧文弨云 一本有라하니 今據補하노라

○王先愼 : 乾道本에 '上'자가 없다. 盧文弨는 "어떤 본에는 〈'上'자가〉 있다."라고 하였으니, 지금 이에 의거하여 보충하였다.

45-16 **今有私行義者尊**이라

지금 사사로이 義를 행하는 자를 존숭한다.

○顧廣圻曰 私下行字는 當衍이라

○顧廣圻 : '私'자 아래의 '行'자는 응당 衍文이다.

---

6) 〔以〕 : 저본에는 '以'가 없으나, ≪韓非子新校注≫ 陳奇猷의 설에 의거하여 보충하였다.

45-17 社稷之所以立者는 安靜也어늘 而譟險讒諛者任이라 四封之內所以聽從者는 信與德也어늘 而陂知傾覆者使라 令之所以行과 威之所以立者는 恭儉聽上〔也〕어늘

社稷이 세워지는 까닭은 평안함 때문인데, 시끄럽고 경박하며 참소하고 아첨하는 자를 임용한다. 사방의 封土 안이 듣고 따르는 까닭은 믿음과 은덕 때문인데, 간교한 지식으로 나라를 뒤엎는 자에게 일을 시킨다. 명령이 시행되는 까닭과 위엄이 세워지는 이유는 공손과 검약으로 윗사람을 따르기 때문인데,

○顧廣圻曰 藏本同이라 今本에 儉下有也不二字하니 誤라 按上字下當有也字라

○顧廣圻 : 藏本도 마찬가지다. 今本에 '儉'자 아래에 '也不' 두 글자가 있으니 잘못되었다. 살펴보건대 '上'자 아래에 응당 '也'자가 있어야한다.

45-18 而巖居非世者顯이라 倉廩之所以實者는 耕農之本務也어늘 而綦組錦繡刻畫爲末作者富라 名之所以成과 (域池)〔地〕之所以廣者는 戰士也어늘

산속에 살면서 세상을 비판하는 자가 이름을 드날리고 있다. 창고가 가득 차는 까닭은 농사짓는 근본에 힘쓰기 때문인데, 장식 끈을 엮고 비단 자수를 넣고 그림을 새기는 등 말엽적인 일을 하는 자가 부유해진다. 명성을 이루는 까닭과 영토가 넓어지는 이유는 전쟁을 치른 군사가 있기 때문인데,

○顧廣圻曰 池는 當作地라 兪樾曰 顧說 是也라 惟城地連文이로되 近於不辭하니 城疑衍文이라 名之所以成과 地之所以廣의 兩文相對하니 不當有城字라 蓋卽成字之誤而衍者라

○顧廣圻 : '池'자는 응당 '地'자가 되어야 한다.

兪樾 : 顧廣圻의 설이 옳다. 생각건대 '城地'가 連文이지만 거의 말이 되지 않으니 '城'자는 衍文인 듯하다. '名之所以成'과 '地之所以廣'의 두 문장이 상대하니 응당 '城'자가 있어서는 안 된다. 아마도 〈'名之所以成'의〉 '成'자가 〈'城'으로〉 잘못되어 衍文이 된 듯하다.

45-19 今死之孤飢餓乞於道나

지금 〈전쟁에서〉 죽은 이의 고아들이 굶주려 길에서 구걸하고 있으나

○顧廣圻曰 藏本同이라 今本에 死下有士字하니 誤라

○顧廣圻 : 藏本도 마찬가지다. 今本에 '死'자 아래에 '士'자가 있으니 잘못되었다.

45-20 而優笑酒徒之屬乘車衣絲라 賞祿은 所以盡民力易下死也어늘 今戰勝攻取之士勞而賞不霑이나 而卜筮視手理狐(蟲)〔蠱〕爲順辭[7]於前者日賜라

광대와 주정뱅이 같은 무리들이 수레를 타고 옷을 차려입고 있다. 상과 봉록은 백성들이 힘을 다하고 자신의 목숨과 바꾸게 하는 것인데, 지금 전쟁에서 승리하고 공격하여 취한 군사들이 수고롭기만 하고 상이 베풀어지지 않으나 점을 치고 손금을 보며 여우처럼 간사한 짓을 하면서 그 앞에서 아첨하는 자들에게 날마다 하사하고 있다.

○兪樾曰 蟲은 乃蠱之誤라 春秋에 蟲牢[8]어늘 春秋繁露竹林篇에 作蠱牢하니 卽其例矣라 狐蠱二字連文이니 見僖十五年左傳[9]이라

○兪樾 : '蟲'은 곧 '蠱'의 잘못이다. ≪春秋≫에 '蟲牢(옛 지명)'라 되어 있는데, ≪春秋繁露≫ 〈竹林篇〉에는 '蠱牢'로 되어 있으니 바로 그 사례이다. '狐蠱' 두 글자는 連文이니 ≪春秋左氏傳≫ 僖公 15년 조에 보인다.

45-21 上握度量은 所以擅生殺之柄也어늘 今守度奉量之士欲以忠嬰[10]上이나

---

7) 順辭 : 상대방의 뜻을 거스르지 않고 일방적으로 阿順(아첨)하는 말을 뜻한다.

8) 春秋 蟲牢 : ≪春秋≫ 成公 5년 조에 "12월 己丑日에 成公이 晉侯·齊侯·宋公·衛侯·鄭伯·曹伯·邾子·杞伯과 會合하여 蟲牢에서 同盟하였다."라고 하였다. 이에 대한 杜預의 注에 "蟲牢는 鄭나라 땅이고, 陳留 封丘縣 북쪽에 桐牢가 있다."고 하였다.

9) 狐蠱二字連文 見僖十五年左傳 : ≪春秋左氏傳≫ 僖公 15년 조에 다음과 같은 내용이 보인다. "卜士徒父가 이번 전쟁의 吉凶을 占치니 吉하였다. '黃河를 건너면 侯車가 敗退할 것입니다.'라고 하니, 秦伯이 꾸짖었다. 徒父가 대답하기를 '이것이 바로 大吉입니다. 세 번 패퇴하면 반드시 晉나라 임금을 사로잡을 것입니다. 그 卦가 蠱卦를 만났으니 그 卦辭에 千乘이 세 번 패퇴할 것이니 세 번 패퇴한 뒤에 그 雄狐를 잡는다고 하였으니, 저 狐蠱는 晉나라 임금이 틀림없습니다.'라고 하였다." 杜預의 注에 "狐蠱는 雄狐를 바꾸어 말한 것이다."라고 하였다.

而不得見(현)하고 **巧言利辭行姦軌以倖偸世者數**(삭)**御**라

윗사람이 법도를 잡고 있음은 살리고 죽이는 권세를 마음대로 행사하려는 것인데, 지금 법도를 지키고 받드는 선비가 충성으로 윗사람을 만나려 하지만 알현하지 못하고 말을 간교하게 꾸미고 이익을 말하며 간사한 짓을 행하여 세상에 요행을 얻는 자가 자주 알현한다.

○**先愼曰 廣雅釋詁**에 **御**는 **進也**라하니라 **數**은 **音色角反**이라 **此言巧言利辭之人**이 **得常常進見也**라

○王先愼 : ≪廣雅≫ 〈釋詁〉에 "'御'는 '進(진현함)'이다."라고 하였다. '數'은 音이 色과 角의 反切이다. 이는 말을 간교하게 꾸미고 이익을 말하는 자가 항상 군주를 進見하는 것을 이른다.

45-22 **據法直言**하고 **名刑**[11]**相當**하며 **循繩墨**하야 **誅姦人**은 **所以爲上治也而愈疏遠**이어늘 **諂施順意從欲以危世者近習**이라 **悉租稅**하고 **專民力**은 **所以備難充倉府也**어늘 **而士卒之逃事狀匿**하고 **附託有威之門**하야 **以避傜賦**나 **而上不得者萬數**라

법도에 근거하여 直言을 하고 刑名이 부합하며 법도〔繩墨〕를 따라 간사한 이를 주벌하는 것은 윗사람이 다스리는 바로 이들과 더욱 멀어지려는 것인데, 아첨하고 뜻에 순응하며 사욕을 따라 세상을 위태롭게 하는 자들을 가까이한다. 세금을 모두 거두고 백성들이 전력을 기울이는 것은 환난을 대비하고 창고를 채워두려는 것인데, 사졸들은 전쟁을 피해 몸을 숨기고 위력 있는 가문에 의탁하여 傜役과 세금을 피하고 있으나 위에서 잡지 못하고 있는 자들이 수만 명이다.

○**兪樾曰 狀匿**은 **卽藏匿也**라 **狀**은 **與壯通**이니 **考工記㮚氏凡鑄金之狀**이어늘 **故書狀作壯**하니 **是也**라 **壯**은 **與莊通**이니 **漢書古今人表柳壯**이어늘 **檀弓作柳莊**하니 **是**

---

10) 嬰 : '만나다', '접촉하다'의 뜻으로 쓰였다.

11) 名刑 : '刑名'과 같은 말이다. 명칭을 고찰하고 그 실제를 강구하여 명칭과 실상이 서로 부합하는지를 따지는 것이다.

也라 而藏字說文所無어늘 古書多以臧爲之라 臧莊은 聲近이라 狀通作壯하고 壯又通作莊하니 則亦可通作臧矣라 王先謙曰 狀은 卽伏字形近而誤라 伏匿二字는 見史記范雎傳[12)]이니 兪說迂曲이라

○兪樾 : '狀匿'은 '藏匿(숨다)'이다. '狀'자는 '壯'자와 통한다. ≪周禮≫ 〈考工記 㮚氏〉에 '凡鑄金之狀(금을 주조할 때 쓰는 형상)'으로 되어 있는데, 옛 책에는 '狀'자가 '壯'자로 되어 있으니 이것이다. '壯'자는 '莊'자와 통한다. ≪漢書≫ 〈古今人表〉에 '柳壯'으로 되어 있는데 ≪禮記≫ 〈檀弓 下〉에는 〈'柳壯'이〉 '柳莊'으로 되어 있으니 이것이다. '藏'자는 ≪說文解字≫에 없는데 옛 책에서 대부분 '臧'자를 썼다. '臧'자와 '莊'자는 소리가 비슷하다. '狀'자를 '壯'자와 통용해서 쓰고, '壯'자를 또 '莊'자와 통용해서 쓰니, 그렇다면 또한 〈'壯'자를〉 '臧'자와 통용해서 쓸 수 있다.

王先謙 : '狀'자는 '伏'자와 字形이 비슷해서 잘못된 것이다. '伏匿' 두 글자는 ≪史記≫ 〈范雎列傳〉에 보이니, 兪樾의 설은 왜곡되었다.

45-23 夫陳善田利宅은 所以厲戰士也어늘

좋은 전답과 훌륭한 집을 벌여놓는 것은 전쟁을 치른 사졸들을 독려하려는 것인데,

○先愼曰 乾道本에 厲戰士作戰士卒이라 盧文弨云 脫厲字요 衍卒字라하니 據拾補補하노라

○王先愼 : 乾道本에 '厲戰士'가 '戰士卒'로 되어 있다. 盧文弨는 "'厲'자가 탈락되었고 '卒'자는 衍文이다."라고 하였으니, ≪群書拾補≫에 의거하여 보충하였다.

45-24 而斷頭裂腹播骨乎(平)原野者는

머리가 잘리고 배가 갈라지며 평원에 뼈가 흩어진 이들은

○顧廣圻曰 藏本同이라 今本原下有曠字하니 誤라 按平字當衍이니 涉乎字形近耳라

12) 伏匿二字 見史記范雎傳 : ≪史記≫ 〈范雎列傳〉에 "魏나라 사람 鄭安平이 이를 듣고, 마침내 范雎를 데리고 도망쳐 숨겨주고 성명을 張祿으로 고치게 했다.〔魏人鄭安平聞之 乃遂操范雎亡 伏匿更名姓曰張祿〕"라고 하였다.

○顧廣圻：藏本도 마찬가지다. 今本에는 '原'자 아래에 '曠'자가 있으니 잘못되었다. 살펴보건대 '平'자는 응당 衍文이니 字形이 비슷한 '乎'자와 연계되었을 따름이다.

45-25 無宅容身하야 死田畝나

자신의 몸을 들일 수 있는 집이 없어서 〈밖의〉 전답에서 죽지만

○顧廣圻曰 今本에 重身字라 藏本에 畝作敏하고 今本에 作奪이라 按句有誤라 先愼曰 乾道本은 不誤라 今本에 作身死田奪하니 非라 無宅容身하니 則其田不待身死而奪也라 藏本에 畝作敏하니 形近而誤라 死田畝는 卽孟子死溝壑之意[13]라 生旣無宅이라 故死於外也라

○顧廣圻：今本에 '身'자가 중복되어 있다. 藏本에 '畝'자가 '敏'자로 되어 있고, 今本에는 〈'畝'자가〉 '奪'자로 되어 있다. 살펴보건대 句에 잘못이 있다.

王先愼：乾道本은 잘못되지 않았다. 今本에 '身死田奪'로 되어 있으니 틀렸다. 자신의 몸을 들일 수 있는 집도 없으니, 그 전답은 자신이 죽기를 기다릴 필요도 없이 남에게 빼앗겼을 것이다. 藏本에 '畝'자가 '敏'자로 되어 있으니 字形이 비슷하여 잘못된 것이다. '死田畝'는 곧 ≪孟子≫ 〈滕文公 上〉의 '구렁에서 죽는다〔死溝壑〕'는 뜻이다. 살았을 때부터 이미 집이 없기 때문에 밖에서 죽을 수밖에 없다.

45-26 而女妹有色하고 大臣左右無功者 擇宅而受하고 擇田而食이라 賞利一從上出은 所以善剬(제)下也어늘

미모의 딸과 누이를 내세우는 자, 대신과 측근들로서 〈전쟁에〉 아무런 공이 없는 자들이 집을 골라서 받고 전답을 골라서 食祿을 얻는다. 상과 이익이 한결같이 윗사람에게서 나오는 것은 아랫사람을 잘 통제하려는 것인데,

○先愼曰 乾道本에 無以字라 拾補에 善剬作擅制라 盧文弨云 以字脫이니 張本

---

13) 孟子死溝壑之意：≪孟子≫ 〈滕文公 上〉에 "백성의 부모가 되어서 백성들로 하여금 한스럽게 보아 일 년 내내 부지런히 일해도 그 부모를 봉양할 수 없게 하고, 또 빚을 내어 보태어서 세금을 내게 하여 늙은이와 어린아이의 시신이 구렁에 굴러다니게 한다면, 백성의 부모라는 것이 어디에 있겠는가.〔爲民父母 使民盻盻然將終歲勤動 不得以養其父母 又稱貸而益之 使老稚轉乎溝壑 惡在其爲民父母也〕"라고 하였다.

有라 制는 藏本作剬이라하니라 顧廣圻云 剬制는 字同이라 所下當有以字라하니라 今據張本補하노라

○王先愼 : 乾道本에 '以'자가 없다. ≪群書拾補≫에 '善剬'가 '擅制'로 되어 있다. 盧文弨는 "'以'자가 탈락되었으니 張本에는 〈'以'자가〉 있다. '制'자는 藏本에 '剬'자로 되어 있다." 라고 하였다. 顧廣圻는 "'剬'자와 '制'자는 같은 글자이다. '所'자 아래에 응당 '以'자가 있어야 한다."라고 하였다. 지금 張本에 의거하여 보충하였다.

45-27 而戰介之士不得職이나

전투용 갑옷을 입은 군사들은 관직을 얻지 못하지만

○顧廣圻曰 戰은 當作耿이라

○顧廣圻 : '戰'자는 응당 '耿'자가 되어야 한다.

45-28 而閒居之士尊顯이라

한가롭게 지내는 선비들은 높아지고 현달한다.

○先愼曰 乾道本에 居作官이라 顧廣圻云 今本에 官作居라하니 今據改하노라

○王先愼 : 乾道本에 '居'자가 '官'자로 되어 있다. 顧廣圻는 "今本에 '官'자가 '居'자로 되어 있다."라고 하였으니, 지금 이에 의거하여 고쳤다.

45-29 上以此爲教인댄 名安得無卑하며 位安得無危리오 夫卑名危位者는

윗사람이 이로써 가르침을 삼는다면 명성이 어찌 낮아지지 않겠으며, 지위가 어찌 위태로워지지 않겠는가. 무릇 명성을 낮추고 지위를 위태롭게 하는 것은

○先愼曰 乾道本에 無危字라 盧文弨云 危字脫이니 秦本에 有라하니 今據補하노라

○王先愼 : 乾道本에 〈'夫卑名危位者'의〉 '危'자가 없다. 盧文弨는 "'危'자가 탈락된 것이니 秦本에는 〈'危'자가〉 있다."라고 하였으니, 지금 이에 의거하여 보충하였다.

45-30 必下之不從法令하고 有二心(無)私學하야 反逆世者也어늘

필시 아랫사람으로서 법령을 따르지 않고 두 마음을 갖고 사사로이 학문을 하여 세상에 반역하는 자들 때문인데,

○盧文弨曰 無字衍이라 顧廣圻曰 二心私學은 上下文凡五見이라

○盧文弨 : '無'자는 衍文이다.
顧廣圻 : '二心'과 '私學'은 위아래의 글에 모두 다섯 번 보인다.

45-31 而不禁其行하고 不破其群以散其黨하며 又從而尊之하니 用事者過矣라 上之所以立廉恥者는

그 행동을 금하지 않고 그 무리를 격파하여 당파를 해산시키지 못하며, 또 그들을 따르며 존숭하니 이는 정권을 잡은 자의 과실이다. 윗사람이 廉恥를 세우는 것은

○先愼曰 乾道本에 上下有世字라 顧廣圻云 今本에 無世字라하니 今據刪하노라

○王先愼 : 乾道本에 '上'자 아래에 '世'자가 있다. 顧廣圻는 "今本에 '世'자가 없다."라고 하였으니, 지금 이에 의거하여 삭제하였다.

45-32 所以(屬)〔厲〕下也어늘

아랫사람을 독려하려는 것인데,

○王念孫曰 屬은 乃厲之誤라 說詳上有度篇[14]이라

○王念孫 : '屬'자는 '厲'자의 잘못이다. 설명이 위의 〈有度篇〉에 자세하다.

45-33 今士大夫는 不羞汙泥醜辱而宦하고

지금의 士大夫는 더러움과 추한 욕을 부끄러워하지 않고 벼슬살이하며

14) 說詳上有度篇 : ≪韓非子≫ 〈有度篇〉의 "厲官威民(관리를 독려하고 백성에게 위엄을 세움)"에 대해 王念孫은 다음과 같이 말했다. "'屬'자로 되어 있는 것은 '厲'자의 잘못이다. 俗書에 '属'자가 '屬'으로 되어 있으니 모양이 '厲'와 비슷하기 때문이다."

○先愼曰 句絶이라

○王先愼 : 句를 끊어야 한다.

45-34 女妹私義之門은 不待次而宦이라

미모의 딸과 누이를 내세우거나 사사로운 義를 행하는 가문에서는 차례를 기다릴 필요 없이 벼슬살이한다.

○先愼曰 句絶이라

○王先愼 : 句를 끊어야 한다.

45-35 賞賜는 所以爲重也어늘

상을 하사하는 것은 존중하려는 것인데,

○先愼曰 乾道本에 所上有之字라 顧廣圻云 今本에 無之字니 誤라하니라 先愼按 顧氏句讀(두)誤耳니 此與下誠信所以通威也로 句法一律하니 不當有之字일새 從今本删하노라

○王先愼 : 乾道本에 '所'자 위에 '之'자가 있다. 顧廣圻는 "今本에 '之'자가 없으니 잘못되었다."라고 하였다. 내가 살펴보건대 顧廣圻의 구두가 잘못된 것이니, 여기는 아래의 "誠信所以通威也(진실로 믿게 하는 것은 권위를 통하게 하려는 것)"와 句法이 일치하니 응당 '之'자가 있어서는 안 되기에 今本을 따라 삭제하였다.

45-36 而戰鬪有功之士貧賤하고 (而)便辟優徒超級이라 名號

전쟁에서 공이 있는 군사들은 빈천하고, 아첨하는 광대들이 정도를 넘어 대우를 받는다. 名號를

○先愼曰 便上而字衍이라

○王先愼 : '便'자 위의 '而'자는 衍文이다.

45-37 誠信은 所以通威也어늘 而主揜障하고 近習女謁竝行하며 百官主爵遷人하니 用事者過矣라 大臣官人이 與下先謀比周하야 (雖)〔唯〕[15]不法行하야 威利在下면

진실로 믿게 하는 것은 권위를 통하게 하려는 것인데, 군주는 가려져 〈알지 못하고〉 측근과 애첩의 청탁이 병행하며 百官이 官爵을 주관하여 남의 〈관작을 마음대로〉 옮기니, 이는 정권을 잡은 자의 과실이다. 大臣과 官人들이 아랫사람과 미리 모의하여 당파를 이루어 불법이 행해져 威와 利가 아래에 있으면

○顧廣圻曰 藏本同이라 今本에 無與下先謀雖五字라 按句有誤나 未詳이라

○顧廣圻 : 藏本도 마찬가지다. 今本에 '與下先謀雖' 다섯 글자가 없다. 살펴보건대 句에 잘못이 있으나 미상이다.

45-38 則主卑而大臣重矣라 夫立法令者는 以廢私也니 法令行而私道廢矣라 私者는 所以亂法也라 而士有二心私學하고 巖居窨(路)〔處〕[16]하며

군주는 낮아지고 大臣은 높아진다.

무릇 법령을 세우는 것은 사사로움을 폐하려는 것이니, 법령이 행해지면 사사로운 道가 폐해진다. 사사로움이란 법령을 어지럽히는 것이다. 그런데 선비이면서 두 마음을 지니고 사사로운 학문을 하며 산속과 동굴에 거처하며

○顧廣圻曰 藏本同이라 今本에 路作處하니 誤라

○顧廣圻 : 藏本도 마찬가지다. 今本에 '路'자가 '處'자로 되어 있으니 잘못되었다.

45-39 託伏[17]深慮하되 大者非世하고 細者惑下어늘 上不禁하고 又從而尊之라 〔尊之〕以名하고

---

15) (雖)〔唯〕 : 저본에는 '雖'로 되어 있으나, ≪韓非子新校注≫ 陳奇猷의 설에 의거하여 '唯'로 바로잡았다.

16) (路)〔處〕 : 저본에는 '路'로 되어 있으나, ≪韓非子新校注≫ 陳奇猷의 설에 의거하여 '處'으로 바로잡았다.

17) 託伏 : 남에게 의탁하거나 은둔하는 것을 이른다.

은둔하여 깊은 생각에 빠져 있으면서 크게는 세상을 비난하고 작게는 아랫사람을 미혹시키는데, 윗사람은 금하지 않고 또한 따르면서 존중한다. 명예로 존중하고

○顧廣圻曰 又從而尊之五字 爲一句니 上下文及此凡四見이라 以名上有脫文이니 當本重尊之二字而脫耳라

○顧廣圻 : '又從而尊之' 다섯 글자가 하나의 句이니, 위아래 글과 여기까지 모두 네 번 보인다. '以名' 위에 脫文이 있으니 응당 본래 '尊之' 두 글자가 중복되어 탈락시켰을 뿐이다.

45-40 化之以實하니 是無功而顯하고 無勞而富也라 如此인댄 則士之有二心私學者 焉得無深慮勉知詐與誹謗法令하야

실질적인 〈이익으로〉 길러주니, 이는 공이 없으면서 현달하고 수고로움이 없으면서 부유한 것이다. 이와 같다면, 선비이면서 두 마음을 지니고 사사로운 학문을 하는 자가 어찌 간교한 지혜로 남을 속이는 데 힘쓰는 것과 법령을 비방한 것을 깊이 생각하여

○盧文弨曰 淩本에 無與字라

○盧文弨 : 淩本에 '與'자가 없다.

45-41 以求索與世相反者也리오 凡亂上反世者는 常士有二心私學者也라 故本言[18]曰 所以治者는 法也요 所以亂者는 私也라 法立이면 則莫得爲私矣라하니라 故曰 道私者亂이요 道法者治라하니라 上無其道면 則智者有私詞하고 賢者有私意라 上有私惠면 下有私欲이라 聖智成群하야 造言作辭하야 以非法措於上이어늘

세상과 상반되는 것을 찾지 않겠는가. 무릇 윗사람을 어지럽히고 세상과 상반되는 자는 항상 선비이면서 두 마음을 지니고 사사로운 학문을 하는 자이다. 그래서 ≪本言≫에서 이르기를 "다스려지는 것은 법 때문이고, 어지러워지는 것은 사

18) 本言 : 韓非子가 열람했던 法家思想과 관련된 책으로 보인다.

사로움 때문이다. 법이 세워지면 사사로움을 행할 수 없다."라고 하였다. 그래서 이르기를 "사사로움을 道로 삼으면 어지러워지고, 법을 道로 삼으면 다스려진다." 라고 하였다.

위에서 그 道가 없으면 智者가 사사로운 말을 하고 賢者가 사사로운 뜻을 갖는다. 위에서 사사로운 은혜를 베풀면 아래에서 사사로운 욕심을 갖는다. 聖人과 智者가 무리를 이루어 이러저러한 말을 만들어서 법이 아닌 것을 그 위에 두고 있는데,

○顧廣圻曰 藏本同이라 今本에 措作令이라 按句有誤라

○顧廣圻 : 藏本도 마찬가지다. 今本에 '措'자가 '令'자로 되어 있다. 살펴보건대 句에 잘못된 점이 있다.

45-42 上不禁塞하고 又從而尊之하니 是敎下不聽上하고 不從法也라 是以賢者顯名而居하고 姦人賴賞而富라 賢者顯名而居하고 姦人賴賞而富일새 是以上不勝下也로라

위에서는 이들을 금하거나 막지 않고 또한 따르며 존숭하니, 이는 아랫사람으로 하여금 윗사람의 말을 듣지 않게 하고 법령을 따르지 않게 하는 것이다. 이 때문에 賢者는 이름을 날리면서 지내고 간사한 이는 포상에 기대어 부유해진다. 賢者는 이름을 날리면서 지내고 간사한 이는 포상에 기대어 부유해지기 때문에 윗사람이 아랫사람을 이기지 못하는 것이다.

第四十六 六反篇 제46편 여섯 가지 정상이 아닌 일

〈六反篇〉은 여섯 가지 비정상적인 현상을 지적하고 이를 해결하는 중요한 요체를 제시한 글이다. 첫 부분은 먼저 응당 질책을 받아야 할 사람이 도리어 세속 사람의 칭찬을 받는 여섯 가지 행위와 응당 칭찬을 받아야 할 사람이 도리어 세속 사람의 비방을 받는 여섯 가지 행위를 지적하였다. 이것은 구체적인 육반의 의미이지만 여기에만 국한하지 않고 세속의 관념과 儒家學說의 정치에 대한 의견을 비판하였다.

맨 먼저 세상에 존재하는 육반의 현상을 비판하면서 자신의 각종 인물에 대한 평가를 밝혔다. 아울러 백성들은 '私利'와 '私害'에 따라 각종 인물에게 비방과 칭찬을 가하는데, 군주가 만일 세속 사람들의 여론에 가려져서 賞罰의 시행에 마땅함을 잃으면 국가를 富强하게 하지 못한다고 지적하였다. 그리고 더 나아가 儒家 학자의 각종 논설을 비판하는 한편 자기의 정치에 관한 주장을 피력하였다. 이에 관한 비판을 세 단계로 나누어 전개하였다.

첫째, 儒者가 임금을 설득할 때 "이익을 추구하려는 마음을 버리고 서로 사랑하는 도리를 펼쳐야 한다.〔去求利之心 出相愛之道〕"라고 한 주장을 功利主義와 위엄으로 사람을 복종시킬 수 있다는 논리로 이를 비판하였다.

둘째, 賞罰의 효용이 善을 권하고 惡을 금하는 데 있으니 상벌을 단호하게 시행해야 됨을 말하여 학자의 輕刑 주장을 비판하였다.

셋째, 사람의 天性은 탐욕스럽고 사악하여 만족시키기 어렵다는 관점에 근거하여, 학자의 '愛民'과 '足民(백성을 만족시킴)' 주장을 비판하였다. 그는 愛民政策은 사람들을 교만하게 하여 멋대로 부정한 짓을 하게 하고, 足民政策은 사람들을 지나치게 사치하게 하여 힘을 쓰는 일에 게을러지게 한다고 하였다. 또 군주가 백성을 아무리 만족시키더라도 天子와 같은 풍족함을 누리게 해줄 수는 없는 일임을 설파하였다.

마지막 부분은 이런 사회적 풍조가 盛行하는 원인을 제시하였다. 바로 當世의 군주가 본인의 말을 들어보지 않아서 그가 학술이 없는 자인 줄을 알지 못하고, 본인에게 일을 맡겨보지 않아서 그가 不肖한 줄을 알지 못하니, 군주는 응당 그의 말을 들어보고 그의 말이 사리에 합당한지를 찾아보아야 한다고 하였다. 이런 주장은 허황하고 진부한 학설과 과장하고 속이는 행위가 마구 유행하는 일을 제지할 수 있다는 믿음에서 나온 것이다.

46-1 畏死遠難은

죽음을 두려워하고 患難을 피하는 것은

○先愼曰 乾道本에 無遠字라 顧廣圻云 今本에 有遠字라 按句有誤나 未詳所當作이라 先愼按 有遠字是요 難은 讀爲患難之難이니 與下雖犯軍旅之難同이라 禮記曲禮에 臨難無苟免이라하니 遠難은 卽免難之義라 畏死遠難은 有倖生之心이니 用以當敵이면 必不恥降北(항배)之辱이라 此遠字不可少일새 據今本增하노라

○王先愼 : 乾道本에 '遠'자가 없다. 顧廣圻는 "今本에 '遠'자가 있다. 살펴보건대 文句에 잘못이 있으나 어떤 글자가 되어야 마땅한지 모르겠다."라고 하였다. 내가 살펴보건대 '遠'자가 있는 것이 옳고 '難'은 '患難'의 '難'으로 읽어야 되니, 아래의 '雖犯軍旅之難(전쟁의 환난을 만나더라도)'과 같다. ≪禮記≫ 〈曲禮〉에 '臨難無苟免(환난을 당하여 구차스럽게 벗어나지 말라.)'이라고 하였으니, '遠難'은 곧 환난을 벗어난다는 뜻이다. '畏死遠難'은 요행으로 살기를 바라는 마음이니, 〈이런 사람을〉 써서 적을 대적하게 하면 반드시 항복하거나 패배하는 것을 치욕으로 여기지 않는다. 이 '遠'자가 없어서는 안 되기 때문에 今本에 의거하여 보충하였다.

46-2 降北之民也어늘 而世尊之曰 貴生之士라하고 學道立方은 離法之民也어늘 而世尊之曰 文學之士라하며 遊居厚養은 牟[1]食之民也어늘 而世尊之曰 有能之士라하고 語曲牟[2]知는

투항하거나 패배하는 사람인데 세상 사람들은 그들을 존경하여 생명을 귀중히 여기는 高士라고 하고, 道術을 배우고 學說을 創立하는 것은 법을 위배하는 사람인데 세상 사람들은 그들을 존경하여 학문이 있는 文士라고 하며, 직업 없이 놀면

1) 牟 : 곡식의 뿌리를 잘라먹는 해충 '蛑'와 통용하므로, '좀먹다'로 번역하였다.

2) 牟 : '牟'의 字解에 '크다', '많다'의 뜻이 있으므로, '많다'로 번역하였다.

서 풍족한 봉양을 받는 것은 나라를 좀먹는 사람인데 세상 사람들은 그들을 존경하여 능력이 있는 才士라고 하고, 말을 왜곡되게 하고 지혜가 많은 척하는 것은

○顧廣圻曰 牟字有誤나 未詳所當作이라 先愼曰 淮南時則訓高注에 牟는 多也라하니라 知는 讀曰智라

○顧廣圻 : '牟'자는 잘못이 있으나 어떤 글자가 되어야 합당한지 모르겠다.
王先愼 : ≪淮南子≫ 〈時則訓〉 高誘의 注에 "'牟'는 '多(많다)'이다."라고 하였다. '知'는 '智'로 읽어야 한다.

46-3 僞詐之民也어늘 而世尊之曰 辯智之士라하며 行劍攻殺은 暴(憿)〔傲〕之民也어늘

거짓으로 속이는 사람인데 세상 사람들은 그들을 존경하여 〈말솜씨가 뛰어난〉 辯士・智士라고 하며, 劍을 사용하여 사람을 쳐서 죽이는 것은 흉포하고 오만한 사람인데

○顧廣圻曰 本書亡徵篇에 有暴慠即此니 未知孰是라 先愼曰 作暴慠是니 說詳亡徵篇하니라

○顧廣圻 : ≪淮南子≫ 〈亡徵篇〉에 있는 '暴慠'란 말이 바로 이것이니, 어느 것이 옳은지 모르겠다.
王先愼 : '暴慠'로 된 것이 옳으니, 〈亡徵篇〉에서 자세히 해설하였다.

46-4 而世尊之曰 磏(렴)勇之士라하고

세상 사람들은 그들을 존경하여 자신을 단련한 勇士라고 하고,

○先愼曰 說文에 磏은 厲石也라하니 凡棱利之義 即此字之轉注[3]라 經傳에 皆以廉爲之라

○王先愼 : ≪說文解字≫에 "'磏'은 厲石(숫돌)이다."라고 하였으니, 모나고 날카롭다는

3) 轉注 : 漢字 六書의 하나이다. 한 글자의 뜻을 가지고 다른 뜻으로 바꾸어 서로 통용하여 쓰는 방법을 말한다. 경우에 따라 그 音을 바꾸기도 한다.

뜻이 곧 이 글자의 轉注이다. 經傳에 모두 '廉'으로 되어 있다.

46-5 **活賊匿姦**은 **當死之民也**어늘 **而世尊之曰 任**[4]**譽之士**라하니

도적을 살려주고 간악한 자를 숨겨주는 것은 사형을 받아야 할 사람인데 세상 사람들은 그들을 존경하여 의협심이 있고 명예를 중시하는 名士라고 하니,

○**盧文弨曰 譽**는 **疑是俠**이라

○盧文弨 : '譽'는 아마 '俠'인 듯하다.

46-6 **此六民者**는 **世之所譽也**니라

이 여섯 종류의 사람은 세상의 여론이 훌륭하다고 칭찬을 한다.

46-7 **赴險殉誠**은 **死節之民**이어늘

위험한 國難에 달려가고 충성을 바쳐 죽는 것은 절의를 지켜 죽는 사람인데

○**先愼曰 依上下文**하면 **民下**에 **當有也字**라

○王先愼 : 윗글과 아래 글에 의거하면 '民' 아래에 응당 '也'자가 있어야 한다.

46-8 **而世少之曰 失計之民也**라하고 **寡聞從令**은 **全法之民也**어늘 **而世少之曰 樸陋之民也**라하며 **力作而食**은 **生利之民也**어늘 **而世少之曰 寡能之民也**라하고 **嘉厚純粹**는 **整穀之民也**어늘

세상 사람들은 그들을 경시하여 계획이 잘못된 사람이라 하고, 聞見이 적으나 법령을 잘 따르는 것은 법을 보전하는 사람인데 세상 사람들은 그들을 경시하여 천박하고 어리석은 사람이라 하며, 농사에 힘써 自力으로 먹고 사는 것은 이익을 생산하는 사람인데 세상 사람들은 그들을 경시하여 능력이 없는 사람이라 하고,

---

4) 任 : 개인의 이해를 따지지 않고 자신의 힘이나 재력으로 약한 사람을 돕는 일을 말하는 '任俠'의 '任'자이므로 '의협심'으로 번역하였다.

인품이 아름답고 후덕하며 순수함은 단정하고 선량한 사람인데

○王先謙曰 整은 正이요 穀은 善也라

○王先愼 : '整'은 바름이고, '穀'은 선량함이다.

46-9 而世少之曰 愚戇之民也라하며 重命畏事는 尊上之民也어늘 而世少之曰 怯慴(섭)之民也라하고 挫賊遏姦은 明上[5]之民也어늘

세상 사람들은 그들을 경시하여 어리석고 고지식한 사람이라 하며, 명령을 존중하고 일을 신중히 처리하는 것은 군주를 존경하는 사람인데 세상 사람들은 그들을 경시하여 겁이 많고 소심한 사람이라 하고, 역적을 타격하고 간사한 행위를 막는 것은 君上의 귀와 눈을 밝게 하는 사람인데

○先愼曰 明上은 謂奉揚法令이라

○王先愼 : '明上'은 법령을 받들어 선양함을 말한다.

46-10 而世少之曰 讇[6]讒之民也라하니 此六者는 世之所毁也니라 姦僞無益之民六이어늘 而世譽之如彼하고 耕戰有益之民六이어늘 而世毁之如此하니 此之謂六反이니라 布衣循私利而譽之하고 世主聽虛聲而禮之하니 禮之所在에 利必加焉이라 百姓循私害而訾之하고 世主壅於俗而賤之하니 賤之所在에 害必加焉이라 故名賞在乎私惡當罪之民하고 而毁害在乎公善宜賞之士하니 索國之富强이면 不可得也리라

세상 사람들은 그들을 경시하여 윗사람에게 아첨하고 아랫사람을 헐뜯는 사람이라고 한다. 이 여섯 종류의 사람은 세상의 여론이 모두 경시하여 폄훼를 한다.

간사하고 사기를 일삼아 국가에 무익한 사람이 여섯 종류인데 세상 사람들은

5) 明上 : 集解의 설을 따르지 않고, ≪韓非子新校注≫에 松皐圓이 "'明上'은 간악한 자를 고발하고 사악한 자를 살펴서 군주의 귀와 눈을 밝게 하는 것이다."라고 하였는데, 陳奇猷가 옳다고 하였기에 이를 따라 번역하였다.

6) 讇 : '諂(아첨하다)'과 같다.

저처럼 칭찬을 하고, 힘써 농사를 짓고 전쟁에 참여하여 국가에 유익한 사람이 여섯 종류인데 세상 사람들은 이처럼 폄훼하고 있으니, 이를 일러 여섯 가지 정상이 아닌 일〔六反〕이라 하는 것이다.

평민은 사적인 이익을 따라 〈국가에 무익한 사람들을〉 칭찬하고, 당세의 군주는 헛된 명성만을 듣고 〈국가에 무익한 사람들을〉 禮遇하니, 예우를 받는 곳에는 반드시 이익이 추가된다. 백성은 사적인 손해를 따라 〈국가에 유익한 사람들을〉 폄훼하고, 당세의 군주는 세속 사람의 편견에 가려져서 〈국가에 유익한 사람들을〉 천시하니 천시를 받는 곳에는 반드시 迫害가 추가된다.

그러므로 명예와 포상은 私欲을 꾀해 나쁜 짓을 하여 응당 처벌을 받아야 할 사람에게 돌아가고, 폄훼와 박해는 국가를 위해 좋은 일을 하여 의당 상을 받아야 할 사람에게 돌아가니, 그러고서 국가가 부강하기를 구한다면 이는 이룰 수가 없는 것이다.

46-11 古者有諺曰 爲政猶沐也하야 雖有棄髮이라도 必爲之라하니라 愛棄髮之費하야

옛날 속담에 "정치를 하는 일은 마치 머리를 감는 것과 같아서 머리카락이 조금 빠지더라도 반드시 감아야 한다."라고 하였다. 머리카락이 빠져서 없어지는 것이 아까워

○先愼曰 趙本에 重(髮)〔愛〕字라 盧文弨云 下愛字는 藏本不重이라하고 顧廣圻云 必爲之句絶이니 今本重愛字는 誤라하니라 先愼案 必爲之는 謂不以損髮而不沐이라 八說篇에 沐者有棄髮云云이라하니 與此意同이라

○王先愼 : 趙本에 '愛'자가 거듭 있다. 盧文弨는 "〈'雖有棄髮 必爲之'〉 아래의 '愛'자는 藏本에 거듭 있지 않다."라고 하였고, 顧廣圻는 "'必爲之'에 句를 끊어야 되니, 今本에 '愛'자가 거듭 있는 것은 잘못이다."라고 하였다. 내가 살펴보건대 '必爲之'는 머리카락이 손실되는 것 때문에 머리를 감지 않으면 안 됨을 말한 것이다. 《韓非子》 〈八說篇〉에 '沐者有棄髮……(머리를 감는 사람은 빠지는 머리카락이 있고……)'라고 하였으니, 여기의 뜻과 같다.

46-12 **而忘長髮之利**면 **不知權者也**니라

머리카락이 잘 자라는 이익을 잊는다면 〈이는 利害에 대한〉 변통을 모르는 사람이다.

46-13 **夫彈痤者痛**하고 **飮藥者苦**어늘 **爲苦(憊)〔痛〕**[7]**之故**로 **不彈痤飮藥**이면 **則身不活**하고 **病不已矣**니라

종기를 찔러서 터뜨리면 고통스럽고 약을 마시면 입이 쓴 법인데, 입이 쓰고 고통스러운 것 때문에 종기를 찔러 터뜨리거나 약을 마시지 않으면 몸을 살리지 못하고 병을 고치지 못한다.

○顧廣圻曰 自此至末은 皆當連이어늘 各本에 多提行하니 皆非是라

○顧廣圻 : 여기서부터 끝까지는 응당 모두 이어져야 하는데 各本에 대부분 줄을 바꾸었으니 모두 옳지 않다.

46-14 **今上下之接**에 **無(子父)〔父子〕之澤**이어늘

지금 군주와 신하 사이의 접촉에 부자간과 같은 은택이 없는데

○先愼曰 依下文하면 子父는 當作父子라

○王先愼 : 아래 글에 의거하면 '子父'는 응당 '父子'가 되어야 한다.

46-15 **而欲以行義禁下**면 **則交必有郄矣**리라 **且父母之於子也**에 **產男則相賀**하고 **產女則殺之**하니 **此俱出父母之懷衽**이어늘 **然男子受賀**하고 **女子殺之者**는 **慮其後便**하고

仁義를 시행해야 한다는 요구로 신하를 규제하려고 하면 그 군신간의 교제는 반드시 균열이 생기고 말 것이다. 또한 부모가 자식에 있어서도 아들을 낳으면 서로

---

7) (憊)〔痛〕: 저본에는 '憊'로 되어 있으나, "'憊'는 '痛'의 오자라고 한 太田方의 설을 옳다."라고 한 ≪韓非子新校注≫ 陳奇猷의 설에 의거하여 '痛'으로 바로잡았다.

축하하고 딸을 낳으면 죽여 없애니, 이 자녀는 모두 부모의 품안에서 나왔다. 그런데 아들은 축하를 받고 딸은 죽여 없애는 것은, 지금 이후의 편의를 고려하고

○王渭曰 句絶이라

○王渭 : 여기에서 句를 끊어야 한다.

46-16 **計之長利也**라 **故父母之於子也**에 **猶用計算之心以相待也**어든 **而況無父子之澤乎**아

장구한 이익을 계산하기 때문이다. 그러므로 부모가 자식에 있어서도 오히려 이해를 계산하는 마음으로 상대하는데 하물며 부자간의 은택이 없는 〈군신간의〉 관계에 있어서랴?

46-17 **今學者之說**(세)**人主也**에 **皆去求利之心**하고 **出相愛之道**하니

지금 학자들이 군주를 설득할 때 모두 이익을 추구하려는 마음을 버리고 서로 사랑하는 도리를 펼쳐야 한다고 말하니,

○王先謙曰 如孟子說世主에 不言利而以仁爲先이라

○王先謙 : 마치 孟子가 군주를 설득할 적에 이익은 말하지 않고 仁을 우선으로 삼은 것과 같다.

46-18 **是求人主之過於父母之親也**라

이는 군주에게 부모가 자식을 친애하는 情보다 훨씬 더 친애하기를 요구하는 것이다.

○先愼曰 乾道本에 無於字어늘 今從拾補增하노라 盧文弨云 於字는 馮校增이라하니라

○王先愼 : 乾道本에 '於'자가 없는데 지금 ≪群書拾補≫를 따라 증보하였다. 盧文弨는 "'於'자는 馮舒의 校訂本에 보충되어 있다."라고 하였다.

46-19 此不熟於論恩하야 詐而誣也라

이는 은택에 대한 담론이 자세하지 못하여 속이고 황당하게 지어낸 말이다.

○顧廣圻曰 藏本同하고 今本恩作思하니 誤라 盧文弨曰 思는 張本作恩이라

○顧廣圻 : 藏本은 같고, 今本은 '恩'이 '思'로 되어 있으니 잘못이다.
盧文弨 : '思'는 張本에 '恩'으로 되어 있다.

46-20 故明主不受也하나니라

그러므로 현명한 군주는 〈이런 설득을〉 받아들이지 않는다.

○先愼曰 乾道本에 無主字라 顧廣圻云 今本은 明下에 有主字하니 按此當有라하야늘 今據補하노라

○王先愼 : 乾道本에 '主'자가 없다. 顧廣圻는 "今本은 '明' 아래에 '主'자가 있으니, 살펴보건대 이곳에 응당 〈'主'자가〉 있어야 한다."라고 하였기에, 지금 이에 의거하여 보충하였다.

46-21 聖人之治也는 審於法禁하니 法禁明著면 則官(法)〔治〕하고

聖人이 나라를 다스리는 방도는 법률과 금령을 자세히 살피는 데 있었으니, 법률과 금령이 명확하게 드러나면 관청의 사무가 〈법에 의해〉 잘 처리되고

○顧廣圻曰 句絶이라 法은 依下文하면 當作治라

○顧廣圻 : 여기서 句를 끊어야 한다. '法'은 아래 글에 의거하면 응당 '治'가 되어야 한다.

46-22 必於賞罰호되 賞罰不阿면 則民用이라

賞罰을 단호하게 시행하되 상벌이 私情에 기울지 않으면 백성은 〈명령에 따라〉 쓰이게 된다.

○顧廣圻曰 句絶이라

○顧廣圻 : 여기서 句를 끊어야 한다.

46-23 (官)〔民用〕官治면

백성이 〈명령에 따라〉 쓰이게 되고, 관청의 사무가 〈법에 의해〉 잘 처리되면

○顧廣圻曰 當作民用官治四字라

○顧廣圻 : 〈'官官治'는〉 응당 '民用官治' 네 글자가 되어야 한다.

46-24 則國富하고 國富면 則兵强하야

나라가 부유해지고, 나라가 부유해지면 병력이 강성해져서

○盧文弨曰 下國字는 張本無라

○盧文弨 : 아래의 '國'자는 張本에 없다.

46-25 而霸王之業成矣니라 霸王者는 人主之大利也니 人主挾大利以聽治라 故其任官者當能하고 其賞罰無私라 使士民明焉하야 盡力致死면 則功伐可立이요 而爵祿可致니 爵祿致而富貴之業成矣니라

霸業이나 王業을 이룰 수 있다. 패업과 왕업은 군주의 가장 큰 이익이니, 군주가 〈패업과 왕업이라는〉 가장 큰 이익을 품고 나라를 다스리므로 임용한 관리는 능력에 맞고 賞罰은 私情에 기울지 않게 한다. 士民들이 이를 분명히 알게 하여 〈국가를 위해〉 힘을 다하고 죽음을 무릅쓰게 하면 功勳을 세울 수 있고, 爵祿을 얻게 되니, 작록을 얻으면 부귀를 구하는 사업을 이룰 수가 있는 것이다.

○盧文弨曰 致는 張本作至라

○盧文弨 : '致'는 張本에 '至'로 되어 있다.

46-26 富貴者는 人臣之大利也니 人臣挾大利以從事라 故其行危至死라도 其力盡而不望하나니라

富貴는 신하의 가장 큰 이익이니, 신하가 〈부귀라는〉 가장 큰 이익을 품고 일을 처리하므로 그가 처리하는 일이 위험하여 죽음에 이르더라도 있는 힘을 다하여

원망하지 않는다.

○先愼曰 大臣盡力從事하야 雖行危至死라도 無怨이라

○王先愼 : 大臣이 있는 힘을 다해 일을 처리하느라 비록 하는 일이 위험하여 죽음에 이르더라도 원망함이 없다는 말이다.

46-27 此謂君不仁하고 臣不忠이면 則(不)可以霸王矣니라

이를 일러 군주는 〈신하를〉 仁愛하지 않고 신하는 〈군주에게〉 충성하지 않으면 霸業이나 王業을 이룰 수 있다고 하는 것이다.

○顧廣圻曰 不字는 當衍이라 外儲說右篇云 君通於不仁하고 臣通於不忠이면 則可以王矣라하니 此其證也라

○顧廣圻 : '不'자는 응당 衍文이다. 〈外儲說 右下篇〉에 "君通於不仁 臣通於不忠 則可以王矣(군주는 〈신하를〉 인애하지 않아야 함을 알고, 신하는 〈군주에게〉 충성하지 않아야 함을 알면 왕 노릇 할 수 있다.)"라고 하였으니, 이것이 그 증명이다.

46-28 夫姦必知則備하고 必誅則止어니와 不知則肆하고 不誅則行이라 夫陳輕貨於幽隱이면 雖曾史[8)]라도 可疑也요 懸百金於市면 雖大盜라도 不取也니라 不知면 則曾史可疑於幽隱이요 必知면 則大盜不取懸金於市라 故明主之治國也에 衆其守[9)]而重其罪하야

간악한 사람이 〈자기의 행위가〉 반드시 알려지게 되면 경계할 것이고, 반드시

---

8) 曾史 : 曾參과 史魚를 아울러 이르는 칭호이다. 증삼은 春秋時代 魯나라 사람으로 孔子의 제자 曾子이다. 효성이 지극하였고, ≪大學≫을 기술하고 ≪孝經≫을 지었으며, 공자의 손자 子思에게 학문을 전수하였다.

사어는 춘추시대 衛나라의 大夫이다. 이름이 鰌이어서 史鰌라고도 한다. 衛 靈公이 賢臣 蘧伯玉을 등용하지 않고 不肖한 彌子瑕를 신임하자, 죽음에 임박하여 자식들에게 신하로서 직분을 다하지 못했으니 장례를 정식으로 치르지 말라고 유언하여 영공을 깨닫게 하였다고 한다.

9) 衆其守 : ≪韓非子集解≫는 '其'를 '지키는 사람'으로 이해하였으나, '지키는 조치'로 해석한 ≪韓非子全釋≫ 張覺의 설을 따라 번역하였다.

曾參

史鰌

처벌을 받으면 〈간악한 짓을〉 그치겠지만, 알려지지 않으면 마음껏 〈간악한 짓을〉 하고, 처벌을 받지 않으면 〈간악한 짓을〉 마구 할 것이다. 〈몸에 지닐 수 있는〉 간편한 재화를 으슥한 곳에 놓아두면 曾參이나 史鰌라도 혐의스러운 마음을 품을 수 있고, 시장에 百金을 걸어두면 큰 도둑이라도 가져가려고 하지 않을 것이다. 〈가져가도〉 알려지지 않는다면 증삼과 사추도 으슥한 곳에서는 혐의스러운 마음을 품을 수 있고, 〈가져가면〉 반드시 알려지게 되면 큰 도둑도 시장에 걸어둔 백금을 가져가지 않을 것이다. 그러므로 현명한 군주는 나라를 다스릴 적에 〈간악한 행위를〉 지키는 조치를 많이 만들고 그 죄를 가중 처벌하여

○先愼曰 張榜本에 而作其하니 誤라 守者衆하야 以防於未發하고 罪者重하야 以杜其效尤라

○王先愼 : 張榜本에 '而'가 '其'로 되어 있으니 잘못이다. 지키는 사람을 많이 두어 〈간악한 행위가〉 일어나기 전에 방지하고, 죄를 지은 자를 가중 처벌하여 나쁜 행위를 본받는 길을 막는 것이다.

46-29 使民以法禁而不以廉止니라 母之愛子也倍父로되 父令之行於子者十母하며

백성들에게 法令으로 〈간악한 행위를〉 금지하고 淸廉으로 중지하도록 하지 않

는다. 어머니의 자식에 대한 사랑은 아버지에 비해 곱절이나 되지만 아버지의 명령이 자식에게 시행되는 것은 어머니에 비해 열 배나 되며,

○盧文弨曰 者는 一作也라

○盧文弨 : '者'는 어떤 본에는 '也'로 되어 있다.

46-30 吏之於民無愛로되 令之行於民也萬父母라 父母積愛而令窮하고

관리는 백성에 대해 사랑이 없지만 〈관리의〉 명령이 백성에게 시행되는 것은 부모에 비해 만 배나 된다. 부모는 사랑을 쌓았건만 명령이 통하지 않고,

○先愼曰 乾道本에 不重父母二字라 顧廣圻云 今本에 積上有父母二字하니 誤라 先愼按 上十母萬父母에 竝句絶이라 父母積愛與吏用威嚴이 相對成文하니 不當省(생)父母二字라 顧說非일새 改從今本하노라

○王先愼 : 乾道本에 '父母' 두 글자가 중복되지 않았다. 顧廣圻는 "今本에 '積' 위에 '父母' 두 글자가 있으니 잘못이다. 내가 살펴보건대 윗글의 '十母'와 '萬父母'에 모두 句를 끊어야 한다. '父母積愛'와 '吏用威嚴'이 상대하여 문장을 이루었으니, '父母' 두 글자를 생략하는 것은 온당치 않다. 고광기의 설이 틀렸기 때문에 今本을 따라 고쳤다.

46-31 吏用威嚴而民聽從하나니

관리는 〈형벌의〉 위엄을 이용하므로 백성들이 〈그의 명령을〉 따르는 것이니,

○先愼曰 乾道本에 無用字라 盧文弨云 用字脫이어늘 張本有라하니 今據補라하니라

○王先愼 : 乾道本에 '用'자가 없다. 盧文弨는 "'用'자가 탈락되었는데 張本에 〈'用'자가〉 있다."라고 하였으니, 지금 이에 의거하여 보충하였다.

46-32 嚴愛之筴(책)을 亦可決矣라 且父母之所以求於子也는 動作엔 則欲其安利也하고 行身엔 則欲其遠罪也하며 君上之於民也는 有難엔 則用其死하고 安平엔 則盡其力이라 親以厚愛關子於安利而不聽하고

여기에서 위엄의 책략을 쓸 것인지 사랑의 책략을 쓸 것인지를 또한 결단할 수

있을 것이다. 게다가 부모가 자식에게 기대하는 것은 행동할 적에는 안전하고 유리하기를 바라고, 처신할 적에는 범죄에서 멀리 떨어지기를 바라며, 군주가 백성에게 대해서는 患難이 있을 적에는 그들이 목숨을 바쳐 일함을 이용하고 평안할 적에는 그들이 있는 힘을 다하여 일하도록 한다. 부모는 두터운 사랑을 품고 자식이 안전하고 유리한 환경이 되는 데에 관심을 두는데도 〈자식은〉 명령을 따르지 않고,

○盧文弨曰 關이 或作開라

○盧文弨 : '關'이 어떤 본에는 '開'로 되어 있다.

46-33 君以無愛利求民之死力而令行하니라 明主知之라 故不養恩愛之心하고 而增威嚴之勢라 故母厚愛處〔慈〕[10]에

군주는 사랑과 이익을 주는 것이 없으면서 백성들에게 목숨을 바치고 있는 힘을 다하도록 요구하는데도 명령이 시행된다. 현명한 군주는 이런 도리를 알기 때문에 백성을 恩愛할 마음을 기르지 않고 위엄으로 다스릴 권세를 증강한다. 그러므로 어머니가 두터운 사랑으로 자식을 자애롭게 대하는 경우에

○顧廣圻曰 句有誤하니 當脫一字라

○顧廣圻 : 이 句에 잘못이 있으니 응당 한 글자가 탈락되었다.

46-34 子多敗는 推愛也요

그 자식이 대부분 나빠지는 것은 사랑을 널리 시행하기 때문이고,

推는 行也라

舊注 : '推'는 '行(시행함)'이다.

46-35 父薄愛敎笞에

10) 〔慈〕 : 저본에는 '慈'가 없으나, ≪韓非子新校注≫ 陳奇猷의 설에 의거하여 보충하였다.

아버지가 사랑이 적고 매질을 하면서 가르치는 경우에

○顧廣圻曰 五字爲一句라

○顧廣圻 : 〈父薄愛敎笞〉 다섯 글자를 한 句로 삼아야 한다.

46-36 子多善은 用嚴也니라

자식이 대부분 품행이 좋은 것은 엄격한 도리를 이용했기 때문이다.

○先愼曰 張榜本에 無故母至用嚴大小二十四字라

○王先愼 : 張榜本에 '故母'에서 '用嚴'까지의 24자 정도가 없다.

46-37 今家人之治産也에

지금 평민의 집에서 家産을 관리할 적에

○顧廣圻曰 藏本同하고 今本에 今作令하니 誤라

○顧廣圻 : 藏本은 같고, 今本에 '今'이 '令'으로 되어 있으니 잘못되었다.

46-38 相忍以飢寒하며

서로 굶주림과 추위를 참으며

○先愼曰 盧文弨拾補에 出飢字云 饑는 張本作飢라 按下饑饉天饑에 作飢는 非라하니라 先愼按 下二飢字 張榜本作饑하니 不誤라

○王先愼 : 盧文弨의 ≪群書拾補≫에 '飢'자로 표출하고서 "'饑'는 張本에 '飢'로 되어 있다. 살펴보건대 아래 글의 '饑饉'과 '天饑'에 〈'饑'가〉 '飢'로 된 것은 틀렸다."라고 하였다. 내가 살펴보건대 아래 글의 두 '飢'자가 張榜本에 '饑'로 되어 있으니 잘못되지 않았다.

46-39 相强以勞苦하면 雖犯軍旅之難과 饑饉之患이라도

서로 억지로 수고롭고 고생을 하면 전쟁의 危難과 饑饉의 환난을 만나더라도

○先愼曰 饑字는 從張榜本改하니 下同이라

○王先愼 : '饑'자는 張榜本을 따라 고쳤으니 아래(天饑)의 〈'饑'자도〉 같다.

46-40 溫衣美食者는 必是家也요 相憐以衣食하며 相惠以佚樂이면 天饑歲荒에 嫁妻賣子者는 必是家也라 故法之爲道면 前苦而長利하고 仁之爲道면 偸樂而後窮이라 聖人權其輕重하야 出其大利라 故用法之相忍하고 而棄仁(人)之相憐也니라

따뜻한 옷을 입고 맛있는 음식을 먹는 것은 필시 이런 가정일 것이고, 서로 좋은 옷과 음식으로 사랑하며 서로 편안하고 즐거움으로 은혜를 베풀면 天災를 만나 흉년이 들었을 때 아내를 남에게 시집보내고 자식을 팔아먹는 것은 필시 이런 가정일 것이다.

그러므로 法治로 나라를 다스리는 방도를 삼으면 처음에는 고달프지만 오래도록 이익을 누리게 되고, 仁愛로 나라를 다스리는 방도를 삼으면 잠시의 즐거움은 있겠지만 뒤에는 곤궁하게 될 것이다.

聖人은 그 〈법치와 인애의〉 輕重을 저울질하여 큰 이익이 있는 쪽을 선택하였다. 그러므로 법치를 써서 서로 〈어려움을〉 참게 하고 인애를 베풀어 서로 사랑하게 하는 쪽을 포기한 것이다.

○顧廣圻曰 人字는 當衍이니 此仁與法相對也라

○顧廣圻 : '人'자는 응당 衍文이니, 여기에서 '仁'과 '法'이 서로 對應이다.

46-41 學者之言皆曰 輕刑이라하니 此亂亡之術也라

학자들은 모두 "형벌을 가볍게 해야 한다."라고 말하는데 이는 국가를 혼란하게 하고 멸망하게 하는 방법이다.

○先愼曰 乾道本에 無刑字라 顧廣圻云 今本에 有刑字하니 按依下文當有라하야늘 今據補하노라

○王先愼 : 乾道本에 '刑'자가 없다. 顧廣圻는 "今本에 '刑'자가 있으니, 아래 글에 의거하면 응당 〈'刑'자가〉 있어야 한다."라고 하였기에 지금 이에 의거하여 보충하였다.

46-42 凡賞罰之必者는 勸禁也니

賞罰을 단호하게 시행해야 하는 것은 〈공로를〉 권장하고 〈범죄를〉 금지하기 위함이니,

○先愼曰 乾道本에 必作心이라 顧廣圻云 今本에 心作必하니 誤라하고 王先謙云 必字是라 上言必於賞罰이라하니 卽其證이라 若作心則不當有者字라하야늘 改從今本하노라

○王先愼 : 乾道本에 '必'이 '心'으로 되어 있다. 顧廣圻는 "今本에 '心'이 '必'로 되어 있으니 잘못되었다."라고 하였고, 王先謙은 "'必'자가 옳다. 위에서 '必於賞罰'이라고 말했으니 바로 그 증거이다. 만일 '心'으로 되면 응당 '者'자가 있어서는 안 된다."라고 하였기에 今本을 따라 고쳤다.

46-43 賞厚면 則所欲之得也疾하고 罰重이면 則所惡(오)之禁也急이니라

후한 상을 내리면 원하는 〈공로를〉 빨리 얻고, 엄중한 벌을 시행하면 미워하는 〈범죄를〉 신속히 금지시킬 수가 있다.

○先愼曰 乾道本에 惡作惠하고 拾補에 作惡라 盧文弨云 惠字非라하야늘 今據改라하니라

○王先愼 : 乾道本에 '惡'가 '惠'로 되어 있고, ≪群書拾補≫에 '惡'로 되어 있다. 盧文弨는 "'惠'자는 틀렸다."라고 하였기에 지금 이에 의거하여 고쳤다.

46-44 夫欲利者는 必惡(오)害하니 害者는 利之反也니 反於所欲이면 焉得無惡리오 欲治者는 必惡亂하니 亂者는 治之反也라 是故로 欲治甚者는 其賞必厚矣요 其惡亂甚者는 其罰必重矣라 今取於輕刑者는 其惡亂不甚也요 其欲治又不甚也니라

이익을 얻고자 하는 자는 반드시 손해를 싫어하니, 손해는 이익의 반대이니 얻고자 하는 이익에 반대가 되면 어찌 싫어하지 않겠는가? 나라를 잘 다스리고자

하는 자는 반드시 혼란을 싫어하니, 혼란은 다스려짐의 반대이다. 이 때문에 잘 다스려지기를 몹시 바라는 자는 그 상을 반드시 후하게 내리고, 혼란을 몹시 싫어하는 자는 그 징벌을 반드시 엄중하게 시행한다. 지금 형벌의 경감에 찬성하는 사람은 혼란을 싫어하는 마음이 심하지 않고, 잘 다스려지기를 원하는 마음도 심하지 않은 것이다.

○顧廣圻曰 藏本에 也下에 更(갱)有其欲治又不甚也七字하고 今本에 有其欲治又不甚也者八字하니 皆誤라

○顧廣圻 : 藏本에는 '也' 아래에 다시 '其欲治又不甚也'의 일곱 글자가 있고, 今本에는 '其欲治又不甚也者'의 여덟 글자가 있으니 모두 잘못이다.

46-45 此非特無術也요 又乃無行이라 是故로 決賢不肖愚知之(美)〔差〕[11]는

이런 사람은 단지 통치하는 法術이 없을 뿐 아니라 法治하는 덕행 역시 없는 것이다. 이 때문에 〈군주가〉 현명한지 不肖한지, 우매한지 지혜로운지의 차이는

○顧廣圻曰 藏本同이라 今本에 知作智하고 美作分하니 按句有誤라 兪樾曰 美는 乃筴字之誤니 上文云 嚴愛之筴을 亦可決矣라하고 此云 決賢不肖愚知之筴이라하니 其文義正相似라 作美字는 形近而誤라 今本에 改美爲分은 未得其字라

○顧廣圻 : 藏本은 같다. 今本에 '知'가 '智'로 되어 있고, '美'는 '分'으로 되어 있으니, 살펴보건대 이 句에 잘못이 있다.

兪樾 : '美'는 곧 '筴'자의 잘못이니, 윗글에 "嚴愛之筴 亦可決矣(위엄의 책략을 쓸 것인지 사랑의 책략을 쓸 것인지를 또한 결단할 수 있을 것이다.)"라고 하였고, 여기에서 "決賢不肖愚知之筴"이라고 하였으니, 그 文義가 서로 꼭 같다. '美'자로 된 것은 字形이 서로 비슷하여 잘못된 것이다. 今本에 '美'를 고쳐 '分'으로 만든 것은 여기에 맞는 글자를 알지 못했기 때문이다.

46-46 在賞罰之輕重이니라 且夫重刑者는 非爲罪人也라 明主之法은 揆也니 治

---

11) (美)〔差〕: 저본에는 '美'로 되어 있으나, ≪韓非子新校注≫ 陳奇猷의 설에 의거하여 '差'로 바로잡았다.

賊은 **非治所揆也**라 **〔治〕**[12)]**所揆也者**는 **是治死人也**[13)]니라

시행하는 賞罰의 輕重에 달려 있는 것이다. 게다가 형벌을 엄중하게 시행하는 것은 죄인만을 〈징벌하기〉 위한 것이 아니다. 현명한 군주의 법은 〈사람들에게 자기의 행위를〉 헤아리는 기준을 〈제공하는 것이니,〉 큰 도적을 다스리는 것은 법률로 헤아린 죄인만을 다스리는 것이 아니다. 법률로 헤아린 죄인만을 다스린다면 이는 죽을 죄수만을 다스리는 것이다.

○兪樾曰 此는 當作明主之法也揆賊이니 非治所揆也라 治所揆也者는 是治死人也니 方與下文刑盜非治所刑也요 治所刑也者는 是治胥靡也로 文法一律이라 揆賊之揆 誤移在上句하고 因移下句治字以補之하야 義不可通矣라 道藏本趙本에 但於所揆也者上에 加一治字하니 猶未得也라 又按揆字未詳何義라 據與刑盜對文하면 疑揆當作殺이라 古字에 或以蔡(살)爲之하니 尙書禹貢에 二百里蔡이라하야늘 鄭注云 蔡之言은 殺이라하니 是蔡殺聲近義通이라 說文米部에 臣鍇引左傳 槃蔡叔이어늘 今作蔡(살)蔡叔하니 亦其例也라 蔡誤作葵하고 傳寫者 又以意改爲揆耳라

○兪樾：여기는 응당 "明主之法也揆賊 非治所揆也 治所揆也者 是治死人也(현명한 군주의 법은 큰 도적의 죄를 헤아려 〈처벌하는〉 것이니, 법으로 헤아린 죄인만을 다스리는 것이 아니다. 법으로 헤아린 죄인만을 다스리는 것은 바로 죽을 죄인을 다스리는 것이니)"가 되어야 하니, 그래야 비로소 아래 글의 "刑盜非治所刑也 治所刑也者 是治胥靡也(좀도둑을 형벌하는 것은 형벌할 사람만을 다스리는 것이 아니다. 형벌할 사람만을 다스린다면 이는 노역할 노예를 다스리는 것이다.)"와 동일한 형식의 문법이 된다. '揆賊'의 '揆'가 위의 句에 잘못 옮겨져 있고, 이어서 아래 구의 '治'자를 옮겨 그 자리를 보충하여 뜻이 통할 수 없게 되었다. 道藏本과 趙本에 단지 '所揆也者' 위에 '治'자 하나를 추가하였으니, 아직 그 뜻을 얻지 못하였다. 또 살펴보건대 '揆'자는 무슨 뜻인지 모르겠다. '刑盜'와 상대되는 문구에 근거하면 아마 '揆'는 응당 '殺'이 되어야 한다. 古字에 간혹 '蔡(살)'로 쓰기도 하니, ≪尙書≫ 〈禹貢〉에 "二百里蔡(〈500리는 要服인데, 그 중의 300리는 夷의 땅이고〉 200리는 죄인을 죽이는 蔡의 지역이다.)"이라고 하였는데 鄭玄의 注에 "'蔡'의 뜻은 '殺'이다."라고 하였으니, 이것이 '蔡'와 '殺'의 성음이 비슷하고 뜻이 통하는 것이다. ≪說文解字≫ 米部에 臣 徐鍇가 ≪春秋左

12) 〔治〕: 저본에는 '治'자가 없으나, ≪韓非子新校注≫ 陳奇猷의 설을 따라 보충하였다.

13) 明主之法……是治死人也 : ≪韓非子集解≫ 兪樾의 설을 따르지 않고, ≪韓非子新校注≫ 陳奇猷와 ≪韓非子全譯≫ 張覺의 句讀와 보충한 글자(治)를 따라 번역하였다.

氏傳≫ 昭公 원년의 "槃蔡叔(蔡叔을 죽였다.)"을 인용하였는데, 지금은 '蔡蔡叔'으로 되어 있으니, 이 역시 그 例이다. '蔡'가 잘못 '葵'가 되고, 베껴 쓰는 사람이 또 임의로 고쳐서 '揆'가 되었을 뿐이다.

46-47 刑盜는 非治所刑也라 治所刑也者면 是治胥靡[14)]也라 故曰 重一姦之罪하야 而止境內之邪라하노니 此所以爲治也라 重罰者는 盜賊也요 而悼懼者는 良民也니 欲治者 奚疑於重刑이리오

좀도둑을 형벌하는 것은 형벌할 사람만을 다스리는 것이 아니다. 형벌할 사람만을 다스린다면 이는 노역할 노예를 다스리는 것이다. 그러므로 "간악한 한 사람의 죄를 엄중히 처벌하여 국경 안의 사악한 행위를 금지한다."라고 말하는 것이니, 이것이 국가를 다스리는 방법이 되는 것이다. 중벌을 받는 자는 좀도둑과 큰 도적이고, 이를 통해 두려워하는 자는 선량한 백성이니, 국가를 잘 다스리고자 하는 자가 〈盜賊에게〉 엄중한 형벌을 시행하는 데 대하여 어찌 의심하겠는가?

○先愼曰 乾道本에 刑下有名字라 顧廣圻云 藏本同하고 今本無名字라 按依下文하면 不當有라하야늘 今據刪하노라

○王先愼 : 乾道本에 '刑' 아래에 '名'자가 있다. 顧廣圻는 "藏本은 같고, 今本은 '名'자가 없다. 살펴보건대 아래 글에 의거하면 〈'名'자가〉 있는 것은 합당치 않다."라고 하였기에 지금 이에 의거하여 〈'名'자를〉 삭제하였다.

46-48 若夫厚賞者는 非獨賞功也요 又勸一國이라

후하게 상을 내리는 것은 단지 공로가 있는 사람에게만 상을 주는 것이 아니고, 또한 온 나라 사람을 권면하는 것이다.

○顧廣圻曰 四字爲一句라

○顧廣圻 : 〈又勸一國〉 네 글자가 한 句가 된다.

---

14) 胥靡 : 옛날 노역에 종사하던 노예나 형벌을 받은 죄수를 말한다. 또는 형벌의 이름이 되기도 한다.

46-49 受賞者는 甘利하고 未賞者는 慕業하나니 是報一人之功에 而勸境內之衆也라 欲治者 何疑於厚賞이리오 今不知治者는 皆曰 重刑傷民이니 輕刑可以止姦이어늘 何必於重哉리오하니 此不察於治者也라 夫以重止者는 未必以輕止也요 以輕止者는 必以重止矣라 是以로 上設重刑(者)而姦盡止니

상을 받은 사람은 이익을 얻은 것을 달게 여기고, 상을 받지 못한 사람은 〈상을 받은 사람의〉 功業을 부러워하는 것이니, 이는 한 사람이 이룩한 공로에 보답함으로써 국경 안의 民衆을 권면하는 것이다. 국가를 잘 다스리고자 하는 자가 〈공로자에 따라〉 후한 상을 내리는 일에 대하여 어찌 의심하겠는가.

지금 국가를 다스릴 줄 모르는 자는 모두 "형벌을 엄중하게 시행하면 백성을 해치게 되니, 형벌을 가볍게 시행하더라도 간악한 행위를 그칠 수 있는데 어찌 굳이 형벌을 엄중하게 시행할 필요가 있는가."라고 하니, 이는 국가를 다스리는 방도를 알지 못하는 말이다.

엄중한 형벌을 시행함으로써 〈간악한 행위를〉 그치는 자는 가벼운 형벌을 시행한다는 것으로는 반드시 그치는 것이 아니고, 가벼운 형벌을 시행함으로써 그치는 자는 엄중한 형벌을 시행하면 반드시 그치게 된다. 이 때문에 君上이 엄중한 형벌을 만들면 간악한 행위가 모조리 그칠 것이니,

○先愼曰 者字는 涉上下文而衍이라

○王先愼 : 〈上設重刑者의〉 '者'자는 윗글과 아래 글에 연관되어 衍文이 된 것이다.

46-50 姦盡止면 則此奚傷於民也리오

간악한 행위가 모조리 그친다면 이것이 어찌 백성을 해치는 것이 되겠는가.

○先愼曰 能止姦이면 則重刑無傷이라

○王先愼 : 간악한 행위를 그치게 하면 엄중한 형벌이 해가 없음을 말한 것이다.

46-51 所謂重刑者는 姦之所利者細하고 而上之所(加)〔蒙〕焉者大也니 民不以小利蒙大罪라

이른바 엄중한 형벌이란 간악한 자가 이익을 얻는 것은 작고 君上이 그에게 씌우는 징벌은 큰 것이니, 백성들이 작은 이익 때문에 큰 죄를 뒤집어쓰지 않는 것이다.

○先愼曰 乾道本에 蒙作加라 盧文弨云 加는 張本作蒙이라하야늘 今據改하노라

○王先愼 : 乾道本에 '蒙'이 '加'로 되어 있다. 盧文弨는 "'加'는 張本에 '蒙'으로 되어 있다."라고 하였기에 지금 이에 의거하여 고쳤다.

46-52 故姦必止(者)也니라

그러므로 간악한 행위가 그치게 되는 것이다.

○先愼曰 下文에 無者字라

○王先愼 : 아래 글에는 '者'자가 없다.

46-53 所謂輕刑者는 姦之所利者大하고 上之所加焉者小也니

이른바 가벼운 형벌이란 간악한 자가 얻는 이익은 크고 君上이 시행하는 징벌은 작은 것이니,

○先愼曰 依上文하면 上上에 當有而字라

○王先愼 : 윗글에 의거하면 '上'의 위에 응당 '而'자가 있어야 한다.

46-54 民慕其利而傲其罪라

사람들은 큰 이익을 얻는 것을 사모하여 형벌 받는 일을 輕視한다.

○先愼曰 傲其罪는 謂輕易(이)其刑이라

○王先愼 : '傲其罪'는 형벌 받는 것을 가볍게 여기는 것을 이른다.

46-55 故姦不止也니 故先聖有諺曰 不躓於山이요 而躓於垤이라하니라

그러므로 간악한 행위가 그치지 않는 것이니, 그 때문에 先聖이 남긴 속담에

"높은 산에서는 넘어지지 않고 낮은 언덕에서 넘어진다."라고 하였다.

○先愼曰 淮南子人閒訓의 堯戒에 躓作蹪(퇴)하고 垤作蛭이어늘 高注에 蹪는 躓也요 蛭은 蟻〔封〕[15]也라하니 按依義當作垤이라

○王先愼 : ≪淮南子≫ 〈人間訓〉의 帝堯가 경계한 말에 '躓'는 '蹪'로 되어 있고, '垤'은 '蛭'로 되어 있는데, 高誘의 注에 "'蹪'는 '躓(넘어지다)'이고, '垤'은 '蟻封(개밋둑)'이다."라고 하였으니, 살펴보건대 뜻을 따른다면 응당 '垤'이 되어야 한다.

46-56 山者大라 故人順之하고

산은 크기 때문에 사람들이 조심하고,

○顧廣圻曰 順은 讀爲愼이라

○顧廣圻 : '順'은 '愼'으로 읽어야 한다.

46-57 垤微小라 故人易(이)之也일새라 今輕刑罰하면 民必易之니 犯而不誅면 是驅國而棄之也요 犯而誅之면 是爲民設陷也라 是故로 輕(罪)〔刑〕[16]者는 民之垤也라 是는 以輕(罪)〔刑〕之爲(民)道也니

낮은 언덕은 작아서 사람들이 소홀히 여기기 때문이다. 만일 형벌을 가볍게 하면 백성들은 반드시 〈형벌을〉 소홀히 여길 것이다. 그러니 죄를 범했는데도 처벌하지 않으면 이는 나라 사람들을 버리는 쪽으로 몰아가는 것이고, 범한 죄에 따라 처벌하면 이는 백성들에게 함정을 만들어주는 것이다. 이 때문에 형벌을 가볍게 시행함은 백성에게 낮은 언덕과 같게 여기도록 하는 것이다. 이는 가벼운 형벌을 시행하는 것으로 〈백성을 다스리는〉 방법을 삼은 것이니,

○先愼曰 民字는 不當有라 此言輕罪之道 非欲亂國이나 卽爲民設陷也라 民字는 涉上下文而衍이라

---

15) 〔封〕 : 저본에는 '封'이 없으나, ≪淮南子≫ 〈人間訓〉 高誘의 注에 의거하여 보충하였다.
16) (罪)〔刑〕 : 저본에는 '罪'로 되어 있으나, ≪韓非子新校注≫ 陳奇猷의 설에 의거하여 '刑'으로 바로잡았다. 아래의 '輕罪'도 같다.

○王先愼 : '民'자는 응당 있어서는 안 된다. 이것은 형벌을 가볍게 시행하는 방법이 나라를 어지럽게 하려고 한 것은 아니지만 〈이 방법이〉 곧 백성을 위해 함정을 만든 일이 됨을 말한 것이다. '民'자는 윗글과 아래 글에 연관되어 衍文이 된 것이다.

46-58 **非亂國也**면 **則設民陷也**니 **此則可謂傷民矣**니라

나라를 혼란에 빠지게 하지 않으면 백성에게 함정을 만들어주는 것과 같으니, 이야말로 백성에게 傷害를 주는 일이라고 할 수 있다.

46-59 **今學者**는 **皆道書筴**(책)**之頌語**하며

지금의 학자들은 모두 서적에 실린 공덕을 찬미한 말만 말하며

○**先愼曰 訟語**는 **猶美語也**라

○王先愼 : '頌語'는 '美語(〈공덕을〉 찬미하는 말)'와 같다.

46-60 **不察當世之實事**하고 **曰 上不愛民**하야 **賦斂常重**하니 **則用不足而下**(恐)〔**怨**〕**上**이라

그 시대의 실제 사정은 고찰하지 않고 "君上이 백성을 사랑하지 않으면서 항상 세금만 무겁게 거두어들이니, 그러면 財用이 부족하여 백성들은 군상을 원망한다.

○**盧文弨曰 恐**은 **疑是怨**이라 **先愼曰 盧說是**니 **下不足於用則怨上**이라 **故下云 此以爲足其財用以加愛**라하니 **愛與怨文正相對**라

○盧文弨 : '恐'은 아마 '怨'인 듯하다.

王先愼 : 盧文弨의 설이 옳으니, 아랫사람들은 재용이 부족하면 군상을 원망한다. 그러므로 아래에서 "此以爲足其財用以加愛(이는 재용을 풍족하게 하여 더욱 사랑을 베풀면……라고 여겨서)"라고 하였으니, '愛'와 '怨'의 글자가 바로 상대가 된다.

46-61 **故天下大亂**이라하니라 **此以爲足其財用以加愛焉**이면 **雖輕刑罰**이라도 **可以治也**니 **此言不然矣**라 **凡人之取**(추)**重**(賞)〔**刑**〕**罰**은 **固已足之之後也**니

그러므로 천하가 크게 어지러워진다."라고 말하는 것이다. 이는 財用을 풍족하게 하여 더욱 사랑을 베풀면 형벌을 가볍게 시행하더라도 잘 다스릴 수가 있다고 여겨서 한 말이니, 이 말은 그렇지 않다. 사람이 무거운 형벌로 나아가는 것은 본래 이미 〈재용이〉 풍족해진 이후의 일이니,

○王渭曰 賞은 當作刑이라

○王渭 : '賞'은 응당 '刑'이 되어야 한다.

46-62 雖財用足而厚愛之나 然而輕刑이면 猶之亂也니라

재용이 풍족한 뒤에 두터운 사랑을 베풀더라도 가벼운 형벌을 시행하면 〈백성들은〉 오히려 혼란으로 나아가게 된다.

○先愼曰 乾道本엔 厚上에 有後字나 據趙本刪하노라 言上雖足民於財用而厚愛之라도 若不重罰이면 民猶趨亂이니 下云 則雖足民何可以爲治 是也라

○王先愼 : 乾道本에는 '厚' 위에 '後'자가 있으나 趙本에 의거하여 삭제하였다. 君上이 백성들의 재용을 풍족하게 하여 두텁게 사랑하더라도 만일 〈간악한 사람에게〉 무거운 형벌을 시행하지 않으면 백성들은 오히려 혼란으로 나아가게 된다는 말이니, 아래의 '則雖足民何可以爲治(그렇다면 백성을 만족시켰더라도 어떻게 잘 다스릴 수 있겠는가.)'라고 말한 것이 바로 이것이다.

46-63 夫(富)〔當〕[17]家之愛子는

當家의 사랑하는 자식은

○先愼曰 乾道本에 富作當이어늘 拾補에 當作富라 盧文弨云 當字譌라하야늘 今據改하노라

17) (富)〔當〕: 저본에는 '富'로 되어 있으나, 集解의 설을 따르지 않고, ≪韓非子新校注≫ 陳奇猷의 "'當家'는 집안의 家務를 주관하는 主母를 가리키는 듯하다."라고 한 설을 따라 '當'으로 바로잡았다. 陳奇猷는 윗글의 "'故母厚愛處〔慈〕子多敗 推愛也(그러므로 어머니가 두터운 사랑으로 자식을 자애롭게 대하는 경우에 자식이 대부분 나빠지는 것은 사랑을 널리 실행하는 것 때문이다.)'라고 한 말이 그 증거이다."라고 하였다.

○王先愼 : 乾道本에 '富'가 '當'으로 되어 있는데, ≪群書拾補≫에는 '當'이 '富'로 되어 있다. 盧文弨는 "'當'자는 잘못이다."라고 하였기에 지금 이에 의거하여 〈'富'로〉 고쳤다.

46-64 財貨足用하니

財貨를 쓰기에 풍족하니

○盧文弨曰 財貨는 張本倒하니 下同이라

○盧文弨 : '財貨'는 張本에 순서가 바뀌어 〈'貨財'로〉 되어 있으니 아래도 같다.

46-65 財貨足用이면 則輕用하고

재화를 쓰기에 풍족하면 마구 함부로 쓰고

○先愼曰 此財貨二字 乾道本에 作貨財어늘 據趙本乙하노라

○王先愼 : 여기의 '財貨' 두 글자가 乾道本에 '貨財'로 되어 있는데, 趙本에 의거하여 순서를 바꾸었다.

46-66 輕用이면 則侈泰니라 親愛之면 則不忍하고 不忍이면 則驕恣라 侈泰면 則家貧하고 驕恣면 則行暴니 此雖[18]財用足而愛하고 輕(利)〔刑〕[19]之患也니라

〈재화를〉 마구 함부로 쓰면 지나치게 사치하게 된다. 〈그 자식을 매우〉 사랑하면 차마 〈엄격하게 단속하지〉 못하고 차마 〈엄격하게 단속하지〉 못하면 교만하고 방자하게 된다. 지나치게 사치하면 집이 가난해지고 교만하고 방자하면 행동이 사나워지니, 이는 재용은 풍족하나 사랑에 빠지고 형벌을 가볍게 시행하여 초래하는 憂患이다.

○顧廣圻曰 藏本同하고 今本雖作則하니 誤라 按雖當作唯라

---

18) 雖 : ≪韓非子集解≫의 설을 따르지 않고, ≪韓非子新校注≫ 陳奇猷의 本音(雖)대로 읽어야 한다는 설을 따라 '唯'로 고치지 않았다.

19) (利)〔刑〕: 저본에는 '利'로 되어 있으나, "'利'는 곧 '刑'자의 잘못이다."라고 한 ≪韓非子新校注≫ 陶鴻慶의 설을 따라 바로잡았다.

○顧廣圻 : 藏本은 같고, 今本은 '雖'가 '則'으로 되어 있으니 잘못이다. 살펴보건대 '雖'는 응당 '唯'가 되어야 한다.

46-67 凡人之生也에 財用足이면 則隳於用力하고 上治懦면 則肆於爲非하나니라

사람이 생활함에 있어 財用이 풍족하면 힘을 쓰는 일에 게을러지고, 君上이 나약하게 다스리면 제멋대로 부정한 짓을 하게 된다.

○先愼曰 乾道本에 無治字어늘 拾補有라 盧文弨云 舊倒어늘 依下文改라하니라 先愼按 趙本不誤일새 今據改하노라

○王先愼 : 乾道本에 '治'자가 없는데 ≪群書拾補≫에 있다. 盧文弨는 "舊本에 〈'治懦'가 '懦治'로〉 순서가 바뀌었기에 아래 글에 의거하여 고쳤다."라고 하였다. 내가 살펴보건대 趙本은 잘못되지 않았기 때문에 지금 이에 의거하여 고쳤다.

46-68 財用足而力作者는 神農[20)]也요 上治懦而行修者는 曾史[21)]也니 夫民之不及神農曾史는 亦已明矣니라

재용이 풍족하였으나 힘써 일한 사람은 神農이고, 君上이 나약하게 다스렸으나 행실을 잘 수양한 사람은 曾參과 史魚이니, 보통 백성이 신농·증삼·사어에 미치지 못함은 역시 이미 명백한 일이다.

○先愼曰 乾道本에 無已字라 盧文弨云 已字脫하니 張本有라하야늘 今據補하노라

---

20) 神農 : 전설상의 三皇의 한 사람이다. 최초로 쟁기와 보습을 만들어 백성에게 농사짓는 법을 가르쳤으며, 온갖 풀의 맛을 보아 藥材를 골라내어 질병을 치료하는 의술을 발명하였다고 한다. 火德으로 제왕이 되었다고 하여 炎帝로도 일컬어진다.

21) 曾史 : 曾參과 史魚를 아울러 이르는 칭호이다. 증삼은 春秋時代 魯나라 사람으로 孔子의 제자 曾子이다. 효성이 지극하였고, ≪大學≫을 기술하고 ≪孝經≫을 지었으며, 공자의 손자 子思에게 학문을 전수하였다.

사어는 춘추시대 衛나라의 大夫이다. 이름이 鰌이어서 史鰌라고도 한다. 衛 靈公이 賢臣 蘧伯玉을 등용한지 않고 不肖한 彌子瑕를 신임하자, 죽음에 임박하여 자식들에게 신하로서 직분을 다하지 못했으니 장례를 정식으로 치르지 말라고 유언하여 영공을 깨닫게 하였다고 한다.

○王先愼 : 乾道本에 '已'자가 없다. 盧文弨는 "'已'자가 탈락되었으니, 張本에 〈'已'자가〉 있다."라고 하였기에 지금 이에 의거하여 보충하였다.

46-69 **老聃有言曰 知足不辱**이요 **知止不殆**라하니 **夫以殆辱之故**로 **而不求於足之外者**는 **老聃**[22]**也**라 **今以爲足民**[23]**而可以治**면

老聃의 말에 "만족할 줄을 알면 치욕을 당하지 않고, 그칠 줄을 알면 위험한 일을 만나지 않는다."라고 하였다. 위험과 치욕을 당하는 이유로 만족스럽게 여긴 이외의 것을 요구하지 않은 사람은 노담뿐이다. 지금 백성을 풍족하게 하여야 잘 다스릴 수 있다고 여긴다면

○**先愼曰 民而**는 **當作而民**이라

○王先愼 : '民而'는 응당 '而民'이 되어야 한다.

46-70 **是以民爲皆如老聃也**라 **故桀貴在天子〔之位〕而不足於尊**하고

이는 백성을 모두 老聃과 같은 사람으로 여기는 것이다. 그러므로 夏桀은 존귀한 天子의 자리에 있으면서도 자기의 존귀함을 만족하게 여기지 않았고,

○**先愼曰 此與下相對**니 **子下**에 **疑脫之位二字**라

○王先愼 : 이 句는 아래와 서로 對句이니, '子' 아래에 '之位' 두 글자가 탈락된 듯하다.

46-71 **富有四海之內而不足於寶**라 **君人者 雖足民**이라도 **不能足使爲天子**어늘

부유함은 四海 안의 모든 것을 소유했으면서도 자기의 寶貨를 만족하게 여기지 않았다. 군주가 된 사람이 백성을 아무리 만족시키더라도 天子와 같은 풍족함을 누리게 해줄 수는 없는데

○**先愼曰 乾道本**에 **爲下**에 **有君字**라

---

22) 老聃 : 老子를 이른다. '聃'은 노자의 字이다.

23) 足民 : 集解의 설을 따르지 않고, ≪韓非子新校注≫에서 高亨과 于思泊이 주장한 '足民'이 옳다고 한 설을 따라 번역하였다.

○王先愼 : 乾道本에 '爲' 아래에 '君'자가 있다.

46-72 而桀未必以天子爲足也니

夏桀은 기필코 天子가 된 것으로도 만족하게 여기지 않았으니,

○先愼曰 乾道本에 以作爲하고 拾補에 爲作以라 盧文弨云 爲字는 張本無라하고 顧廣圻云 今本은 必下에 有以字하니 誤라하니라 先愼按 今本에 以爲兩有는 非也라 張本에 爲作以하니 是일새 今據改하노라

○王先愼 : 乾道本에 '以'가 '爲'로 되어 있고, ≪群書拾補≫에는 '爲'가 '以'로 되어 있다. 盧文弨는 "'爲'자는 張本에 없다."라고 하였고, 顧廣圻는 "今本은 '必' 아래에 '以'자가 있으니 잘못이다."라고 하였다. 내가 살펴보건대 今本에 '以爲' 두 자가 있는 것은 옳지 않다. 張本에 '爲'가 '以'로 되어 있으니, 이것이 옳기 때문에 지금 이에 의거하여 고쳤다.

46-73 則雖足民이나 何可以爲治也리오 故明主之治國也에 適其時事以致財物하고 論其稅賦以均貧富하며 厚其爵祿以盡賢能하고 重其刑罰以禁姦邪하며 使民以力得富하고 以事致貴하며 以過受罪하고 以功致賞하야 而不念慈惠之賜니 此帝王之政也니라

그렇다면 백성을 만족시켰더라도 어떻게 잘 다스릴 수 있겠는가. 그러므로 현명한 군주가 나라를 다스릴 적에 그 시절에 해야 할 일을 알맞게 시행하여 재물을 불러들이고, 세금의 징수를 論定하여 貧富를 고르게 조절하며, 爵位와 祿俸을 후하게 하여 賢能한 사람에게 자기의 재능을 다하게 하고, 형벌을 엄중하게 집행하여 간사한 행위를 금지하며, 백성에게 힘을 써서 부유함을 얻고, 나라의 일을 처리하여 존귀한 지위를 얻으며, 罪過가 있으면 죄를 받고, 공을 세우면 賞을 받게 하여 〈군주의〉 慈愛와 은혜로 상을 받을 것이라 생각지 못하게 해야 하니, 이것이 帝王이 시행하는 정치이다.

○先愼曰 張榜本에 帝誤作常이라

○王先愼 : 張榜本에 '帝'가 '常'으로 잘못되어 있다.

46-74 **人皆寐**면 **則盲者不知**요 **皆嘿**이면 **則喑者不知**니

사람들이 모두 잠을 자고 있으면 누가 맹인인지 알 수 없고, 사람들이 모두 침묵하고 있으면 누가 벙어리인지 알 수 없으니,

○先愼曰 盲喑이 混於寐嘿之中이면 人莫能辨이라

○王先愼 : 맹인과 벙어리가 잠을 자거나 침묵하고 있는 사람들 가운데 섞여 있으면 사람들은 〈누가 맹인이고 벙어리인지〉 분별하지 못한다.

46-75 **覺**(교)**而使之視**하고 **問而使之對**면 **則喑盲者窮矣**리라 **不聽其言也**면 **則無術者不知**요 **不任其身也**면 **則不肖者不知**니 **聽其言而求其當**하고 **任其身而責其功**이면 **則無術不肖者窮矣**리라 **夫欲得力士而聽其自言**이면 **雖庸人與烏獲**[24]을 **不可別也**어니와 **授之以鼎(俎)**이면 **則罷**(피)[25]**健效矣**리라

잠이 깬 뒤 사물을 보게 하고 묻고 난 뒤 대답하게 하면 벙어리와 맹인이 자기의 모습을 감출길이 없을 것이다.

그의 말을 들어보지 않으면 학술이 없는 자인지를 알 수 없고, 그 본인에게 일을 맡겨보지 않으면 不肖한 자인지를 알 수 없다. 그러니 그의 말을 들어보고 그가 한 말이 사리에 합당한지를 찾아보고, 그 본인에게 일을 맡겨서 그가 일을 처리한 공을 요구하면 학술이 없거나 불초한 자가 자기의 모습을 감출길이 없을 것이다.

力士를 얻고자 하면서 그가 스스로 하는 말을 듣는다면 보통 사람과 烏獲을 구별할 수 없지만, 큰솥을 〈들어보라고〉 주면 누가 나약하고 강건한지 드러날 것이다.

○顧廣圻曰 俎字는 當衍이니 下句同이라

○顧廣圻 : '俎'자는 당연히 衍文이니, 아래 句도 같다.

---

24) 烏獲 : 戰國時代 秦나라의 力士이다. 千鈞의 무게를 들어 올릴 수 있는 장사로 武王의 총애를 받았다.

25) 罷(피) : '나약하다'의 뜻이다.

46-76 **故官職者**는 **能士之鼎(俎)也**니 **任之以事**면 **而愚智分矣**라 **故無術者**는 **得於不用**하고 **不肖者**는 **得於不任**이니 **言不用而自文以爲辯**하고 **身不任而自飾以爲高**니라

그러므로 관직이란 유능한 인재를 식별하는 큰솥과 같은 것이니, 일을 맡겨보면 어리석고 지혜로움이 구분될 것이다.

그러므로 학술이 없는 자는 〈君主가〉 그의 말을 채택해 쓰지 않는 데에서 뜻을 얻고, 불초한 자는 그를 관직에 임용하지 않는 데에서 뜻을 얻으니, 그의 말을 채택해 쓰지 않으면 스스로 말을 잘하는 체 문식하고, 자신을 관직에 임용하지 않으면 스스로 高明한 체 꾸미는 것이다.

○先愼曰 乾道本에 任下有者字라 顧廣圻云 今本에 無者字하니 按依上句하면 不當有라하야늘 今據刪하노라

○王先愼 : 乾道本에 '任' 아래에 '者'자가 있다. 顧廣圻는 "今本에 '者'자가 없으니, 살펴보건대 위의 句에 의거하면 응당 〈'者'자가〉 있어서는 안 된다."고 하였기에 지금 이에 의거하여 삭제하였다.

46-77 **世主眩其辯**하고 **濫其高而尊貴之**라 **是不須視而定明也**요 **不待對而定辯也**니 **喑盲者不得矣**니라 **明主**는 **聽其言**엔 **必責其用**하고 **觀其行**엔 **必求其功**하나니 **然則虛舊之學不談**하고 **矜誣之行不飾矣**리라

당세의 군주는 그의 口辯에 현혹되고 그의 高明함을 잘못 믿어 존귀하게 여긴다. 이는 그가 사물을 보는 것을 기다리지 않고 눈이 밝다고 단정하는 것이고, 대답하는 말을 기다리지 않고 구변이 좋다고 단정하는 것이니, 벙어리와 맹인을 분별하지 못하는 것이다. 현명한 군주는 그의 말을 들었을 때는 반드시 실용적인지를 요구하고, 그의 행위를 보았을 때는 반드시 功效를 요구한다. 그렇게 하면 허황하고 진부한 학설을 말하지 못하고, 과장하고 속이는 행위를 덮어 꾸며내지 못할 것이다.

第四十七 八說篇 제47편 여덟 가지 假說

본 편은 군주와 국가의 이익에 어긋나는 8가지 가설적 유형을 들어서 이에 대한 세상의 관념을 비판하는 것으로 시작하는데, 여기서 편명을 취한 것이다.

이 외에도 韓非子의 정치사상이 다각도로 개진되어 있는데, 우선 군주가 인재를 쓰는 중요성에 대해 주장하고 반드시 인재를 쓰는 데에 法術을 중점에 둘 것을 강조하였다. 다음으로 자신의 법치사상에 대해 전면적으로 논술하고 있는데, 시대적 변화를 철저히 좇으며 법과 금령〔法禁〕을 명확히 하고 정책과 계책을 살피는 法治를 행해야 한다는 것, 법령은 이해하기 쉽고 실행하기 쉬워야 한다는 것, 법을 시행할 때 仁과 義를 앞세우는 것을 배격하고 공적인 이익을 우선해야 한다는 것, 군주의 권위를 흔들 수 있는 寵臣이나 重臣을 두지 말 것 등에 대해 논하였다.

본편의 전체적인 사상과 맥락으로 볼 때 충분히 한비자의 저작으로 볼 수 있으나, 단락 사이의 일관성이 부족하고 雜論的인 성격을 지니고 있기도 하다.

47-1 爲故人行私를 謂之不棄요

오랜 벗을 위해 사사로운 짓을 하는 자를 '벗을 버리지 않는 사람〔不棄〕'이라고 하고

○先愼曰 謂不遺故舊라

○王先愼 : 오랜 벗을 버리지 않음을 말한다.

47-2 以公財分施를 謂之仁人이요 輕祿重身을 謂之君子요 枉法曲親을 謂之有行이요 棄官寵交를 謂之有俠이요 離世遁上을 謂之高傲요 交爭逆令을 謂之剛材요

공공의 재물을 나누어 베푸는 자를 '어진 사람〔仁人〕'이라 하며, 祿을 가벼이 여기고 자신을 중시하는 자를 '君子'라고 하고 법을 왜곡하면서 親族에 곡진한 자를

'덕행이 있는 사람〔有行〕'이라고 하며, 관직을 버리고 사적인 교분을 존중하는 자를 '의협심이 있는 사람〔有俠〕'이라고 하고 속세를 떠나 군주를 피하는 자를 '초연한 사람〔高傲〕'이라고 하며, 서로 다투면서 명령을 거스르는 자를 '강직한 인재〔剛材〕'라고 하고

○先愼曰 剛材者는 在下而與上爭이라 故不行其命이라

○王先愼 : 강직한 인재는 아래(낮은 지위)에 있으면서 윗사람과 다툰다. 그러므로 명령이 행해지지 않는다.

47-3 行惠取衆을 謂之得民이라 不棄者는 吏有姦也요 仁人者는 公財損也요 君子者는 民難使也요 有行者는 法制毁也요 有俠者는 官職曠也요 高傲者는 民不事也요 剛材者는 令不行也요 得民者는 君上孤也라 此八者는 匹夫之私譽요 人主之大敗也라 反此八者는 匹夫之私毁요 人主之公利也라 人主不察社稷之利害하고 而用匹夫之私譽면 索國之無危亂이라도 不可得矣니라

은혜를 베풀어 여러 사람의 마음을 취하는 자를 '민심을 얻은 사람〔得民〕'이라고 한다.

벗을 버리지 않는 사람은 관리가 되면 간사한 짓을 하고 어진 사람은 공공의 재물을 소모하며, 君子는 백성으로 부리기 어렵고 덕행이 있는 사람은 법제를 훼손하며, 의협심이 있는 사람은 관직을 비워버리고 초연한 사람은 백성이 〈군주를〉 섬기지 않도록 하며, 강직한 인재는 법령이 시행되지 않도록 하고 민심을 얻은 사람은 군주를 고립시킨다.

이 여덟 유형은 匹夫에게 사사로운 영예이고 군주에게 큰 해악이다. 이 여덟 유형에 반대되는 것은 필부에게 사사로운 불명예이고 군주에게 공공의 이익이 된다. 군주가 社稷의 이익이나 손해를 살피지 못하고 필부의 사사로운 영예를 좇으면 나라에 위험이나 혼란이 없기를 바라더라도 되지 않을 것이다.

47-4 任人以事는 存亡治亂之機也라 無術以任人이면 無所任而不敗라 人君之

所任은 **非辯智則修潔也**라 **任人者**는 **使有勢也**라

어떤 사람에게 政事를 맡기느냐는 〈나라의〉 存亡과 治亂의 관건이다. 法術이 없이 사람을 임용하면 누구를 임용하든 실패하지 않는 일이 없다. 군주가 임용하는 자는 변설과 지혜가 뛰어난 자가 아니면 몸을 깨끗이 닦은 사람이다. 사람을 임용하는 것은 권세를 갖게 하는 것이다.

○先愼曰 任人은 則必使其人有勢可馮藉라

○王先愼 : 사람을 임용하는 것은 반드시 그 사람으로 하여금 근거할 만한 권세를 갖게 하는 것이다.

47-5 **智士者未必信也**어늘 **爲多其智**하야 **因惑其信也**니라 **以智士之計**로 **處乘勢之資而爲其私急**이면 **則君必欺焉**이라 **爲**[1]**智者之不可信也**라

지혜로운 선비가 반드시 신실한 것은 아닌데, 그의 지혜를 대단하게 여김으로써 신실하다고 착각하는 것이다. 지혜로운 선비가 자신의 계책으로 권세를 타는 밑천으로 삼고 사사로이 급하게 여기는 일을 꾸민다면 군주는 반드시 속을 것이다. 그러면 〈군주는〉 지혜로운 자를 믿을 수 없으므로

○先愼曰 爲는 當作惟라

○王先愼 : '爲'는 '惟'가 되어야 한다.

47-6 **故任修士者**하야 **使斷事也**라 **修士者未必智**어늘 **爲潔其身**하야 **因惑其智**라 **以愚人之所**惛으로

그래서 수양한 선비를 임용하여 정사를 결단하게 한다. 수양한 선비가 반드시 지혜로운 것은 아닌데, 몸을 깨끗이 닦은 것 때문에 지혜롭다고 착각하는 것이다. 어리석은 사람이 자신의 어리석음으로

1) 爲 : 王先愼은 '惟'로 교감하였으나, 문맥으로 보아 '故任修士者'의 '故'와 호응되는 것으로 보는 것이 타당할 듯하다.

○王先謙曰 所字는 當衍이라

○王先謙：'所'자는 응당 衍文이다.

47-7 處治事之官而爲其所然이면

政事를 처리하는 관직에 있으면서 자기가 옳다고 여기는 대로 하면

○先愼曰 乾道本에 無其字라 顧廣圻云 藏本今本에 爲下有其字라하니라 先愼按此與上而爲其私急對文이니 明有其字是라 今據補라

○王先愼：乾道本에 '其'자가 없다. 顧廣圻는 "藏本과 今本에 '爲' 아래에 '其'자가 있다."라고 하였다. 내가 살펴보건대 이 구는 위의 '而爲其私急'과 對文이니, 분명 '其'가 있는 것이 옳다. 지금 이에 의거하여 보충하였다.

47-8 則事必亂矣라 故無術以用人에 任智則君欺요 任修則(君)事亂이니

政事가 반드시 어지러워진다. 그래서 法術이 없이 사람을 쓸 경우에 지혜로운 자를 임용하면 군주는 속게 되고 수양한 자를 임용하면 정사가 어지러워지니

○王先謙曰 承上文言이니 不當有君字라 此君字는 緣上下文而誤衍이라

○王先謙：위의 글을 이어서 한 말이니, '君'자가 있어서는 안 된다. 이 '君'자는 위아래 글에 연계되어 잘못 들어간 것이다.

47-9 此無術之患也니라 明君之道는 賤(德義)〔得議〕貴하며 下必坐上하며 決誠以參하며 聽無門戶라

이것은 法術이 없기 때문에 생기는 우환이다. 현명한 군주의 도는 비천한 자가 존귀한 자를 비방할 수 있고 아랫사람이 〈윗사람의 죄를 고발하지 않으면〉 반드시 윗사람에 연좌되며, 검증을 통해 실상을 판결하고 고정된 통로가 없이 다양하게 의견을 듣는다.

人莫能測也라 ○顧廣圻曰 藏本同이라 下必坐上決誠以는 今本에 作法術倒言而

詭使라 按德義는 當作得議니 形近之誤라 七術篇云 夫不使賤議貴下必坐上云云하고 又經云 觀聽不參則誠不聞하며 聽有門戶則主壅塞하니 卽此文之證이라 下必坐上者는 商君之告坐[2]也라 今本不能讀하고 輒加改易하니 謬甚이라 先愼曰 顧說是라 張榜本에 無下必坐上決誠以七字하니 亦非①라

① 七術篇에 不當有必字니 說見彼라
≪韓非子集解≫ 〈內儲說 上 七術篇〉에 〈의거하면〉 '必'자가 있어서는 안 되니, 자세한 설명은 그곳에 보인다.[3]

舊注 : 아무도 헤아릴 수 없는 것이다.

○顧廣圻 : 藏本은 같다. '下必坐上決誠以'는 今本에 '法術倒言而詭使'로 되어 있다. 살펴보건대 '德義'는 '得議'가 되어야 하니, 字形이 비슷해서 잘못되었다. 〈七術篇〉에 "夫不使賤議貴下必坐上……(무릇 비천한 자로 하여금 존귀한 자를 비방하게 하거나 아랫사람으로 하여금 윗사람과 연좌되지 못하게 하며……)"이라 하였고, 또 經文에 "觀聽不參則誠不聞 聽有門戶則主壅塞(살피고 듣는 과정에서 〈여러 단서들을〉 참고하지 않으면 진실을 듣지 못하며, 〈말을〉 들어주되 門戶가 있는 듯 〈일방적으로 따르면 신하가〉 군주의 〈눈과 귀를〉 막게 된다.)"이라고 하였으니, 곧 이 글의 증거이다. '下必坐上'은 商君의 '告坐(고발하여 연좌하는 법)'이다. 今本은 제대로 읽지 못하고 번번이 고쳤으니, 매우 잘못되었다.

○王先愼 : 顧廣圻의 설이 옳다. 張榜本에 '下必坐上決誠以' 일곱 글자가 없으니, 역시 틀렸다.

47-10 故智者不得詐欺라 計功而行賞하며 程能而授事하며 察端而觀失하야 有過者罪요 有能者得이라 故愚者不任事라

그래서 지혜로운 자가 군주를 속일 수 없는 것이다. 공적을 헤아려 상을 주고 재능을 헤아려 일을 맡기며 일의 발단을 살펴 실수를 알아보아서, 잘못이 있는 자는 처벌하고 능력이 있는 자는 〈자리를〉 얻게 한다. 그래서 어리석은 자는 일을 맡지 못한다.

2) 告坐 : 백성을 열 집과 다섯 집씩 조직하여 그 가운데 죄를 범한 사람이 있어서 혹 고발하는 사람이 있으면 조직된 열집과 다섯 집이 함께 연좌하는 것이다.(〈和氏篇〉 舊注 참조)

3) 자세한……보인다 : ≪譯註 韓非子集解≫ 3책 116쪽, 30-110에 보인다.

○先愼曰 不下當有得字니 與上故智者不得詐欺로 文一律이라

○王先愼 : '不' 아래에 '得'자가 있어야 하니, 윗글의 '故智者不得詐欺'와 문법이 똑같다.

47-11 智者不敢欺요 愚者不得斷이면

지혜로운 자가 감히 속이지 못하고 어리석은 자가 〈정사를〉 결단하지 못하면

○先愼曰 不任修士使斷事라

○王先愼 : 수양한 선비를 임용하여 정사를 결단하도록 하지 않는다.

47-12 則事無失矣니라

政事는 잘못될 게 없을 것이다.

47-13 察士라야 然後能知之면 不可以爲令이니

사물을 밝게 살피는 선비라야 알 수 있다면 法令이 될 수 없으니,

○先愼曰 令은 卽法也라

○王先愼 : '令'은 곧 '法'이다.

47-14 夫民不盡察이요 賢者라야 然後能行之면

백성들이 다 밝게 살피지 못하기 때문이고, 현명한 자라야 행할 수 있으면

○先愼曰 乾道本에 無能字어늘 顧廣圻云 今本에 有能字라하니라 先愼按 依上文컨대 當有하니 今據補라

○王先愼 : 乾道本에 '能'자가 없는데, 顧廣圻는 "今本에 '能'자가 있다."라고 하였다. 내가 살펴보건대 윗글에 의거하면 있어야 하니, 지금 이에 의거하여 보충하였다.

47-15 不可以爲法이니

법이 될 수 없으니,

○顧廣圻曰 句絶이라

○顧廣圻 : 여기서 句를 끊어야 한다.

47-16 夫民不盡賢일새니라 楊朱墨翟[4)]은 天下之所察也로되 干世亂而卒不決하니 雖察이나 而不可以爲官職之令이라 鮑焦華角[5)]은 天下之所賢也로되 鮑焦木枯하고

백성들이 다 현명하지 못하기 때문이다. 楊朱와 墨翟은 천하의 밝게 살피는 선비였지만 세상의 혼란에 관여하였으면서도 끝내 해결하지 못했으니, 비록 〈그들의 학설이〉 밝게 살핀 것이었다 하더라도 관청의 法令으로 삼을 수는 없다. 鮑焦와 華角은 천하의 현명한 선비였지만 鮑焦는 마른 나무처럼 죽었고

墨翟

立死若木之枯也라

舊注 : 나무가 말라 죽은 것처럼 서서 죽었다.

4) 楊朱墨翟 : 楊朱는 戰國時代 衛나라 사람으로 자는 子居이다. 자기 혼자만이 쾌락하면 좋다는 '爲我說'을 주장하였다. 墨翟은 전국시대 초기 魯나라 사람으로 자신과 타인의 이익을 함께 추구하는 '兼愛', 전쟁을 배격하는 '非攻' 등을 주장하였다. 이 두 사상가는 서로 대립되는 사상을 거론할 때 흔히 함께 거론된다.

5) 鮑焦華角 : 鮑焦는 春秋時代 周나라 은자로 세상을 비난하며 홀로 깨끗하게 살았는데, 子貢이 행실을 비난하자 나무를 끌어안고 죽었다.(≪莊子≫〈盜跖〉, ≪韓詩外傳≫) 華角 역시 은사로 추정되지만 미상이다. 일설에는 ≪列士傳≫에 나오는 羊角이라고 한다.

47-17 華角赴河하니

華角은 강에 몸을 던져 죽었으니,

○顧廣圻曰 未詳이라

○顧廣圻 : 미상이다.

47-18 雖賢이나 不可以爲耕戰之士라

비록 〈그들의 행위는〉 현명하였으나 농사짓고 싸우는 戰士로 만들 수는 없다.

○先愼曰 乾道本에 無賢字어늘 顧廣圻云 今本에 有賢字라 按依上文當有라하니 今據增이라

○王先愼 : 乾道本에 '賢'자가 없는데, 顧廣圻는 "今本에 '賢'자가 있다. 살펴보건대 윗글에 의거하면 있어야 한다."라고 하였으니, 지금 이에 의거하여 보충하였다.

47-19 故人主之所察에

그래서 군주가 밝게 살핀다고 여기는 데에

○先愼曰 乾道本에 無所字어늘 拾補有라 盧文弨云 所字脫이니 依下文컨대 當[6]有라하니 今據補라

○王先愼 : 乾道本에 '所'자가 없는데, ≪群書拾補≫에는 있다. 盧文弨는 "'所'가 탈락되었으니, 아래 글에 의거하면 있어야 한다."라고 하였으니, 지금 이에 의거하여 보충하였다.

47-20 智士盡其辯焉이요

지혜로운 선비는 자기의 변설을 다 쏟을 것이고,

○顧廣圻曰 藏本同이라 今本에 士下有能字하니 誤라 盧文弨曰 張本無能字라

---

6) 當 : 저본의 원주에 "'當'은 원본에 '常'으로 되어 있으나, 盧氏(盧文弨)의 ≪群書拾補≫에 의거하여 고쳤다.〔當 原本作常 據盧氏群書拾補改〕"라고 하였다.

○顧廣圻 : 藏本은 같다. 今本에는 '士' 아래에 '能'자가 있으니, 잘못되었다.
盧文弨 : 張本에 '能'자가 없다.

47-21 人主之所尊에 能士盡其行焉이라

군주가 존중하는 데에 능력 있는 선비는 자기의 재주를 극진히 펼칠 것이다.

○先愼曰 乾道本에 士下有能字어늘 盧文弨云 張本에 又有能字어늘 馮去之라하고 顧廣圻云 今本에 無下能字라 按此衍이라하니 今據刪이라

○王先愼 : 乾道本에 '士' 아래 '能'자가 있는데, 盧文弨는 "張本에 또 '能'자가 있는데, 馮舒는 제거하였다."라고 하였고, 顧廣圻는 "今本에 아래 '能'자가 없다. 살펴보건대 이 글자는 衍文이다."라고 하였으니, 지금 이에 의거하여 삭제하였다.

47-22 今世主는 察無用之辯하며 尊遠功之行하야 索國之富强하니 不可得也니라 博習辯智如孔墨이라도

그런데 지금 세상의 군주는 쓸모없는 변설을 밝게 살핀다고 여기고 공로와는 동떨어진 재주를 존중하면서 나라가 부강해지기를 바라니 될 수가 없는 것이다. 孔子나 墨翟처럼 널리 익혀 변론과 지혜를 갖추었더라도

○先愼曰 趙本에 博下提行이라

○王先愼 : 趙本에는 '博' 아래로 행을 바꾸었다.

47-23 孔墨不耕耨니 則國何得焉이리오 修孝寡欲如曾史라도 曾史不戰攻이니 則國何利焉이리오 匹夫有私便하고 人主有公利니라 不作而養足하고 不仕而名顯하면 此私便也요 息文學[7]而明法度하고 塞私便而一功勞하면 此公利也라 錯(조)法以道民也로되

孔子와 墨翟은 농사를 짓지 못하니 나라에 무슨 보탬이 되겠는가? 曾參과 史鰌처럼 효행을 닦고 욕심을 적게 가진다 하더라도 증삼과 사추는 전쟁에 나가 싸우

7) 文學 : 문헌, 경선 등의 학문을 가리킨다.

지 않으니 나라에 무슨 이익이 되겠는가? 匹夫에게 사적인 편익이 있고, 군주에게 공적인 이익이 있다. 일하지 않고도 먹고 살기에 충분하고 벼슬하지 않고도 이름이 드러나면 이는 사적인 편익이고, 文學을 그치게 하고 법도를 밝히고 사적인 편익을 막고 공적에 따른 포상을 전일하게 하면 이는 공적인 이익이다. 법도를 시행하여 백성을 이끌어야 하는데도

○先愼曰 錯는 施行也라

○王先愼 : '錯'는 시행함이다.

47-24 而又貴文學이면 則民之所師法也疑요

또 文學을 귀하게 여긴다면 백성들이 법을 본받아야 할지 의심할 것이요,

○王先謙曰 所字는 衍이라

○王先謙 : '所'자는 衍文이다.

47-25 賞功以勸民也로되 而又尊行修면 則民之產利也惰라 夫[8]貴文學以疑法하고 尊行修以貳功하야 索國之富强하니 不可得也니라

공적을 포상하여 백성을 권면해야 하는데도 또 修身하는 것을 존중하면 백성들이 이익을 생산하기에 게으를 것이다. 文學을 귀하게 여겨 법을 의심하게 하고 수신을 존중하여 공적에 따라 전일하게 보상하지 않으면서 나라가 부강해지기를 바라니 될 수가 없는 것이다.

47-26 搢笏干戚은 不適有方鐵銛(섬)이요

〈허리띠에〉 꽂는 홀이나 〈춤출 때 드는〉 방패와 도끼는 〈전쟁에 쓰는〉 자루 짧은 창이나 쇠 작살에 맞설 수 없고,

---

8) 夫 : 저본의 원주에 "'夫'는 원본에 '大'로 되어 있으나, ≪四部叢刊≫에 영인된 宋 乾道本 ≪韓非子≫에 의거하여 고쳤다.〔夫 原本作大 據四部叢刊影宋乾道本改〕"라고 하였다.

言國軍異器라 方은 楯也라 言搢笏之議와 干戚之舞는 與夫方楯鐵銛으로 不相稱適也라 ○顧廣圻曰 適은 讀爲敵이라 有方은 未詳이라 舊注는 全謬라 孫詒讓曰 有方은 當爲酋矛①라 墨子備水篇云 亓二十人은 人擅酋矛라하고 今本亦謬作有方하니 與此正同②이라

① 酋有는 音近이요 矛方은 形近이니 因而致誤라
'酋'와 '有'는 음이 비슷하고 '矛'와 '方'은 字形이 비슷하니, 이 때문에 잘못된 것이다.

② 詳墨子閒詁라
설명이 ≪墨子閒詁≫에 보인다.

舊注 : 국가 예식의 도구와 군대의 무기는 다름을 말한다. '方'은 '楯(방패)'이다. 홀을 꽂고 하는 의논과 손에 방패와 도끼를 들고 추는 춤은 〈전쟁에 쓰는〉 방패, 쇠 작살과는 서로 걸맞을 수가 없음을 말한다.

○顧廣圻 : '適'은 '敵(필적함)'으로 읽는다. '有方'은 未詳이다. 舊注는 완전히 잘못되었다.

孫詒讓 : '有方'은 '酋矛(자루가 짧은 창)'가 되어야 한다. ≪墨子≫ 〈備水篇〉에 "그 20명은 각기 자루가 짧은 창을 쥐었다.〔亓二十人 人擅酋矛〕"라고 하였는데, 今本 ≪묵자≫에도 '有方'으로 잘못되어 있으니, 이 글과 똑같다.

47-27 登降周旋은 不逮日中奏百이요

계단을 오르내리고 주위를 도는 〈禮式은〉 하루에 백 리를 달리는 데에 미치지 못하며,

○盧文弨曰 荀子議兵篇에 魏之武卒은 日中而趨百里라 顧廣圻曰 奏는 讀爲湊라

○盧文弨 : ≪荀子≫ 〈議兵篇〉에 "魏나라의 병졸은 하루에 백 리를 달려간다."라고 하였다.

顧廣圻 : '奏'는 '湊(달려감)'로 읽는다.

47-28 狸首射侯[9)]는 不當强弩趨發이요

9) 狸首射侯 : '狸首'는 ≪詩經≫의 편명으로, 현재 전하지 않는 逸詩이다. ≪禮記≫ 〈射儀〉에 "활을 쏘는 節奏는 天子는 〈騶虞〉를 절주로 삼고, 諸侯는 〈貍首〉를 절주로 삼고, 卿大夫는

〈狸首〉의 〈악장이 울려 퍼지는 가운데〉 과녁에 활을 쏘는 의식은 강한 쇠뇌를 빠르게 쏘는 것을 감당할 수 없고,

○王先謙曰 趨는 與趣同이라

○王先謙 : '趨'는 '趣(빠름)'와 같다.

47-29 干城距衝은

城을 굳게 지키며 〈성을 공격하는〉 衝車를 막는 전술은

○先愼曰 乾道本에 衝上有衝字어늘 顧廣圻云 今本에 無衝字라 按衝卽衝字複衍耳라 齊策云 百尺之衝이라도 折之衽席之上이라하니 卽其義라하니라 先愼按 荀子强國篇楊注引無衝字하니 今據刪이라 干은 荀子注引作平이라

○王先愼 : 乾道本에 '衝' 위에 '衝'자가 있는데, 顧廣圻는 "今本에 '衝'자가 없다. 살펴보건대 '衝'은 '衝'자의 중복된 衍文이다. ≪戰國策≫ 〈齊策〉에 '백 척 높이의 衝車라도 이부자리에서 꺾어버릴 수 있다.' 하였으니, 바로 그 뜻이다."라고 하였다. 내가 살펴보건대 ≪荀子≫ 〈强國篇〉의 楊倞 注에 이 글을 인용하면서 '衝'자가 없으니, 지금 이에 의거하여 삭제하였다. '干'은 ≪荀子≫의 注에 이 글을 인용하면서 '平'으로 되어 있다.

47-30 不若堙穴伏(櫜)〔橐〕[10)]이라

땅굴을 연기로 채워 풀무질하여 적을 공격하는 것만 못할 것이다.

〈采蘋〉을 節奏로 삼고, 士는 〈采蘩〉을 절주로 삼는다.〔其節 天子以騶虞爲節 諸侯以貍首爲節 卿大夫以采蘋爲節 士以采蘩爲節〕" 하였는데, 鄭玄의 注에 "〈騶虞〉, 〈采蘋〉, 〈采蘩〉은 모두 ≪毛詩≫의 편명이고, 〈貍首〉는 逸詩이다." 하였다. ≪禮記≫ 〈樂記〉에 "武王이 商을 멸한 뒤 군대를 해산하고 교외에서 활쏘기를 익히되 東學에서 활을 쏠 적에는 〈貍首〉를 절주로 삼고 西學에서 활을 쏠 적에는 〈騶虞〉를 절주로 삼으니 가죽을 관통하는 활쏘기가 종식되었다.〔武王克商 散軍而郊射 左射貍首 右射騶虞 而貫革之射息也〕"라 하였다. '侯'는 과녁이다. 곧 활을 쏠 때 〈貍首〉의 악장을 연주하며 활을 쏘는 의식을 가리킨다.

10) 堙穴伏(櫜)〔橐〕: '堙'은 '煙'과 통용으로, '堙穴'이란 연기를 피워 적을 공격하는 땅굴이고, '伏橐'은 매복하여 바람을 일으키는 가죽주머니로, 후대의 '風箱(풀무)'과 유사한 도구를 말한다.

○王渭曰 强國篇楊注引橐作槖이라 按槖字是니 見墨子라 先愼曰 楊注引穴作内라 盧文弨荀子拾補云 内穴古多通用이라 橐槖互異니 疑此槖字是요 與韻協이라

○王渭：≪荀子≫〈强國篇〉의 楊倞 注에 이 글을 인용하면서 '橐'는 '槖'으로 되어 있다. 살펴보건대 '槖'자가 옳으니, ≪墨子≫에 보인다.

王先愼：≪荀子≫ 楊倞 注에 이 글을 인용하면서 '穴'은 '内'로 되어 있다. 盧文弨의 ≪群書拾補≫〈荀子〉에 "'内'와 '穴'은 옛날에 흔히 통용하였다. '橐'와 '槖'은 서로 다르니, 아마도 이 '槖'자가 옳고 韻도 합치된다."라고 하였다.

47-31 古人亟於德하며 中世逐於智하며 當今爭於力이라 古者寡事而備簡하고 樸陋而不盡이라 故有珧銚而推車者라

옛사람들은 德을 가장 우선으로 하였고 中世에는 지혜를 좇았으며 지금 시대에는 힘을 겨룬다. 옛날에는 일이 적어 조치가 간단하고 투박하며 정교하지 않았다. 그래서 조가비로 만든 호미를 쓰고 수레를 손으로 밀고 다녔다.

珧는 (蜃)〔蜃〕[11)]이라 以(蜃)〔蜃〕爲銚也니 卽推輪也라 上古摩(蜃)〔蜃〕而耨也라

○盧文弨曰 推는 當作椎니 下同이라 注卽椎輪也四字는 不應間在中이니 當云 椎車는 卽椎輪也라 移置於末라야 始得이라 今本注字譌且衍이니 不可從이라 顧廣圻曰 推는 當作椎라 淮南子云 古之所爲不可更이면 則推車至今無蟬匷[12)]라하고 鹽鐵論非鞅云 推車之蟬攫은 負子之敎也라하니 亦當作椎라 又鹽鐵論遵道散不足世務에 皆言椎車라하니 則作椎字不誤可證이라 先愼曰 推字不誤라 管子禁藏篇云 推引銚耨以當劍戟이라하니 卽此所本이라 推車는 謂推引其車라 盧顧說非라

舊注：'珧'는 '蜃(조개)'이다. 조개로 호미를 삼은 것이니, 곧 손으로 밀고 다니는 수레이다. 상고시대에는 조가비를 갈아서 김을 매었다.

○盧文弨：'推'는 '椎'가 되어야 하니, 아래도 같다. 舊注의 '卽椎輪也' 네 자는 가운데 끼어 있어서는 안 되니, "椎車 卽椎輪也(椎車는 나무로 만든 투박한 수레이다.)"로 되어야 한

---

11) (蜃)〔蜃〕: 저본에는 '蜃'으로 되어 있으나, 이 글자는 각종 字典에 나오지 않는다. 고대에 농기구로 쓴 조가비라면 '蜃'이 옳기 때문에 글자를 모두 '蜃'으로 고쳤다.

12) 蟬匷 : 수레바퀴의 테이다. ≪淮南子≫ 高誘의 注에 "蟬匷는 수레바퀴의 테이다.〔蟬匷 車輞〕"라고 하였다.

다. 문장의 끝으로 옮겨야 비로소 문장이 된다. 今本의 舊注는 글자가 잘못되거나 잘못 들어갔으니 따라서는 안 된다.

顧廣圻 : '推'는 '椎'가 되어야 한다. ≪淮南子≫ 〈說林訓〉에 "옛날에 하는 것을 고치지 않는다면 推車는 지금에 이르러서도 蟬匿가 없을 것이다.〔古之所爲不可更 則推車至今無蟬匿〕"라고 하였고, ≪鹽鐵論≫ 〈非鞅〉에 "推車의 蟬攫은 負子의 가르침이다.〔推車之蟬攫 負子之敎也〕"라 하였으니, 역시 '椎'로 되어야 한다. 또 ≪鹽鐵論≫ 〈遵道〉, 〈散不足〉, 〈世務〉에 모두 '椎車'라고 말했으니, '椎'자로 되는 것이 잘못되지 않음을 증명할 수 있다.

王先愼 : '推'자는 잘못되지 않았다. ≪管子≫ 〈禁藏篇〉에 "호미와 괭이를 밀고 당기는 것은 칼과 창을 쓰는 데 해당한다.〔推引銚耨 以當劍戟〕"라고 하였으니, 곧 이 글이 근거로 삼은 것이다. '推車'는 수레를 밀고 당김이다. 盧文弨와 顧廣圻의 설은 틀렸다.

47-32 **古者人寡而相親**하고 **物多而輕利易**(이)**讓**이라 **故有揖讓而傳天下者**라 **然則行揖讓**하고 **高慈惠**하며 **而道仁厚**는

옛날에는 사람이 적어서 서로 친했고 물자도 넉넉해서 이익을 가볍게 여기고 쉽게 양보하였다. 그러므로 서로 읍하고 양보하면서 천하를 물려주는 경우도 있었다. 그렇다면 읍하고 양보하는 예를 행하고 자애로운 은혜를 높이며 어질고 두터운 덕을 칭송하였던 것은

○先愼曰 乾道本에 道下有推字어늘 顧廣圻云 今本無라 按此不當有라하니 今據刪이라

○王先愼 : 乾道本에 '道' 아래에 '推'자가 있는데, 顧廣圻는 "今本에는 없다. 살펴보건대 여기에 있어서는 안 된다."라고 하였으니, 지금 이에 의거하여 삭제하였다.

47-33 **皆推政也**니라

모두 수레를 밀고 다니는 〈것과 같은 투박한〉 정치이다.

○盧文弨曰 推는 當作椎니 下同이라 先愼曰 盧說非라 推政은 與六反篇推愛로 句法正同하니 義見上이라

○盧文弨 : '推'는 '椎'가 되어야 하니, 아래도 같다.

王先愼 : 盧文弨의 설은 틀렸다. '推政'은 ≪韓非子≫ 〈六反篇〉의 '推愛'와 句法이 똑같으니, 뜻이 위에 보인다.

47-34 處多事之時하야 用寡事之器는 非智者之備也요 當大爭之世하야 而循揖讓之軌는 非聖人之治也라

일이 많은 시대에 살면서 일이 적었던 옛날 기구를 사용하는 것은 지혜로운 자의 조치가 아니고, 크게 다투는 세상을 맞아 읍하고 양보하는 예법을 따르는 것은 聖人의 정치가 아니다.

○顧廣圻曰 藏本同이라 今本非下有也字하니 誤라

○顧廣圻 : 藏本은 같다. 今本에 '非' 아래에 '也'자가 있으니, 잘못되었다.

47-35 故智者不乘推車요 聖人不行推政也니라

그러므로 지혜로운 자는 손으로 미는 옛날 수레를 타지 않고 聖人은 그런 수레를 밀고 다니는 〈것과 같은 낡은〉 정치를 행하지 않는다.

○先愼曰 趙本에 也作難이어늘 盧文弨云 難字는 衍이라 張本作也니 亦可省(생)이라

○王先愼 : 趙本에 '也'는 '難'으로 되어 있는데, 盧文弨는 "'難'자는 衍文이다. 張本에 '也'로 되어 있으니, 또한 생략할 수 있다."라고 하였다.

47-36 法所以制事요

법은 일을 규제하는 근거이고

○盧文弨曰 當分段이라

○盧文弨 : 〈여기에서〉 단락을 나누어야 한다.

47-37 事所以名功[13]也라 法立而有難이나

13) 名功 : 공적을 이룸을 뜻한다. ≪廣雅≫ 〈釋詁〉에 "'名'은 이룸이다.〔名 成也〕"라 하였다.

일은 공적을 이루는 수단이다. 법을 세울 적에 어려움이 따르기도 하지만

○先愼曰 乾道本에 法下有有字어늘 顧廣圻云 今本에 無有字라 按此不當有라하니 今據刪이라

○王先愼 : 乾道本에 '法' 아래에 '有'자가 있는데, 顧廣圻는 "今本에 '有'자가 없다. 살펴보건대 여기에 있어서는 안 된다."라고 하였으니, 지금 이에 의거하여 삭제하였다.

47-38 權其難而事成이면 則立之요

그 어려움을 저울질하되 일이 성사된다면 법을 세워야 하고,

○先愼曰 乾道本에 無則立之三字어늘 顧廣圻云 藏本今本에 有라하니 今據補라

○王先愼 : 乾道本에 '則立之' 세 글자가 없는데, 顧廣圻는 "藏本과 今本에 있다."라고 하였으니, 지금 이에 의거하여 보충하였다.

47-39 事成而有害나 權其害而功多면 則爲之니라

일을 성사시킬 적에 손해가 따르기도 하지만 그 손해를 저울질하되 공적이 많다면 그 일을 해야 한다.

○顧廣圻曰 藏本同이라 今本에 無則字하니 誤라

○顧廣圻 : 藏本은 같다. 今本에 '則'자가 없으니, 잘못되었다.

47-40 無難之法과 無害之功은 天下無有也니라

어려움이 따르지 않는 법이나 해로움이 따르지 않는 공적은 천하에 있을 수 없다.

○先愼曰 天下無不難之法이요 無不害之功이니 但權事之成否와 功之多寡耳라 乾道本에 有上無無字하니 則文不成義라 顧廣圻云 今本有하니 按此當有라하니 今據補라

○王先愼 : 天下에 어려움이 따르지 않는 법이란 없고 해로움이 따르지 않는 공적이 없

으니, 다만 일이 성사되는지 여부와 공적의 많고 적음을 저울질할 뿐이다. 乾道本에 '有' 위에 '無'자가 없으니, 문장의 의미가 성립되지 않는다. 顧廣圻는 "今本에 〈'無'자가〉 있으니, 살펴보건대 여기에 있어야 한다."라고 하였으니, 지금 이에 의거하여 보충하였다.

47-41 **是以拔千丈之都**하고 **敗十萬之衆**할새 **死傷者軍之**(乘)〔垂〕요

이 때문에 천 길이나 되는 都城을 함락시키고 10만 명의 적군을 패배시킬 적에 죽거나 부상을 입은 자가 군대의 절반이고,

(乘)〔垂〕는 **謂其半也**라 ○**先愼曰 乘**은 **無半義**라 **乘當作垂**니 **形近之誤**라 **說見** (內)〔外〕[14] **儲說篇**이라

舊注 : '垂'는 그 반을 이른다.

○王先愼 : '乘'에는 반이라는 뜻이 없다. '乘'은 '垂'가 되어야 하니, 字形이 비슷해서 잘못된 것이다. 이에 대한 설명은 ≪韓非子≫ 〈外儲說 左上篇〉에 보인다.

47-42 **甲兵折挫**하고 **士卒死傷**하되 **而賀戰勝得地者**는 **出其小害**하야 **計其大利也**니라 **夫沐者有棄髮**이요 **除者傷血肉**이라

갑옷은 찢기고 무기는 꺾이며 士卒들은 죽거나 부상을 입었으되 전쟁에 이겨 땅을 차지한 것을 축하하는 것은 작은 손해를 벗어나 큰 이득을 계산하였기 때문이다. 무릇 머리를 감는 자는 빠지는 머리털이 있고, 병을 치료하는 자는 피와 살을 손상시킨다.

○**先愼曰 見六反篇**이라 **廣雅釋詁一**에 **除**는 **瘉也**라하니 **欲病瘉者**는 **攻以藥石**하니 **藥石所達**에 **血肉必傷**이라

○王先愼 : ≪韓非子≫ 〈六反篇〉에 보인다. ≪廣雅≫ 〈釋詁〉 권1에 "'除'는 '瘉(병이 나음)'이다."라고 하였으니, 병이 낫고자 하는 자는 藥石으로 병을 치료하니, 藥石이 미치

---

14) (內)〔外〕 : 저본에는 '內'로 되어 있으나, "'內'는 '外'가 되어야 한다."라고 한 ≪韓非子新校注≫ 陳奇猷의 설에 의거하여 '外'로 바로잡았다. 실제 '垂'를 '半'의 뜻으로 풀이하는 내용이 〈內儲說〉에는 없고, 〈外儲說 左上〉에 보인다. ≪譯註 韓非子集解≫ 3책 333~334쪽, 32-213의 王先愼 注 참조.

는 데에 피와 살이 반드시 상한다.

47-43 爲人見其難하야 因釋其業하면 是無術之(事)〔士〕也니라

어떤 사람이 그 어려움을 보고서 그 때문에 그 일을 그만둔다면 이는 '일을 하는 방법〔術〕'이라곤 없는 사람이다.

○先愼曰 事當作士라

○王先愼 : '事'는 '士'가 되어야 한다.

47-44 先聖有言曰 規有摩而水有波어늘 我欲更之나 無奈之何로라 此通權之言也니라 是以說有必立而曠於實者하고 言有辭拙而急於用者라 故聖人不求無害之言이요 而〔不〕[15]務無易之事니라

옛 聖賢이 말하기를 "그림쇠도 닳기 마련이고 수준기도 물결이 일게 마련인데 내가 그것을 바꾸어보려 한들 어떻게 할 수가 없도다."라고 하였으니, 이는 權變에 통달한 말이다.

이 때문에 학설에 반드시 〈논리는〉 서 있으나 실제와는 거리가 먼 것이 있고, 언설에 수사는 졸렬하지만 실용에는 긴급한 것이 있다. 그래서 聖人은 손해가 없는 공허한 말은 추구하지 않고 바꿀 수 없는 일에 힘쓰지 않는다.

○顧廣圻曰 藏本同이라 今本에 易作益하니 誤라

○顧廣圻 : 藏本은 같다. 今本에 '易'은 '益'으로 되어 있으니, 잘못되었다.

47-45 人之不事衡石[16]者는

사람이 저울질과 마질에 주의를 일삼지 않는 것은

---

15) 〔不〕 : 저본에는 '不'자가 없으나, 앞뒤 문맥에 의거하면 '不'자가 들어가야 하므로, 陳奇猷의 ≪韓非子新校注≫ 및 ≪韓非子新譯≫(三民書局) 등에 의거하여 보충하였다.

16) 衡石 : '衡'은 무게를 다는 도구이고, '石'은 용량을 재는 기구이다. 여기서는 두 가지 도구로 하는 행위로 번역하였다.

○盧文弨曰 當提行이라

○盧文弨 : 〈여기에서〉 행을 바꾸어야 한다.

47-46 非貞廉而遠利也라 石不能爲人多少요 衡不能爲人輕重일새 求索不能得이라 故人不事也니라 明主之國은 官不敢枉法하고 吏不敢爲私하야

정직하고 청렴하여 이익을 멀리해서가 아니다. 마질은 사람에 따라 양을 조절할 수 없고 저울질은 사람에 따라 무게를 다르게 할 수 없으므로 그렇게 하길 바라더라도 될 수가 없다. 그래서 사람들이 주의를 일삼지 않는다. 현명한 군주가 다스리는 나라에서는 상급관원은 감히 법을 왜곡하지 못하고 하급관원은 자기 이익을 꾀하지 못해서

○先愼曰 乾道本에 私下有利字라 案利卽私之誤而複者라 官不敢枉法하고 吏不敢爲私는 二文相對니 不當多一字라 御覽八百三十引正無利字하니 今據刪이라

○王先愼 : 乾道本에는 '私' 아래에 '利'자가 있다. 살펴보건대 〈乾道本의〉 '利'는 곧 '私'가 잘못되어 중복된 것이다. '官不敢枉法 吏不敢爲私'는 두 문구가 서로 對文이니, 한 글자가 더 많아서는 안 된다. ≪太平御覽≫ 권830에 이 글을 인용하면서 바로 '利'자가 없으니, 지금 이에 의거하여 삭제하였다.

47-47 貨賂不行하니

뇌물이 전혀 통하지 않으니,

○顧廣圻曰 藏本同이라 今本에 行下有者字하니 誤라 先愼曰 御覽引亦有라

○顧廣圻 : 藏本은 같다. 今本에 '行' 아래에 '者'자가 있으니, 잘못되었다.
王先愼 : ≪太平御覽≫의 인용한 데에도 〈'者'자가〉 있다.

47-48 是境內之事盡如衡石也니라 此其臣有姦者必知하고 知者必誅라 是以有道之主는 不求淸潔之吏요 而務必知之術也니라

이는 나라 안의 일이 모두 저울질과 마질을 하는 것처럼 공정해져서이다. 이렇

듯 신하들 중에 간사한 자가 있으면 반드시 알려지고 알려진 자는 반드시 처벌된다. 이 때문에 道를 터득한 군주는 청렴한 관리를 구하지 않고 반드시 〈간사함을〉 알아내는 法術에 힘을 쓴다.

47-49 慈母之於弱子也에 愛不可爲前이나

인자한 어미의 어린 자식에 대한 사랑은 그 무엇도 앞설 수 없으나

不可先以愛養之也라 ○兪樾曰 愛不可爲前은 猶言無前於此者니 正見其愛之至也라 舊注는 非是라

舊注 : 아끼고 기르는 것으로 이끌 수가 없다.

○兪樾 : '愛不可爲前'은 이보다 앞선 것이 없다는 말과 같으니, 바로 사랑의 지극함을 표현한 것이다. 舊注는 틀렸다.

47-50 然而弱子有僻行이면 使之隨師하고 有惡病이면 使之事醫라 不隨師則陷於刑이요 不事醫則疑[17]於死라 慈母雖愛나 無益於振刑救死하니 則存子者非愛也라 子母之性은 愛也요 臣主之權은 筴(책)[18]也라 母不能以愛存家어든 君安能以愛持國고 明主者 通於富强이면 則可以得欲矣라 故謹於聽治 富强之法也니 明其法禁하고 察其謀計라 法明則內無變亂之患이요 計得則外無死虜之禍라

어린 자식이 잘못된 행동을 하면 스승을 따르게 하고 나쁜 병이 들면 의원을 찾아 치료하게 한다. 스승을 따르지 않으면 형벌에 떨어지고 의원을 찾아 치료하지 않으면 죽음에 가까워진다. 인자한 어미가 비록 사랑할지라도 형벌에서 건져내고 죽음에서 구하는 데는 아무런 도움이 못 된다. 그렇다면 자식을 생존하게 하는 것은 사랑이 아니다.

자식과 어미는 천성인 사랑으로 맺어지고, 신하와 군주는 權術인 타산으로 맺어

17) 疑 : '擬'와 통용으로 '가깝다'는 뜻이다.

18) 筴(책) : '策(계책, 계모)'과 같다.

져 있다. 어미도 사랑으로 집안을 보존할 수 없는데, 군주가 어찌 사랑으로 나라를 유지할 수 있겠는가.

현명한 군주가 富國强兵의 술수에 통달하면 바라는 것을 이룰 수 있다. 그래서 신중하게 政務를 처리하는 것이 부국강병의 방법이니, 법과 금령을 명확히 하고 정책과 계책을 살펴야 한다. 법이 명확하면 안으로 변란이 일어나는 우환이 없고, 계책이 올바르면 밖으로 전사하거나 포로가 되는 재앙이 없을 것이다.

○先愼曰 乾道本에 則은 作於어늘 顧廣圻云 今本에 於作則이라하니 今據改라

○王先愼 : 乾道本에 〈'計得則外無死虜之禍'의〉 '則'은 '於'로 되어 있는데, 顧廣圻는 "今本에 '於'는 '則'으로 되어 있다."라고 하였으니, 지금 이에 의거하여 고쳤다.

47-51 故存國者는 非仁義也니라 仁者는 慈惠而輕財者也요 暴者는 心毅而易(이)誅者也라

그러므로 나라를 보존하는 것은 仁과 義가 아니다. 어진 사람은 자애롭고 은혜로워서 재물을 가벼이 여기는 사람이고, 포악한 자는 마음이 잔혹해서 쉽게 주벌하는 사람이다.

○顧廣圻曰 暴는 當作義라 先愼曰 顧說非라 此以仁暴對言이라 心毅면 則憎心見(현)於下하고 易誅면 則妄殺加於人하니 卽暴之實迹이라 若義則無憎心妄殺之事라 下暴人在位與仁人在位比勘하면 尤其證이라 此意謂仁人之亡人國이 無異於暴者之亡人國也라

○顧廣圻 : '暴'는 '義'가 되어야 한다.

王先愼 : 顧廣圻의 설은 틀렸다. 이 글은 '仁'과 '暴'로 상대하여 말한 것이다. 마음이 잔혹하면 증오심이 신하들에게 드러나고, 쉽게 주벌하면 함부로 죽이는 일이 백성들에게 가해지니, 곧 포악함의 실적이다. '義'가 되면 증오심과 함부로 죽이는 일이 없을 것이다. 아래의 '暴人在位'와 '仁人在位'를 비교해서 고찰하면 더욱 증명될 것이다. 이 뜻은 어진 사람이 남의 나라를 망치는 것이 포악한 사람이 남의 나라를 망치는 것과 다름이 없음을 이른다.

47-52 慈惠면 則不忍이요 輕財면 則好與라 心毅면 則憎心見(현)於下하고 易誅면 則妄殺加於人이라 不忍이면 則罰多宥赦하고 好與면 則賞多無功이라 憎心見(현)이면 則下怨其上하고 妄誅면 則民將背叛이라 故仁人在位면 下肆而輕犯禁法하고 偸幸而望於上이요 暴人在位면 則法令妄而臣主乖하고 民怨而亂心生이라 故曰 仁暴者는 皆亡國者也라

자애롭고 은혜로우면 차마 남에게 해코지하지 못하고, 재물을 가벼이 여기면 남에게 베풀기를 좋아한다. 마음이 잔혹하면 증오심이 신하들에게 드러나고, 쉽게 주벌하면 함부로 죽이는 일이 백성들에게 가해진다. 차마 해코지하지 못하면 벌을 용서해주는 경우가 많고, 베풀기를 좋아하면 공적이 없는데도 상을 주는 경우가 많아진다. 증오심이 드러나면 신하들이 그 군주를 원망하고, 함부로 주벌하면 백성들이 군주를 배반할 것이다.

그러므로 어진 사람이 君位에 있으면 신하들이 거리낌이 없이 禁令과 法度를 쉽게 범하고 구차히 요행을 바라며 군주에게서 상을 받기를 바라고, 포악한 사람이 군위에 있으면 법령을 제멋대로 써서 신하와 군주 사이가 어그러지고 백성들은 원망하여 반란을 일으킬 마음이 생긴다. 그러므로 "어진 자나 포악한 자나 모두 나라를 망치는 자들이다."라고 말하는 것이다.

47-53 不能具美食이로되 而勸餓人飯은 不爲能活餓者也요

좋은 음식을 마련하지도 못하면서 굶주리는 사람에게 먹으라고 권하는 것은 굶주리는 사람을 살리는 방법이 아니고,

○盧文弨曰 爲能二字는 舊倒어늘 今從藏本하니 下亦當同이라 先愼曰 乾道本에 作爲能이니 不誤라

○盧文弨 : '爲能' 두 글자는 舊本에 도치되어 있었는데 지금 藏本을 따랐으니, 아래도 같아야 한다.

王先愼 : 乾道本에 '爲能'으로 되어 있으니, 잘못되지 않았다.

47-54 不能辟草生粟이로되 而勸[19]貸施賞賜는

草地를 개간하여 곡식을 생산하지도 못하면서 곡식을 빌려주거나 상으로 내리라고 권하는 것은

○先愼曰 勸字는 淺人依上文하야 誤加라

○王先愼 : '勸'자는 지식이 얕은 사람이 위의 글(勸餓人飯)에 의거하여 잘못 보충한 것이다.

47-55 不爲能富民者也니라

백성들을 부유하게 만드는 방법이 아니다.

○先愼曰 乾道本에 爲能作能爲라

○王先愼 : 乾道本에 '爲能'이 '能爲'로 되어 있다.

47-56 今學者之言也는 不務本作而好末事하고 知道虛聖以說(열)民하니

지금 학자들의 말은 근본이 되는 일은 힘쓰지 않고 지엽적인 일만 좋아하며, 공허한 聖人을 일컬어서 백성을 기쁘게 할 줄만 아니,

○顧廣圻曰 藏本同이라 今本에 無知字하고 聖作惠하니 皆誤라

○顧廣圻 : 藏本은 같다. 今本에 '知'자가 없고 '聖'은 '惠'로 되어 있으니, 모두 잘못되었다.

47-57 此勸飯之說이라 勸飯之說은 明主不受也니라

이는 〈먹을 것을 마련하지도 않고〉 먹기를 권하는 학설인 셈이다. 〈먹을 것을 마련하지도 않고〉 먹기를 권하는 학설은 현명한 군주는 받아들이지 않는다.

---

19) 勸 : 王先愼은 '勸'이 잘못 들어간 글자라고 하였으나, 이 문장은 儒家와 墨家의 무리가 草地를 개간해 곡식을 생산하지도 못하면서 군주에게 仁義를 행하기를 권한다는 의미이므로 '勸'자는 잘못 들어간 글자가 아닌 듯하다. 왕선신의 교감을 따르지 않았다.

47-58 書約而弟子辯이요 法省(생)而民(訟簡)〔萌訟〕이라

글이 간결하면 제자들이 爭辯을 하고 법이 생략되면 백성들이 爭訟을 한다.

○顧廣圻曰 簡은 當作萌이요 在訟字上이라 萌은 氓也니 民萌訟與弟子辯은 相對라 訟은 猶辯也라

○顧廣圻 : '簡'은 '萌'이 되어야 하고 '訟'자 위에 있어야 한다. '萌'은 '氓'이니, '民萌訟'은 '弟子辯'과 서로 對文이다. '訟'은 '辯'과 같다.

47-59 是以聖人之書는 必著論이요 明主之法은 必詳事니라

이 때문에 聖人의 글은 반드시 논설을 분명히 드러내고 현명한 군주의 법은 반드시 사례를 자세하게 제시한다.

○先愼曰 乾道本에 詳下有盡字어늘 顧廣圻云 今本에 無盡字니 按此不當有라하니 今據删이라

○王先愼 : 乾道本에 '詳' 아래 '盡'자가 있는데, 顧廣圻는 "今本에 '盡'자가 없으니, 살펴보건대 여기에 있어서는 안 된다."라고 하였으니, 지금 이에 의거하여 삭제하였다.

47-60 盡思慮하야 揣得失은 智者之所難也요 無思無慮하야 挈前言而責後功은 愚者之所易(이)也라 明主는 慮愚者之所易하고

사려를 다 짜내어 得失을 헤아리는 것은 지혜로운 자라도 하기 어려운 것이고, 아무런 사려도 없이 앞서 한 말을 끌어서 나중의 성과를 구하는 것은 어리석은 자라도 하기 쉬운 것이다. 현명한 군주는 어리석은 자라도 하기 쉬운 방법을 꾀하고

○顧廣圻曰 藏本同이라 今本에 慮作操하니 誤라

○顧廣圻 : 藏本은 같다. 今本에 '慮'는 '操'로 되어 있으니, 잘못되었다.

47-61 (以)〔不〕責智者之所難이라

지혜로운 자라도 하기 어려운 방법을 추구하지 않는다.

○顧廣圻曰 以는 當作不이라

○顧廣圻 : '以'는 '不'이 되어야 한다.

47-62 故智慮不用而國治也니라

그러므로 지혜나 사려를 쓰지 않아도 나라는 잘 다스려진다.

○先愼曰 乾道本에 慮下有力勞二字어늘 盧文弨云 力勞二字는 淩本無라하니 今據刪이라 顧廣圻云 當作故智不勞力不用이라하야늘 與元本不合이니 非是라

○王先愼 : 乾道本에는 '慮' 아래에 '力勞' 두 글자가 있는데, 盧文弨는 "'力勞' 두 글자는 淩本에 없다."라고 하였으니, 지금 이에 의거하여 삭제하였다. 顧廣圻는 "〈'故智慮不用'은〉 '故智不勞力不用'이 되어야 한다."라고 하였는데, 元本과 합치되지 않으니 옳지 않다.

47-63 酸甘鹹淡을 不以口斷而決於宰尹이면 則廚人輕君而重於宰尹矣요

시고 달고 짜고 싱거운 맛을 〈군주가 자기〉 입으로 판단하지 않고 宰尹(요리사의 우두머리)에게 결정하게 한다면 주방의 요리사들은 군주를 가벼이 여기고 재윤을 존중할 것이고,

○盧文弨曰 張本에 下兩句에 皆無於字하니 此亦當衍이라 先愼曰 乾道本에 下兩句亦有於字하니 盧說非라

○盧文弨 : 張本에는 아래 두 句에 모두 '於'자가 없으니, 이것은 역시 衍文이어야 한다. 王先愼 : 乾道本에는 아래 두 句에 역시 '於'자가 있으니, 盧文弨의 설이 틀렸다.

47-64 上下淸濁을 不以耳斷而決於樂正이면 則瞽工輕君而重於樂正矣요 治國是非를 不以術斷而決於寵人이면 則臣下輕君而重於寵人矣라 人主不親觀聽하야 而制斷在下면 託食於國者也니라

높고 낮고 맑고 탁한 소리를 〈군주가 자기〉 귀로 판단하지 않고 樂正(악관의 우두머리)에게 결정하게 한다면 瞽工(악사)들은 군주를 가벼이 여기고 악정을 중시

할 것이며, 나라를 다스리는 옳고 그른 방도를 〈군주가 자기〉 法術로 판단하지 않고 총애하는 신하에게 결정하게 한다면 신하들은 군주를 가벼이 여기고 총애하는 신하를 중시할 것이다. 군주가 친히 정사를 보거나 듣지 않아서 재량권이 신하에게 있으면 나라에 더부살이하는 신세가 되고 만다.

○先愼曰 張榜本에 此下接今生殺之柄云云하야 不提行이라

○王先愼 : 張榜本에 이 아래로 '今生殺之柄……'을 이어서 행을 바꾸지 않았다.

47-65 使人不衣不食而不飢不寒하고 又不惡(오)死면 則無事上之意라 意欲不宰於君이면 則不可使也니라 今生殺之柄이 在大臣코도

가령 사람이 입지 않고 먹지 않아도 주리지 않고 추위에 떨지 않으며 또 죽음을 싫어하지도 않는다면 군주를 섬길 뜻도 없을 것이다. 군주에게 지배를 받고 싶은 뜻이 없다면 〈그런 사람은〉 부릴 수가 없다. 지금 살리고 죽이는 權柄이 大臣에게 있고도

○先愼曰 乾道本에 之作人이어늘 今據張榜本趙本하야 改라

○王先愼 : 乾道本에 〈'生殺之柄'의〉 '之'는 '人'으로 되어 있는데, 지금 張榜本과 趙本에 의거하여 고쳤다.

47-66 而主令得行者는 未嘗有也니라 虎豹必不用其爪牙면 而與鼷(혜)鼠同威요 萬金之家必不用其富厚면 而與監門同資라

군주의 명령이 실행되는 경우는 일찍이 없었다. 범이나 표범이 그 발톱과 이빨을 쓰지 못한다면 생쥐의 위력과 같을 것이고, 萬金을 가진 집안이 그 풍부한 재물을 쓰지 못한다면 문지기가 가진 재력과 같을 것이다.

○先愼曰 而는 猶則也라 而則은 古通用이니 見經傳釋(辭)〔詞〕[20]라

20) 經傳釋(辭)〔詞〕 : 저본에는 '辭'로 되어 있으나, 王引之의 ≪經典釋詞≫에 의거하여 '詞'로 바로잡았다. ≪경전석사≫는 淸나라 王引之가 지은 책으로 전 10권이다. 前漢까지의 고전에 나오는 '詞(虛字)'에 대해 해설하였다.

○王先愼 : 〈'而與鼷鼠同威'와 '而與監門同資'의〉 '而'는 '則'과 같다. '而'와 '則'은 古字에 통용이니, ≪經傳釋詞≫에 보인다.

47-67 有土之君이

영토를 가진 군주가

○先愼曰 趙本에 土誤作上이어늘 盧文弨云 上은 張凌本에 作土라하니 是也라

○王先愼 : 趙本에 '土'는 '上'으로 잘못되어 있는데, 盧文弨는 "'上'은 張本과 凌本에 '土'로 되어 있다."라고 하였으니, 옳다.

47-68 說(열)人不能利하고 惡(오)人不能害면 索人欲畏重己라도 不可得也니라

좋아하는 사람을 이롭게 해주지 못하고 미워하는 사람을 해롭게 하지 못한다면 사람들이 자기를 두려워하고 존중하고자 하기를 바라더라도 될 수가 없을 것이다.

47-69 人臣肆意陳欲曰俠이요 人主肆意陳欲曰亂이요 人臣輕上曰驕요 人主輕下曰暴라

신하가 하고 싶은 대로 욕망을 펼치는 것을 '俠(의협심이 있음)'이라고 하고 군주가 하고 싶은 대로 욕망을 펼치는 것을 '亂(혼란스러움)'이라고 하며, 신하가 군주를 가벼이 여기는 것을 '驕(교만함)'라고 하고 군주가 신하를 가벼이 여기는 것을 '暴(포악하다)'라고 한다.

○孫詒讓曰 驕는 當作撟라 謂撟君也라 荀子臣道篇云 有能比知同力하야 率群臣百吏而相與彊君撟君이라 君雖不安이나 不能不聽이라 遂以解國之大患하고 除國之大害하야 成於尊君安國을 謂之輔라하니 即此所謂人臣輕上曰撟라 此俠與撟는 皆美名이요 亂與暴는 皆惡名이라 故云 下以受譽하고 上以得非라하니 若作驕면 則不得爲譽矣라 撟字는 又作矯①니 後忠孝篇云 故烈士內不爲家하고 亂世絶嗣하며 而外矯於君이라하니 義亦同이라 先愼曰 五蠹篇專詆俠驕之無益人主而爲邦之蠹하니 則

韓非不以俠驕爲美名可知라 此下以受譽는 指時人而言이니 孫說失本書之指라

① 荀子楊注에 撟는 與矯同이니 屈也라

《荀子》 楊倞의 注에 "'撟'는 '矯'와 같으니, 굽힘이다."라고 하였다.

○孫詒讓 : '驕'는 '撟'가 되어야 하니, 곧 '撟君(임금을 바로잡음)'을 이른다. 《荀子》 〈臣道篇〉에 "지혜를 모으고 힘을 합쳐 신하들과 관리들을 통솔하여 함께 임금에게 권하고 임금을 바로잡는다. 임금은 비록 불안하지만 듣지 않을 수 없으니, 마침내 나라의 큰 우환이 해소되고 나라의 큰 해로움이 제거되어 임금을 존귀하게 하고 나라를 편안하게 하니, 이것을 '輔'라고 한다."라고 하였으니, 바로 이것이 이른바 '人臣輕上曰撟'라는 것이다. 이 '俠'과 '撟'는 모두 아름다운 이름이고, '亂'과 '暴'는 모두 추악한 이름이다. 그래서 '신하는 명예를 받고 군주는 비난을 얻는다.〔下以受譽 上以得非〕'라고 하였으니, 만약 '驕'가 된다면 명예가 될 수가 없다. '撟'자는 또 '矯'로도 되어 있으니, 뒤의 《韓非子》 〈忠孝篇〉에 "그러므로 烈士가 안으로는 집안을 위하지 않고 세상을 어지럽히고 후사를 끊으며 밖으로는 군주를 굴복시킨다.〔故烈士內不爲家 亂世絶嗣 而外矯於君〕"라고 하였으니, 뜻이 역시 같다.

王先愼 : 《韓非子》 〈五蠹篇〉에서 오로지 '俠'과 '驕'가 군주에게 도움이 되지 않고 나라의 좀이 된 것을 비방하였으니, 그렇다면 韓非子가 '俠'과 '驕'를 아름다운 이름으로 여기지 않은 것을 알 수 있다. 이 '신하는 명예를 받는다.〔下以受譽〕'는 말은 당시 사람을 가리켜 한 말이니, 孫詒讓의 설은 본서의 뜻을 잃었다.

47-70 行理同實이로되 下以受譽하고 上以得非하며 人臣大得하고 人主大亡이라

행위와 이치는 같은 실상이지만 신하는 명예를 받고 군주는 비난을 얻으며, 신하는 크게 얻고 군주는 크게 잃는다.

○先愼曰 張榜本에 自有土之君으로 至此히 皆刪去라

○王先愼 : 張榜本에 '有土之君'에서부터 여기까지 모두 삭제되었다.

47-71 明主之國은 有貴臣하고 無重臣하니 貴臣者는 爵尊而官大〔者〕也요

현명한 군주가 다스리는 나라에는 貴臣은 있고 重臣은 없으니, 貴臣은 작위가 높고 관직이 큰 신하이고,

○先愼曰 乾道本에 者上無臣字어늘 顧廣圻云 藏本今本에 有臣字라하니라 先愼按 有臣字是니 今據補라 依下文컨대 也上當有者字라

○王先愼 : 乾道本에 '者' 위에 '臣'자가 없는데, 顧廣圻는 "藏本과 今本에 '臣'자가 있다." 라고 하였다. 내가 살펴보건대 '臣'자가 있는 것이 옳으니, 지금 이에 의거하여 보충하였다. 아래 글에 의거하면 '也' 위에 '者'자가 있어야 한다.

47-72 重臣者는 言聽而力多者也라 明主之國은 遷官襲級이 官爵受功이라

重臣은 건의가 채택되어 세력이 많은 신하이다. 현명한 군주가 다스리는 나라는 관직을 올리든 직급을 계승하든 세운 공적에 따라 관작을 준다.

○顧廣圻曰 句有誤라 先愼曰 此言凡遷官襲級이 必因其功而官爵之라 官爵受功은 與八經篇云爵祿循功으로 語意正同이라

○顧廣圻 : 句에 오류가 있다.

王先愼 : 이는 모든 관직을 올리고 직급을 계승하는 것이 반드시 공적에 따라서 관작을 줌을 말한다. '官爵受功'은 ≪韓非子≫ 〈八經篇〉에서 말한 '爵祿循功(官爵과 祿俸을 功에 따른다.)'과 말뜻이 똑같다.

47-73 故有貴臣이어니와 言(不)〔必〕度(탁)行하야

그래서 貴臣은 있다. 〈그러나 신하가 한〉 말은 반드시 실제 행적을 헤아려서

○先愼曰 不은 當作必이라

○王先愼 : '不'은 '必'이 되어야 한다.

47-74 而有僞면 必誅라 故無重臣也니라

허위가 있으면 반드시 주벌한다. 그러므로 重臣은 없다.

1. ≪韓非子集解 4≫ 圖版目錄

2. ≪韓非子集解≫ 解題

• QR코드를 스캔하면 ≪韓非子集解≫ 解題를 볼 수 있습니다.

3. ≪韓非子集解≫ 總目次

• QR코드를 스캔하면 ≪韓非子集解≫ 總目次를 볼 수 있습니다.

4. ≪韓非子≫ 講義 紹介

• 전통문화연구회 사이버서원(http://hm.cyberseodang.or.kr)

• 한비자 특강(유료)

• 강사 : 金藝鎬

論文 및 譯書 - ≪한비자 법치로 세상을 바로 세운다≫
〈한비자 법치론의 연구 - 법치론 수립의 논리체계 분석〉
〈고대중국의 사상문화와 법치철학〉

責任飜譯者

許鎬九

父親 晦山公과 秋淵 權龍鉉 先生 師事
檀國大學校 東洋學硏究院 招聘敎授(現)
韓國古典飜譯院 附設 古典飜譯敎育院 講師(現)
傳統文化硏究會 理事(現)

論文 및 譯書

譯書 《說苑》 《菊潭先生文集》 《拓齋文集》
共譯 《朱註論語》 《朱註孟子》 《國語》 《退溪先生文集》 등

共同飜譯者

鄭東和

高麗大學校 國語國文學科 博士課程 修了
檀國大學校 東洋學硏究院 漢韓大辭典編纂室 編纂팀장
韓國古典飜譯院 責任硏究員(現)

論文 및 譯書

論文 〈退溪 山水詩의 形象化에 대하여〉 〈도학적 시 세계의 한 국면〉
共譯 《春秋繁露義證》 등

權津鈺

高麗大學校 國語國文學科 博士課程 卒業
檀國大學校 東洋學硏究院 古典飜譯硏究室 先任硏究員(現)

論文 및 譯書

論文 〈澤堂 李植의 騈文·古文 연찬과 산문 창작의 실제〉
〈橘山 李裕元의 學問 性向과 類書·筆記 編纂에 관한 硏究〉
共譯 《樂全堂集》 《於于集》 등

東洋古典譯註叢書 99

譯註 韓非子集解 4　　　정가 40,000원

2019년 11월 30일 초판 발행
2025년 06월 30일 초판 4쇄

著者 韓非 集解 王先愼
責任譯者 許鎬九
共同譯者 鄭東和 權津鈺
常任原文校閱 吳圭根
潤文校訂 吳圭根 南賢熙 郭成龍 朴勝珠
編 輯 東洋古典飜譯編輯委員會

發行人 金 炫

發行處 社團法人 傳統文化研究會
등록 : 1989. 7. 3. 제1-936호
서울 종로구 삼봉로 81 두산위브파빌리온 1332호
전화 : (02)762-8401 전송 : (02)747-0083
전자우편 : juntong@juntong.or.kr
홈페이지 : juntong.or.kr
사이버書院 : mh.cyberseodang.or.kr
온라인서점 : book.cyberseodang.or.kr
총판 : 한국출판협동조합(070-7119-1750)

ISBN 979-11-5794-255-8 94150
978-89-85395-71-7(세트)

※ 이 책은 2019년도 교육부 고전문헌 국역지원사업 지원비에 의해 초판(비매품) 간행.

전통문화연구회 도서목록

新編 基礎漢文教材·漢文讀解捷徑

도서명	역주자	가격
新編 四字小學·推句	고전교육연구실 編譯	11,000원
新編 啓蒙篇·童蒙先習	고전교육연구실 編譯	11,000원
新編 明心寶鑑	李祉坤·元周用 譯註	15,000원
新編 擊蒙要訣	咸賢贊 譯註	12,000원
新編 註解千字文	李忠九 譯註	12,000원
新編 原文으로 읽는 故事成語	元周用 編譯	15,000원
新編 唐音註解選	權卿相 譯註	22,000원
(개정판) 漢文독해기본패턴	고전교육연구실 著	20,000원
논어독해 첫걸음	고전교육연구실 著	17,000원
맹자독해 첫걸음		근간
한문독해첩경 文學篇	朴相水·李和春 외 著	17,000원
한문독해첩경 史學篇	朴相水·李和春 외 著	17,000원
한문독해첩경 哲學篇	朴相水·李和春 외 著	17,000원

五書五經讀本

도서명	역주자	가격
論語集註 上·下	鄭太鉉 譯註	合 49,000원
孟子集註 上·下	田炳秀 外 譯註	合 60,000원
大學·中庸集註	李光虎 外 譯註	15,000원
小學集註 上·下	李忠九 外 譯註	合 50,000원
詩經集傳 上·中·下	朴小東 譯註	合 90,000원
書經集傳 上·中·下	金東柱 譯註	合 90,000원
周易傳義 元·亨·利·貞	崔英辰 外 譯註	合 120,000원
詳說 古文眞寶大全後集 上·下	李相夏 外 譯註	合 64,000원
春秋左氏傳 上·中·下	許鎬九 外 譯註	合 109,000원
禮記 上·中·下	成百曉 外 譯註	合 90,000원

東洋古典國譯叢書

도서명	역주자	가격
大學·中庸集註 - 개정증보판	成百曉 譯註	12,000원
論語集註 - 개정증보판	成百曉 譯註	30,000원
孟子集註 - 개정증보판	成百曉 譯註	30,000원
詩經集傳 上·下	成百曉 譯註	合 70,000원
書經集傳 上·下	成百曉 譯註	合 66,000원
周易傳義 上·下	成百曉 譯註	合 80,000원
小學集註	成百曉 譯註	30,000원
古文眞寶 後集	成百曉 譯註	32,000원

東洋古典譯註叢書

〈經部〉

도서명	역주자	가격
十三經注疏		
周易正義 1~4	成百曉 外 譯註	合 147,000원
尙書正義 1~7	金東柱 譯註	合 241,000원
毛詩正義 1~8 (全15)	朴小東 外 譯註	合 288,000원
禮記正義 1~3, 中庸·大學	李光虎 外 譯註	合 117,000원
論語注疏 1~3	鄭太鉉 外 譯註	合 117,000원
孟子注疏 1~4 (全5)	崔彩基 外 譯註	合 124,000원
孝經注疏	鄭太鉉 外 譯註	35,000원
周禮注疏 1~4 (全15)	金容天 外 譯註	合 129,000원
春秋左傳正義 1~2 (全18)	許鎬九 外 譯註	合 59,000원
春秋公羊傳注疏 1 (全7)	宋基采 外 譯註	合 37,000원
春秋左氏傳 1~8	鄭太鉉 譯註	合 255,000원
禮記集說大全 1~6 (全10)	辛承云 外 譯註	合 206,000원
東萊博議 1~5	鄭太鉉 外 譯註	合 172,000원
韓詩外傳 1~2	許敬震 外 譯註	合 65,000원
說文解字注 1~5 (全20)	李忠九 外 譯註	合 172,000원

〈史部〉

도서명	역주자	가격
思政殿訓義 資治通鑑綱目 1~23 (全39)	辛承云 外 譯註	合 710,000원
通鑑節要 1~9	成百曉 譯註	合 316,000원
唐陸宣公奏議 1~2	沈慶昊 外 譯註	合 88,000원
貞觀政要集論 1~4	李忠九 外 譯註	合 109,000원
列女傳補注 1~2	崔秉準 外 譯註	合 68,000원
歷代君鑑 1~4	洪起殷 外 譯註	合 140,000원

〈子部〉

도서명	역주자	가격
孔子家語 1~2	許敬震 外 譯註	合 79,000원
管子 1~4 (全5)	李錫明 外 譯註	合 130,000원
近思錄集解 1~3	成百曉 譯註	合 106,000원
老子道德經注	金是天 譯註	30,000원
大學衍義 1~5 (全7)	辛承云 外 譯註	合 148,000원
墨子閒詁 1~7	李相夏 外 譯註	合 267,000원
說苑 1~2	許鎬九 譯註	合 50,000원
世說新語補 1~5	金鏞玉 外 譯註	合 181,000원
荀子集解 1~7	宋基采 譯註	合 238,000원
心經附註	成百曉 譯註	38,000원
顔氏家訓 1~2	鄭在書 外 譯註	合 59,000원
揚子法言 1 (全2)	朴勝珠 譯註	24,000원
列子鬳齋口義	崔秉準·孔勤植·權憲俊 共譯	40,000원
二程全書 1~6 (全8)	崔錫起·外 譯註	合 220,000원
莊子 1~4	安炳周·田好根 共譯	合 143,000원
政經·牧民心鑑	洪起殷·全百燦 譯註	27,000원
韓非子集解 1~5	許鎬九 外 譯註	合 202,000원
武經七書直解		
孫武子直解·吳子直解	成百曉 外 譯註	45,000원
六韜直解·三略直解	成百曉 外 譯註	26,000원
尉繚子直解·李衛公問對直解	成百曉 外 譯註	26,000원
司馬法直解	成百曉 外 譯註	26,000원

〈集部〉

도서명	역주자	가격
古文眞寶 前集	成百曉 譯註	30,000원
唐詩三百首 1~3	宋載卲 外 譯註	合 127,000원
唐宋八大家文抄 韓愈 1~3	鄭太鉉 譯註	合 78,000원
〃 柳宗元 1~2	宋基采 譯註	合 44,000원
〃 歐陽脩 1~7	李相夏 譯註	合 220,000원
〃 王安石 1~2	申用浩·許鎬九 共譯	合 45,000원
〃 曾鞏	宋基采 譯註	25,000원
〃 蘇洵	李章佑 外 譯註	25,000원
〃 蘇軾 1~5	成百曉 譯註	合 110,000원
〃 蘇轍 1~3	金東柱 譯註	合 64,000원
明淸八大家文鈔 1 歸有光·方苞	李相夏 外 譯註	35,000원
〃 2 劉大櫆·姚鼐	李相夏 外 譯註	35,000원
〃 3 梅曾亮·曾國藩	李相夏 外 譯註	38,000원
〃 4 張裕釗·吳汝綸	李相夏 外 譯註	50,000원

東洋古典新譯

도서명	역주자	가격
당시선	송재소·최경렬·김영죽 편역	24,000원
손자병법	성백효 역주	14,000원
장자	안병주·전호근·김형석 역주	13,000원
고문진보 후집	신용호 번역	28,000원
노자도덕경	김시천 역주	15,000원
고문진보 전집 上·下	신용호 번역	各 22,000원
신식 비문척독	박상수 번역	25,000원
쉽게 배우는 안씨가훈	김창진 편역	23,000원

동양문화총서

도서명	저자	가격
동양사상 해설과 원전	정규훈 外 저	22,000원
화합의 길 《중용》 읽기	금장태 저	20,000원
호설과 시장	신용호 저	20,000원
어느 노학자의 젊은 시절 -《고문진보》選譯	심재기 저	22,000원

문화문고

도서명	저자	가격
경전으로 본 세계종교 그리스도교	이정배 편저	10,000원
〃 도교	이강수 편역	13,000원
〃 천도교	윤석산 외 편저	10,000원
〃 힌두교	길희성 편역	10,000원
〃 유교	이기동 편저	10,000원
〃 불교	김용표 편저	22,000원
〃 이슬람	김영경 편역	13,000원
논어·대학·중용	조수익·박승주 공역	13,000원
맹자	조수익·박승주 공역	10,000원
소학	박승주·조수익 공역	10,000원
십구사략 1~2	정광호 저	合 24,000원
무경칠서 손자병법·오자병법	성백효 역	13,000원
〃 육도·삼략	성백효 역	10,000원
〃 사마법·울료자·이위공문대	성백효 역	10,000원
당시선	송재소·최경렬·김영죽 편역	10,000원
한문문법	이상진 저	20,000원
한자한문전통교재	조수익·이성민 공역	13,000원
士小節 선비 집안의 작은 예절	이동희 편역	13,000원
儒學이란 무엇인가	이동희 저	18,000원
동아시아의 유교와 전통문화	이동희 저	13,000원
현대인, 동양고전에서 길을 찾다	이동희 저	10,000원
100자에 담긴 한자문화 이야기	김경수 저	12,000원
우리 설화 1~2	김동주 편역	合 20,000원
대한민국 국무총리	이재원 저	10,000원
백운거사 이규보의 문학인생	신용호 저	14,000원